화엄경청량소
華嚴經淸凉疏

화엄경청량소

제5권

제2 보광명전법회 ①

[정종분 제7 여래명호품 - 제9 광명각품]

청량징관 저

석반산 역주

일러두기

1. 본 화엄경소초의 번역에 사용된 원본은 봉은사에 소장된 목판 80권 『화엄경소초회본』이다.
2. 교정본은 민국(民國) 31년(1942) 대만의 화엄소초편인회(華嚴疏鈔編印會)에서 합본으로 교간(校刊)한 『화엄경소초 10권』을 사용하였다. 그리고 원본현토는 화엄학연구소의 원조각성 강백의 현토본을 참고하였다.
3. 대장경 속에 경전과 합본으로 수록된 것은 없고, 다만 『大正大藏經』권35에 『화엄경소 60권』이 있으며 권36에 『화엄경수소연의초(華嚴經隨疏演義鈔) 90권』이 있지만 경의 본문과의 손쉬운 대조를 위해 회본(會本)을 기본으로 하였으며, 일일이 찾아서 대장경과 대조하지는 못하였다.
4. 교재본이라 한 것은 민족사에서 1997년에 발간한 『현토과목 화엄경』(전 4권)을 지칭하며 원문 인용은 이 본을 기본으로 하였다.
5. 본 『청량소』전권에서는 소(疏)의 전문을 해석하였고, 초문(鈔文)은 너무 번다하고 중복되는 부분을 필자가 임의로 생략하였다.
6. 본문에서 이해를 돕기 위하여 도표로 작성한 것은 봉선사 능엄학림의 월운강백께 허락을 얻어 『화엄경과도(華嚴經科圖)』를 준용(準用)한 것이다.
7. 목차는 『화엄경소초』의 과목을 사용하였고 『화엄경과도』를 준용하였다. 과목에 이어지는 ( ) 안에는 간편한 대조를 위하여 목판본의 페이지를 표시하였다.
예) 一 一) (一) 1. 1) (1) 가. 가) (가) ㄱ. ㄱ) (ㄱ) a. a) (a) ㊀ ①
㉮ ㉠ ⓐ A. ㉯ ⓑ ㉰ ㄱ ⓐ A ㄴ
8. 목차는 되도록 현대적 번역어로 제목을 삼으려 하였고, 풀어서 제목에

이어 표기된 아라비아 숫자는 문단의 개수이다.
9. 경과 소문(疏文)은 조금 띄워서 구별을 두었고, 소문(疏文) 앞에는 ■ 표시를, 초문(疏文) 앞에는 ● 로 표시하여 번역문을 수록하였다. ❖ 표시는 역자의 견해를 밝힌 부분이다.
10. 경구(經句)의 번역문은 한글대장경과 민족사 간(刊)『화엄경 전 10권』을 참고하였고, 소(疏) 문장 번역은 직역을 원칙으로 하였다. 인용문은 주로 한글대장경의 번역을 따르고자 노력하였다.

『화엄경청량소』 총목차

제1과. 총합하여 명칭과 의미를 밝히다 [總敍名意]

제2과. 공경히 귀의하고 가피를 청하다 [歸敬請加]

제3과. 가름을 열고 경문을 해석하다 [開章釋文]
    제1 가르침이 시작된 인연 [教起因緣]
    제2 가르침에 포섭된 뜻 [藏教所攝]
    제3 법의와 뜻을 나누다 [義理分齊]
    제4 가르침에 가피받을 중생 [教所被機]
    제5 가르침의 본체와 깊이 [教體淺深]
    제6 통과 별로 종지와 취향을 밝히다 [宗趣通別]
    제7 부류와 품회 [部類品會]
    제8 전역자와 신통 감응 [傳譯感通]
    제9 통틀어 명칭과 제목을 해석하다 [總釋名題]
    제10 따로 경문의 뜻을 해석하다 [別解文義]

제4과. 공경히 찬탄하고 회향하다 [謙讚廻向]

    제10 별해문의(別解文義) (세주묘엄품 1; 日字卷上)
        제1문 총석경서(總釋經序)
        제2문 별해문의(別解文義)
        제1 총과판(總科判)

제2 정석경문(正釋經文)

제1분. 佛果를 거론하며 즐거움을 권하여 신심을 일으키는 부분 [舉果勸樂生信分]

    제1과. 교기인연분(敎起因緣分) (제1 세주묘엄품)

    제2과. 설법의식분(說法儀式分) 제2 여래현상품, 제3 보현삼매품

    제3과. 정진소설분(正陳所說分) 제4 세계성취품, 제5 화장세계품, 제6 비로자나품

제2분. 인행을 닦아 불과에 계합하는 견해를 내는 부분 [修因契果生解分]

    (暑字卷上; 제2회 제7 여래명호품 - 제7회 제37 여래출현품)

제3분. 법문에 의지해 수행으로 이루다 [托法進修成行分]

    (제38 이세간품)

제4분. 선재동자가 증입하여 성불하다 [依人證入成德分]

    (제39 입법계품)

『화엄경청량소』 제5권 차례

大方廣佛華嚴經疏鈔 제12권의 ① 暑字卷上

第二分. 인행을 닦아 과덕에 계합하는 부분[修因契果生解分] 5.

제7. 여래의 명호를 말하는 품[如來名號品]

一. 오게 된 뜻 ·· 21
二. 명칭 해석 3. ·· 22
三. 근본 가르침 ·· 25
四. 질문과 대답 3. ·· 29
五. 경문 해석 3. ·· 36
第一. 서 분 3. ·· 38
一. 법주와 시간과 장소를 표방하다 ························· 38
二. 세 가지 일을 개별로 밝히다 3. ························· 38
一) 설법의 시점을 따로 밝히다 ······························ 38
二) 설법 장소를 따로 밝히다 ································ 38
三) 법주의 공덕을 따로 밝히다 9. ························· 42
1. 두 가지 행이 길이 끊어지다 ···························· 44
2. 모양 없는 법을 통달하다 ································ 46
3. 부처님 머무시는 데 머무시다 ·························· 46
4. 부처님의 평등을 얻다 ···································· 47
5. 장애 없는 곳에 이르다 ·································· 47
6. 굴릴 수 없는 법을 굴리다 ······························ 47
7. 행하는 바가 걸림이 없다 ································ 47

8. 헤아릴 수 없는 뜻을 세우다 ··· 47
9. 두루 삼세를 보다 ··· 48
三. 보처보살이 원만하다 2. ··· 48
第二. 청법하는 부분 2. ··· 52
一. 보살대중의 생각을 표방하다 ··· 52
二. 질문의 단서를 바로 밝히다 2. ··· 52
1) 열 구절은 바로 그대로 청법하다 ··· 57
2) 30구절은 사례를 인용하여 청법하다 3. ································· 59
(1) 첫 문단은 설하는 의미를 거론하다 ······································· 59
(2) 다음 문단은 저 설법 내용을 거론하다 2. ···························· 67
가. 처음 열 구절은 인행에 대한 질문 ·· 67
나. 뒤의 20구절은 과덕에 대한 질문 2. ···································· 81
가) 다음 열 구절은 내부의 공덕이 만족함을 설명하다 ············ 81
나) 뒤의 열 구절은 체성과 모양이 확실하다 ···························· 83
(3) 청법을 결론하다 ··· 83
第三. 설법하는 부분 2. ··· 84
一. 여섯 법회를 통틀어 과목 나누다 ··· 84
二. 과목에 따라 개별로 해석하다 3. ··· 85
제1절. 앞의 세 품은 의지할 대상인 부처님의 과덕에 대한 질문에 대답하다 2. ·· 85
제1. 여래께서 모양을 나투어 대답하다 2. ··································· 85
1. 부처님이 신통을 나투시다 2. ··· 86
2. 대중이 구름처럼 모여들다 2. ··· 92
(1) 시방을 통틀어 해석하다 2. ··· 95
가. 여덟 가지 일을 표방하고 나열하다 ······································· 95
나. 여덟 가지 일을 따와서 해석하다 2. ······································ 97

(2) 시방을 개별로 해석하다 10. ·· 101
가. 동방의 문수사리보살 ··· 101
나. 남방의 각수보살 ·· 103
다. 서방의 재수보살 ·· 104
라. 북방의 보수보살 ·· 104
마. 동북방의 공덕수보살 ··· 105
바. 동남방의 목수보살 ·· 106
사. 서남방의 정진수보살 ··· 107
아. 서북방의 법수보살 ·· 108
자. 하방의 지수보살 ·· 108
차. 상방의 현수보살 ·· 109

제2. 문수보살이 언설로 대답하다 4. ······································ 113
1. 대중이 희유하고 기특하다고 찬탄하다 ····························· 113
2. 질문을 따와서 총합하여 찬탄하다 ··································· 131
3. 묻고 찬탄하고 총합하여 해석하다 ··································· 132
4. 부처님 경계가 불가사의함을 자세히 밝히다 2. ················· 134
  1) 여러 단서를 총합하여 밝히다 ······································ 134
  2) 사천하의 여래명호 3. ··· 145
    (1) 몸과 명칭의 차이를 밝혀 부처님이 머무심에 대한 질문에 대답하다 4.
    ·· 145
    가) 사바세계 안의 백억 가지 부처님 명호 3. ··············· 148
      (가) 사주세계의 10종 명호 ·· 148
      (나) 사주세계 인근의 여래명호 ································ 152
        ㄱ) 동방 선호세계의 10종 명호 ······························ 152
        ㄴ) 남방 난인세계의 10종 명호 ······························ 156
        ㄷ) 서방 친혜세계의 10종 명호 ······························ 156

ㄹ) 북방 사자세계의 10종 명호 ························· 157
ㅁ) 동북방 묘관찰세계의 10종 명호 ····················· 158
ㅂ) 동남방 희락세계의 10종 명호 ······················· 159
ㅅ) 서남방 심견뢰세계의 10종 명호 ····················· 160
ㅇ) 서북방 미묘지세계의 10종 명호 ····················· 160
ㅈ) 하방 염혜세계의 10종 명호 ························· 161
ㅊ) 상방 지지세계의 10종 명호 ························· 162
(다) 사바세계의 명호를 결론하다 ······················· 167
나) 사바세계 인근의 여래명호 10. ····················· 167
(가) 동방 밀훈세계의 10종 명호 ······················· 167
(나) 남방 풍일세계의 10종 명호 ······················· 168
(다) 서방 이구세계의 10종 명호 ······················· 169
(라) 북방 풍락세계의 10종 명호 ······················· 170
(마) 동북방 섭취세계의 10종 명호 ····················· 170
(바) 동남방 요익세계의 10종 명호 ····················· 171
(사) 서남방 선소세계의 10종 명호 ····················· 172
(아) 서북방 환희세계의 10종 명호 ····················· 173
(자) 하방 관약세계의 10종 명호 ······················· 174
(차) 상방 진음세계의 10종 명호 ······················· 175
다) 유례하여 일체와 통하다 ··························· 175
라) 차별한 이유를 밝히다 ····························· 176

大方廣佛華嚴經疏鈔 제12권의 ② 暑字卷下
제8. 사성제를 말하는 품[四聖諦品]

4. 여래의 경계가 불가사의하다 ② ·················180
(2) 언설의 교법이 두루 함을 밝혀 부처님 설하는 법에 대한 질문에 대답하다 5. ·················180
가. 오게 된 뜻·················180
나. 명칭 해석 4. ·················181
ㄱ. 나고 죽음의 사성제·················183
ㄴ. 나고 죽음 없는 사성제·················186
ㄷ. 한량없는 사성제·················190
ㄹ. 지음 없는 사성제·················197
다. 근본 가르침·················203
라. 비방과 힐난을 해명하다·················203
마. 바로 경문을 해석하다 4. ·················207
(가) 사바세계의 사성제의 이름 4. ·················208
ㄱ) 괴로움의 성제·················208
ㄴ) 괴로움이 모임의 성제·················211
ㄷ) 괴로움이 멸한 성제·················212
ㄹ) 괴로움의 멸에 이르는 길의 성제·················214
(나) 사바세계 인근의 열 세계의 사성제 10. ·················216
ㄱ) 동방 밀훈세계의 사성제·················216
ㄴ) 남방 최승세계의 사성제·················222
ㄷ) 서방 이구세계의 사성제·················227
ㄹ) 북방 풍일세계의 사성제·················235
ㅁ) 동북방 섭취세계의 사성제·················239
ㅂ) 동남방 요익세계 사성제·················245
ㅅ) 서남방 선소세계의 사성제·················249
ㅇ) 서북방 환희세계의 사성제·················252

ㅈ) 하방 관약세계의 사성제 4. ···································· 264
ㅊ) 상방 진음세계의 사성제 ·· 267
(다) 유례하여 일체와 통하다 ·· 272
(라) 주인과 반려가 끝이 없다 ······································ 272

大方廣佛華嚴經疏鈔 제13권의 ① 往字卷上
제9. 광명을 비추어 깨달음을 주는 품[光明覺品] ①

제1절. 의지할 과덕에 대한 질문에 답한다[初三品答所依果問] ③
·· 276
(3) 발바닥에서 백억 광명을 비추어 세 가지 질문에 대답하다 5. ···· 276
가. 오게 된 뜻 ··· 276
나. 명칭 해석 2. ··· 283
다. 근본 가르침 ··· 290
라. 비방을 해명하다 ·· 290
마. 경문 해석 2. ··· 294
가) 여래가 양쪽 발에서 광명을 놓다 ···························· 294
나) 광명이 미치는 영역 4. ·· 296
1. 처음 다섯 구절은 부처님의 보리에 관한 질문에 답하다 5. ······· 300
1) 보리는 정식을 초월함에 대해 밝히다 . ······················ 300
(1) 장항으로 밝히다 2. ·· 300
가. 사바세계의 염오와 청정을 비추다 3. ······················ 300
(가) 인간세계에 나타내다 ·· 307
(나) 세존이 팔상을 나타내다 ····································· 314

(다) 모든 천상을 나타내다 ··· 315
나. 법회로부터 널리 두루 한 모양을 나타내다 ···················· 316
(2) 문수보살의 게송 2. ··· 319
가. 설주를 밝히다 ·· 319
나. 게송의 언사를 밝히다 ·· 323
ㄱ. 한 게송은 반대로 밝히다 ·· 324
ㄴ. 나머지 아홉 게송은 순리로 해석하다 4. ························ 327
ㄱ) 여섯 게송은 부처님을 관찰하다 ······································ 327
ㄴ) 한 게송은 나아가 구하다 ··· 337
ㄷ) 중생을 무생으로 관찰하다 ··· 338
ㄹ) 법을 알다 ··· 339
2) 보리의 인과를 통틀어 밝히다 2. ······································ 345
(1) 광명이 시방을 비추다 ·· 345
(2) 문수보살의 게송 3. ··· 346
가) 한 게송은 보리의 원인을 노래하다 ······························· 346
나) 다섯 게송은 보리의 결과와 작용을 노래하다 ············· 349
다) 네 게송은 중생으로 하여금 (부처님과) 똑같이 생각하게 하다 ···· 362

大方廣佛華嚴經疏鈔 제13권의 ② 往字卷下
제9. 광명을 비추어 깨달음을 주는 품[光明覺品] ②

3) 정각의 여덟 가지 양상 2. ··· 366
(1) 장항으로 밝히다 366   (2) 문수보살의 게송 2. 367
가) 한 게송은 덕이 충만함을 표방하다 ······························· 368

나) 아홉 게송은 중생 조복에 대해 개별로 밝히다 9. ·············· 369

ㄱ. 처음 태어났을 때 374　　ㄴ. 경행할 때 375

ㄷ. 돌아볼 때 375　　ㄹ. 사자후 할 때 376

ㅁ. 출가할 때 376　　ㅂ. 도량에 앉을 때 377

ㅅ. 법륜을 굴릴 때 377　　ㅇ. 신통을 나툴 때 378

ㅈ. 열반에 들어감을 보여 줄 때 378

4) 불보리의 체성을 밝히다 2. ·· 379

(1) 장항으로 밝히다 ··· 379

(2) 문수보살의 게송 3. ·· 380

가) 한 게송은 자비와 지혜를 함께 구족하다 ······················· 381

나) 네 게송은 세 가지 공덕이 안으로 원만하다 ··················· 382

다) 다섯 게송은 체성과 합치한 자비의 작용 ······················· 402

5) 보리의 원인을 밝히다 2. ··· 405

(1) 장항으로 밝히다 ··· 405

(2) 문수보살의 게송 5. ·· 406

가) 대비심으로 아래로 구제하는 업 ··· 407

나) 네 게송은 지혜를 닦아서 위로 반연하는 업 4. ··············· 407

다) 한 게송은 안으로 비추는 업 ··· 410

라) 평등하게 관찰하는 업 ··· 419

마) 세 게송은 크게 작용하는 업 ··· 419

2. 한 문단은 부처님의 위덕에 대한 질문에 대답하다 2. ·········· 421

1) 장항으로 밝히다 ··· 421

2) 문수보살의 게송 2. ··· 423

가. 다섯 게송은 법신을 노래하다 2. ·· 423

나. 다섯 게송은 지혜의 몸을 노래하다 2. ·· 436

가) 한 게송은 해탈을 아는 지혜 ··· 436

나) 네 게송은 크게 작용함이 자재하다 ················· 438
3. 부처님 법성에 대한 질문에 대답하다 4. ··············· 442
1) 안과 밖으로 포섭하는 공덕을 총합하여 밝히다 2. ······· 442
(1) 장항으로 밝히다 ································· 442
(2) 문수보살의 게송 2. ······························· 443
가. 다섯 게송은 불가사의한 불법을 찬탄하다 ··········· 443
나. 다섯 게송은 방편에 들어감을 보이다 ··············· 451
2) 방편으로 가능한 공덕 2. ··························· 461
(1) 장항으로 밝히다 ································· 461
(2) 문수보살의 게송 9. ······························· 462
가. 체성과 합치하면 작용을 초월하다 ················· 462
나. 고요하게 비추는 방편을 찬탄하다 ················· 464
다. 부처님의 걸림 없는 방편을 찬탄하다 ··············· 465
라. 부처님의 닦을 것 없음을 닦는 방편을 찬탄하다 ······· 466
마. 회향하는 방편을 찬탄하다 ························ 467
바. 증득해 아는 방편을 찬탄하다 ····················· 468
사. 고요하게 작용하는 방편을 찬탄하다 ··············· 469
아. 시간의 숫자인 방편을 찬탄하다 ··················· 469
자. 생각하기 어려운 방편을 찬탄하다 ················· 470
차. 비할 데 없는 방편을 찬탄하다 ····················· 470
3) 대비심으로 구제하고 섭수하는 공덕 2. ··············· 471
(1) 장항으로 밝히다 ································· 471
(2) 문수보살의 게송 3. ······························· 472
가. 행법과 이해가 원만함을 총합하여 표방하다 ········· 472
나. 여덟 게송은 교화하는 부류가 같지 않음을 개별로 밝히다 ···· 475
다. 한 게송은 자비와 지혜가 원융함을 결론하다 ········· 482

4) 인행과 과덕이 원만한 덕 2. ··483
(1) 장항으로 밝히다 ··483
(2) 문수보살의 게송 2. ···485
가. 네 게송은 부처님의 인과를 보이다 ·······················485
나. 여섯 게송은 중생을 권하여 수순하여 행하게 하다 ············490

大方廣佛華嚴經 제12권

大方廣佛華嚴經疏鈔 제12권의 ① 暑字卷上

제7 如來名號品

이제 두 번째 법회가 열리고 있는 보광명전(普光明殿)으로 가 본다. 이번 법회에서는 총 여섯 품을 설하는데, 화엄의 교설 방법 가운데 52가지 보살의 수행 단계에서 처음의 '십신(十信)'에 해당하는 설법인 제12 현수품(賢首品)까지의 설법이 이어진다. 제7 여래명호품(如來名號品)에서는 수많은 부처님의 명호를 말하기에 앞서서 특히 『화엄경』의 전편에 걸친 중요한 질문이 설해지고 있다. 즉 화엄의 가장 중요한 과제인 "어떤 것이 보살행인가?"라는 등의 총 29가지 질문이 쏟아져 나온다. 경문에 이르되,

"신통을 나타내시니 동방으로 열 개의 불찰 미진수 세계를 지나서 세계가 있으니 이름하여 금색세계요 부처님 명호는 부동지시며 그 세상에 보살이 있으니 이름은 문수사리이다…."

```
大方廣佛華嚴經 제12권
大方廣佛華嚴經疏鈔 제12권의 ① 暑字卷上
```

제2회 보광명전법회 (6품)

제7. 여래의 명호를 말하는 품[如來名號品]

第一. 제2 보광명전법회의 서분[序分]
第二分. 인행을 닦아 과덕에 계합하는 부분[修因契果生解分] 5.

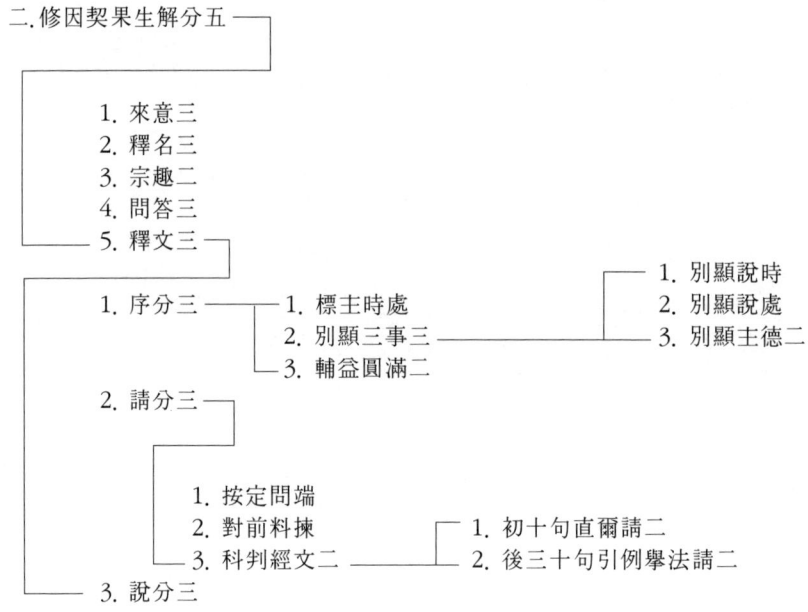

第一. 과목 나누기[分科] (此下 1上5)

[疏] 此下第二는 修因契果生解分이며 第二會初라 從此第十二經盡하고 第十三經菩薩問明品이라 將釋此品인대 五門分別이니 初, 來意者는

- 이 아래 제2장은 '인행을 닦아 과덕에 계합하는 이해를 내는 부분'이며, 두 번째 보광명전 법회의 第一. 서분이다. 여기 본경 제12권의 경문이 다하고, 제13권 경은 보살문명품이다. 이 품을 해석하는데 다섯 문으로 분별하나니, 一. 오게 된 뜻은,

第二. 과목에 따라 해석하다[隨釋] 5.
一. 오게 된 뜻[來意] 3.

一) 수인계과분이 오게 된 뜻[分來] (先明 1上7)
二) 제2 보광명전 법회가 오게 된 뜻[會來] (二會)
三) 여래명호품이 오게 된 뜻[品來] (三品)

[疏] 先明分來니 前旣擧果하야 令生信樂일새 今明能生因果信解일새 故次來也니라 二, 會來者는 生解之中에 信爲其首故라 又前은 擧所信之境이오 今明能信之行일새 故次來也니라 三, 品來者는 前品에는 擧因顯果하야 成所信之境하고 今擧果辨因하야 彰能信之行이라 果中三業에 身爲其總일새 故先來也라 又遠答前名號海問故니라

- 먼저 一) 수인계과분이 온 뜻을 밝히면, 앞에서 이미 결과를 들어서 믿음과 즐거움을 생기도록 하였으므로 지금은 생김의 주체의 인과와 신해를 일으키도록 하기 위해 다음에 온 것이다. 二) 제2 보광명전법회가 온 뜻에는 이해를 생기게 한 중에서 믿음이 먼저이기 때문이다. 또한 앞에는 믿을 대상경계를 거론하였고, 지금은 믿는 주체의 행법

을 밝히려 하므로 다음에 온 것이다. 三) 여래명호품의 온 뜻이니, 앞의 제6 비로자나품은 앞에서 원인을 들어 결과를 밝혀서 믿음의 대상 경계를 이루었고, 지금 제7 여래명호품은 결과를 들어 원인을 말하여 믿는 주체의 행법을 밝혔다. 그 결과 중 세 가지 업 중에 신업이 총상이 되므로 먼저 온 것이다. 또 멀리 여래현상품의 '(부처님) 명호 바다에 대한 질문'에 대답한 내용이다.

[鈔] 二會來意者는 於中有二하니 一, 對後辨來니 以一分六會에 今是初故라 二, 又前擧下는 對前辨來라 又遠答名號海問者는 自是十海가 爲總意耳니라

- 二) 제2 법회가 온 뜻이란 그중에 둘이 있으니, (1) 뒤를 상대하여 온 뜻을 밝힘이니, 하나의 수인계과분에 여섯 번 법회가 있는데, 지금은 첫 번째 보광명전법회이다. (2) 又前擧 아래는 앞과 상대하여 온 뜻을 밝힘이다. '또 멀리 여래현상품의 '名號海에 대한 질문'에 대답한 내용'이란 열 개의 바다로부터 총합한 의미라는 뜻일 뿐이다.

二. 명칭 해석[釋名] 3.

一) 수인계과분의 명칭[分名] (初分 1下6)
二) 제2 보광명전법회의 명칭[會名] (二會)

[疏] 二, 釋名이 亦三이니 初, 分名이니 修因契果生解分이니 謂修五位之圓因하고 成十身之滿果하야 令諸菩薩로 解此相故라 卽生修因契果之解니 依主釋也라 二, 會名이니 約處하야 名普光明殿會라 然有三

釋하니 一, 以殿是寶成하야 光普照故오 二, 佛於其中에 放普光故오 三, 佛於殿中에 說普法門하사 慧光照世일새 故立其名이라 依前一義하면 卽依主釋이오 後二는 有財라 約法하면 則名信行之會니라

■ 二. 명칭 해석이 또한 셋이니, 一) 수인계과분의 명칭이니 제2장. 인행을 닦아 과덕에 계합하는 이해를 내는 부분이다. 말하자면 다섯 지위의 원만한 행인[圓因]을 닦고 십신의 원만한 결과[滿果]를 성취하여 모든 보살로 하여금 이런 양상을 알게 한 까닭이다. 곧 인행을 닦아 과덕에 계합하는 이해를 낸 것이니 의주석(依主釋)에 해당한다. 二) 제2 보광명전법회의 명칭이니 (一) 장소를 잡으면 보광명전법회라 이름한다. 그런데 세 가지 해석이 있으니 (1) 전각이 보배로 만들어져 광명이 널리 비추는 까닭이요, (2) 부처님께서 그 가운데서 널리 광명을 놓는 까닭이요, (3) 부처님이 그 전각에서 보편한 법문을 설하셔서 지혜광명으로 세상을 비추므로 그런 명칭을 세운 것이다. 앞의 한 가지 뜻에 의지하면 의주석(依主釋)이요, 뒤의 두 가지 뜻은 유재석(有財釋)에 해당한다. 그 법을 잡으면 믿음을 실천하는 법회라 이름한다.

三) 여래명호품의 명칭[品名] 3.
(一) 나머지 모양에 의지하여 설명하다[約餘相說] (三品 2上2)
(二) 통하고 국한됨을 구분하다[揀定通局] (品中)
(三) 6합석으로 밝히다[辨六釋] (如來)

[疏] 三, 品名이니 如來는 現相品에 已釋이라 召體日名이오 表德爲號니 名別號通이라 一切諸佛이 通具十號라하니라 名釋迦等은 則不同故라 如來는 卽十之一이니 品中에 正說이로대 隨機就德하야 以立別名이라

旣表德之名하니 則亦名亦號라 如來之名號는 依主釋也니라

- 三) 여래명호품의 명칭이니, 여래는 제2 여래현상품에서 이미 해석하였고, "본체를 불러서 '이름'이라 하였고, 덕을 표하여 '호칭'이라 하였으니, 이름은 개별적인 것이요 호칭은 전체적인 것이다. 일체의 모든 부처님이 모두 열 가지 호칭을 갖추고 있다"라고 말한다. '석가'라는 명칭 등은 같지 않은 까닭이요, 여래는 열 가지 호칭의 하나이니, 명호품 가운데 바로 설명하였지만 근기에 따라 덕에 나아가 개별 명칭을 세운 것이다. 이미 덕을 표한 명칭이니, 이름이기도 하고 호칭이기도 하다. 여래라는 명호는 의주석(依主釋)이다.

[鈔] 三佛於殿中者는 就此普法하야 自有四義하니 一, 境智合說이니 眞俗雙照[1]曰普오 妙智照達名光이라 二, 單約境說이니 體周曰普오 用徹爲光이라 三, 唯約智說이니 準境可知라 四, 約融攝說이니 若事若理가 皆無障礙하야 一塵一行이 猶如帝網曰普오 圓明顯煥爲光이라 餘如十玄하니라 表德爲號는 亦有釋云호대 表德爲字오 響頒人天曰號라하니 今以卽字가 是號니 猶如十號가 皆約德故라 言名別號通者는 總相說耳라 品中正說下는 揀定通局을 可知로다

- (3) '부처님이 그 전각에서'란 이 보편한 법에 나아가 자연히 네 가지 뜻이 있으니 ① 경계와 지혜를 합해 설함이니, 진과 속을 함께 비추는 것을 '넓다[普]'라 하고, 미묘한 지혜로 비추어 통달함을 '광명[光]'이라 한다. ② 그냥 경지만 잡아서 설명함이니, 체성이 두루 함을 보(普)라 하고, 작용이 투철함을 광(光)이라 한다. ③ 오직 지혜만 잡아서 설명함이니, 경계에 준해 보면 알 수 있으리라. ④ 융합하고 섭수함을 잡

---

1) 雙照는 南續金本作遐周.

아서 설명함이니, 현상과 이치가 모두 장애함이 없어서 한 티끌 수 국토[塵刹]에 한 번 수행함이 마치 제석천의 비단 그물과 같음을 보(普)라 하고, 두렷이 밝게 훤히 빛나는 것을 광(光)이라 한다. 나머지는 십현담의 내용과 같다. '덕을 표하여 호칭'이라 함은 또한 어떤 이가 해석하여 말하되, "덕을 표하여 '글자'로 삼고, 메아리가 인간과 천상에 반포하여 '호칭'이라 말한다"라고 하였으니, 지금은 곧 글자가 바로 호칭이니 마치 열 가지 명호가 모두 덕을 잡은 까닭이다. '이름은 개별적인 것이요 호칭은 전체적인 것'이라 말한 것은 총합적인 설명일 뿐이다. 品中正說 아래는 전체와 국한된 것을 가려 정함이니, 알 수 있으리라.

三. 근본 가르침[宗趣] 3.

一) 해당 과목을 잡아 종지를 말하다[約當科辨宗] (二會 2下5)

[疏] 三, 宗趣라 亦三이니 初, 分宗이니 謂以修生修顯因果爲宗이오 令諸菩薩修行契入으로 爲趣라 二, 會宗者는 若就總望인대 信解行德攝位로 爲宗이오 通成佛果로 爲趣니 信能必到如來地故라 近望인대 唯信爲宗이오 成位爲趣니라

■ 三. 근본 가르침에 또한 셋이니 一) 수인계과분의 종취이다. 말하자면 수행으로 생김[修生]과 수행으로 밝힘[修顯]의 인행과 과덕을 종으로 삼고, 모든 보살들로 하여금 수행하여 계합하여 들어감을 취지로 삼는다. 二) 제2 법회의 종취는 만일 총체적으로 바라본다면 믿음과 이해와 수행의 공덕으로 지위를 섭수함을 종이라 하고, 통달하여 부처님의 과덕을 성취함을 취지로 삼았으니, 믿음은 반드시 여래의 지

위에까지 이르게 하는 까닭이다. 가까이서 바라본다면 오직 믿음이 종이 되고, 지위를 성취함이 취지가 된다.

二) 개별 과목으로 종지를 밝히다[約別科辨宗] 3.
(一) 품의 길게 과목 나눈 것을 따르다[隨品長分科] (若依 2下7)
(二) 앞뒤를 묶어서 과목 나누다[前後鉤鎖科] (故亦)
(三) 옛 어른들의 판석[古德所判科] (亦是)

[疏] 若依長科十分之宗인대 此下三品이 以爲一分이니 卽果用應機하야 周徧法界로 以爲其宗이오 依此起信으로 爲趣라 故此亦名正報因果며 亦是所信이라 信何法門고 信佛身名이 等於衆生하야 則知我名이 如佛名也오 信佛法門이 隨宜而立하야 知我妄念苦集이 亦全法門이오 信佛意業에 光明徧照하야 則知自心에 無不知覺이라 故로 先古諸德이 亦將上三品하야 擧果分收하나라

■ 만일 긴 과목인 열 부분의 종에 의지한다면 여기부터 아래 세 품[제7 여래명호품, 제8 사성제품, 제9 광명각품]으로 한 부분이 되나니, 곧 과덕의 작용으로 중생 근기에 맞추어 법계에 두루 함으로 종을 삼고, 이런 믿음을 일으킴으로 취지를 삼았다. 그러므로 이것도 또한 정보(正報)의 인행과 과덕이며, 역시 믿을 대상이 된다. 어떤 법문을 믿을 것인가? 부처님 몸의 명칭이 중생과 같아서 내 이름이 부처님 명호와 같음을 알겠다. 부처님의 법문이 마땅함을 따라 수립되어 내가 망녕되게 고통과 고통의 원인이라 생각함이 또한 온전히 법문임을 알게 된 것이요, 부처님의 의업에 광명이 두루 비춤을 믿어서 내 마음으로 알고 깨닫지 못할 것이 없음을 아는 것이다. 그러므로 먼저 예로부터 모든

대덕들이 또한 위의 세 품[세계성취품, 화장세계품, 비로자나품]을 가져서 제1 거과권락분으로 거둔 것이다.

三) 여래명호품의 근본 가르침[品宗]

[疏] 三, 品宗者는 顯佛名號가 周徧爲宗이오 隨機調化利益으로 爲趣라 或上二皆宗이오 生信爲趣니라

- 三) 여래명호품의 근본 가르침이란 부처님 명호가 두루 함을 밝혀서 종으로 삼고, 근기에 따라 조복하고 변화시킨 이익으로 취지를 삼았다. 혹은 위의 둘은 모두 종이요, 믿음을 생기게 함을 취지로 삼았다.

[鈔] 修生修顯因果爲宗者는 修生은 約差別因果오 修顯은 約平等因果 故니라 二會宗下는 疏文有二하니 先, 約四分科經하야 以明宗趣오 二, 約別科辨宗이라 今初에 又二니 初는 若就總望等者는 亦名爲遠望이니 爲成佛果故로 爲遠이오 具解行德故로 爲總이니 解는 即問明이오 行은 即淨行이오 德은 即賢首라 二, 近望者는 唯望十住故로 爲近이라 亦合名別이니 將前攝位하야 爲總2)故라 攝位者는 十信滿心에 頓攝諸位니 今此는 唯3)成十住故라 仁王에는 不開十信하고 攝在十住하니 信爲能成이오 住爲所成故니라

若依長科下는 第二, 約別科辨宗이라 略有三義하니 一, 隨品長分科 는 總爲十段이니 今當第四니 前後攝疊故라 二, 故此亦名正報因果者 는 即前後鉤鎖科니 亦當第二니 毘盧遮那는 是因이오 此三品은 爲果 故라 三, 亦是所信者는 賢首는 向前하야 亦將此三하야 屬所信因果

---

2) 總은 南續金本作此趣.
3) 唯下에 南金本有爲字.

中正報果故라 如下疏指니 亦屬四分之中第一分故라 而言亦者는 有二意하니 一, 對今科하야 屬第二分故오 二, 對隨其本會科하야 名能信成德會라 今爲所信일새 故云亦也니라

- '수행으로 생김과 수행으로 밝힘의 인행과 과덕을 종으로 삼는다'는 것에서 수생(修生)은 차별인과를 의지함이요, 수현(修顯)은 평등인과를 의지한 까닭이다. 二會宗 아래는 소의 문장이 둘이 있으니, (1) 네 부분으로 과목을 낸 경문을 의지하여 종취를 밝힌 때문이요, (2) 개별적인 과목에 의지하여 종취를 밝혔다. 지금은 (1)에 또한 둘이니 가. 만일 총합적으로 바라봄에 의지한 등은 또한 '멀리 바라본다'고 말하였으니, 부처님의 과덕을 이루기 위한 까닭으로 '멀다'고 했고, 이해와 행법과 덕을 갖추었으므로 '총합적'이라 하였으니, 이해는 보살문명품이요, 행법은 정행품이요, 공덕은 현수품이다.

나. '가깝게 바라본다'는 것은 오로지 십주만 바라본 까닭에 '가깝다'고 하였다. 또한 합쳐서 개별적이라 하였으니 앞의 지위에 포섭함을 가져서 '총합적'이라 했기 때문이다. '지위에 포섭함'이란 십신이 마음을 만족하면 단박에 여러 지위를 포섭하는 것이니, 지금 여기서는 오로지 십주만을 이루기 때문이다. 『인왕반야경』에는 십신을 열지 않고 십주를 포섭하나니, 신(信)은 성립하는 주체가 되고 주(住)는 성립할 대상이 되기 때문이다. 二) 若依長科 아래는 개별 과목에 의지하여 종취를 밝힘이다. 간략히 세 가지 뜻이 있으니 (一) 품의 긴 과목을 따라 총합하여 열 문단으로 나누었으니, 지금은 넷째에 해당하나니 앞뒤로 첩첩함을 섭수한 까닭이다. (二) '그러므로 이것도 또한 정보의 인행과 과덕'이란 앞뒤를 묶어서 과목 나누면 또한 둘째에 해당하나니, 비로자나품은 원인이요, 이 세 품[여래명호품, 사성제품, 광명각품]은

결과가 되는 까닭이다. (三) '역시 믿음의 대상이 된다'는 것은 현수품은 앞을 향하여 또한 이 셋을 가져서 믿을 대상 가운데 정보의 과덕에 속하기 때문이다. 아래 소가가 지적한 바와 같나니, 네 부분 중의 제1 거과분에 속하는 까닭이다. 그런데 '또한'이라 말한 것은 두 가지 의미가 있으니 (1) 지금의 과목을 상대하여 제2 수인계과분에 속하게 한 까닭이요, (2) 그 본회[제2 보광명전법회]를 따르는 과목을 상대하여 믿는 주체가 공덕을 이루는 법회라고 이름하였다. 지금은 믿을 대상이 되었으므로 '또한'이라 말한 것이다.

四. 질문과 대답[問答] 3.

一) 전체적으로 서로 위배된다는 힐난을 해명하다[通明相違難]
(四問 3下9)

[疏] 第四, 問答이니 問이라 五周因果가 差別과 平等이 不同이어늘 何以分名에 合之爲一고 答이라 通生差別平等解故며 離於修生에 說何修顯故니라

■ 四. 질문과 대답이니, (1) 질문한다. 오주(五周)인과[4]에서 차별인과와 평등인과가 같지 않은데 어찌하여 부분 명칭을 합하여 하나로 삼았는가? (2) 대답한다. 전체적으로 차별인과와 평등인과라는 이해가 생기기 때문이며, 수생(修生)을 여의면 어찌 수현(修顯)이라 말하겠는가?

---

4) 五周因果는 1. 所信因果周(제1 擧果勸樂生信分의 제1 적멸도량법회의 제1 세주묘엄품에서 제6 비로자나품까지)와 2. 差別因果周(제2 修因契果分 중의 제2 보광명전법회, 제3 忉利 제4 夜摩 제5 兜率 제6 他化의 제7 재회보광의 제7 여래명호품부터 제35 여래수호광명공덕품까지)와 3. 平等因果周(수인계과분 중의 제36 보현행품부터 제37 여래출현품까지)와 4. 成行因果周(제3 托法進修成行分의 제8 三會普光법회의 제38 이세간품) 5. 證入因果周(제4 의인증입성덕분의 제9 祇陀園林법회의 제39 입법계품).

二) 번거롭게 중복된다는 힐난을 해명하다[通繁重難] 2.
(一) 뜻을 잡아 해명하다[約義通] (問前 4上1)

[疏] 問이라 前會에 擧果는 本爲生信이어니와 今何重擧名號等三고 答이라 凡約境生信에 有其二義하니 一, 標擧境法하야 明有所在오 二, 攝以就心하야 令成信行이니 前會는 約初義오 此會는 約後義니라
- (1) 질문한다. 앞의 (제1 적멸도량)법회에서 거과분은 믿음을 생겨나게 함을 근본으로 하였는데, 지금은 어찌하여 거듭하여 여래명호품과 사성제품, 광명각품을 거론하였는가? (2) 대답한다. 대개 경계에 의지하여 믿음이 생겨나면 두 가지 뜻이 있으니 1) 경계와 법을 거론함을 표방하여 소재가 있음을 밝혔고, 2) 섭수하여 마음에 나아가 하여금 믿고 행함을 이루게 하였으니, 앞의 법회는 처음 뜻을 의지하였고, 지금의 제2 보광명전법회는 둘째 뜻을 의지하였다.

[鈔] 問前會擧果下는 此通繁重難이니 先은 問이오 後는 答이라 答中에 二니 先, 約義通이니 爲意別故로 所以重擧를 可知라
- 二) 問前會擧果 아래는 번거롭게 중복된다는 힐난을 해명함이니, 앞은 질문함이요, 뒤는 대답함이다. 대답함 중에 둘이니 (一) 뜻을 잡아 해명함이니 의미가 다름이 되는 까닭으로 거듭하여 거론한 것인 줄 알 수 있으리라.

(二) 경문에 의지하여 해명하다[約文通] 2.
1. 바로 대답하다[正答] (又前 4上6)

[疏] 又前會는 果廣因略일새 故名擧果오 此會는 因廣果略일새 故로 總攝爲因이라 先依後正은 文影略耳니라
- 또한 앞의 제1 적멸도량법회는 과덕은 자세하고 인행은 생략되었으므로 '과덕을 거론한다'고 말하였고, 여기의 제2 보광명전법회는 인행은 자세하고 과덕은 생략되었으므로 총합적으로 섭수하여 인행으로 삼은 것이다. '먼저는 의보이고 뒤는 정보'인 것은 경문이 비추어 생략된 것일 뿐이다.

[鈔] 又前會果廣下는 約文以答이니 以少從多故라 前會는 果多일새 名擧果分이오 此下는 因廣일새 分名修因이라 雖擧此會나 正酬向來約分名難일새 故云因廣이니라 然取當會因果에 皆各三品이 因果似齊나 而因文亦廣이니라
- (二) 又前會果廣 아래는 경문을 잡아서 대답함이니 적은 것으로 많은 것을 따르기 때문이다. 앞의 제1 법회는 과덕이 많으므로 거과분이라 이름하였고, 여기 아래는 인행이 광대하므로 수인계과분이라 이름하였다. 비록 이 두 법회만 거론했지만 접때부터 부분의 명칭을 잡아서 힐난하므로 '인행이 광대하다'고 말한 것이다. 그러나 제2회 인행과 과덕을 취할 적에 모두 각기 세 품이 원인과 결과로 비슷하거나 같지만 인행의 문장도 또한 자세한 것이다.

2. 잘못을 가려내다[揀濫] (若約 4下2)

[疏] 若約鉤鎖者인대 自屬正報果니 故로 不同第七會에 說所成果라 此中에는 自辨信所依故니라

■ 만일 묶어 본다면 자연히 정보의 과덕에 속하므로 제7 재회보광명전법회에서 소성인과를 설명함과는 같지 않다. 이번 법회에서는 자연히 믿음의 의지처를 분별한 까닭이다.

[鈔] 若約鉤鎖者는 此當第三依起因果니 是所依果故라 不同第七說所成者는 所成은 自屬第四差別因果故니라

● '만일 갈구리와 쇠사슬을 잡는다'는 것은 이것은 셋째, 인행과 과덕을 의지하여 생겨남에 해당되나니 의지할 대상의 과덕인 까닭이다. '제7 재회보광명전법회에서 소성인과를 설명함과는 같지 않다'는 것에서 성취할 대상은 자연히 넷째, 차별인과에 속하기 때문이다.

三) 정할 수 없다고 힐난함에 대해 해명하다[通不定難] 5.
(一) 바로 대답하다[正答] (問何 4下6)
(二) 질문으로 시작하다[徵起] (若爾)
(三) 네 구절로 구분하다[四句料揀] (然況)

[疏] 問이라 何不入定고 以未入位에 性不定故니라 若爾인대 十定이 豈散善耶아 然이나 說法之儀가 通有四句하니 一, 定後說이니 如諸會오 二, 說後定이니 如無量義經等이오 三, 定中說이니 如第九會에 無出言故오 四, 不入說이니 如此信中과 及第七會라 諸文非一이니라

■ 질문한다. 어찌하여 선정에 들어가지 않는가? 아직 지위에 들어가지 않아서 성품이 정해지지 않은 까닭이다. 만일 그렇다면 열 가지 선정이 어찌 선행을 흩어 버렸겠는가? 그러나 설법하는 모양새가 통틀어 네 구절이 있으니, (1) 선정에 들고 나서 설함이니 일반적인 법회와 같

고, (2) 설법한 후에 선정에 듦이니 『무량의경』과 같은 등이다. (3) 선정 속에서 설함이니 제9 서다원림법회에는 말을 하지 않은 까닭이요, (4) 선정에 들지 않고 설함이니, 이번과 같이 십신(十信) 중이나 제7 재회보광명전법회와 같지만 모든 경문이 한결 같지는 않다.

[鈔] 以未入位下는 答此上問이라 文有五段하니 一者, 正答이니 猶如輕毛하니 未能得入正定聚故오 二, 若爾下는 躡迹生難이오 三, 然說法下는 以義釋通이오 四, 第九會下는 出四所以오 五, 是知下는 結其深玄이라 二,[5] 說後定者는 卽法華中에 經云, 爲諸菩薩하사 說大乘經하시니 名無量義라 敎菩薩法이며 佛所護念이라 說是經已하시고 結跏趺坐하사 入於無量義處三昧하사 身心不動이 是也라 若出其意인대 無量義者는 是出生義니 故로 彼經에 云,[6] 無量者는 從一法生이니 其一法者는 所謂無相이라하니라 法華는 卽是收入之義일새 故로 彼經에 云, 究竟至於一切智地라 世尊法久後에 要當說眞實이라하니라 今欲收入에 先辨出生이라 若知三乘萬化가 從實相生인대 究竟還歸一實相故로 欲爲法華序일새 故로 說無量義하사 便入此定이니라

● (一) 以未入位 아래는 이 위의 질문에 대답함이다. 경문에 다섯 문단이 있으니 (1) 바로 대답함이니 가벼운 깃털과 같나니 아직 능히 정정취(正定聚)에 들어가지 않은 까닭이요, (2) 若爾 아래는 자취를 토대로 힐난이 일어남이요, (3) 然說法 아래는 뜻으로 해석하여 해명함이요, (4) 第九會 아래는 네 구절을 내보인 이유요, (5) 是知 아래는 깊고 현묘함을 결론함이다. '(2) 설법한 후에 선정에 든다'는 것은 곧

---

[5] 上三十四字는 南金本無, 玄下에 續本有聚故.
[6] 이는 法華經 方便品의 게송이다. "舍利弗當知하라 諸佛語無異니 於佛所說法에 當生大信力이라 世尊法久後에 要當說眞實이니라."

『법화경』(서품) 중이니 경문에 이르되, "모든 보살을 위하여 대승경전을 설하였으니 이름이 『무량의경』이다. 보살을 가르치는 법이며 부처님이 보호하고 염려하시는 경이다. 이 경을 설해 마치고 가부좌를 맺고 무량의처삼매에 드시어 몸과 마음이 동요하지 않았다"라 함이 그것이다. 만일 그 의미를 내보인다면, '무량의(無量義)'란 '출생한다'는 뜻이다. 그러므로 저 경에 이르되, "한량없다는 것은 한 법에서 생겼으니, 그 '한 법[一法]'이란 이른바 모양이 없다"라고 하였으니, 법화경은 바로 '거두어 들어간다'는 뜻이다. 그러므로 저 경문에 이르되, "구경에는 온갖 지혜의 자리에 이른다. 세존께서는 설법한 지 오랜 뒤에 마땅히 진실한 법을 설하신다"라고 하였다. 지금은 거두어 들어가려 할 적에 먼저 나온다는 것을 밝혔다. 만일 삼승의 만 가지 교화가 실상에서 나온 줄 안다면 구경에는 하나의 실상에 돌아가게 되는 연고로 법화경이 시작되는 까닭에 『무량의경』을 설하시어 문득 이런 선정에 든 것이다.

(四) 네 구절을 내보인 이유[出四句所以] (第九 5上10)

[疏] 第九는 表證이니 唯證能說이라 一得永常일새 不礙起用故오 第七은 爲表常在定故라 又入爲受加니 彼不須加일새 故不須入이라 說後入者는 說在行故며 將起後故니라

■ 제9 서다원림법회는 증득을 표함이니, 증득한 이라야 잘 설할 수 있다. 한 번 영원하고 항상함을 얻어서 작용을 일으키는 데 장애되지 않기 때문이요, 제7 재회보광명전법회는 항상 선정 중에 있음을 표하기 위한 까닭이다. 또 들어가면 가피를 받게 되나니, 저가 가피를 구

하지 않으므로 (선정에) 들어감도 구하지 않는 것이다. '설법한 뒤에 선정에 든다'는 것은 설법이 수행에 있기 때문이며, 장차 뒤를 시작하기 위한 까닭이다.

[鈔] 第九表證下는 即第四出四句所以라 其第一定後說은 諸會廣說일새 故不釋之하고 但解後三이라 初解第三이오 二, 第七爲表下는 解第四라 第四에 有二會不入定하니 第二不入은 前已解竟이오 唯解第七이라 三, 說後入下는 通第二義니 入即修行이라 上引無量義經은 乃是別意라 而有等言은 等取此經通意하야 通諸經意[7]니 今顯通意耳니라

● (四) 第九表證 아래는 곧 네 구절을 내보인 이유이다. 그 첫째, 선정에 든 다음에 설함은 모든 법회에서 널리 설명하는 연고로 해석하지 않았고, 단지 뒤의 셋만 아는 것이다. (1) 처음은 셋째를 아는 것이요, (2) 第七爲表 아래는 넷째를 아는 것이다. 넷째에 두 법회[제2회, 제7회]에 선정에 들지 않았으니 둘째에 들지 않음은 앞에서 이미 해설하여 마쳤고, 오직 제7회만 이해하면 된다. (3) 說後入 아래는 둘째 뜻과 통함이니 들어감은 곧 수행함이다. 위에서 『무량의경』을 인용함은 바야흐로 별도의 의미이다. 그러나 등이 있다는 말씀은 이 화엄경의 전체적인 의미로 똑같이 취해서 모든 경의 의미와 회통함이니 지금은 전체적인 의미를 밝혔을 뿐이다.

(五) 깊고 현묘함을 결론하다[結其深玄] (是知 5下8)

---

7) 上七字는 南續金本作中諸經通意.

[疏] 是知動寂이 唯物이라 聖無常規니 故로 下文中에 辨十信之用에 一方入正定하고 餘方에 起出說이 自在無礙也라 餘會는 摩頂後說이라하니 此會는 說後摩頂하시니 是知此經體勢가 縱橫이라 不可定準이로다

- 이러므로 움직이고 고요함이 오로지 물질뿐임을 알라. 성스러움에 일정한 규칙은 없나니 그러므로 아래 경문 중에 십신(十信)의 작용에서 "한 방소에서 바른 선정에 들어가고 나머지 방소에서 선정에서 일어나 나온다는 설법이 자재하고 걸림이 없다. 나머지 법회에는 이마를 어루만진 후에 설법한다"고 하였으니, 이번 법회에는 설법한 후에 이마를 어루만졌으니, 이 경전의 체성과 세력이 세로와 가로에 미침을 이렇게 알라. 일정하게 준거할 수는 없다.

[鈔] 是知動下는 第五, 結其深玄이라 故下文中下는 示十信相이라 旣所說信이 定散自在하니 明知能說이 入出難思로다 餘會摩頂下는 更示異門하야 令無局執이니라

- (五) 是知動 아래는 깊고 현묘함을 결론함이다. 故下文中 아래는 십신의 모양을 보임이다. 이미 말한 십신의 선정과 산란함에 자재하니 설법하는 주체가 선정에 들고 나옴이 불가사의함을 분명히 알겠다. 餘會摩頂 아래는 다시 다른 문을 보여서 하여금 국집하지 않게 하였다.

五. 경문 해석[釋文] 3.

一) 우선 개별 과목을 지적하다[且指別科] (第五 6上5)

[疏] 第五, 釋文이라 若隨義約品科인대 十分之中에 此下三品은 當果用應機普周分이오 若約隨法就會科인대 十分之中에 此一會는 當第二能信成德會라

■ 五. 경문 해석이다. 만일 뜻에 따라 품과 과목을 잡으면 열 부분 중에 여기부터 아래 세 품[여래명호품, 사성제품, 광명각품]은 과덕의 작용으로 중생 근기에 응하여 널리 두루 한 부분에 해당함이요, 만일 법에 따름을 잡아서 법회의 과목에 입각한다면 열 부분 중에 이 한 법회는 제2 믿는 주체가 과덕을 이루는 법회에 해당한다.

二) 바로 해당 과목을 설명하다[正明當科] 3.
(一) 표방하고 지적하다[標指] (今就 6上7)
(二) 뜻을 드러내어 과목 나누다[顯義分科] (若順)

[疏] 今就四番問答科하야 從此終第七會가 卽當第二修因契果生解分이라 若順諸會인대 應直分問答이라 今爲順文하야 一會를 分三이니 第一, 序分이오 第二, 請分이오 第三, 說分이라

■ 지금은 네 번의 질문하고 대답하는 과목에 입각하여 여기부터 제7 재회보광명전법회까지가 곧 제2 수인계과생해분(修因契果生解分)에 해당한다. 만일 모든 법회를 따른다면 응당히 바로 질문과 대답으로 나누어야 하리라. 지금은 경문을 따라서 한 법회를 셋으로 나누리니 1. 서분이요, 2. 설법을 청하는 부분이요, 3. 설법하는 부분이다.

[鈔] 若順諸會者는 以六會가 共答此中問故라 第一序分이 唯屬此會니 爲加序分이 名爲順文이니라

- '만일 모든 법회를 따른다'는 것은 여섯 번의 법회[제2 보광명전, 제3 수미산정, 제4 야마천궁, 제5 도솔천궁, 제6 타화천궁, 제7 재회보광명전]가 함께 이 가운데서 나온 질문에 대해 대답하는 형식이기 때문이다. 1. 서분은 오직 이 법회에만 속하나니 서분을 첨가하여 '경문을 따른다'고 이름한 것이다.

(三) 과목에 따라 경문을 따오다[隨科牒經] 3.
第一. 서분[序分] 3.

一. 법주와 시간과 장소를 표방하다[標主時處] (今先 6下3)

爾時에 世尊이 在摩竭提國阿蘭若法菩提場中하사
저 때에 세존이 마갈제국 아란야 법 보리도량에 계시면서

[疏] 今先序分은 具如經初오 但加普光이 以爲小異라 略分爲三이니 初, 標主時處라
■ 지금은 第一. 서분에 대해서는 구체적으로 경문의 처음과 같다. 단지 보광명전을 더한 것이 조금 다른 점이다. 간략히 셋으로 나누리니, 一. 법주와 시간과 장소를 표방함이다.

二. 세 가지 일을 개별로 밝히다[別顯三事] 3.
一) 설법의 시점을 따로 밝히다[別顯說時] (二始 6下7)
二) 설법 장소를 따로 밝히다[別顯說處] (二於)

始成正覺하사 於普光明殿에 坐蓮華藏師子之座하시니라
비로소 정각을 이루시고, 보광명전에서 연화장 사자좌에 앉으시었다.

[疏] 二, 始成下는 別顯三事요 三, 與十佛下는 輔翼圓滿이라 二中에 分三이니 初, 別顯說時오 二, 於普光下는 別顯說處라 處在菩提場東南可三里許熙連河曲이니 彼河之龍이 爲佛造此라 今擧總攝別이니 前標國名은 以本收末이라 上擧場稱일새 故로 下에 不動覺樹코 而徧十方이라하니라

■ 二. 始成 아래는 세 가지 일을 개별로 밝힘이요, 三. 與十佛 아래는 보처보살이 원만함이다. 二. 중에 셋으로 나누리니 一) 설법의 시점을 따로 밝힘이요, 二) 於普光 아래는 설법 장소를 따로 밝힘이다. 장소는 보리도량 동남쪽 약 3리쯤 니련선하 근처에 있다. 저 강의 용이 부처님을 위하여 이곳을 만들었다. 지금은 총상을 거론하여 별상을 거두었으니 앞에서 나라 이름을 내세운 것은 근본으로 지말을 거둔 것이다. 위에는 도량의 명칭을 거론하였으므로 아래에는 "보리수에서 움직이지 않고 시방에 두루 하다"고 하였다.

[鈔] 處在菩提下는 西域記에 說하며 賢首亦云호대 相傳說에 云, 以龍見如來가 初成正覺하시고 樹下露坐일새 故爲佛造라하니라 若西域記說 인대 菩提樹南門外에 有大龍池하니 帝釋이 獻方石在此池中이라 池東林內8)에 有目眞隣陀龍王池하니 其水淸黑이오 其味甘美라 龍池西岸에 有小精舍하니 中作佛像하니라 往昔如來가 初成正覺하시고 於

---

8) 內는 南續金本作中.

此宴坐하사 入定七日이라 時此龍王이 警衛如來하야 卽以其身으로 繞佛七匝하고 化出多頭하야 俯垂爲蓋라 故池東岸에 有其室焉이라 하니라

釋曰, 若取龍造인대 正當於此라 雖不言造堂이나 龍旣警衛하니 不妨後造로다 當向이 卽東南이라 又云, 菩提樹東에 有精舍하니 高六百七十尺이오 下基面闊이 二十餘步라 疊以靑塼하고 塗以石灰라 層龕之中에 皆有金像이오 四壁之間에 鏤作奇製호대 或連珠相9)이며 或天像焉이라 上置金銅阿摩勒迦果寶甁이오 東面에 接爲重閣이라 簷宇가 特起三層호대 楄柱棟梁과 戶扉窓牖를 金銀으로 雕鏤以飾之하고 珠玉을 厠錯以塡之라 奧室邃宇며 洞戶三重이오 外門左右에 各有龕室하니 左則觀自在菩薩像이오 右則慈氏菩薩像을 白銀으로 鑄成호대 高十餘尺이라 精舍故地는 昔無憂王이 建小精舍러니 後有波羅門이 建大精舍하니 卽雪山見大自在天이 天令置也라하니라

釋曰, 此義亦當이니 若取普光堂義인대 却當樹西니라 西域記에 云, 菩提樹西不遠하야 大精舍中에 有鍮石佛像하니 飾以奇珍하고 東面而立이라 前有靑石호대 奇紋異彩10)니 是昔如來가 初成正覺에 梵王이 建七寶堂하고 帝釋이 建七寶座라 佛於其上에 七日思惟하시고 放異光明하사 照菩提樹러시니 去聖逾11)遠에 寶變爲石이라하니라

釋曰, 此爲普光法堂이 定矣라 但從古傳하야 云是東耳니라 若東西二三里인대 卽是盲龍之室이오 非是龍造라 去聖時遙12)에 傳記訛異13)하니 故且略出三處하야 冀14)更審之하노라

---

9) 相은 記南續金本作形.
10) 彩는 南續金本作綵.
11) 逾는 記作悠, 南續金本作遙.
12) 遙는 南續金本作遠.
13) 訛異는 南續金本作不同.
14) 冀는 南續金本作異.

● 處在菩提 아래는『대당서역기』에 의지해 설명하였고, 현수대사도 또한 말씀하되, "상전(相傳)에 설하기를 '여래께서 처음 정각을 이루시고 보리수하에서 노전에 앉아 계심을 용이 발견했으므로 부처님을 위해 지어드렸다.'"라고 하였다. 만일『서역기』의 설명에 의하면, "보리수의 남쪽 문 밖에 큰 용이 사는 연못이 있는데 제석천왕이 네모난 돌을 이 연못 속에 헌납하였다. 연못의 동쪽 숲속에 목진인타산 용왕의 못이 있으니 그 물 색깔이 검푸른색이요, 그 물맛이 감미로웠다. 용의 연못 서쪽 언덕에 작은 정사가 있는데 중간에 불상을 조성하였다. 과거에 여래께서 처음 정각을 이루시고 이곳에 편안히 앉으셔서 7일 동안 선정에 들어 계셨다. 그때에 이 용왕이 여래를 호위하려고 곧 용의 몸으로 부처님 주위를 일곱 바퀴 돌고 머리를 여러 개로 화현하여 구부리고 드리워 덮어드렸다. 그러므로 못의 동쪽 언덕에 그런 집이 된 것이다"라고 하였다.

해석하자면 만일 용이 지은 것을 취한다면 여기에 바로 해당할 것이다. 비록 집을 지었다고 말하지는 않았지만 용이 이미 호위하였으니 뒤에 지은 것에 방해되지 않나니, 곧 동남향이란 뜻이다. 또 이르되, "보리수의 동쪽에 정사가 있으니 높이가 670척이다. 아래 기초 면적이 넓이가 20여 보이다. 푸른색 전돌을 쌓고 석회를 칠하였다. 몇 층의 감실 속에 모두 금빛 불상이 있고, 사면의 벽 사이에 누각을 특별하게 제작하되 혹은 구슬을 꿴 모양이며 혹은 천인의 모양이라 한다. 위에는 금동으로 만든 아마륵가(阿摩勒迦) 과일 같은 보배병을 두었고, 동쪽에는 2층 누각에 맞닿았다. 처마를 특별히 3층으로 올렸는데 기둥과 대들보와 문설주, 창문을 금은으로 조각하여 장식하였고, 구슬과 옥을 옆으로 어긋나게 포개었다. 깊은 방과 처마며 툭 트인

문이 세 겹이요, 바깥 문의 좌우에 각기 감실을 두었으니 왼쪽은 관자재보살상이요, 오른쪽은 자씨미륵보살상을 백은으로 주물로 만들었는데 높이가 10자가 넘었다. 정사의 옛 터는 과거에 무우왕(無憂王)이 작은 정사를 세웠으니 뒤에 어떤 바라문이 큰 사찰을 건립하였으니 곧 설산에서 대자재천왕이 보고는 하늘에 영을 내려 두게 한 것이다"라고 하였다.

해석하자면 여기의 뜻은 너무 당연하니 만일 보광명전의 뜻을 취한다면 도리어 보리수의 서쪽에 해당할 것이다. 『서역기』에 이르되, "보리수의 서쪽 머지않은 곳의 큰 정사에 놋쇠와 돌로 만든 불상이 있으니 진기하게 장식하고 동쪽으로 향해 세웠다. 앞에는 푸른 돌이 있는데 기이한 문양으로 채색이 특이하니 곧 과거에 여래께서 처음 정각을 이루셨을 적에 범천왕이 칠보로 된 집을 건립하고 제석천왕이 칠보 좌대를 세웠다. 부처님이 그 위에서 칠 일 동안 사유하시고 이상한 광명을 놓으사 보리수를 비추셨는데 성인이 가신 지 더욱 오래됨에 칠보가 돌로 변하였다"라고 하였다.

해석하자면 이것은 보광명전 법당으로 정해진 것이다. 단지 옛 전하는 기록을 따라서 동쪽이라 했을 뿐이다. 만일 동서로 2~3리라면 곧 눈먼 용의 거처일 것이요, 용이 만든 것이 아닐 것이다. 성인 가신 지 오래됨에 전기가 와전(訛傳)되고 달라진 것이니, 그러므로 우선 간략히 세 곳을 내어서 다시 살펴보기를 바라노라.

三) 법주의 공덕을 따로 밝히다[別顯主德] 2.
(一) 총합적인 양상을 말하다[總, 妙悟皆滿] (三妙 8上10)

妙悟皆滿하시며 二行永絶하시며 達無相法하시며 住於佛住하시며 得佛平等하시며 到無障處와 不可轉法하시며 所行無礙하시며 立不思議하시며 普見三世하시니라
묘한 깨달음이 다 원만하시며 두 가지 행이 길이 끊어지시며 모양 없는 법을 통달하시며 부처님 머무시는 데 머물며 부처님의 평등을 얻었으며 장애 없는 곳과 가히 굴릴 수 없는 법을 굴림에 이르시며 행하는 바가 걸림이 없으시며 헤아릴 수 없는 뜻을 세우시며 두루 삼세를 보시었다.

[疏] 三, 妙悟下는 別顯主德이니 亦卽示成正覺之相也라 準第八會初와 及深密經等인대 皆說佛有二十一種功德이라하니 升兜率品에 當廣明之호리라 今文에 有初十句는 亦略釋耳라 十句之中에 初는 總이오 餘는 別이라 總中에 妙悟皆滿者는 妙悟는 晉經에 名善覺이오 論經에는 名正覺이라 良以梵音云蘇가 含於妙善과 及正等故로 譯者隨取라 悟는 卽覺也니 雙照眞俗일새 故稱妙悟요 備下諸句가 異於因人일새 故復稱滿이라

■ 三) 妙悟 아래는 법주의 공덕을 따로 밝힘이니, 또한 정각 이루신 모습을 보여 준 내용이다. 제8회 세 번째 보광명전법회와『해심밀경』등에 준한다면, '부처님께 21가지 공덕이 있다'고 하였는데, 제23 승도솔천궁품에 가서 밝히리라. 지금 경문에서 처음 열 구절은 간략히 해석한 내용이다. 열 구절 중에 (一) 첫 구절은 총합적인 양상을 밝힘이요, (二) 나머지 구절은 개별적인 양상을 밝힘이다. (一) 총합적인 양상 중에 '묘한 깨달음이 다 원만하다'는 것에서 '묘한 깨달음[妙悟]'은 60권본 진경(晉經)에는 '좋은 깨달음[善覺]'이라 하였고, 논경에는 '바른

깨달음[正覺]'이라 하였다. 진실로 범어 발음으로 소(蘇)라 한 것이 묘하고 좋으며 바르고 평등하다는 뜻을 포함하기 때문에 번역하는 이에 따라서 취한 것이다. 오(悟)는 곧 깨달음의 뜻이니 진과 속을 함께 비추는 연고로 묘한 깨달음이라 칭하였고, 아래 모든 구절이 인행의 사람과 다르다는 뜻을 갖추었으므로 다시 '원만하다'고 칭한 것이다.

[鈔] 雙照眞俗者는 準下인대 無着은 不釋總句하고 具下諸別하야 以成總句하며 親光은 則更15)別釋總句하시니 今依親光하야 別釋總句하고 妙悟는 取無着意하야 將別釋滿이라

● '진과 속을 함께 비춘다'는 것은 아래에 준해 보면 무착보살은 총상구절은 해석하지 않고, 아래 모든 별상구절을 구비하여 총상구절을 이룬 것으로 하였고, 친광(親光)논사는 다시 총상구절을 별도로 해석하였으니 지금은 친광논사에 의지하여 총상구절을 따로 해석하였고, 묘한 깨달음은 무착의 주장을 취하여 가져서 '원만하다'는 뜻으로 별도로 해석하였다.

(二) 개별적인 양상을 말하다[別] 9.
1. 두 가지 행이 길이 끊어지다[二行永絕] (別中 9下3)

[疏] 別中에 一, 二行永絕者는 煩惱所知와 生死涅槃을 皆名二行이니 俱不現前일새 名爲永絕이라

■ (二) 개별적인 양상 중에 1. '두 가지 행이 길이 끊어졌다'는 것에서 번뇌장과 소지장, 생사와 열반을 대개 '두 가지 행법'이라 하나니, 둘 다

---

15) 則更은 南續金本作菩薩.

나타나지 않으므로 '길이 끊어졌다'고 말한 것이다.

[鈔] 煩惱所知者는 準無着인대 名於所知一向無障轉功德에 但離所知라 二乘之人이 於極遠時處에 不能知見하야 有知不知일새 故名二行이라하니 今無不知일새 故云永絶이니라 若親光云인대 凡夫와 二乘의 現行二障을 世尊無故니 凡夫는 現行生死하야 起諸雜染하니 卽煩惱障이오 二乘은 現行涅槃하야 棄利樂事어늘 世尊은 無彼二事하사 故云永絶이라하니 今具含二釋일새 故雙牒之니라 下諸功德은 皆是下文廣釋中意니라 如或未曉인대 但尋兜率會疏와 及論文하면 居然易了니라

● '번뇌장과 소지장'이란 무착보살에 준한다면, "알 대상에 한결같이 장애함과 뒤바뀜 없는 공덕에서 단지 소지장만 여읨을 이름한다. 이승의 사람이 시간과 장소가 지극히 멀 때에 능히 알고 보지 못하여 앎과 알지 못함이 있으므로 두 가지 행이라 이름한다"라고 하였으니, 지금은 알지 못함이 없으므로 '길이 끊어졌다'고 말한 것이다. 만일 친광보살에 준하여 말하면 "범부와 이승의 현행하는 두 가지 장애가 세존께는 없는 까닭이다. 범부는 나고 죽음이 현행하여 모든 섞이고 물든 번뇌를 일으키나니 곧 번뇌의 장애이고, 이승은 열반이 현행하여 이롭고 안락한 일을 버렸거늘 세존은 저 두 가지 일이 없으므로 '길이 끊어졌다'고 말한다"라고 하였으니 지금은 두 가지 해석을 구비하여 포함한 연고로 함께 따온 것이다. 아래 모든 공덕은 모두 아래 경문에 자세하게 해석함 중의 의미이다. 만일 혹 알지 못한다면 단지 제5 도솔천궁법회의 소문과 논의 문장을 찾아보면 거뜬히 쉽게 알 수 있으리라.

2. 모양 없는 법을 통달하다[達無相法]
3. 부처님 머무시는 데 머무시다[住於佛住]

[疏] 二, 達無相法者는 淸淨眞如를 名無相法이라 達者는 了也라 三, 如來가 常住大悲하사 任運利樂이라 又常安止聖天梵住일새 故云住於佛住라

- 2. '모양 없는 법을 통달한다'는 것은 청정한 진여법을 '모양 없는 법'이라 이름한 것이다. 통함이란 '안다'는 뜻이다. 3. 여래께서 항상 대비심에 머물러서 이롭고 안락함을 마음대로 움직인다. 또한 항상 성인과 천상, 범천에 편안히 머물러 주하므로 '부처님 머무시는 데 머문다'고 말하였다.

[鈔] 聖天梵住者는 卽智論第三에 云, 聖은 謂三乘聖人이오 天은 謂六欲天이오 梵은 卽色無色이라 復次三三昧는 是名聖住오 布施와 持戒와 善心인 三事는 名天住오 四無量은 是梵住라하니라 釋曰, 此雖二文이나 義乃是一이니 前은 擧果住오 後는 出因住[16]라 或爲四住하니 謂加佛住니 如來가 常住首楞嚴諸三昧故라 雖徧住四住하사 智海已滿이나 大悲深故로 特言大悲니 大悲는 卽梵住所攝이니라

- '성인과 천상, 범천에 머문다'는 것은 『대지도론』 제3권에 이르되, "성(聖)은 삼승의 성인을 말하고, 천(天)이란 욕계의 여섯 하늘이요, 범(梵)은 색계와 무색계의 천상을 말한다. 또다시 세 가지 삼매는 '성인에 머문다'고 말하고, 보시와 지계, 선한 마음의 세 가지 일은 '천상에 머문다'고 말하고, 사무량심은 '범천에 머문다'고 말한다. 해석하자

---

16) 住는 南金本作耳.

면 이는 비록 두 가지 문장이지만 뜻은 바야흐로 하나이니 앞은[三三昧] 과덕에 머무름을 거론함이요, 뒤는[四無量] 인행에 머무름에서 나온 것이다. 혹은 네 가지 머무름으로 나누니, 이른바 부처님의 머무르심을 더한 것이니, 여래가 항상 수능엄제삼매(首楞嚴諸三昧)에 머물기 때문이다. 비록 네 가지 머무는 데 두루 머물러서 지혜의 바다가 이미 가득 찼지만 대비심이 깊은 연고로 특별히 대비라 말하였으니, 대비는 곧 범천에 머무는 단계에 속한다.

4. 부처님의 평등을 얻다[得佛平等]
5. 장애 없는 곳에 이르다[到無障處]
6. 굴릴 수 없는 법을 굴리다[不可轉法]
7. 행하는 바가 걸림이 없다[所行無礙]

[疏] 四, 所證能證과 及以化用이 皆等諸佛이라 五, 具能治道하사 解脫障故라 六, 所說教法을 外道不能轉故라 七, 行諸世間에 違順魔怨[17]이 不能礙故라

- 4. 증득할 대상과 증득하는 주체와 화신의 작용이 모두 '모든 부처님과 같다'는 뜻이다. 5. 능히 다스리는 방법을 구비하여 장애에서 벗어난 까닭이다. 6. 설할 교법을 외도들은 능히 굴릴 수 없는 까닭이다. 7. 세간에 행할 적에 마군과 원수와 어기고 순함을 능히 장애할 수 없는 까닭이다.

8. 헤아릴 수 없는 뜻을 세우다[立不思議]

---

17) 怨은 源本作冤誤.

9. 두루 삼세를 보다[普見三世]

[疏] 八, 安立教法하사 超言念故라 九, 於三世境에 若事若理를 了達記別하사 無錯謬故라 具此九別하사 成初總句시니라 同異成壞는 準思可知니라

- 8. 교법을 잘 세워서 언사와 생각을 초월하는 까닭이다. 9. 삼세의 경계에서 현상과 이치를 요달하고 수기하여 잘못됨이 없는 까닭이다. 이런 아홉 가지 별상을 구비하여 처음의 총상구절[妙悟皆滿]이 된 것이다. 동상과 이상, 성상과 괴상은 준해 생각해 보면 알 수 있으리라.

三. 보처보살이 원만하다[輔翼圓滿] 2.

一) 숫자로 표방하여 구분하다[標數揀定] (第三 10上5)

與十佛刹微塵數諸菩薩로 俱하시니 莫不皆是一生補處라 悉從他方하여 而共來集하니라
열 불찰 미진수 보살과 더불어 함께하시니 모두 이 일생보처 아님이 없음이라, 모두 다른 지방으로부터 함께 와서 모였도다.

[疏] 第三, 輔翼圓滿이라 文分二別이니 一, 標數揀定이오 二, 歎其勝德이라 前中에 菩薩은 揀非凡小오 補處는 明非下位라 他方而來는 非舊衆也라 言一生者는 釋有二義하니 一, 約化相이니 謂如彌勒이라 此

復有三하니 一, 人中一生이오 二, 天上一生이오 三, 下降一生이니 正取天中이니라 二, 約實報一生이니 謂於四種變易生死中에 唯有末後一種이 名無有生死니 一位所繫라 此文은 多約化相耳니라

■ 三. 보처보살이 원만함이니 경문을 둘로 나누어 구비하였으니 一) 숫자로 표방하여 구분함이요, 二) 뛰어난 공덕을 찬탄함이다. 一) 중에 보살은 범부나 소승이 아님을 구분함이요, 보처는 아래 지위가 아님을 밝힌 내용이다. '타방에서 왔다' 함은 오래된 대중이 아니라는 뜻이다. '일생'이라 말한 것은 두 가지 뜻이 있으니 (1) 화신의 모양에 의지함이니 미륵보살과 같은 경우이다. 여기에 다시 세 가지가 있으니 ① 사람 가운데 일생 ② 천상의 일생 ③ 하강하여 일생이니, 바로 천상을 취한 경우이다. (2) 실보토(實報土)의 일생에 의지함이니 말하자면 네 종류의 변역생사 중에서 오직 마지막 한 종류만 생사가 없는 경우이니, 한 지위에 얽힌 경우이다. 이 경문은 다분히 (1) 화신의 모양에 의지한 구분일 뿐이다.

[鈔] 四種變易者는 第一疏鈔에 已引攝論과 無上依經이어니와 今更依佛性論第二하야 略示其18)相호리라 一, 方便生死니 謂生死緣이라 卽無明住地惑이니 能生新無漏業이 譬如界內에 無明生行하고 以惑生智하야 非同類故로 名爲方便이라 二, 因緣生死니 謂生死因이라 卽上無明所生인 無漏有分別業이 譬如無明所生行業이 但感同類일새 故名因緣19)이라 三, 有有生死니 卽由前因緣하야 感得變易異熟有果가 如三界內에 以有漏業으로 感六趣身이라 言有有者는 未來生有가 更有一生故니 如上流般阿那含은 第二生에 般涅槃故라 亦云, 有此

---

18) 其는 南續金本作名.
19) 名은 續金本作明.

有果일새 故名有有라하니라 四, 無有生死니 卽改變易脫이 譬如生爲緣하야 有老死等過患이라 一期報謝에 更無有有일새 故名無有라하니라 故今疏에 云, 唯有第四無有生死니라 一生者는 此生之後에 便成佛故니 如那含人이 當涅槃故니라

- '네 종류의 변역생사'란 제1권 소문과 초문에 이미 『섭대승론』과 『무상의경(無上依經)』을 인용하였지만 지금은 다시 『불성론(佛性論)』제2권에 의지하여 간략히 그 양상을 보이리라. (1) 방편으로 나고 죽음이니 나고 죽는 인연을 말한다. 곧 무명주지의 번뇌이니 능히 새로운 무루의 업을 일으킴이 마치 세계 안의 무명에서 행이 나오고 번뇌에서 지혜가 나옴과 같아서 같은 부류가 아닌 연고로 방편이라 이름하였다. (2) 인연으로 나고 죽음이니 생사의 원인을 말한다. 곧 위의 무명에서 생겨난 무루의 분별하는 업이 마치 무명에서 생겨난 행과 업이 단지 동류에만 감득함과 같으므로 인연이라 이름한다. (3) 삼유로 있는 나고 죽음이니 곧 앞의 인과 연으로 말미암아 변역하고 이숙된 존재의 결과를 감득함이 저 삼계 안에서 유루의 법으로 여섯 갈래의 몸을 감득함과 같다. '삼유로 있다'고 말한 것은 미래에 유로 태어남이 다시 한 생이 있기 때문이니, 위의 예류에서 아나함에 들어감을 제2생에 열반에 들기 때문이다. 또 이르되, "이런 존재의 결과가 있으므로 삼유로 있다"라고 말한 것이다. (4) 나고 죽음이 없음이니 곧 변역생사를 고쳐서 해탈함이 마치 태어남을 인연으로 삼아 늙고 죽는 등의 허물과 병이 있는 것과 같다. 한 시기의 보답을 하직하면 다시는 삼유로 있음이 없는 연고로 '없다'고 하였다. 그러므로 지금 소가가 이르되, '오직 네 번째만 생사가 없다'고 하였다. 한 생이란 지금 생 다음에 문득 부처가 되기 때문이니 마치 아나함의 사람이 당래에

열반하는 것과 같다.

二) 보살대중의 뛰어난 공덕을 찬탄하다[歎其勝德] (二普 11上6)

普善觀察諸衆生界와 法界와 世界와 涅槃界와 諸業果
報와 心行次第와 一切文義와 世出世間과 有爲無爲와
過現未來하시니라
모든 중생계와 법계와 세계와 열반계와 모든 업의 과보와
마음으로 행하는 차례와 온갖 글의 뜻과 세간과 출세간과
함이 있고 함이 없음과 과거 현재 미래를 두루 잘 관찰하셨
느니라.

[疏] 二, 普善下는 歎德이라 德雖無量이나 略歎一普니라 善觀察者는 能
觀智也라 普有二義하니 一은 普衆同有此德이오 二는 普觀十境이라
善有三義하니 一, 善知相이오 二, 善知無相이오 三, 善知此二無礙라
衆生界下는 明其所觀이니 皆具上三義라 十中에 初是總句니 所化衆
生이라 次, 此生何來오 由迷法界하야 起於世界니 我當令彼住涅槃
界하야 淨諸業果故로 須識心行之病과 文義之藥하야 令厭世間하고
欣出世間하며 不盡有爲하고 不住無爲라 上辨橫觀十法이어니와 今竪
達三世하야 觀涅槃호대 知已現當證하며 觀諸業을 已現當造하며 果
報를 已現當受하며 心行을 已現當發이라 餘可類知라 亦以六相으로
融之니라

■ 二) 普善 아래는 (보살대중의) 뛰어난 공덕을 찬탄함이다. 덕행이 비록
한량없지만 간략히 '널리'라는 말 하나로 찬탄하였다. '잘 관찰함[善

觀察]'이란 관찰하는 주체의 지혜이다. '널리[普]'에 두 가지 뜻이 있으니 (1) 모두 함께 이 공덕을 가짐이요, (2) 널리 열 가지 경계를 관찰함이다. '잘함[善]'에 세 가지 뜻이 있으니 ① 모양을 잘 앎이요, ② 모양 없음에 대해 잘 앎이요, ③ 이 둘이 걸림 없음을 잘 앎이다. 衆生界 아래는 그 관찰할 대상을 밝힘이니, 모두 위의 세 가지 뜻을 구비하였다. 열 가지 중에 (중생계의) 처음이 총상구절이니 교화할 대상인 중생을 말한다. (3) 이번 생은 어디서 왔는가? 법계를 미혹함으로 말미암아 세계가 생겨났으니 내가 마땅히 저로 하여금 열반계에 머물게 하여 모든 업과 과보를 청정케 하려는 연고로 모름지기 심행의 병과 경문의 뜻의 약을 알아서 하여금 세간을 싫어하고 출세간을 좋아하게 하여 유위법을 다하지 않고 무위법에 머물지 않게 하는 것이다. 위에서 가로로 열 가지 법을 관찰함에 대해 밝혔거니와 지금은 세로로 삼세를 통달하여 열반을 관찰하되 과거 현재 미래에 증득할 것을 알며, 모든 업을 과거 현재 미래에 지으며, 과보를 과거 현재 미래에 받으며, 마음의 행을 과거 현재 미래에 말할 것을 아는 것이다. 나머지는 준해 보면 알 수 있다. 또한 여섯 모양으로 융합해 보라.

第二. 청법하는 부분[請分] 2.

一. 보살대중의 생각을 표방하다[擧人標念] (第二 11下7)
二. 질문의 단서를 바로 밝히다[正顯問端] 2.
一) 앞과 상대하여 구분하다[對前料揀] (後若 11下8)

時에 諸菩薩이 作是思惟하시되,

때에 모든 보살이 이러한 생각을 하였다.

[疏] 第二, 時諸菩薩下는 請分이라 中에 二니 先, 擧人標念이라 後, 若世尊下는 正顯問端이라 然句雖五十이나 問但四十이니 以第二의 十句는 是說意故라 此四十問을 望第一會에 有同有異하니 後二十句는 全同이오 前二十句는 大同小異라 又復前後가 不同이니 初十句는 卽前第三의 十海라 前會에 卽總說所觀深廣이오 此則別說如來依正이니 以前會中에는 爲總故오 此會에는 別顯信所依故라 故로 前會에 皆致海言하고 此中에 但云刹等이라 第二十句는 前名菩薩十海라하고 此列住等行位하니 前通諸會하야 總顯圓融行布因故요 此約當分하야 欲顯差別因之相故라 後二十句는 雖則全同이나 前總이오 此別이라 又前卽所信이오 今辨所成이니 欲顯所信所成이 體無異故로 文句全同이니라

■ 第二. 時諸菩薩 아래는 청법하는 부분이다. 그중에 둘이니 (1) 보살 대중의 생각을 표방함이다. 二. 若世尊 아래는 질문의 단서를 바로 밝힘이다. 그러나 구절이 비록 50가지나 되지만 질문은 단지 40가지뿐이니, 두 번째 열 구절은 설법의 의미이기 때문이다. 이런 40가지 질문을 제1회 법회와 비교하면 같은 점과 다른 점이 있으니, 뒤의 20구절은 완전히 같고, 앞의 20구절은 대동소이하다. 또한 다시 앞과 뒤가 같지 않나니, 처음 열 구절은 곧 앞의 세 번째 '열 가지 바다'이다. 앞의 제1회 법회에는 곧 관찰할 대상이 깊고 넓음을 총상으로 말하였고, 여기 제2회는 여래의 의보와 정보를 따로 말하였으니 앞의 제1회 법회 모임을 총상으로 삼은 까닭이요, 여기의 제2회는 믿음이 의지할 대상을 따로 밝히기 위함이다. 그러므로 앞의 법회에는 모두 '바다'라

는 말에 이르렀고, 이 가운데는 단지 '국토' 등이라 하였다. 두 번째 열 구절은 앞의 '보살의 열 가지 바다라 이름한다'고 하였고, 여기서는 십주 등의 행법지위를 나열하였으니, 앞에서는 모든 법회를 통틀어 총합하여 원융문과 항포문의 원인으로 밝혔기 때문이요, 여기서는 해당 부분을 잡아서 차별인과의 모양을 밝히려는 까닭이다. 뒤의 20구절은 비록 완전히 같지만 앞은 총상이요, 여기는 별상이다. 또한 앞은 믿을 대상이요, 지금은 이룰 대상을 밝힘이니, 믿을 대상과 이룰 대상이 체성이 다르지 않은 연고로 경문과 구절이 완전히 같은 것이다.

二) 경문을 과목 나누다[科判經文] 2.
(一) 의미를 잡아서 과목 나누다[約意總科] 3.
1. 뜻에 의지해 셋으로 나누다[約義爲三] (若唯 12上9)

若世尊이 **見愍我等**이신댄 **願隨所樂**하사
"만약 세존이 우리들을 불쌍히 여기실진댄 원컨대 좋아하는 바를 따라

[疏] 若唯約義인대 亦可分三이니 謂初十句는 問佛德應機無方大用이니 辨因所依果요 次十句는 問菩薩行位니 卽果所成因이요 後二十句는 佛果勝德이니 顯因所成果니라
■ 만일 오로지 뜻에만 의지한다면 또한 셋으로 나눌 수 있을 것이니 이른바 (1) 처음 열 구절은 부처님이 중생의 근기에 응하는 공덕이 방소 없는 큰 작용[無方大用]에 대해 질문함이니, 인행이 의지할 과덕을 밝힘이요, (2) 다음의 열 구절은 보살행의 지위에 대해 질문함이니 곧

과덕을 이루게 한 인행이요, (3) 뒤의 20구절은 부처님의 뛰어난 과덕이니 인행으로 이룬 과덕을 밝힘이다.

2. 양상이 이루어짐을 결론하여 보이다[結示相成] (是則 12下1)
3. 논문을 인용하여 증명하다[引論證成] (故論)

[疏] 是則以佛로 爲緣하야 而起於因이오 還以此因으로 而成於果니 是此分之大意也라 故로 論에 云, 多聞熏習이 無不從此法身流며 無不還證此法身이 卽其義也니라

■ 이렇다면 부처로 인연을 삼아 인행을 시작함이요, 도리어 이런 인행으로 과덕을 이룬 것이니 바로 이 第二. 청법하는 부분의 대의이다. 그러므로 논에 이르되, "다문하고 훈습함이 이 법신으로부터 나오지 않은 것이 없으며, 도리어 이 법신을 증득하지 않은 것이 없다"는 것이 그 뜻이다.

(二) 둘로 나누어 경문을 해석하다[分二釋文] 3.
1. 서로 비침을 설명하다[明互影] (今取)

[疏] 今取文義俱便하야 大分爲二니 初, 十句는 直爾疑問이오 後, 三十句는 引例請問이니 義不異前이라 然所依와 所成이 文應互有로대 但是影略하야 不欲繁辭라 故로 初會에 直爾興問이 卽此中引例라 此中引例가 卽彼直問이라

■ 지금은 경문과 뜻이 모두 편한 것을 취하여 크게 둘로 나누었으니, (가) 열 구절은 바로 그대로 의심 내어 질문함이요, (나) 30구절은

제7. 如來名號品　55

사례를 인용하여 청하여 질문함이니 뜻은 앞과 다르지 않다. 그런데 의지할 대상과 이룰 대상이 경문은 응당히 서로 번갈아 있지만 단지 비추어 생략하여 말을 번거롭게 하려 하지 않는다. 그러므로 제1 적멸도량 법회에 바로 그렇게 질문을 시작함이 곧 이 가운데 사례를 인용함이다. 이 가운데 사례를 인용함이 곧 저기서 바로 질문함이다.

[鈔] 後若世尊下는 正顯問端이라 疏文有二하니 先, 對前辨異오 後, 若唯約義下는 科判經文이라 於中 初는 總科有三하니 初, 就義爲三이니 以所問法이 有三類故라 二, 是則以佛下는 辨三段次第라 今取文義俱便下는 後, 分二釋文이니 兩[20]段皆結일새 故是文便이오 直問引例하야 表人異道同일새 故是義便이니라

● 二. 若世尊 아래는 질문의 단서를 바로 밝힘이다. 소문에 둘이 있으니 一) 앞과 상대하여 구분함이요, 二) 若唯約義 아래는 경문을 과목 나눔이다. 그중에 가.는 총합하여 과목 나눔이 셋이니 가) 뜻에 나아가면 셋이 되나니 질문한 법이 세 부류가 있기 때문이다. 나) 是則以佛 아래는 세 문단의 순서를 밝힘이다. 나. 今取文義俱便 아래는 경문을 둘로 나누어 해석함이니 두 문단이 모두 결론이므로 경문이 편안함이요, 바로 질문하고 사례를 인용하여 사람은 달라도 도는 같음을 표한 연고로 뜻이 편안한 것이다.

2. 열고 합함을 밝히다[辨開合] (又前 12下10)

[疏] 又前은 但明一重所信일새 故合三十句果요 今爲分二段일새 故로 間

---

20) 兩은 南續金本作二.

之以因이니라

■ 또한 앞은 단지 한 번 믿을 대상에 대해 밝혔을 뿐이니 그러므로 30구절의 과덕을 합한 것이요, 지금은 두 문단으로 나눈 연고로 인행으로 사이한 것이다.

3. 경문 해석[釋文] 2.
1) 열 구절은 바로 그대로 청법하다[初十句直爾請] 2.

(1) 청법한 의미를 총합하여 밝히다[總顯請意] (今初 13上1)
(2) 의심되는 바를 개별로 나열하다[別列所疑] (開示)

開示佛刹과 佛住와 佛刹莊嚴과 佛法性과 佛刹淸淨과 佛所說法과 佛刹體性과 佛威德과 佛刹成就와 佛大菩提케하소서
(1) 부처님 세계와 (2) 부처님의 머무심과 (3) 부처님 세계의 장엄과 (4) 부처님 법의 성품과 (5) 부처님 세계의 청정함과 (6) 부처님이 말씀하신 법과 (7) 부처님 세계의 자체 성품과 (8) 부처님의 위덕과 (9) 부처님 세계의 성취와 (10) 부처님의 큰 보리를 열어 보이소서.

[疏] 今初十句는 先, 總顯請意오 後, 開示下는 別列所疑라 十句를 依正間問者는 正報應機에 必依刹故며 亦表依正이 無障礙故라 五句依者는 一, 刹類요 二, 莊嚴이오 三, 淸淨이요 四, 體性이요 五, 成就니 上五는 卽前二海라 廣如四五二品하니라 其佛住等五句는 卽正報大

用이니 一, 佛身이 徧住諸刹하고 佛心은 常住大悲라 二, 所具功德과 及所證法性이라 三, 隨機說法이오 四, 作用威光이오 五, 修行得證하야 現成菩提라 然此五는 卽前會七海니 一, 卽佛海오 二, 卽解脫海오 三, 卽演說海오 四, 卽變化海오 五, 卽名號와 及壽量海와 波羅密海라 其衆生海는 但是所化일새 故略不擧하고 含諸海中이라 此之十句를 下有言說과 及現相答하니 至下當知니라

■ 지금은 1) 열 구절은 (바로 청법함이니) (1) 청법한 의미를 총합하여 밝힘이요, (2) 開示 아래는 의심되는 바를 개별로 나열함이다. 열 구절을 의보와 정보로 사이하여 질문한 것은 정보로 근기에 응하면 반드시 국토에 의지하기 때문이며, 또한 의보와 정보가 장애함이 없음을 표한 까닭이다. 다섯 구절로 의지함이란 ① 국토의 종류요, ② 장엄이요, ③ 청정함이요, ④ 체성이요, ⑤ 성취함이니, 위의 다섯 구절은 곧 앞의 '두 가지 바다'이다. 자세한 것은 제4 세계성취품, 제5 화장세계품인 두 품의 내용과 같다. '그 부처님의 머무심' 따위의 다섯 구절은 곧 정보의 큰 작용이니, ① 불신이 모든 국토에 두루 머무르고, 불심은 항상 대비에 머무른다. ② 갖출 바 공덕과 증득할 바 법성이다. ③ 근기에 따라 설법함이요, ④ 작용하는 위덕 광명이요, ⑤ 수행으로 증명을 얻어서 보리를 현재에 성취함이다. 그러나 이런 다섯 가지는 곧 앞의 제1회 적멸도량법회의 일곱 바다이니 (1) 부처님 바다 (2) 해탈의 바다 (3) 연설의 바다 (4) 변화의 바다 (5) 명호의 바다 (6) 수명의 바다 (7) 바라밀의 바다이다. 그중 중생의 바다는 단지 교화할 대상인 연고로 생략하고 거론하지 않았고, 모든 바다에 포함되어 있다. 여기의 열 구절을 아래에 언설과 모양을 나타내어 답함이 있으니, 아래에 가면 마땅히 알 것이다.

[鈔] 一刹類者는 卽形狀長短等이라 言卽前二海廣如四五二品者는 第四成就品에 答世界安立海하고 第五華藏世界品에 答世界海故니라

● ① 국토의 종류는 곧 형상이 길고 짧은 등이다. '곧 앞의 두 가지 바다에서 자세한 것은 제4 세계성취품, 제5 화장세계품인 두 품의 내용과 같다'고 말한 것은 제4 세계성취품에 '세계를 안립한 바다'에 대하여 답하였고, 제5 화장세계품에 '세계의 바다'에 대하여 대답하였기 때문이다.

2) 30구절은 사례를 인용하여 청법하다[後三十句引例擧法請] 3.

(1) 첫 문단은 설하는 의미를 거론하다[釋初段擧彼所說意] (初十句) 4.
가. 첫 구절은 행과 원을 함께 일으킴으로 해석하다[釋初句行願俱起釋]

(第二 14上5)

나. 자비와 지혜를 갖춤을 잡아 해석하다[釋次句約具悲智釋] 3. (又成)

如十方一切世界의 諸佛世尊이 爲成就一切菩薩故며 令如來種性不斷故며 救護一切衆生故며 令諸衆生으로 永離一切煩惱故며 了知一切諸行故며 演說一切諸法故며 淨除一切雜染故며 永斷一切疑網故며 拔除一切希望故며 滅壞一切愛著處故로
저 시방 일체 세계의 모든 부처님 세존이 일체 보살을 성취케 하는 연고며, 여래의 종성으로 하여금 끊어지지 않게 하는 연고며, 일체 중생을 구호하는 연고며, 모든 중생으로 하여금 길이 온갖 번뇌를 여의게 하는 연고며, 일체 모든 행을

분명히 아는 연고며, 일체 모든 법을 연설하는 연고며, 일체
더러움을 깨끗이 제하는 연고며, 일체 의심의 그물을 길이
끊는 연고며, 일체 희망을 뽑아 제하는 연고며, 일체 좋아하
고 집착하는 곳을 멸하여 깨뜨리기 위한 연고로

[疏] 第二, 如十方下는 引例請問이라 文分爲三이니 初, 十句는 標彼說意
이니 明其有悲오 後, 三十句는 擧彼所說하야 顯其有智오 末後, 一句
는 結以正請이니 彼佛旣爾에 此亦宜然이라 初中에 初句는 總이니 謂
令諸菩薩로 行願成就故라 餘九爲別이라 一, 上繼佛種이라 二, 云何
繼오 以救衆生故라 三, 云何救오 令離惑故라 四, 如何救오 知彼根
行故라 五, 以何救오 說法藥故라 六, 成何益고 一, 除集諦染이오
二, 決道諦疑오 三, 拔苦希望이오 四, 證滅愛處故니라 又成菩薩行
이 具悲智也니라 具此悲智면 何所爲耶아 令佛種不斷이니라

■ 2) 如十方 아래는 사례를 인용하여 청법함이다. 경문을 셋으로 나누
리니 (1) 열 구절은 저 설하는 의미를 표방함이니 그 대비가 있음을
밝힘이요, (2) 30구절은 저 설하는 바를 거론하여 그 지혜가 있음을
밝힘이요, (3) 마지막 한 구절은 결론하여 바로 청법함이니, 저 부처
님이 이미 그러한데 이도 또한 당연한 일이다. 가. (행과 원을 함께 일으킴
으로 해석함) 중에, 가) 첫 구절은 총상 해석이니 이른바 모든 보살로
하여금 행과 원을 성취케 하는 까닭이다. 나) 나머지 아홉 구절은 별
상해석이다. (1) 위로 부처 종성을 계승함이요, (2) 어떻게 계승하는
가? 중생을 구제하는 까닭이다. (3) 어떻게 구제하는가? 번뇌를 여
의게 하는 것이다. (4) 어떤 것이 구제함인가? 저 근기와 행동을 알기
때문이다. (5) 무엇으로 구제하는가? 설법이 약이기 때문이다. (6)

어떤 이익을 이루는가? ① 집제의 물듦을 제거함이요, ② 도제의 의심을 결정함이요, ③ 고통을 뽑고 희망을 가짐이요, ④ 애정을 없애는 처방을 증득하였기 때문이다. 또한 보살행을 이루는 것이 자비와 지혜를 갖추는 것이다. 이런 대비와 지혜를 구비하면 할 일이 무엇이겠는가? 부처님의 종성으로 하여금 끊어지지 않게 하는 것이다.

[鈔] 初句總下는 釋此十句가 總有三勢하야 皆有總別이니 第一, 行願俱起釋이니 初는 總이오 餘는 別이라 別中에 展轉相釋은 文勢를 可知로다
- (1) 初句總 아래는 이 열 구절이 총합하여 세 가지 세력이 있어서 모두 총상과 별상이 있음을 해석하였으니 가. 행과 원을 함께 일으킴으로 해석함이니 가) 첫 구절은 총상이요, 나) 나머지는 별상이다. 나) 별상 중에 전전히 바꾸어 서로 해석하면 경문의 세력을 알 수 있으리라.

다. 뒤의 여덟 구절을 해석하다[釋後八句] 4.
가) 부처님 종성이 끊어지지 않음을 바로 해석하다[正釋不斷]

(佛種 14下6)

[疏] 佛種不斷은 有何相耶아 謂成三德이라 救護衆生하야 成就恩德하고 永斷煩惱하야 成於斷德하고 了知諸行하야 成於智德이라 諸行有三하니 一者, 心行이오 二, 所行行이오 三, 所了行이니 謂一切行이 無常無相이 卽所了也니라
- 가) 부처님 종성이 끊어지지 않음은 어떤 모양이 있는가? 이른바 세 가지 공덕을 성취함이다. (1) 중생을 구호하여 은덕(恩德)을 성취하

고, (2) 영원히 번뇌를 끊어서 단덕(斷德)을 성취하고, (3) 모든 행을 요달해 알아서 지덕(智德)을 성취함이다. 모든 행에 셋이 있으니 ① 마음의 행이요, ② 행할 바를 행함이요, ③ 요달하여 행할 바이니 이른바 '온갖 행이 항상하지 않고 모양 없음'이 요달할 대상인 것이다.

나) 세 가지 덕의 모양을 밝히다[顯三德相] (云何 14下9)

[疏] 云何救護오 演說諸法이니라 云何永斷고 淨諸雜染이니라 永斷煩惱에 種現雙亡이오 除諸雜染은 謂唯現惑이라 云何成智오 謂永斷疑網이니라

■ (1) 어떻게 구호하는가? 모든 법을 연설하여 구호한다. (2) 어떻게 길이 끊을 것인가? 모든 섞이고 물든 법을 깨끗이 하여 끊는다. 번뇌를 길이 끊으면 종자와 현행이 함께 없어지며, 모든 섞이고 물듦을 제함은 오직 현재의 미혹뿐이라는 말이다. (3) 어떻게 지혜를 성취하는가? 이른바 의심 그물을 영원히 끊는 것이다.

다) 세 가지 덕의 이익을 밝히다[顯三德益] (智成 15上1)

[疏] 智成何益고 斷諸希望이니라 惑除何益고 滅諸愛着이니라 一切着者는 着有着空과 着行着果니 不着諸法하면 正智現前하며 悲救衆生하며 佛種不斷하나니 是菩薩之要也며 諸佛之本意也니라

■ 지혜를 이루면 무엇이 이익인가? 모든 희망을 끊는 것이다. 번뇌를 제하면 무엇이 이익인가? 모든 애착을 소멸한다. 온갖 집착은 유를 집착하고 공을 집착하고 행을 집착하고 결과를 집착하나니, 모든 법을

집착하지 않으면 바른 지혜가 나타나며, 중생을 자비로 구제하며, 부처 종성을 끊지 않나니, (이것이) 보살행의 요체이며 모든 부처님의 본래 의미이다.

라) 모든 질문을 결론하고 해명하다[結通諸問] (所陳 15上4)

[疏] 所陳諸問이 一一皆有斯益이니라
- ■ 말한 바 모든 질문 하나하나가 모두 이런 이익이 있는 것이다.

[鈔] 又成菩薩具悲智也下는 第二, 悲智雙流釋이라 於中에 三이니 初一, 總句니 菩薩이 卽悲智也라 二, 具此悲智下一句는 明雙流所爲오 三, 佛種不斷下八句는 皆釋不斷之相이라 於中에 四21)니 初三은 正釋不斷이니 謂成就三德이 是不斷相이라 二, 云何救護下는 覆成上義니 如次三句라 三, 智成何益下는 顯三德益이라 經但二句로대 含於三義니 初, 明智德益이오 後, 惑除何益下는 以滅愛着處句로 雙成二益이니 若着諸法하면 正智不生하고 若着於空하면 不能悲救어니와 今空有無滯일새 故能滅惑하며 成智起悲하며 不斷佛種이라 四, 所陳下는 結屬本意니라
- ● 나. 又成菩薩具悲智也 아래는 자비와 지혜가 함께 나옴을 잡아 해석함이다. 그중에 셋이니 가) 처음 한 구절은 총상구절이니 보살이 곧 자비와 지혜인 것이다. 나) 具此悲智 아래 한 구절은 (자비와 지혜를) 함께 써서 할 일을 밝힘이요, 다) 佛種不斷 아래 여덟 구절은 (넷으로 나누면) (가) 모두 끊어지지 않음을 바로 해석함이니 이른바 세 가

---

21) 四下에 南續金本有意字.

지 덕을 성취하는 것이 끊어지지 않게 하는 모양이다. (나) 云何救護 아래는 위의 뜻을 포함하여 이룸이니, 세 구절의 순서대로이다. (다) 智成何益 아래는 세 가지 덕의 이익을 밝힘이다. 경문에는 단지 두 구절뿐이지만 세 가지 뜻을 포함하나니 (1) 지덕의 이익을 설명함이요, (2) 惑除何益 아래는 '좋아하고 집착하는 곳을 멸한다'는 구절로 두 가지 이익을 함께 성취함이니 만일 모든 법을 집착하면 바른 지혜가 생겨나지 않고, 만일 공에 집착하면 능히 대비로 구제할 수 없지만 지금은 공과 유에 지체함이 없으므로 능히 번뇌를 없애며, 지혜를 성취하고 대비심을 일으키면서 부처 종성을 끊어지지 않게 한다. (라) 所陳 아래는 본래 의도가 소속된 모든 질문을 결론하고 해명함에 있다.

라. 보살을 성취함으로 해석하다[成就菩薩釋] 3.
가) 첫 구절을 해석하다[釋初句] (又釋 15下1)
나) 다음 구절을 해석하다[釋次句] (云何)

[疏] 又釋一切菩薩은 是所成就라 云何成就오 不斷佛種이 即自成就오 救護衆生이 成就於他니라

- 가) 또한 모든 보살은 '성취할 대상'이라 해석하였다. 어떻게 성취하는가? 부처님 종성을 끊어지지 않게 함은 스스로 성취함이요, 중생을 구호함은 다른 이를 성취함이다.

다) 뒤의 일곱 구절을 해석하다[釋後七句] 4.
(가) 두 가지 장애를 끊다[顯斷二障] (云何 15下2)

(나) 다스리는 법으로 끊다[斷能治法] (以何)

[疏] 云何救護오 謂離二障이니 永斷煩惱가 無煩惱障이오 了知一切가 無所知障이니라 以何方便으로 能斷二障고 謂說諸法이라
- 어떻게 구호하는가? 이른바 두 가지 장애를 여읨이니, 길이 번뇌를 끊음이 번뇌의 장애가 없는 것이요, 온갖 것을 요달해 아는 것이 소지장이 없는 것이다. 어떤 방편으로 두 가지 장애를 능히 끊을 수 있는가? '모든 법을 설한다'고 말한다.

(다) 끊을 대상의 양상을 밝히다[顯所斷相] (此煩 15下4)
(라) 부처 종성을 끊지 않음이 곧 보살을 성취함이다[結歸擧彼] (二障)

[疏] 此煩惱障은 其相云何오 謂愛與見이니 除諸雜染이 絶愛煩惱오 永斷疑網이 絶見煩惱라 此所知障은 其相云何오 謂於境에 不了하야 有所希望하며 法執未忘하야 一切生着이라 今相無不了하니 何所希望이라 達法性空이어니 當何所着이리오 二障旣寂하고 二智現前에 成菩提涅槃이니 謂不斷佛種則菩薩成就矣니라
- 여기의 번뇌의 장애는 그 양상이 어떠한가? 말하자면 애착과 소견이니 모든 섞이고 물듦을 제함이 애착의 번뇌를 끊음이요, 의심 그물을 길이 끊는 것이 소견의 번뇌를 끊는 것이다. 이런 소지장은 그 양상이 어떠한가? 말하자면 경계를 요달하지 못하여 희망하는 바가 있으며, 법에 대한 집착을 잊어버리지 못하여 모든 것에 집착이 생긴다. 지금은 양상이 없어서 알지 못하나니 무엇을 희망하겠는가? 법의 본성이 공한 줄 통달하였는데 장차 무엇에 집착하겠는가? 두 가지 장애가

이미 고요하고 두 가지 지혜가 나타날 적에 보리와 열반을 성취하였으니 이른바 부처 종성을 끊지 않음이 곧 보살을 성취함이다.

[鈔] 又釋一切菩薩下는 第三, 約二利齊運釋이라 於中에 初句는 總이오 餘句는 別이라 別中에 疏皆假徵起하야 以經爲答이라 於中에 初二는 雙明二利오 二, 云何救護下는 別釋利他라 經有六句를 疏文分四니 初二는 正離二障이오 二, 以何方便下는 一句는 出離障因이오 三, 此煩惱下三句는 出二障之相이오 四, 二障旣寂下는 從後倒收하야 結歸總句라

二障旣寂은 通後七句니 卽二障除에 能成二智니 除煩惱障에 根本智現하고 除所知障에 後得智現이라 卽此二智가 亦爲能寂이오 菩提涅槃은 卽是所成이니 煩惱障斷에 成於涅槃이오 所知障斷에 成於菩提故[22]라 此는 結利他意니 則不斷佛種은 結歸自利오 菩薩成矣는 結歸總句니라

● 라. 又釋一切菩薩 아래는 이리행을 함께 행함을 잡아 해석함이다. 그중에 가) 첫 구절은 총상이요, 나) 나머지 구절은 별상이다. 나) 별상 중에 소가가 모두 질문함을 빌려서 경문으로 대답하였다. 그중에 (가) 처음 두 구절은 이리행을 함께 밝힘이요, (나) 云何救護 아래는 이타행을 따로 해석함이다. ((다) 뒤의 일곱 구절 해석함의) 경문에 있는 여섯 구절을 소문에서 넷으로 나누었으니 (가) 두 구절은 두 가지 장애를 여읨이요, (나) 以何方便 아래는 장애를 여의는 원인을 내보임이요, (다) 此煩惱 아래 세 구절은 두 가지 장애의 양상을 내보임이요, (라) 二障旣寂 아래는 뒤로부터 거꾸로 거두어서 부처 종성을 끊지

---

22) 菩提故는 南續金本作於菩提.

않음으로 결론하여 돌아감이다.

'두 가지 장애가 이미 고요함'은 뒤의 일곱 구절에 공통되나니 곧 두 가지 장애가 제하면 능히 두 가지 지혜를 이루나니, 번뇌의 장애를 제하면 근본지가 나타나고 소지장을 제하면 후득지가 나타난다. 곧 여기의 두 가지 지혜가 또한 고요하게 한 주체이며, 보리와 열반은 바로 이룰 대상이니 번뇌의 장애가 끊어지면 열반을 성취하고 소지장이 끊어지면 보리를 성취하기 때문이다. 이것은 이타행을 결론한 의미이니, 부처님 종성을 끊어지지 않게 함은 자리행으로 결론함이요, 보살을 성취함은 총상구절로 결론함이다.

(2) 다음 문단은 저 설법 내용을 거론하다[釋次段擧彼所說]

(後三十九) 2.

가. 처음 열 구절은 인행에 대한 질문[初十句問因] 2.

가) 지문이 모자란다[指文有欠] (第二 16上7)

說諸菩薩의 十住와 十行과 十廻向과 十藏과 十地와 十願과 十定과 十通과 十頂하소서
모든 보살의 십주와 십행과 십회향과 십장과 십지와 십원과 십정과 십통과 십정을 말씀하시고

[疏] 第二, 說諸菩薩下는 擧彼所說이라 文分爲二니 初, 十句는 問因이오 後, 二十句는 問果라 今初에 文有九句라

- (2) 說諸菩薩 아래 (다음 문단은) 저 설법 내용을 거론함이다. 경문을 둘로 나누리니 가. 처음 열 구절은 인행에 대한 질문이요, 나. 뒤의 20

제7. 如來名號品 67

구절은 과덕에 대한 질문이다. 지금은 가.에서 경문은 아홉 구절이다.

나) 모자란 경문을 밝히다[辨定所欠] 2.
(가) 예전과 위배되고 따름을 말하다[敍昔違順] 3.
ㄱ. 탈락된 것을 살펴 정하다[按定所脫] (昔云 16上8)

[疏] 昔云欠第九十忍一句하니라
- 예전에는 '제9. 십인(十忍)의 한 구절이 모자란다'고 말하였다.

ㄴ. 그 이유를 내보이다[出其所以] 2.
ㄱ) 바로 해석하다[正釋] (又以 16上9)
ㄴ) 인용하여 증명하다[引證] (仁王)

[疏] 又以十信은 自不成位오 是住方便일새 攝在住中일새 故不別問이니라 故로 仁王經敎化品에 云, 伏忍聖胎三十人은 十信과 十止와 十堅心이라하니 故로 信住不分也니라 有義에 云, 有四義故로 信不入位니 一, 進退不定故오 二, 雜修十心하야 無定階降故오 三, 未隨法界하야 修廣大行故오 四, 未得法身하야 顯佛種性故라하니라
- 또한 십신(十信)은 스스로 성립된 지위가 아니요, 십주(十住)의 방편이므로 십주 지위 안에 포섭되었으므로 별도로 질문하지 않는다. 그러므로 『인왕반야경』교화품에 이르되, "복인에서 성인의 태를 기르는 30인은 십신과 십지[十信, 十止]와 십견심[堅心, 行]이다"라고 하였으니 그러므로 신과 주가 구분되지 않는 것이다. 어떤 이가 뜻으로 말하되, "네 가지 뜻이 있는 연고로 십신은 지위에 들어가지 못하나니, (1)

나아가고 물러남이 정해지지 않은 때문이요, (2) 열 가지 마음을 섞어 닦아서 단계가 내림을 정할 수 없기 때문이요, (3) 법계를 따르지 않고 광대한 행법을 닦기 때문이요, (4) 법신을 얻어서 부처 종성이 드러나지 못하기 때문이다"라고 하였다.

[鈔] 又以十信下는 二, 出其所以라 不開十信하면 則不合問信이라 下有 忍品하니 故知脫忍이니라
- ㄴ. 又以十信 아래는 그 이유를 내보임이다. 십신을 열지 않으면 십신에 대한 질문은 합당하지 않다. 아래에 십인품(十忍品)이 있으니, 그러므로 십인(十忍)에 대한 질문이 탈락된 것임을 알겠다.

ㄷ. 대답한 경문을 개별로 보이다[別示答文] 2.
ㄱ) 모든 질문과 대답한 곳을 통틀어 설명하다[通明諸問答處]
(由斯 16下6)

[疏] 由斯不開十信하야 則成此會와 及第三會가 俱答十住問也라 十行은 第四會答이오 十廻向은 第五會答이오 十藏은 第四會中答이라 以藏 有二義하니 一, 收攝義니 謂收攝諸行하야 以用廻向일새 故答在廻 向之前이라 二, 出生義니 以出生地上證智일새 故問居廻向之後라 十地는 第六會答이오 十願은 初地中答이오 十定十通은 第七會答이 니 各有自品하니라
- 이로 말미암아 십신을 열지 못해서 이번 제2회와 제3회 법회가 모두 십주의 질문에 대답함이 된다. 십행은 제4회에 대답하고, 십회향은 제5회에 대답하고, 십무진장은 제4회 중에 대답하였다. 무진장에는 두

제7. 如來名號品 69

가지 뜻이 있으니 (1) '거두어 포섭하는 뜻'이니 이른바 모든 행법을 거두어 포섭해서 회향위에서 사용하기 위하여 회향위의 앞에 대답한 것이요, (2) '출생한다는 뜻'이니 십지 이상의 증득의 지혜를 출생하는 연고로 회향의 뒤에 질문한 것이다. 십지는 제6회에 대답하고, 십대원(十大願)은 초지 중에 대답하고, 십정(十定)과 십통(十通)은 제7회에 대답하였으니 각기 자신의 품이 있는 것이다.

ㄴ) 십정(十頂)의 질문에 대해 따로 설명하다[別明十頂問處] 2.
(ㄱ) 총합하여 표방하다[總標] (十頂 17上1)

[疏] 十頂一種은 答文不顯이라 古有多釋하니
- 십정(十頂)의 한 종류는 대답한 경문이 확실하지 않다. 예로부터 많은 해석이 있으니,

(ㄴ) 개별로 해석하다[別釋] 3.
a. 첫 번째 법사의 해석[第一師] (一云 17上2)

[疏] 一云, 準梵網經說인대 十忍後에 有心地法門이 卽此十頂이라하니 理亦可通이나 但彼經은 說處가 乃有十이라 初無菩提場會하고 但云方坐千光王座와 及妙光堂하사 說十世界海라하시며 其二三四는 與此三四五會로 處法全同하며 他化十地도 次第亦同하며 而化樂天에 說十禪定하며 初禪에 說十金剛心하며 二禪에 說十願하며 三禪에 說十忍하며 四禪摩醯首羅宮에 說我本源蓮華藏世界盧舍那佛所說心地法門이라하고 不云重會普光과 及祇園重閣이라 次第가 又別하니 難

可會通이로다 又此中에 問因하고 後更有果問하니 故彼佛心地는 卽後如來地等이오 非十頂也로다

- a.에 이르되, "『범망경』에 준해 말한다면 '십인의 다음에 심지법문이 이런 십정에 있다'고 하였으니 이치로는 통할 수 있지만 단지 저 경은 설한 장소가 비로소 열 군데가 있다. 제1 보리장법회에는 없고 단지 '천 개의 광명왕의 자리와 묘한 광명 법당에 비로소 앉아서 열 개 세계 바다를 설하신다'라고만 하였으며, 그 제2, 제3, 제4회는 여기의 제3, 제4, 제5회와 함께 장소와 법이 완전히 같고, '타화자재천궁의 십지도 순서가 또한 같으며, 화락천에서 열 가지 선정을 설하고, 초선천에서 열 가지 금강심(金剛心)을 설하며, 2선천에서 열 가지 대원(大願)을 설하며, 3선천에서 십인(十忍)을 설하며, 4선천과 마혜수라천궁에서 내가 본래 연화장세계 노사나 부처님이 말씀하신 심지(心地)법문을 설하였다'라고 하였고, 제2 보광명전과 기원정사 중각(重閣)강당은 말하지 않았다. 순서가 또한 다르니 회통하기도 어렵다. 또한 이 가운데 인행에 대해 질문하고 뒤에 다시 과덕에 대해 질문하였으므로 저 부처님의 심지법문은 곧 뒤의 여래의 지위와 같고 십정(十頂)은 아닌 것이다.

[鈔] 十頂一種下는 二, 別明頂問이라 於中에 二니 先, 敍昔이오 後, 申今이라 前中에 有三說하니 一, 依梵網經이라 疏文有三하니 初, 正敍昔이오 二, 理亦可通者는 以理縱成이오 三, 但彼經下는 以文奪破라 言[23] 二三四가 與此三四五會로 處法全同者는 此是第三會가 在忉利오 四, 在夜摩요 五, 在兜率이오 彼第二는 卽在忉利라 故彼說十世界

---

23) 言은 南續金本作其.

海竟하시고 卽云次於忉利天宮에 說十住法하고 次至夜摩하사 說十行法하고 次至兜率天宮하사 說十廻向이라하니 斯則處法全同이로다 次第不同은 彼二가 此三이오 彼三이 此四오 彼四가 此五니 以前加菩提場故라 言他化十地次第亦同者는 亦是第六在他化自在天하사 說十地故라 由彼不越第五化樂天故로 說地도 亦第六이라 故로 彼文에 云, 次至化樂天宮하사 說十禪定하시고 次至他化自在天宮하사 說十地法하시고 次至初禪하사 說十金剛心하시고 次至二禪하사 說十願하시며 次至三禪하사 說十忍法하시고 次至四禪摩醯首羅宮하사 說我本原蓮華藏世界盧舍那佛所說心地法門하시니 故로 總收之에 四例不同하니 一, 菩提普光二會不分하니 則開合不同이오 二則次第不同이오 三卽有無不同이니 此經은 四禪에 無說하고 彼皆有說하며 此有重會하고 彼無重會라 四, 彼經은 一處에 說一法門이어니와 此則四六은 兼二하고 七兼於三하나니 以斯四義일새 故難會通이로다 從又此中問下는 縱成以破니 設汝欲將心地法門하야 例同此者라도 此中에 說果가 應爲心地니 何得用頂이리오 上一師義는 竟하다

● ㄴ) 十頂一種 아래는 십정(十頂)의 질문한 곳을 개별로 해석함이다. 그중에 둘이니 a. 예전 해석을 말함이요, b. 지금의 해석을 밝힘이다. a. 중에 세 가지 설명이 있으니 (1) 『범망경』에 의지한 설명이다. 소문에 셋이 있으니 ① 예전 해석을 바로 말함이요, ② '이치로는 또한 통할 수 있다'는 것은 이치로는 놓아 성립함이요, ③ 但彼經 아래는 경문으로 뺏어서 타파함이다. '그 제2, 제3, 제4회는 여기의 제3, 제4, 제5회와 함께 장소와 법이 완전히 같다'고 말한 것은 이것은 제3회가 도리천궁에서 있고, 제4회는 야마천궁에서 있고, 제5회는 도솔천궁에 있으니, 저기서(범망경) 제2회는 곧 도리천궁에서 있고, 그러므로 저

기서는 열 세계해를 설하여 마치고 곧 이르되, "다음에 도리천궁에서 십주법문을 설하고 다음에 야마천궁에 이르러서 십행법문을 설하고 다음에 도솔천궁에 이르러 십회향법문을 설한다"라고 하였으니 이것은 장소와 법문이 완전히 같은 것이다. '순서가 같지 않음'은 저 범망경에서 2회는 이 화엄경의 3회요, 저기의 3회는 여기의 4회요, 저기의 4회는 여기의 5회이니 앞에서 보리도량을 더했기 때문이다. '타화자재천궁에서 십지를 설한 순서는 또한 같다'고 말한 것은 또한 제6 타화자재천궁법회에서 십지법문을 설했기 때문이다. 저기서 제5회에 화락천을 뛰어넘지 않은 연고로 십지법문을 설함도 또한 제6회인 것이다. 그러므로 저 경문에 이르되, "다음에 화락천궁에 이르러서 열 가지 선정을 설하시고, 다음에 타화자재천궁에 이르러 십지법문을 설하시고, 다음에 초선천에 이르러 열 가지 금강심을 설하고, 다음에 2선천에 이르러 열 가지 대원을 설하며, 다음에 3선천에 이르러 열 가지 법인을 설하고, 다음에 사선천과 마헤수라천궁에 이르러 나의 본원인 연화장세계 노사나 부처님이 말씀하신 십지법문을 설하셨으니 그러므로 총합하여 거둘 적에 네 가지 사례가 같지 않다. ① 보리도량과 보광명전의 두 법회는 구분되지 않나니 열고 합함이 같지 않기 때문이요, ② 순서가 같지 않음이요, ③ 있고 없음이 같지 않나니 본경은 사선천에는 설법이 없고, 저기는 모두 설법이 있으며, 여기는 중복된 법회가 있고, 저기는 중복된 법회가 없다. ④ 저 범망경은 한 장소에서 한 법문을 설하였거니와 본경에서는 제4 야마천궁회와 제6 타화자재천궁회는 둘을 겸하고 제7 중회보광명전회에는 세 번을 겸하였나니, 이 네 가지 뜻으로 인해 회통하기 어려운 것이다.

又 此中間 아래는 놓아서 성립하여 타파함이니 설사 네가 십지법문

을 가져서 사례가 이것과 같게 하려 하더라도 이 가운데 과덕을 설함이 응당히 심지법문이 되었으니 어찌하여 십정(頂)을 사용하겠는가? 여기까지 a. 첫 번째 법사의 해석은 마친다.

b. 두 번째 법사의 해석[第二師] 2.
a) 바로 말하다[正敍] (有云 18上10)
b) 뺏어서 타파하다[奪破] (彼問)

[疏] 有云僧祇品에 答이니 以準瓔珞인대 等覺에 別有頂位하니 以因位가 窮終이라 今僧祇中에 說十大數하시니 數中之極일새 故云十頂이라하니라 彼問雖十이나 答有多數하며 對上定通하면 亦非其類니 故로 不可也로다

- 어떤 이가 이르되, "아승지품에 대답하였으니 『보살영락경』에 준하면 등각위에 별도로 십정의 지위가 있으니 인행의 지위가 다한 끝이다. 본경의 아승지품에 열 가지 큰 숫자를 설하였으니 숫자 중의 끝이므로 십정(十頂)이라 한다"라고 하였다. 저 범망경에 질문이 비록 열 가지이지만 대답은 많은 숫자가 있으니 위의 십정(定)과 십통(通)과 상대하면 또한 그렇게 유례하지 못하나니 그러므로 할 수 없는 것이다.

[鈔] 有云僧祇下는 第二師義라 於中에 二니 先, 敍昔이오 二, 彼問雖十 下는 破를 可知[24]로다

- b. 有云僧祇 아래는 두 번째 법사의 해석이다. 그중에 둘이니, a) 예전 해석을 말함이요, b) 彼問雖十 아래는 뺏어서 타파함이니 알 수 있으리라.

---

24) 上鈔는 南金本無.

c. 세 번째 법사의 해석[第三師] 3.
a) 바로 말하다[正敍] (有云 18下4)
b) 인용하여 증명하다[引證] (又佛)
c) 세우고 타파하다[立破] (但標)

[疏] 有云壽量品에 答이니 彼中의 十重佛土가 皆上爲下頂이라 極至賢首佛刹하면 名爲十頂이라 又佛名第二가 名此十一世界하야 爲上首故라 但擧此初오 後十一은 即顯過百萬阿僧祇世界壽量之數라 此爲標首니 首即頂故라하니라 然復彼無別問하니 似有少理나 但標此十界를 將爲問端하야 對十地等하면 甚不相例로다

■ 어떤 이가 이르되, "여래수량품에 대답하였으니 저 가운데 열 겹의 불국토가 모두 위인 것이 정수리보다 아래가 된다. 끝까지 가서 현수품의 불국토에 이르면 십정(十頂)이라 이름한다. 또한 『불명경(佛名經)』제2권에서 '이런 열한 가지 세계를 상수라고 이름'하였기 때문이다. 단지 본경의 첫부분을 거론한 것이요, 뒤의 열한 가지는 곧 백만 아승지세계 부처님 수명의 분량의 숫자보다 초과함을 밝혔다. 이것은 우두머리를 표방하였으니 '우두머리가 곧 정수리이기 때문이다'라고 하였다. 그러나 다시 저기에 별다른 질문은 없나니 작은 이치가 있는 것 같지만, 단지 이런 열 가지 세계를 가져서 질문할 단서로 표방하여 십지품과 상대하면 매우 서로 유례할 수가 없다.

[鈔] 有云壽量品答은 第三師義라 於中에 二니 先, 立이오 後, 破라 前中에 四니 一, 正立이오 二, 又佛名下는 引證이오 三, 但擧此下는 遮難이니 恐有難云호대 今經은 百萬阿僧祇重이어니 何以證成十界之義오할새

故爲此通이니라 四, 此爲標首下는 釋成頂義라 然復下는 第二, 難破라 於中에 先, 縱立이오 後, 但標此下는 奪破니라

● c) 어떤 이가 이르되, "'여래수량품에 대답했다'고 말함은 세 번째 법사의 해석이다. 그중에 둘이니, ㉠ 앞은 (뜻을) 건립함이요, ㉡ 뒤는 (놓아서) 타파함이다. ㉠ 중에 넷이니 ① 바로 건립함이요, ② 又佛名 아래는 인용하여 증명함이요, ③ 但擧此 아래는 힐난을 차단함이니, 어떤 이가 힐난함을 두려워하여 말하되, "본경은 백만 아승지의 중복됨인데 어떻게 열 세계를 건립한 뜻을 증명하겠는가?"라고 하였으므로 여기서 회통한 것이다. b) 此爲標首 아래는 십정(十頂)의 뜻을 해석함이다. ㉠ 然復 아래는 힐난하고 타파함이다. 그중에 ① 놓아서 건립함이요, ② 但標此 아래는 뺏어서 타파함이다.

(나) 지금의 바른 뜻을 펼치다[申今正義] 2.
ㄱ. 바로 설명하다[正明] 7.
ㄱ) 범본을 인용하여 참조하다[引梵按定] (今謂 19上1)
ㄴ) 칭합한 의미를 별도로 밝히다[別顯稱意] (言十)

[疏] 今謂新舊梵本에 俱無忍問하고 答中에 卽有하니 故知彼忍은 卽此頂也로다 言十頂者는 因位終極이니 十定十通이 皆等覺位오 十忍이 居後하니 又得頂名이로다 問中에는 約位終極일새 故名爲頂이오 答據法門忍受라 以智印定일새 故云忍也라 非位終極이면 不具十忍이오 非有十忍이면 不極因位이라하야 二文更顯이로다

■ 지금은 이르되, "범본의 구본과 신본에 십인에 대한 질문은 모두 없고, 대답한 중에는 곧 있으니 그러므로 저기의 십인(忍)은 여기의 십정

(頂)인 줄을 알겠다. 십정(十頂)이라 말한 것은 인행 지위의 마지막 끝이니 십정품과 십통품은 모두 등각의 지위요, 십인품은 뒤에 있으니 또한 정수리[頂]란 이름을 얻은 것이다. 질문 중에는 지위가 마지막 끝임을 잡은 연고로 '정수리'라 이름하였고, 법문을 의거하여 '참고 받았다'고 대답한 것이다. 지혜로 선정을 인가한 연고로 '참는다[忍]'고 말하였다. '지위가 마지막 끝이 아니면 열 가지 법인을 구비하지 못할 것이요, 열 가지 법인이 있지 않았으면 인행 지위의 끝이 아닐 것이다'라고 해서 두 가지 경문이 더욱 드러났도다.

ㄷ) 인용하여 증명하다[引證] (故十 19上5)
ㄹ) 사례를 이끌어 오다[引例] (亦猶)

[疏] 故로 十忍品末에 云, 通達此忍門하야 成就無礙智에 超過一切衆하야 轉於無上輪等이라하야 旣言超過하니 卽是頂義로다 亦猶四善根中에 忍頂法門이 義相類故니라

■ 그러므로 십인품의 말미에 이르되, "이러한 인의 문 통달한다면 걸림 없는 지혜 성취한 후에 모든 무리를 뛰어넘어서 위없는 법 바퀴를 운전하리라" 등이라 하여 이미 '뛰어넘는다'고 말했으니 바로 '정수리'란 뜻이다. 또한 '네 가지 선근'[25] 중에 인위(忍位) 정위(頂位)의 법문이 뜻이 서로 유례하는 까닭이다.

ㅁ) 함께 설명하다[雙明] (不爾 19上8)
ㅂ) 힐난을 해석하다[釋難] (設欲)

---

25) 四善根은 四善根位이니 有部의 주장이다. 見道에 들어가기 전에 준비로서 四加行位라고도 칭한다. 煖位 頂位 忍位 世第一法位의 四位로 나누어진다.

ㅅ) 힐난을 회통하다[會難] (十信)

[疏] 不爾면 忍無別問이어늘 空答何爲리오 設欲成十인대 應脫十信이로다 十信은 雖未成位나 亦隨法界修廣大行하야 德用殊勝이라 別一會答이니 應有問故니라
■ 그렇지 않으면 인은 별도의 질문이 없는데 공연히 답하여 무엇하리오. 설사 열 가지를 이루려 하였다면 응당히 십신(十信)을 탈락했어야 하리라. 십신(十信)은 비록 지위가 된 것은 아니지만 또한 법계를 따라 광대한 행법을 닦아서 공덕과 작용이 수승한 것이라서 별도로 한 법회에 대답하였으니, 응당히 질문이 있어야 하기 때문이다.

ㄴ. 모아서 해명하다[會通] (若將 19上10)

[疏] 若將十忍已下四品하야 共答頂問인대 於理無失이니 俱是等覺之終極故니라
■ 만일 십인품 아래 네 품[제29 십인품, 제30 아승지품, 제31 여래수량품, 제32 보살주처품]을 가져서 십정에 대한 질문에 함께 대답하였다면 이치로는 허물이 없으리니 모두가 등각 지위의 마지막 끝인 까닭이다.

[鈔] 今謂新舊下는 申今正義라 於中에 二니 先, 以十忍答頂이오 後, 通以四品答頂이라 前中에 七이니 一, 正將十忍答頂問이오 二, 言十頂者下는 會釋二名이오 三, 故十忍下는 引文爲證이오 四, 亦猶下는 引

例成立이오 五, 不爾下는 反以釋成이오 六, 設欲已下는 釋無十難이라 難云호대 若開[26]頂問인대 十句卽[27]圓이어니와 若以忍으로 答頂인대 句則唯九로다 故今答云호대 脫於十信이니 十句成矣라 七, 十信雖未成下는 會通上難이니 難云호대 我先用二義하야 不開十信이니 一, 文證이오 二, 理證이라 今欲開信인대 雙乖文理라하나니 故今通之호대 乃有數意하니 一, 對前立理니 前明闕於四義일새 不立信[28]位오 今明不必成位일새 四義無遺로다 二, 德用殊勝下는 上以文證하고 今亦文答이라 上引은 但明信位[29]不開어니와 今明何必要開이리오하야는 而不妨有問이라 何者오 十願과 十藏은 非是別位라도 得爲問端이어니 信不成位한들 何妨有問이리오 又藏과 願等은 寄他會答이라도 尙有別問이어든 十信法門은 別一會答이라 解行德能인 三品宏深하니 豈合無問이리오

- (나) 今謂新舊 아래는 지금의 바른 뜻을 펼침이다. 그중에 둘이니 ㄱ. 십인으로 십정에 대답함이요, ㄴ. 통틀어 네 품으로 십정(十頂)에 대답함이다. ㄱ. 중에 일곱이니 ㄱ) 십인을 가져서 십정에 대한 질문에 대답함이요, ㄴ) 言十頂者 아래는 두 가지 명칭을 모아서 해석함이요, ㄷ) 故十忍 아래는 경문을 인용하여 증명함이요, ㄹ) 亦猶 아래는 사례를 이끌어 성립함이요, ㅁ) 不爾 아래는 반대로 해석함이요, ㅂ) 設欲已 아래는 열 구절이 없다는 힐난을 해석함이다. 힐난하여 말하되, "만일 십정에 대한 질문을 열려면 열 구절이 되면 원만하겠지만 만일 십인으로 십정에 대답한다면 오직 아홉 구절일 뿐이다."

---

26) 開는 南續金本作闕十.
27) 卽은 南續金本作則.
28) 信은 南續金本作爲.
29) 位는 南金本作住.

그러므로 지금 답하기를 "십신을 빠뜨릴 것이니 열 구절이 되기 때문이다." ㅅ) 十信雖未成 아래는 위의 힐난을 회통함이니, 힐난해 말하되, "내가 먼저 두 가지 뜻을 써서 십신을 열지 않았으니 ① 경문의 증거요, ② 이치의 증거이다. 지금은 십신을 열려고 한다면 경문과 이치가 동시에 어긋나게 된다"고 하였으므로 지금 해명하되, 여러 의미가 있으니 (1) 앞과 상대하여 이치를 건립함이니 앞에는 네 가지 뜻을 빠뜨렸으므로 십신의 지위를 세우지 않음을 설명하였고, 지금은 반드시 지위가 성립되지 않았으므로 네 가지 뜻이 빠뜨림이 없음을 설명하였다. (2) 德用殊勝 아래는 위에서 경문으로 증명하였고 지금은 또한 경문으로 대답하였다. 위에 인용함은 단지 십신의 지위를 열지 않음만 밝혔지만 지금은 어찌하여 반드시 열어야만 하는가? 설명에 가서는 질문 있음이 방해되지 않는다. 무엇 때문인가? 열 가지 대원과 열 가지 무진장은 별도의 지위가 아니더라도 질문의 실마리를 얻을 텐데 십신이 지위가 성립되지 않은들 질문 있음이 어찌 방해되겠는가? 또한 무진장과 대원 등은 다른 법회에 의탁하여 대답하더라도 오히려 별도의 질문이 있어야 할 텐데, 십신법문은 별도로 한 법회에서 대답한 것이다. 이해하고 수행함과 공덕과 공능인 세 품이 굉장히 깊나니 어찌 질문 없음과 합하겠는가?

若將下는 第二, 會通以四品答於頂問이니 以信住行等이 皆有多品하니 總將四品하야 共答頂問이라도 於理無違니라 若爾인대 古以僧祇와 壽量으로 而答頂問도 應不乖理로다 彼以局取오 又不收忍이라 今總收四에 與昔으로 全乖라 頂乃通名이오 忍等은 別稱이니 故不同也니라 此解最妙며 亦能旁通一難이라 難云, 引四善根에 忍頂不同이어

늘 今何將忍하야 以酬頂問고할새 今爲總釋이니 則以等覺因位之極으로 通稱爲頂이언정 不全同四니 故로 上引云, 義相類故라하니라

- ㄴ. 若將 아래는 네 품으로 통틀어 십정에 대한 질문에 대답함이니 십신과 십주와 십행 등이 모두 여러 품이 있으니 총합하여 네 품을 가져서 십정에 대한 질문에 함께 대답하여도 이치에 어긋남이 없다. 만일 그렇다면 고덕들이 아승지품과 여래수량품으로 십정의 질문에 대답했다는 것도 응당히 이치에 어긋나지 않는다. 저들은 국한하여 취하였고, 또한 십인을 거두지 않는다. 지금은 총합하여 넷을 거둘 적에 예전 해석과 완전히 어긋난다. 십정은 비로소 전체적인 명칭이 되고 십인 등은 개별 명칭이니 그러므로 같지 않은 것이다. 이런 해석이 가장 묘하며 또한 능히 한 가지 힐난을 곁들여 해명한 것이다. 힐난하여 말하되 "사선근위(四善根位)를 인용할 적에도 인위(忍位)와 정위(頂位)는 같지 않은데 지금 어찌하여 십인을 가지고 십정에 대한 질문에 대답하는가?" 하므로 지금은 총합하여 해석하였으니 등각은 인행 지위의 끝이므로 통틀어 십정이라 칭하기도 하지만 네 가지가 완전히 같은 것은 아니다. 그러므로 위에서 인용하면서 '뜻이 서로 유례하기 때문'이라 하였다.

나. 뒤의 20구절은 과덕에 대한 질문[後二十句問果] 2.
가) 다음 열 구절은 내부의 공덕이 만족함을 설명하다
　　[次十句明內德成滿] (第二 20下2)

及說如來地와 如來境界와 如來神力과 如來所行과 如來力과 如來無畏와 如來三昧와 如來神通과 如來自在와

如來無礙와

또 (1) 여래의 지위와 (2) 여래의 경계와 (3) 여래의 신력과 (4) 여래의 행하는 바와 (5) 여래의 힘과 (6) 여래의 두려움 없음과 (7) 여래의 삼매와 (8) 여래의 신통과 (9) 여래의 자재와 (10) 여래의 걸림 없음과

[疏] 第二, 二十句는 問所成果니 全同初會라 於中에 亦初十句는 明內德成滿이오 後十句는 體相顯著라 初中에 如來神力은 前會에 名佛加持라하니 卽神力으로 加持故라 神通은 約外用無壅이오 神力은 約內有幹能이라 離世間品에 各有十事하야 其相自別이니라 言無礙者는 謂如來所作이 無能障礙也라 上文에는 名無能攝取等이라하니 義皆同也로다

■ 나. 뒤의 20구절은 이룰 대상인 과덕에 대한 질문이니, 제1회 법회와 완전히 같다. 그중에도 가) 열 구절은 내부의 공덕이 만족함을 설명함이요, 나) 체성과 모양이 확실함이다. 가) 중에 여래의 신력은 앞의 제1회에 '부처님의 가지력'이라 이름하였으니 곧 위신력으로 가지하기 때문이다. 신통은 바깥으로 써도 막힘이 없음을 잡았고, 위신력은 안으로 굳건한 능력이 있음을 잡은 것을 말한다. 이세간품에는 각기 열 가지 일이 있어서 그 모양이 자연히 구별된다. '걸림 없다'고 말한 것은 이른바 부처님이 지은 일이 능히 장애할 수 없기 때문이다. 위의 경문에는 '능히 포섭하여 가지지 못함이 없다는 등이다'라고 하였으니 뜻은 모두 같은 것이다.

나) 뒤의 열 구절은 체성과 모양이 확실하다[後十句明體相顯著]

(後十 20下10)

如來眼과 如來耳와 如來鼻와 如來舌과 如來身과 如來意와 如來辯才와 如來智慧와 如來最勝하시나니
(11) 여래의 눈과 (12) 여래의 귀와 (13) 여래의 코와 (14) 여래의 혀와 (15) 여래의 몸과 (16) 여래의 뜻과 (17) 여래의 변재와 (18) 여래의 지혜와 (19) 여래의 가장 수승함을 말씀하시니

[疏] 後, 十中에 辯才는 是語業이오 智慧는 是意業이오 最勝은 是身業이라 準前會中하면 唯欠佛光明之一句하고 餘如前釋이라 其所答文은 亦如前引出現, 不思議, 相海品說하니라 但前은 總會일새 故引此文이니 所引之文이 正答今問이라 說者는 宜重引이니라

■ 나) 뒤의 열 구절 중에 '변재'는 말의 업이요, '지혜'는 생각의 업이요, '가장 뛰어남'은 몸의 업이다. 앞의 제1회에 준하면 오직 부처님의 광명인 한 구절만 모자라고 나머지는 앞의 해석과 같다. 그 대답한 경문도 또한 저 앞에서 인용한 여래출현품과 불부사의법품과 여래십신상해품에 설한 내용과 같다. 단지 앞은 총합하는 모양인 연고로 이 경문을 인용한 것이니, 인용한 경문이 지금의 질문을 바로 대답한 내용이다. 말하는 이는 의당 거듭하여 인용한 것이다.

(3) 청법을 결론하다[釋後一句] (三願 21上5)

願佛世尊도 亦爲我說하소서
원컨대 부처님 세존께서도 또한 우리들을 위하여 말씀하옵
소서."

[疏] 三, 願佛下는 結請이라 請同彼說일새 故致亦言이라 請分은 竟하다
- (3) 願佛 아래는 청법을 결론함이다. 청법도 저기서 설함과 같으므로 '또한'이라는 말이 이르렀다. 第二. 청법하는 부분은 마친다.

第三. 설법하는 부분[說分] 2.

一. 여섯 법회를 통틀어 과목 나누다[通科六會] (第三 21上7)

[疏] 第三, 說分이라 於中에 通下六會가 答此所問이라 準問長科하야 亦 爲三分하니 此初三品은 答所依果問이오 二, 問明已下는 答所修因 問이오 三, 從不思議品下는 答所成果問이라 其平等因果는 因乃果 中之因이오 果乃此果之用이니 故屬果收니라
- 第三. 설법하는 부분이다. 그중에 아래의 여섯 법회가 여기서 질문한 것에 대답한 내용이다. 질문함에 준하여 길게 과목 나누어 또한 세 부분으로 나누었으니, 제1절. 여기의 처음 세 품[제7 여래명호품, 제8 사성제품, 제9 광명각품]은 의지할 대상인 불과에 대한 질문에 대답함이요, 제2절. 보살문명품 아래 23품은 수행할 대상인 인행에 대한 질문에 대답함이요, 제3절. 불부사의법품 아래 다섯 품[제33 불부사의법품, 제34 여래십신상해품, 제35 여래수호광명공덕품, 제36 보현행품, 제37 여래출현품]은 이룰 대상인 과덕에 대한 질문에 대답함이다. 그 평등한 원인과 결과는

'인행'이 바야흐로 과덕 속의 인행이요, '과덕'은 바야흐로 이 과덕의 작용이므로 과덕에 거두어 포섭하였다.

[鈔] 其平等下는 通其妨難이니 難云호대 若依問爲三인대 第三段은 唯合明果어늘 今有普賢行爲因하고 出現品爲果하니 自是一段平等因果라 何得皆將答果問耶아할새 故爲此通이라 旣因是得果不捨之因인대 卽果中因이며 亦是果攝이니 故屬第三所成果也니라 又古人이 以文從義하야 出此因果어니와 若疏本意인대 全屬果也라 至下重明호리라

● 一. 其平等 아래는 그 비방과 힐난을 해명함이니 힐난해 말하되, "만일 질문에 의지하여 셋으로 나눈다면 셋째 문단은 오직 과덕을 설명함만으로 합할 텐데 지금은 보현행품으로 원인을 삼고 여래출현품으로 결과를 삼았으니 자연히 한 단계의 평등한 원인과 결과가 된 것이다. '어찌하여 모두를 가져서 과덕에 대한 질문에 대답함이 되는가?'라고 했으므로 여기서 해명한 것이다. 이미 원인은 결과를 얻기 위하여 원인을 버리지 않는 것이라면 곧 결과 중의 원인이며, 또한 결과에도 포섭될 것이다. 그러므로 '제3 이룰 대상인 결과'에 속하는 것이다. 또한 고인들이 경문의 뜻을 따라서 이런 원인과 결과를 내었거니와 만일 소가의 본래 의미라면 완전히 결과에 속하는 것이다. 아래에 가서 거듭 설명하겠다.

二. 과목에 따라 개별로 해석하다[隨科別釋] 3.
제1절. 앞의 세 품은 의지할 대상인 부처님의 과덕에 대한 질문에 대답하다
  [初三品答所依果問] 2.
제1. 여래께서 모양을 나투어 대답하다[如來現相答] 2.

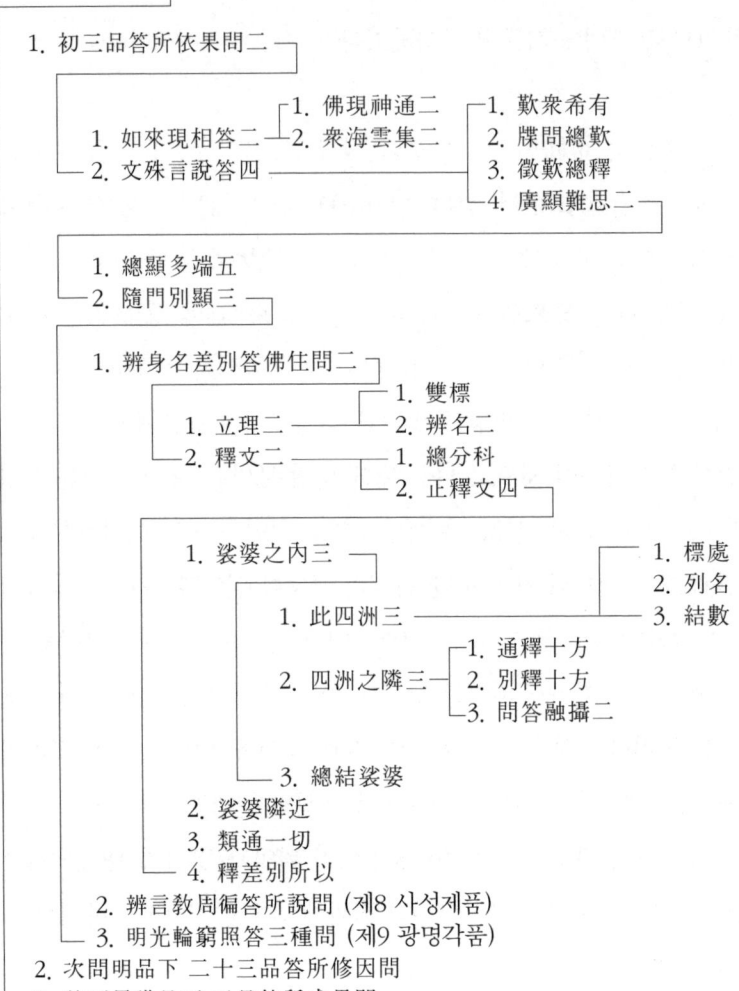

1. 부처님이 신통을 나투시다[佛現神通] 2.

1) 바로 경문을 해석하다[正釋文] 2.

(1) 처음과 뒤의 두 구절을 해석하다[釋初後二句] (初中 21下7)

爾時에 世尊이 知諸菩薩心之所念하시고 各隨其類하사 爲現神通하시니라
저 때에 세존이 모든 보살들의 마음에 생각한 바를 아시고 각각 그 종류를 따라서 위하여 신통을 나타내시었다.

[疏] 初中에 分二니 先, 如來現相答이니 由其念請故라 又如來證窮故라 後, 文殊言說答이니 伴助主故로 假言顯故라 今初에 分二니 一, 佛現神通이오 二, 衆海雲集이라 今初라 知其心念者는 領念請也오 現神通者는 示相答也라

■ 제1절 (부처님의 과덕에 대한 질문에 대답함) 중에 둘로 나누리니, 제1. 여래께서 모양을 나투어 대답함이니, 그로 인하여 생각으로 청법한 까닭이다. 또한 여래가 끝까지 증득한 까닭이다. 제2. 문수보살이 언설로 대답함이니 보처보살이 법주를 돕기 위하여 말을 빌려 드러낸 까닭이다. 지금은 제1. (여래께서 모양을 나투어 대답함)에서 둘로 나누리니, 1. 부처님이 신통을 나투심이요, 2. 대중들이 구름처럼 모여듦이다. 지금은 1.이다. '그 마음으로 생각한 바를 아신다'는 것은 생각으로 청법함을 받음이요, '신통을 나타냄'이란 모양을 보여 대답함이다.

(2) 중간 구절을 개별로 해석하다[別釋中句] 2.
가. 세 가지 뜻을 해석하다[釋三義] (言隨 21下10)

[疏] 言隨類者는 有其三義하니 一, 隨疑者所宜異故니 謂或示色令見하며 以聲令聞하사 冥資令曉가 皆是現通이니 以法界身으로 圓明頓現也라 二, 隨疑者流類別故오 三, 隨疑者所疑異故니

■ 가. '종류를 따른다'고 말한 것은 세 가지 뜻이 있으니 (1) 의심하는 이를 따라 당연한 것이 달라지기 때문이니, 이른바 혹은 형색을 보여 볼 수 있게 함이요 소리를 듣게 하여 알 수 있도록 그윽히 돕는 것이 모두 신통을 나투는 것이니, 법계의 몸으로 두렷이 밝게 단박에 나투는 것을 뜻한다. (2) 의심하는 이를 따라 종류별로 구별되기 때문이요, (3) 의심하는 이를 따라 의심하는 것이 달라지기 때문이다.

[鈔] 言隨類者는 疏文有二하니 先, 釋三義요 後, 結通局이라 前中에 一, 隨疑者는 卽用法不同이니 隨一類人의 所樂不同하야 隨宜適化라 故로 經에 云, 彼彼諸病人을 良醫隨處方이라하니 卽應病與藥也라 言或示色令見은 是現相答이오 以聲令聞은 是言說答이니 上皆顯應이오 冥資令曉는 卽是冥應이라 總合上三하야 一時頓應하야 以法界圓明으로 頓現也니라 疏二隨疑者流類別故30)者는 上之三義는 隨一類中하야 卽容此三이어니와 今明萬類니 謂人天鬼畜의 音辭差別等이라 然準31)疑人하야 約有所表하면 但明菩薩이어니와 據其實義인대 萬類皆通이니라 又菩薩者는 但語大心衆生이오 不妨本類에 亦有差別이니 謂天爲菩薩이며 人爲菩薩等이니라 三, 隨疑者는 此約所疑之法이니 是則初는 是義無礙境이오 二는 是辭無礙境이오 此是法無礙境이라 然其所疑는 卽十住等이오 其能疑人은 未必十信이 疑於十信이오 許互疑故니 十信이 亦疑住行等故니라

● '종류를 따른다'고 말한 것은 소문에 둘이 있으니 (가) 세 가지 뜻을 해석함이요, (나) 통함과 국한됨을 결론함이다. (가) 중에 (1) 의심하는 이를 따름은 곧 사용하는 방법이 같지 않음이니 한 종류의 사

---

30) 上十七字는 南續金本作二隨疑.
31) 準은 南續金本作唯.

람의 좋아하는 것이 다름을 따라서 마땅한 대로 알맞게 교화한다는 뜻이다. 그러므로 경에 이르되, "저기 저기의 모든 병든 사람은 좋은 의사의 처방을 따른다"라고 하였으니 곧 '병을 따라 약을 준다[應病與藥]'는 말이다. '혹은 형색을 보여 보게 한다는 말은 모양을 나타내어 대답함이요, 소리로 듣게 함은 언설로 대답함이니 위는 모두 드러내어 응함이요, 그윽히 도와서 알게 함은 곧 모르게 응함이다.' 위의 셋을 총합하여 일시에 단박에 응하여 법계의 두렷이 밝음으로 몰록 나타냄이다. (2) '의심하는 이를 따라 종류별로 구별되기 때문'이란 위의 세 가지 뜻은 한 종류를 따라 곧 이 셋을 용납한 것이지만 지금은 온갖 종류를 설명하였으니 이른바 인간과 천상, 귀신과 축생들의 언사가 차별한 등이다. 그러나 의심하는 사람에 준하여 표하는 바가 있음을 잡으면 단지 보살만을 설명하겠지만 그 진실한 뜻에 의거한다면 만 가지 부류가 모두 통한다는 뜻이다. 또한 보살은 단지 대승의 마음인 중생만을 말하였고, 본래의 종류에는 또한 차별이 있음과 방해되지 않나니, 이른바 천상은 보살이 되고 사람은 보살이 되는 등이다. (3) 의심하는 사람을 따름은 여기서는 의심할 대상의 법을 잡았으니, 이것은 첫째, 뜻에 걸림 없는 경계이고, 둘째, 언사에 걸림 없는 경계요, 이것은 바로 법에 걸림 없는 경계이다. 그러나 그 의심하는 대상은 곧 십주 따위이고, 그 의심하는 사람은 아직 반드시 십신이 십신을 의심함이요, 서로 의심함을 허용하는 까닭이니 십신이 또한 십주와 십행 등을 의심하기 때문이다.

나. 의심을 따라 신통을 나투다[隨疑現通] 2.
가) 모양을 나타내고 광명을 놓음을 밝히다[正明現相放光] (謂若 22下6)

나) 나머지 모양으로 방광함과 유례하다[例類餘相放光] (如放)

[疏] 謂若疑十信인대 卽見如來足輪放光하사 周乎法界等이오 若疑十住하면 則見如來足指放光하사 百刹塵外에 菩薩集等이라 如放光一事 旣爾하야 餘相皆然이니라

■ 말하자면 만일 십신을 의심한다면 곧 바로 부처님의 발바닥 방광[足輪放光]으로 법계에 두루 함을 보는 등이요, 만일 십주를 의심한다면 부처님의 발가락 방광[足指放光]으로 백 개의 불찰 미진수 바깥에 보살이 모임을 보는 등이다. 광명을 놓는 한 가지 일이 이미 그러함과 같이 나머지 모양도 모두 그러하다.

[鈔] 謂若疑十信下는 出隨疑現通之相이라 於中에 有二하니 初는 疑十信이니 卽是此文이며 及第十三經光明覺品이라 言周乎法界等者는 等取十方에 各過十佛刹微塵數世界하야 菩薩雲集이라 故로 下經에 云, 悉以佛神力故로 十方에 各有一大菩薩이 一一各與十佛刹微塵數諸菩薩俱等이라하니라 若疑十住者는 卽第三會十住品初라 言菩薩雲集等者는 此一等字가 等取行, 向, 地等이니 謂十行은 則足趺[32] 放光이오 十向은 則膝輪放光이오 十地는 則眉間放光等이며 十行은 千刹이오 十向은 十千等이니 此一等字者가 等於一分放光中事니라 如放光下는 例於餘相이니 謂動刹, 雨花, 香雲等事가 皆隨宜不同也니라

● 나. 謂若疑十信 아래는 의심을 따라 신통을 나타내는 모양을 내보임이다. 그중에 둘이 있으니 (1) 십신을 의심하나니 바로 이 경문이

---

32) 趺는 南續金本作上.

며, 및 화엄경 제13권의 광명각품이다. '법계에 두루 하다'고 말한 등은 시방에서 각기 열 개의 불찰 미진수 세계를 지나서 보살이 구름처럼 모여든 것이다. 그러므로 아래 경문에 이르되, "모두 부처님의 위신력 때문에 시방에 각기 한 큰보살이 낱낱이 각기 열 개의 불찰 미진수 모든 보살과 함께하는 등이다"라고 하였다. '만일 십주를 의심한다'는 것은 곧 제3회의 십주품 첫 부분이다. '보살이 구름처럼 모여든다'는 등은 이 한 등(等)이란 글자가 똑같이 십행과 십회향과 십지 등을 취하는 것이니 이른바 십행은 발뒤꿈치 방광이요, 십회향은 무릎 방광이요, 십지는 미간 광명 등을 말한다. 십행은 천 개의 국토요, 십회향은 만 개의 국토 등이니 이 한 등이란 글자가 일부분 방광하는 중의 일과 똑같다. 나) 如放光 아래는 나머지 모양으로 방광함과 유례함이니 이른바 국토가 진동하고, 꽃비가 내리고, 향기구름 등의 일이 모두 마땅함을 따라 같지 않은 것이다.

2) 통하고 국한됨을 보이다[示通局] (故知 23上9)

[疏] 故知初會現相이 徧於九會요 此會現通³³⁾은 通於一分이로다 結集隨義하야 編之作次耳라 故下三會에 皆有不起覺樹之言하니라
- 그러므로 제1회 모양을 나타냄이 아홉 번의 법회에 두루 한 줄 알 것이요, 이번 제2회에서 신통을 나툼은 일부분에 통한다. 결집하고 뜻을 따라 편집하여 순서를 지은 것뿐이다. 그러므로 아래 제3회에서 모두에 '보리수에서 일어나지 않는다'는 말이 있다.

---

33) 通은 續金本作神通.

[鈔] 故知初會下는 第二, 辨通局34)이라 此會를 望初하면 則局一分이어니와 彼通九會니 謂佛前現華는 通表一部所詮華嚴이오 眉間勝音은 通表九會能詮教故라 結集編次가 非現前後니라 故下三會下는 引文爲證이니 即35)不起前二而升四天으로 明正當此處現通이 四天에 齊現耳니라

- 2) 故知初會 아래는 통하고 국한됨을 밝힘이다. 이번 제2회를 제1회와 대조하면 한 부분에 국한되겠지만 저기(범망경)서는 아홉 법회에 통하나니 이른바 부처님 앞에서 꽃을 나타냄은 한 부분의 말할 대상인 화엄경에 통틀어 표함이요, 눈썹 사이의 승음(勝音)보살은 아홉 법회에서 말할 주체인 교법을 통틀어 표하기 때문이다. 결집하고 편집한 순서가 앞뒤에 나타나지 않는다. 故下三會 아래는 경문을 인용하여 증명함이니 곧 앞의 두 군데에서 일어나지 않고 네 군데 천궁으로 오르는 것으로 밝고 바르게 이곳에서 신통을 나타냄이 네 군데 천궁에서 똑같이 나타남에 해당할 뿐이다.

2. 대중이 구름처럼 모여들다[衆海雲集] 2.
1) 대답한 경문을 전체적으로 보이다[通示答文] 2.
(1) 바로 보이다[正示] (第二 25下6)

[疏] 第二, 現神通下는 衆海雲集이니 即現相答初十句之問이라 光現佛刹은 答佛刹問이오 刹有金色等은 是刹莊嚴이라 既以金成하니 亦答刹體라 彼刹菩薩은 亦刹莊嚴이니 菩薩大寶로 以爲嚴故라 亦刹淸

---
34) 辨은 南續金本作示.
35) 即은 南續金本作既.

淨이니 純淨佛刹에는 唯菩薩故라 淨修梵行은 是刹成就니 淨土行故오 亦刹淸淨이니 所修淨故라 此上은 已³⁶⁾答五句依問이오 兼答五句正報土니 各有佛과 及見如來가 坐蓮華藏은 是答佛住오 現通放光은 是答威德이오 名不動智等은 是答法性이오 見佛轉法輪은 是答說法이오 佛成正覺은 是答菩提라

■ 2. 現神通 아래는 대중이 구름처럼 모여듦이니, 곧 모양을 나투어 처음 열 구절의 질문에 대해 대답함이다. 광명 속에 나툰 부처님 국토는 부처님 국토에 대한 질문에 대답함이요 '국토에 금색세계가 있다'는 등은 불국토 장엄이다. 이미 금으로 만들었으니, 또한 국토의 체성에 대답함이다. 저 국토의 보살은 또한 국토의 장엄이니 보살이라는 큰 보배로 장엄하기 때문이다. 또한 국토가 청정함이니 순수하게 청정한 불국토에는 오직 보살뿐이기 때문이다. 청정하게 범행을 닦음은 곧 국토를 성취함이니 정토의 행법인 까닭이요, 또한 국토가 청정함은 닦을 대상이 청정한 까닭이다. 이 위는 이미 다섯 구절의 의지처에 대한 질문에 대답한 내용이요, 다섯 구절로 정보(正報)의 국토를 겸하여 대답하였으니, 각기 부처님과 여래가 연화장세계에 앉음을 본 것은 부처님이 머무심에 대답함이요, 신통을 나투고 광명을 놓음은 부처님의 위덕에 대답함이요, 부동지 부처님이라 이름한 등은 법성에 대답함이요, 부처님이 법륜을 굴림을 보는 것은 부처님의 설법에 대답함이요, 부처님이 정각을 이루심은 부처님의 보리에 대답한 내용이다.

(2) 비방을 해명하다[通妨] (文雖 26上7)

---

36) 上已는 原南續金本作已上, 源本作上已.

[疏] 文雖在下나 義皆此具니 光明覺現이 卽現此故니라
- 경문이 비록 아래에 있지만 이치가 모두 여기에 갖추었으니, 광명으로 깨달음을 나타냄이 곧 이것을 나타내려는 까닭이다.

[鈔] 名不動智等者는 不動智等은 等餘九智라 智雖是一이나 十智不同이니 不同之德이 卽是法性일새 則以佛[37]德으로 爲法性故니라 文雖在下等者는 釋通妨難이니 謂有難云호대 適所引文은 皆光明覺品이니 此中現相을 言答十問이라하야 乃引下經하니 豈成此答고 釋云, 六會現通이 尙在一時온 況光明覺이 義不在此아 故로 光明覺說이 說此所現이니 是以로 此中에 別列十方佛刹菩薩하사 一一各說이오 光明覺品은 一時總牒이니 明是說此所現相耳니라

- '부동지 부처님이라 이름한' 등에서 부동지 따위는 나머지 아홉 방위의 지혜와 똑같다. 지혜는 비록 하나이지만 열 방위의 지혜가 같지 않나니, 같지 않은 공덕이 바로 법의 성품이니 부처님의 덕으로 법성을 삼은 까닭이다. '경문이 비록 아래에 있다'는 등은 (2) 비방과 힐난을 해명함이다. 말하자면 어떤 이가 힐난하되, "마침 인용한 경문은 모두 광명각품이니 이 가운데 모양을 나툼을 '열 가지 질문에 대답했다'고 말하여 비로소 아래 경문을 인용하였으니 어찌 이런 대답을 이루었는가?" 해석하되, "여섯 번 법회에서 신통을 나툼이 오히려 한 때에 있어야 할 것이다." 하물며 광명으로 깨달음이 뜻이 이곳에 있지 않은가? 그러므로 광명각품의 말씀이 여기서 나타난 바를 설한 것이니, 그런 까닭으로 이 가운데에 시방의 불국토와 보살을 개별로 나열하여 낱낱이 각각 설한 것이요, 광명각품은 동시에 총합하여 따왔으니

---

37) 則以佛은 南續金本作佛以功.

여기서 나타난 모양을 말한 것이 분명할 뿐이다.

2) 경문을 개별로 해석하다[別釋經文] 2.
(1) 시방을 통틀어 해석하다[通釋十方] 2.
가. 여덟 가지 일을 표방하고 나열하다[標列八事] (十方 26下3)

[疏] 十方衆集을 卽爲十段이니 一一方內에 文各有八하니 一, 遠近이오 二, 土名이오 三, 佛號오 四, 上首오 五, 眷屬이오 六, 詣佛이오 七, 到已致敬이오 八, 化座安坐라 去此遠近이 皆十刹塵數者는 前會는 爲說所信因果深廣일새 故須遠集華藏之外의 十方刹海어니와 今爲說於生解因果하야 漸漸增修일새 故但集娑婆隣次之刹이라 信行最劣일새 故復云十이오 後後漸增하야 至法界品에 還集刹海라 初不云一하고 直云十者는 表無盡故라 要刹塵者는 比餘勝故니라 爲有所表하야 故分階級이언정 非初信等이 不是通方이라 故로 結及證成에 十方齊說이라하니라

■ 시방에서 대중이 운집함을 곧 열 문단으로 나누었으니 낱낱 방소 안에 경문이 각기 여덟 구절이 있으니, (가) 멀고 가까움이요 (나) 국토의 명칭 (다) 부처님 명호 (라) 상수보살 (마) 함께한 권속 (바) 부처님께 참예함 (사) 도착한 뒤 공경을 표함 (아) 화현한 자리에 편안히 앉음이다. '떨어진 거리가 멀고 가까움이 모두 열 개의 불찰 미진수이다'란 것은 앞의 제1회는 믿을 대상의 원인과 결과가 깊고 광대함을 말하기 위한 연고로 모름지기 멀리서 화장세계 바깥의 시방국토에서 모였지만, 지금 제2회는 이해를 내는 원인과 결과를 말하기 위하여 점차로 수행이 증가한 연고로 단지 사바세계 인근의 국토에서 모인

것이다. 믿고 수행함이 가장 하열한 연고로 다시 '열 가지'라 말한 것이요, 뒤로 갈수록 점차 증가하여 입법계품에 이를 무렵에 도리어 국토와 바다를 모은 것이다. 처음에 '하나'라 말하지 않고 바로 '열'이라 말한 까닭은 끝없음을 표하기 위함이다. 불찰 미진수라야 하는 까닭은 나머지와 견주어 뛰어나기 때문이다. 표한 바가 있는 연고로 계급을 나누었지만 처음의 십신 등이 시방에 통하지 않는 것은 아니다. 그러므로 결론하고 증명할 적에 '시방에서 똑같이 설한다'고 말한 것이다.

[鈔] 去此遠近皆十刹下는 上은 總科十方皆八이오 下는 別釋八段前六이라 釋初遠近에 自有三段하니 一, 正釋이오 二, 爲有所表下는 通難이니 難云호대 華嚴이 旣是通方之敎인대 未有一土도 不說此經이어늘 今擧十刹하니 則十外에는 不收오 今說百刹하니 應百外에 不攝이어니 豈爲通方이리오 釋意는 可知로다

● 去此遠近皆十刹 아래는 (1) 위는 시방을 총합하여 여덟 가지 일로 과목 나눔이요, (2) 아래는 여덟 문단 앞의 여섯 가지 일을 개별로 해석함이다. (가) 멀고 가까움을 해석할 적에 자연히 세 문단이 있으니 ㄱ. 바로 해석함이요, ㄴ. 爲有所表 아래는 힐난을 해명함이다. 힐난해 말하되, "화엄경이 이미 시방에 통하는 교법이라서 아직 한 국토에도 이 경문을 설하지 않음이 없을 텐데 지금 열 개 불국토를 거론하였으니 열 가지 밖에는 거두지 못함이요, 지금에 백 가지 국토를 말했으니 응당히 백 가지 밖에는 포섭하지 않을 것이니 어찌 시방에 통함이 되겠는가?" ㄷ. 해석한 의미는 알 수 있으리라.

나. 여덟 가지 일을 따와서 해석하다[牒釋八事] 2.
가) 여덟 문단을 해석하다[正釋八段] 8.
(가) 멀고 가까움을 해석하다[遠近] (又隨 27上5)
(나) 국토의 명칭[土名] (土皆)
(다) 부처님 명호[佛號] (佛號)

現神通已에 東方過十佛刹微塵數世界하여 有世界하니 名金色이요 佛號는 不動智시며 彼世界中에 有菩薩하니 名文殊師利라 與十佛刹微塵數諸菩薩로 俱하여 來詣佛所하사
신통을 나타내시니 동방으로 열 불찰 미진수 세계를 지나서 세계가 있으니 이름이 금색이요 부처님 명호는 부동지이시며 저 세계 가운데 보살이 있으니 문수사리라. 열 불찰 미진수의 모든 보살로 더불어 함께 하여 부처님 계신 곳에

[疏] 又隨迷를 名外오 悟處를 名來나 而實佛土는 本無遠近이니라 土皆名色者는 表信麤現故며 亦表顯然可生信故니라 佛號同智者는 有信無智면 增無明故니 信中之智는 本覺起故니라

■ 또한 미함을 따름을 바깥이라 이름하고, 깨달은 곳을 온다고 이름하나니, 진실한 부처님 국토는 본래 멀고 가까움이 없다. 국토를 모두 형색이라 이름한 것은 믿음이 거칠게 나타남을 표하기 위함이다. 또한 환하게 믿음이 생겨남을 표하기 위함이다. 부처님 명호가 똑같이 지혜라 한 것은 믿음만 있고 지혜가 없으면 무명이 늘어나기 때문이니, 믿음 가운데 지혜는 본래의 깨달음을 일으키기 때문이다.

(라) 상수보살[上首] 3.

ㄱ. 이름이 같음을 해석하다[正釋名同] (主同 27上8)

ㄴ. 같고 다른 점을 통틀어 보이다[通示同異] (此十)

ㄷ. 나머지 의미와 회통하다[會餘意釋] (亦有)

[疏] 主同名首者는 梵云室利는 一名四實이니 一, 首요 二, 勝이오 三, 吉祥이오 四, 德이라 是以로 譯者가 前後不同이어니와 今通用之하야 以信爲首하야 攝諸位故니 次第行中에 信最勝故며 甚難得故며 於生死中에 創發信心이 爲吉祥故며 信能增長智功德等一切德故라 此十菩薩이 同表信門일새 故皆名室利요 各隨一門하야 達一切法일새 故復有差라 次文에 當釋호리라 亦有傳云호대 梵云室利는 此云吉祥이니 室利云首는 亦是一理라하니라

■ 주된 보살을 똑같이 '우두머리'라 이름한 것은 범어로 말한 실리(室利)는 명칭은 하나에 진실이 네 가지이니 (1) 우두머리요, (2) 뛰어남이요, (3) 길하고 상서로움이요, (4) 덕스러움이다. 지금은 통틀어 사용하여 믿음으로 머리를 삼아 모든 지위를 포섭하기 때문이니, 순서대로 행한 중에 믿음이 가장 뛰어난 연고며, 매우 얻기 어렵기 때문이며, 나고 죽음 중에 처음 믿는 마음을 발한 것이 길상함이 되는 까닭이며, 믿음이 능히 지혜와 공덕 따위 온갖 공덕을 증장하기 때문이다. 여기의 열 분 보살이 함께 믿음의 문을 표했으므로 모두 '실리'라 이름한 것이요, 각기 한 문을 따라서 온갖 법을 통달했으므로 더욱 차이가 생겨났다. 다음 경문에 마땅히 해석하겠다. 또한 어떤 이가 전하여 말하되, "범어로 실리(室利)는 길상(吉相)이라 번역하나니, 실리를 우두머리라 말함도 또한 일리가 있다"라고 하였다.

[鈔] 三, 又隨迷下는 約觀心解라 今通用之者는 以梵語多含이어늘 三藏各取어니와 今以義收하야 故皆通用하고 而暗引下經하야 以成四義라 初, 釋首義에 以信爲首攝諸位故는 是通意니 明信該果海故라 二, 釋勝義에 云[38]次第行中에 信最勝故者는 經에 云, 是故로 依行說次第니 信樂最勝甚難得이라하시니라 三, 於生死下는 釋吉祥義니 經은 卽通取下經之意라 四, 信能增長智功德故[39]는 釋德義니 亦全是賢首品經文이라 文에 云,[40] 彼諸大士威神力으로 法眼이 常全無缺減이라 十善妙行等諸道와 無上勝寶가 皆令現이라하니 卽吉祥義也니라 亦有傳云者는 卽興善三藏譯이니 余親問三藏이러니 有同此說하니라 今欲會意일새 故로 前收四說이니라

- 나. 又隨迷 아래는 (여덟 가지 일을 따와서 해석함)이니 관심을 잡아 해석함이다. '지금은 통틀어 사용한다'는 것은 범어에 많은 뜻을 포함하고 있는데 역경삼장이 각기 취하거니와 지금은 뜻으로 거두어서 모두 통틀어 사용하고 아래 경문을 모르게 인용하여 네 가지 뜻을 이루었다. (1) 우두머리의 뜻을 해석할 적에 '믿음으로 머리를 삼아 모든 지위를 포섭하기 때문'은 전체적인 의미이니 믿음이 과덕의 바다를 포섭함을 밝혔기 때문이다. (2) 뛰어나다는 뜻을 해석할 적에 '순서대로 행하는 중에 믿음이 가장 뛰어난 까닭'이란 경에 이르되, "이런 까닭에 행을 의지해 차례를 말할진대 믿는 즐거움 가장 수승해 심히 얻기 어려우니 (비유하면 온갖 세간 가운데 뜻을 따라 묘한 보배구슬 소유함과 같으니라.)"라고 하였다. (3) 於生死 아래는 길상의 뜻을 해석함이니, 경문

---

[38] 이는 賢首品 제12의 게송이다. 經云, "是故依行說次第인댄 信樂最勝甚難得이니 譬如一切世間中에 而有隨意妙寶珠니라."(교재 권1 p.349-)
[39] 故는 金本作者.
[40] 이는 賢首品 제12의 게송이다. 經云, "彼諸大士威神力으로 法眼常全無缺減하야 十善妙行等諸道의 無上勝寶皆令現이니라."(교재 권1 p.355-)

은 바로 아래 경문의 의미를 전체적으로 취하였다. (4) '믿음은 지혜 공덕을 증장하기 때문'은 덕스러움의 뜻을 해석함이니 또한 전체가 현수품의 경문이다. 경문에 이르되, "저 모든 대사의 위신력으로 법안이 항상 온전해 빠뜨리고 모자람이 없어 십선(十善)과 묘행(妙行) 등 모든 길과 위없는 수승한 보배 모두 나투게 하리라"라고 하였으니 곧 길상함의 뜻이다. '또한 어떤 이가 전하여 말한다'는 것은 곧 홍선사(興善寺) 불공(不空)삼장41)의 번역이니 내가(소가가) 직접 삼장에게 물었더니 여기서 설함과 같은 것이 있었다. 지금 의미를 회통하려는 연고로 앞에서 네 가지 설을 거둔 것이다.

(마) 함께한 권속[眷屬] (眷屬 28上6)
(바) 부처님을 뵈러 가다[詣佛] (皆詣)

[疏] 眷屬이 皆十刹塵者는 表一一行이 攝無盡德故라 皆詣佛者는 有歸向故라 餘如前會하니라

■ '권속이 모두 열 개의 불찰 미진수'란 것은 낱낱 행법이 끝없는 덕을 포섭했음을 표한 까닭이다. '모두 부처님을 뵈러 간다'는 것은 돌아가 향함이 있기 때문이다. 나머지는 앞의 법회와 같다.

---

41) 불공삼장(不空, 705-774): 범어 Amoghavajra의 번역. 아목가발절라阿目佉跋折羅라 음사하고 不空金剛이라 하기도 한다. 진언종의 付法 제6조. 인도 사자국 사람으로 북인도 바라문의 아들로, 어려서 아버지를 여의고 숙부를 따라 남양의 여러 나라로 다니다가 쟈바에서 金剛智三藏의 제자가 되고, 720년(開元 8년) 16세 때 스승을 따라 중국에 오다. 724년 광복사 계단에서 유부율을 받고 그 뒤부터 금강지삼장을 모시고 역경에 조력하였고, 밀교학을 닦아 양부의 대법과 밀교의 깊은 뜻을 이어 『金剛頂經』을 구하기 위해 다시 인도의 사자국의 佛牙寺에 머물면서 普賢아사리에게 비밀교의 대법을 전수받다. 746년(천보 5년) 여러 논과 경을 가지고 다시 중국에 왔다. 홍선사興善寺에서 밀교의 경전을 번역하기도 하였다. 현종이 그에게 귀의하여 궁중에 단을 만들고 관정을 받기도 하다. 765년(영태 1년) 홍려경이 되고 광지삼장廣智三藏이라고 하였다. 771년(대력 1년) 번역한 경전 77부를 왕에게 바치고 入藏하게 하다. 대력 9년 70세로 입적.

(사) 돌아가 공경하다[歸敬] (經/到已 23下8)
(아) 사자좌에 편안히 앉다[安坐] (經/於東)

到已作禮하고 卽於東方에 化作蓮華藏師子之座하사 結
跏趺坐하시니라
나아가 예배하고 즉시 동방에 연화장 사자좌를 변화하여 만
들어서 결가부좌하셨다.

나) 세 가지 일을 따로 지적하다[別指三事] (又下 28上7)

[疏] 又下菩薩名等이 皆是表法이니 菩薩은 表所行之行이오 本刹은 表所
證之理오 佛名은 表所得之智니라
■ 또한 아래의 보살의 이름 따위가 모두 법을 표한 것이니, 보살은 행
할 대상의 행법을 표하고, 본래의 국토는 증득할 이치를 표하고, 부
처님의 명호는 얻을 대상의 지혜를 표하였다.

(2) 시방을 개별로 해석하다[別釋十方] 10.
가. 동방의 문수사리보살[東方文殊] (今初 28上10)

[疏] 今初東方에 言金色者는 心性無染이나 與緣成器하야 爲自體故며 本
智如空하야 離覺所覺하야 湛然不動이라 動卽是妄이니 非曰智故라
又縱成佛果라도 不異凡故니 卽本覺智가 住心眞如니라 菩薩妙德者
는 慧達佛境에 處處文殊언마는 由慧揀擇하야 契於本智일새 故分因
果니라

제7. 如來名號品 101

■ 지금은 가. 동방에 금색(金色)이라 말한 것은 심성은 물듦이 없지만 인연과 더불어 그릇으로 만들어 자체가 되는 까닭이며, 근본지는 허공과 같아서 깨달을 주체와 대상을 여의어서 담담하고 동요하지 않는다. 동요하면 곧 허망함이니 지혜라고 말하지 않기 때문이다. 또한 놓아서 부처님의 과덕을 이루었어도 범부와 달라지지 않기 때문이니, 곧 본각과 합치한 지혜가 마음의 진여성에 머무는 것이다. '보살의 묘한 덕'이란 지혜로 부처님 경계를 통달하면 곳곳이 문수보살일텐데 지혜로 인해 간택하여 근본지와 계합한 연고로 원인과 결과로 나눈 것이다.

[鈔] 今初東方下는 別釋十方이라 八段之中에 皆釋三事니 一, 刹名이오 二, 佛名이오 三, 主菩薩名이라 唯初東方은 按經之次하고 下之九方은 從後倒釋이라 以十首菩薩이 表十甚深이오 是助化主일새 故先擧之오 餘二는 因此일새 故在後釋이니 細尋可知니라 處處文殊⁴²⁾는 下文當釋호리라 從由慧揀擇下는 通難이니 難云호대 佛名不動智라하고 文殊表慧라하니 二相을 寧分고 答中에 然智慧二字는 乃有多門하니 今此正用分別을 名慧며 決斷을 名智로 故로 以慧爲因하고 以智爲果니라

● (2) 今初東方 아래는 시방을 개별로 해석함이다. 여덟 문단 가운데 모두 세 가지 일을 해석하나니 (1) 국토의 이름 (2) 부처님의 명호 (3) 주된 보살의 이름이다. 오직 가. 동방만은 경문의 순서를 참고하지 않고 아래 아홉 방위는 뒤로부터 거꾸로 해석하였다. 열 분 수자(首字) 보살이 열 가지 매우 깊음을 표함이요, 교화하시는 부처님을 돕

---

42) 殊下에 南續金本有者字.

는 연고로 먼저 거론한 것이요, 나머지 둘은 이로 말미암아 뒤에서 해석하였으니 자세히 살펴보면 알 수 있으리라. '곳곳의 문수보살'은 아래 경문에 가서 마땅히 해석하리라. 由慧揀擇 아래는 힐난을 해명함이다. 힐난해 말하되, "부처님 명호는 부동지라 하였고, 문수는 지혜를 표한 것이라고 하였으니, 두 가지 모양을 어찌 나누어야 하는가?" 대답한 중에 "그런데 지혜 두 글자는 비로소 여러 문이 있으니, 지금은 여기서 바로 사용하고 분별함을 '슬기[慧]'라 이름하며, 결단함을 '지혜[智]'라 이름한 까닭에 슬기로 원인을 삼고 지혜로 결과를 삼는다."

나. 남방의 각수보살[南方覺首]

南方過十佛刹微塵數世界하여 有世界하니 名妙色이요 佛號는 無礙智시며 彼有菩薩하니 名曰覺首라 與十佛刹微塵數諸菩薩로 俱하여 來詣佛所하사 到已作禮하고 卽於南方에 化作蓮華藏師子之座하사 結跏趺坐하시니라
남방으로 열 불찰 미진수 세계를 지나서 세계가 있으니 이름이 묘색이요, 부처님 명호는 무애지시며 저 보살이 있으니 이름이 이르되 각수라 열 불찰 미진수의 모든 보살로 더불어 함께하여 부처님 계신 곳에 나아가 예배하고 즉시 남방에 연화장 사자좌를 변화하여 만들어서 결가부좌하셨다.

[疏] 二, 覺首者는 覺心性也라 無性이 不礙隨緣하고 隨緣이 不礙無性이 無礙智也오 不染而染과 染而不染을 俱難了知가 爲妙色也니라

■ 나. 각수(覺首)란 마음의 본성을 깨닫는다는 뜻이다. 성품 없음이 인연 따름을 장애하지 않고, 인연 따름이 체성 없음을 장애하지 않는 것이 '걸림 없는 지혜'인 것이다. 물들지 않고 물듦과 물들여도 물들지 않음을 모두 요달해 알기 어려움이 '미묘한 형색[妙色]'이 되는 것이다.

다. 서방의 재수보살[西方財首]

西方過十佛刹微塵數世界하여 有世界하니 名蓮華色이요 佛號는 滅闇智시며 彼有菩薩하니 名曰財首라 與十佛刹微塵數諸菩薩로 俱하여 來詣佛所하사 到已作禮하고 卽於西方에 化作蓮華藏師子之座하사 結跏趺坐하시니라
서방으로 열 불찰 미진수 세계를 지나서 세계가 있으니 이름이 연화색이요, 부처님 명호는 멸암지이시며 저 보살이 있으니 이름이 이르되 재수라 열 불찰 미진수의 모든 보살로 더불어 함께하여 부처님 계신 곳에 나아가 예배하고 즉시 서방에 연화장 사자좌를 변화하여 만들고 결가부좌하셨다.

[疏] 三, 財首者는 法財敎化가 卽滅闇智오 了衆生空하야 如蓮不着이라
■ 다. 재수(財首)란 법의 재물로 교화함이 곧 어둠을 멸하는 지혜이고, 중생이 공(空)함을 요달하여 연꽃처럼 집착하지 않는다는 뜻이다.

라. 북방의 보수보살[北方寶首]

北方過十佛刹微塵數世界하여 有世界하니 名薝蔔華色이
요 佛號는 威儀智시며 彼有菩薩하니 名曰寶首라 與十佛
刹微塵數諸菩薩로 俱하여 來詣佛所하사 到已作禮하고
卽於北方에 化作蓮華藏師子之座하사 結跏趺坐하시니라
북방으로 열 불찰 미진수 세계를 지나서 세계가 있으니 이
름이 담부화색이요, 부처님 명호는 위의지시며 저 보살이
있으니 이름이 보수라 열 불찰 미진수의 모든 보살로 더불
어 함께하여 부처님 처소에 나아가 예배하고 즉시 북방에
연화장 사자좌를 변화하여 만들고 결가부좌하였다.

[疏] 四, 寶首者는 眞俗無違가 可珍貴故오 善知業果하야 不犯威儀오 性
相無違하야 唯一乘旨가 是爲唯齅薝蔔華矣니라
■ 라. 보수(寶首)란 진과 속이 어기지 않음이 보배처럼 귀한 까닭이요,
업과 과보를 잘 알아서 위의를 훼범하지 않으며, 체성과 모양이 어김
이 없어서 오직 1승(一乘)의 종지만 있으니 이것이 오직 담복화의 향기
만 맡는다는 뜻이다.

마. 동북방의 공덕수보살[東北方功德首]

東北方過十佛刹微塵數世界하여 有世界하니 名優鉢羅
華色이요 佛號는 明相智시며 彼有菩薩하니 名功德首라
與十佛刹微塵數諸菩薩로 俱하여 來詣佛所하사 到已作
禮하고 卽於東北方에 化作蓮華藏師子之座하사 結跏趺
坐하시니라

동북방으로 열 불찰 미진수 세계를 지나서 세계가 있으니 이름이 우바라화색이요, 부처님 명호는 명상지시며 저 보살이 있으니 이름이 공덕수라 열 불찰 미진수의 모든 보살로 더불어 함께하여 부처님 계신 곳에 나아가 예배하고 즉시 동북방에 연화장 사자좌를 변화하여 만들고 결가부좌하셨다.

[疏] 五, 德首는 了達如來應現說法之功德故며 卽是明於法相이라 又了佛德에 心明白也니 若有此智면 如靑蓮華가 最爲第一이니라

■ 마. 덕수(德首)는 여래께서 응하여 나타나 설법하는 공덕을 요달한 연고며, 이는 법의 모양을 밝힌 것이다. 또한 부처님 공덕을 알면 마음이 밝고 청정함이니, 만일 이런 지혜가 있으면 마치 푸른 연꽃이 가장 제일 뛰어남과 같다.

바. 동남방의 목수보살[東南方目首]

東南方過十佛刹微塵數世界하여 有世界하니 名金色이요 佛號는 究竟智시며 彼有菩薩하니 名目首라 與十佛刹微塵數諸菩薩로 俱하여 來詣佛所하사 到已作禮하고 卽於東南方에 化作蓮華藏師子之座하사 結跏趺坐하시니라
동남방으로 열 불찰 미진수 세계를 지나서 세계가 있으니 이름이 금색이요 부처님 명호는 구경지시며 저 보살이 있으니 이름이 목수라, 열 불찰 미진수의 모든 보살로 더불어 함께하여 부처님 계신 곳에 나아가 예배하고 즉시 동남방에 연화장 사자좌를 변화하여 만들고 결가부좌하셨다.

[疏] 六, 目首는 福田照導가 如目將身이오 平等福田이 爲究竟智오 是最
可重일새 故云金色이오 佛爲福田하사 以佛爲境일새 故同上文殊하야
依金色界니라
- 바. 목수(目首)는 복전을 비추고 인도함이 마치 눈이 몸을 이끄는 것
과 같음이요, 복전에 평등함이 '구경의 지혜'가 됨이요, 가장 소중한
연고로 금색이라 하였고, 부처님이 복전이 되셔서 부처로 경계를 삼
은 연고로 위의 문수보살과 함께하여 금색세계에 의지한 것이다.

사. 서남방의 정진수보살[西南方精進首]

西南方過十佛刹微塵數世界하여 有世界하니 名寶色이
오 佛號는 最勝智시며 彼有菩薩하니 名精進首라 與十佛
刹微塵數諸菩薩로 俱하여 來詣佛所하사 到已作禮하고
卽於西南方에 化作蓮華藏師子之座하사 結跏趺坐하시
니라

서남방으로 열 불찰 미진수 세계를 지나서 세계가 있으니
이름이 보색이요, 부처님 명호는 최승지시며 저 보살이 있
으니 이름이 정진수라 열 불찰 미진수의 모든 보살로 더불
어 함께하여 부처님 계신 곳에 나아가 예배하고 즉시 서남
방에 연화장 사자좌를 변화하여 만들고 결가부좌하셨다.

[疏] 七, 精進首는 正教甚深하니 必在精進이오 能策萬行이 爲最勝智오
圓明可貴일새 故復云寶니라
- 사. 정진수(精進首)는 바른 교법이 매우 깊으니 반드시 정진에 있음이

요, 능히 만 가지 행법을 경책하여 가장 뛰어난 지혜가 된 것이요, 두렷이 밝아서 존귀하게 여기므로 또다시 '보배'라고 한 것이다.

아. 서북방의 법수보살[西北方法首]

西北方過十佛刹微塵數世界하여 有世界하니 名金剛色이요 佛號는 自在智시며 彼有菩薩하니 名法首라 與十佛刹微塵數諸菩薩로 俱하여 來詣佛所하사 到已作禮하고 卽於西北方에 化作蓮華藏師子之座하사 結跏趺坐하시니라

서북방으로 열 불찰 미진수 세계를 지나서 세계가 있으니 이름이 금강색이요, 부처님 명호는 자재지시며 저 보살이 있으니 이름이 법수라 열 불찰 미진수의 모든 보살로 더불어 함께하여 부처님 계신 곳에 나아가 예배하고 즉시 이 서북방에 연화장 사자좌를 변화하여 만들고 결가부좌하셨다.

[疏] 八, 法首는 法門雖多나 必在正行이오 於法能行하야사 方得自在오 得般若之堅利가 爲金剛色이니라

■ 아. 법수(法首)는 법문이 비록 많지만 반드시 바른 수행에 있으며, 법을 능히 실천해야만 비로소 자재를 얻는 것이요, 반야의 견고하고 날카로움을 얻음이 금강색(金剛色)이 된 것이다.

자. 하방의 지수보살[下方智首]

下方過十佛刹微塵數世界하여 有世界하니 名玻瓈色이요
佛號는 梵智시며 彼有菩薩하니 名智首라 與十佛刹微塵
數諸菩薩로 俱하여 來詣佛所하사 到已作禮하고 卽於下
方에 化作蓮華藏師子之座하사 結跏趺坐하시니라

하방으로 열 불찰 미진수 세계를 지나서 세계가 있으니 이름이 파리색이요, 부처님 명호는 범지시며 저 보살이 있으니 이름이 지수라 열 불찰 미진수의 모든 보살로 더불어 함께하여 부처님 계신 곳에 나아가 예배하고 즉시 하방에 연화장 사자좌를 변화하여 만들고 결가부좌하셨다.

[疏] 九, 智首는 佛之助道가 雖無量門이나 智爲上首오 能淨萬行일새 故云梵智오 智淨體淨이 猶若玻瓈가 明徹無染이니라

■ 자. 지수(智首)는 부처님의 도를 도움이 비록 문이 한량 없지만 지혜가 상수가 됨이요, 능히 만 가지 행법을 청정케 하는 연고로 범지(梵智)라 하였고, 지혜가 청정하고 체성이 청정함이 파려(玻瓈)와 같아서 밝고 사무쳐서 물듦이 없다.

차. 상방의 현수보살[上方賢首] 3.
가) 일도가 청정하다[一道淸淨]

上方過十佛刹微塵數世界하여 有世界하니 名平等色이
요 佛號는 觀察智시며 彼有菩薩하니 名賢首라 與十佛刹
微塵數諸菩薩로 俱하여 來詣佛所하사 到已作禮하고 卽
於上方에 化作蓮華藏師子之座하사 結跏趺坐하시니라

상방으로 열 불찰 미진수 세계를 지나서 세계가 있으니 이름이 평등색이요, 부처님 명호는 관찰지시며 저 보살이 있으니 이름이 현수라 열 불찰 미진수의 모든 보살로 더불어 함께하여 부처님 계신 곳에 나아가 예배하고 즉시 상방에 연화장 사자좌를 변화하여 만들고 결가부좌하셨다.

[疏] 十, 賢首는 前佛後佛이 一道淸淨이어니 由自性善일새 故稱曰賢이니 能知此賢이 是觀察力이오 觀察本性이 常平等故니라

■ 차. 현수(賢首)는 앞 부처와 뒤 부처가 '하나의 도로 청정함'인데 자체 성품이 선함으로 인해 '현명하다'고 칭하였으니, 능히 이런 현명함이 관찰력이 됨을 알았고, 본래 성품이 항상 평등함을 관찰한 까닭이다.

[鈔] 不染而染等者는 此釋妙色義니 語出勝鬘이라 下當廣釋호리라 又釋 十段에 皆暗取十甚深義하니 一云慧達佛境은 卽佛境甚深故오 二, 覺首는 緣起甚深이니 心性是一故오 三, 財首는 敎化甚深이오 四, 寶 首는 業果甚深이오 五, 德首는 說法이오 六, 目首는 福田이오 七, 精 進首는 正敎요 八, 法首는 正行이오 九, 智首는 助道요 十, 賢首는 一 道故라 並可思니라

● '물들지 않고 물듦' 등이란 '묘한 형색[妙色]'의 뜻을 해석함이니『승만경』에서 나온 말씀이다. 아래에 가서 자세하게 해석하리라. 또한 열 문단을 해석할 적에 모두 은연 중에 열 가지 매우 깊은 뜻[43]을 취하

---

43) 보살문명품의 10종 甚深: 1. 緣起甚深은 각수覺首보살 2. 敎化甚深은 재수財首보살 3. 業果甚深은 보수寶首보살 4. 說法甚深은 덕수德首보살 5. 福田甚深은 목수目首보살 6. 正敎甚深은 근수勤首보살 7. 正行甚深은 법수法首보살 8. 正助甚深은 지수智首보살 9. 一道甚深은 賢首보살 10. 佛境甚深은 문수보살에게 설하게 한다. (역자주)

였다. (1) 에 이르되, "(문수보살의) 지혜로 부처님 경계를 통달함은 곧 부처님 경계가 매우 깊음이요, (2) 각수(覺首)보살은 연기법이 매우 깊음이니 마음의 성품은 하나인 까닭이요, (3) 재수(財首)보살은 교화가 매우 깊음이요, (4) 보수(寶首)보살은 업과 과보가 매우 깊음이요, (5) 덕수(德首)보살은 설법이 매우 깊음이요, (6) 목수(目首)보살은 복전이 매우 깊음이요, (7) 정진수(精進首)보살 곧 근수(勤首)보살은 바른 교법이 매우 깊음이요, (8) 법수(法首)보살은 바른 행법이 매우 깊음이요, (9) 지수(智首)보살은 바른 조도법이 매우 깊음이요, (10) 현수(賢首)보살은 하나의 도가 매우 깊은 까닭이다"라 하였으니, 경문과 아울러 함께하면 생각할 수 있다.

나) 여섯 모양이 원융하다[六相圓融]

[疏] 又十佛相望인대 不動是體요 餘皆是用이라 十菩薩을 相望인대 文殊爲總이요 餘皆是別이니 以總導別故로 九菩薩이 不離妙德이니라
■ 또한 열 분 부처님을 서로 대조하면 동요하지 않는 부처님은 체성이요 나머지 부처님은 작용이다. 열 분 보살을 서로 대조하면 문수보살로 총상을 삼고, 나머지 보살은 별상을 삼나니, 총상으로 별상을 인도한 연고로 아홉 보살이 (문수보살의) 묘한 공덕을 여의지 않는다.

[鈔] 又十佛相望下는 總以六相圓融이라 文殊爲總者는 若以法門爲總인대 文殊는 主般若하야 統收萬行이요 九首之德은 皆是般若隨緣別相이오 同明佛德은 卽是同相이오 緣起敎化가 互不相收는 卽是異相이오 統十甚深하야 爲成佛境은 卽是成相이오 各住一甚深은 卽是壞相

이라 餘如下說하니라 若約人爲總別인대 文殊爲上首일새 故曰是總이
오 餘九는 爲伴일새 是別相故라 同則同名爲首오 異卽賢智等이 殊오
共成十首하야 表信之人이오 壞는 各住自니라

- 나) 又十佛相望 아래는 여섯 모양이 원융함이다. '문수보살로 총상을 삼음'은 만일 법문으로 총상[總相, 총합한 모양]을 삼는다면 문수보살은 반야를 주로 하며, 만 가지 행법을 거느려 거두며, 아홉 분 수자(首字)보살의 덕은 모두 반야로 인연을 따르는 별상[別相, 다른 모양]이요, 똑같이 부처님 공덕을 설명함은 곧 동상[同相, 동일한 모양]이요, 연기와 교화함이 서로 번갈아 거두지 못함은 바로 이상[異相, 다른 모양]이요, 열 가지 매우 깊음을 거느려 부처님 경계를 이룸은 곧 성상[成相, 이루는 모양]이요, 각기 하나의 매우 깊음에 머무는 것은 곧 괴상[壞相, 무너뜨리는 모양]이다. 나머지는 아래 설명한 내용과 같다. 만일 사람을 잡아서 총상과 별상으로 나눈다면 문수보살이 상수(上首)이므로 총상(總相)이라 말하고, 나머지 아홉 분 보살은 들러리[伴侶]이므로 별상(別相)이 된다. 동상(同相)은 똑같이 우두머리라 이름한 것이요, 이상(異相)은 곧 현수(賢首)와 지수(智首) 등이 다름이요, 함께 열 분의 수자(首字)보살을 성상(成相)으로 믿는 사람을 표하였고, 괴상(壞相)은 각기 자신에 머무는 것을 말한다.

다) 수행하기를 권함으로 결론하다[結釋勸修]

[疏] 以前後流例로 略爲此釋이니 惟虛己而求之어다 不信此理하면 甚深
法門이 於我에 何預리오

- 앞과 뒤로 유례함으로 간략하게 이렇게 해석하였으니 오로지 자신을

텅 비우고 구해야 한다. 이런 이치를 믿지 않으면 매우 깊은 법문이 나에게 어찌 해당되겠는가?

[鈔] 以前後例下는 三, 結釋勸修니 前如現華表義와 現衆表教오 後如十慧로 說十住하고 十林로 說行하고 十幢으로 說向하고 十藏으로 說地라 離世間品에 菩薩萬行을 寄表甚深하나니 斯爲觀心이오 非是臆斷이라 不信此理하고 一向外求하면 如數他寶에 故非我分이니라

● 다) 以前後例 아래는 수행하기를 권함으로 결론함이니 (1) 앞에는 마치 꽃을 나투어 뜻을 표함과 대중을 나투어 교법을 표함과 같고, (2) 뒤에는 마치 열 분의 혜자(慧字)보살로 십주를 설하고, (3) 열 분의 임자(林字)보살로 십행을 설하고, (4) 열 분의 당자(幢字)보살로 십회향을 설하고, (5) 열 분의 장자(藏字)보살로 십지를 설함과 같다. 이세간품에는 보살의 만행을 의탁하여 매우 깊음을 표하였나니 이것은 마음을 관찰함이요, 가슴으로 단정함이 아니다. 이런 이치를 믿지 않고 한결같이 바깥으로 구하면 마치 다른 이의 보배를 헤아릴 적에 나의 소득이 아님과 같게 된다.

제2. 문수보살이 언설로 대답하다[文殊言說答] 4.

1. 대중이 희유하고 기특하다고 찬탄하다[歎衆希奇] 3.
1) 문수보살이 설법한 의미를 밝히다[顯文殊說意] (第二 31上2)

爾時에 文殊師利菩薩摩訶薩이 承佛威力하사 普觀一切菩薩衆會하고 而作是言하시되, 此諸菩薩이 甚爲希有로다

그때에 문수사리 보살마하살이 부처님의 위신력을 받들어 모든 보살대중들을 두루 관찰하고 이 말씀을 하셨다. "이 모든 보살들이 심히 희유하도다.

[疏] 第二, 爾時文殊下는 辨言說答이라 就文分四니 一, 歎衆希奇오 二, 諸佛子下는 牒問總歎이오 三, 何以故下는 徵歎總釋이오 四, 諸佛子如來下는 廣顯難思라 今初也니 前衆疑問에 佛令文殊答者는 以文殊는 示居此土하시되 生有十徵하시며 來自他方하사 體含萬德하시며 降魔制外에 通辯難思며 化滿塵方하고 用周三際라 道成先劫에 已稱龍種尊王이오 現證菩提에 復曰摩尼寶積이어니 實爲三世佛母라 豈獨釋迦之師리오 影響而來에 一切咸見하니라 故其說也에

■ 제2. 爾時文殊 아래는 문수보살이 언설로 대답함이다. 경문에 나아가 넷으로 나누리니 1. 대중이 희유하다고 찬탄함이요, 2. 諸佛子 아래는 질문을 따와서 총합하여 찬탄함이요, 3. 何以故 아래는 묻고 찬탄함으로 총합하여 해석함이요, 4. 諸佛子如來 아래는 여래 경계가 불가사의함을 밝힘이다. 지금은 1.이니 앞에서 대중이 의심나서 질문할 적에 부처님이 문수보살로 하여금 답하게 함은 문수보살이 이 사바세계에 사는 것을 보이시되 태어남에 열 가지 징조가 있으며 타방에서 와서 체성에 만 가지 덕을 함유하였으며, 마군과 외도를 항복받고 제압할 적에 통틀어 불가사의하다 말씀하며 교화가 미진수 방소에 가득하고 작용이 삼제에 두루 하였다. 앞선 겁에 도를 이룸에 이미 용의 종류가 귀한 왕으로 칭함이요, 보리를 증득함을 나타냄에 다시 말하되, '마니보배를 쌓았다'고 하였는데, 진실로 삼세의 부처님의 어머니가 되었다. 어찌 유독 석가의 스승일 뿐이리오. 그림자나 메

아리로 올 적에 모두가 다 보게 된다. 그러므로 그렇게 말한 것이다.

[鈔] 二文殊言者는 釋文殊說意니 上明是主菩薩이라 廬山遠公이 但云, 文殊師利는 是遊方大士라하니 唯見一經하고 但覩一迹耳라 今具出之호리라 是主是客이며 亦果亦因을 具難思也니라 言示生此土者는 即文殊般泥洹經에 云, 佛告跋陀婆羅하시되 此文殊師利는 有大慈悲하야 生此國土多羅聚落梵德波羅門家라 其生之時에 家內屋宅이 化作[44)]蓮華오 從母右脇而生하니 身紫金色이오 墮地能言이라 如天童子하야 有七寶蓋가 隨覆其上이라하니라 釋曰, 言此國者는 即舍衛國이니 佛正在此說故라 即此經에 復云, 文殊師利가 具三十二相과 八十種好하야 則相好가 同佛이라하니라 復有經說호대 生有十徵하사 無非吉祥[45)]이라하시니 一, 光明滿室이오 二, 甘露垂庭이오 三, 地涌七珍이오 四, 神開伏藏이오 五, 雞生鳳子오 六, 猪誕龍犻이오 七, 馬產麒麟이오 八, 牛生白澤이오 九, 倉變金粟이오 十, 象具六牙라 由是得立妙吉祥號라하시니라 來自他方者는 即今經文이니 從東方金色世界中來하시고 節節에 皆言所住世界는 謂金色等이라하니라 既周法界하야 不動而徧하며 各領十佛刹塵數菩薩하야 說佛功德하니 明萬德이 斯備矣로다 上[46)]二對는 標其主客이오 下에 略說勝德호리라

● 제2. 문수보살의 언설이란 1) 문수보살이 설법한 의미를 해석함이니 위에는 주된 보살을 설명하였다. 여산(廬山)의 혜원법사[47)]는 단지 '문

---

44) 作은 經甲南續金本作如.
45) 祥은 南續金本作瑞.
46) 上은 南續金本作上之.
47) 혜원(慧遠, 523-592): 隋代 스님. 속성은 李씨, 燉煌사람. 13세에 출가하여 僧思에게 敎를 배우고, 16세에 湛, 大隱, 光統 등 여러 律師에게 三藏을 배우다. 577년 北周武帝가 廢佛을 단행하자 그 부당함을 揀하였으나 뜻을 이루지 못하다. 汲郡의 서산에 숨어 經을 읽고 禪定을 닦으며 때를 기다렸다. 뒤에 隋文帝가 중국을 통일하고 불교를 再興하면서 師를 위하여 정양사를 짓고 講席을 열어 후히 대접하여 '六大德'의 한 사람이 되게 하다.

수사리는 여러 방소를 다니는 보살이다'라고 하였으니, 오직 한 가지 경만 보고 다만 한 가지 행적만 본 것일 뿐이다. 지금 갖추어 내보이겠다. 주인이며 객이며, 결과이기도 하고 원인이기도 함을 불가사의 함에 구비한 것이다. '이 사바세계에 사는 것을 보인다'고 말한 것은 곧 『문수반니원경』에 이르되, "부처님이 발타바라에게 고하여 말씀하되, '이 문수사리는 큰 자비가 있어서 이 국토의 다라(多羅) 부락의 범덕(梵德) 바라문의 집안에 태어났다. 그가 태어날 때에 집안의 방과 저택에 연꽃이 변화로 피어나고 어머니의 오른쪽 옆구리에서 태어났으니 몸은 붉은 금색이요, 태어나자 능히 말을 하였다. 하늘의 동자와 같아서 칠보로 된 일산이 그 위를 따라 덮었다'"라고 하였다. 해석하자면 이 국토라 말한 것은 곧 사위국이니 부처님이 바로 여기서 설법하셨기 때문이다. 곧 본경에 다시 말하되, "문수사리가 32상과 80종호를 갖추어서 상호가 부처님과 같았다"라고 하였다. 다시 어떤 경에 설하되, "태어남에 열 가지 징조가 있어서 길하고 상서롭지 않음이 없었으니, (1) 광명이 방안에 가득함이요, (2) 감로차가 뜨락에 드리움이요, (3) 땅에서 일곱 가지 진귀한 보배가 솟아남이요, (4) 신통하게 엎드리고 감춘 것을 엶이요, (5) 닭에서 봉황의 새끼가 태어남이요, (6) 태자가 용 새끼를 낳음이요, (7) 말이 기린을 낳음이요, (8) 소가 흰 연못에서 태어남이요, (9) 창고가 금색 밤으로 변함이요, (10) 코끼리가 여섯 어금니를 갖춤이다. 이로 말미암아 묘길상(妙吉祥)이란 호칭을 세웠다"라고 하였다.

'타방에서 와서'는 곧 본경의 문장이니 '동방의 금색세계에서 오시고'라고 하며, 구절구절마다 모두 말하되, '머물던 세계는 이른바 금색

開皇 12년 칙명으로 譯經事業을 주관하다가 70세로 입적하다. 저서: [地持疏 5권] [十地疏 10권] [華嚴疏 7권] [大乘義章 14권] [無量壽經疏 2권] [觀無量壽經疏 2권].

세계' 등이라 하였다. 이미 법계에 두루 하여 움직이지 않고 두루 하며, 각기 열 불찰 미진수 보살을 거느려 부처님 공덕을 설하였으니 만 가지 덕이 이제야 갖추어짐을 밝힌 것이다. 위의 두 가지 대구는 주인과 나그네를 표방함이요, 아래에 뛰어난 공덕을 간략히 말하리라.

降魔制外通辨難思者는 然此二句는 有通有別하니 通則通用通辯으로 降伏魔怨하고 制諸外道오 別明에는 以神通怖之하고 以威故言降이오 用四辯屈之하고 以辯故로 言制라 然其事類頗多나 略擧一二호리니 如幻三昧經에 云, 時有善住意天子가 啓白文殊호대 欲同往[48] 見佛이로다 文殊가 現變三十二部交絡重閣하시니 有諸菩薩이 先至佛所어늘 身子가 覩變하고 具陳[49] 問佛한대 佛答하시되 是文殊가 令諸菩薩集會니라 又問호대 何以不見文殊이닛고 佛答하시되 文殊가 住降毁諸魔三昧正受하야 蔽魔宮殿하며 興大威變하고 詣如來所니라 於是에 文殊가 住降毁諸魔三昧하야 應時三千大千世界의 百億魔宮이 一時皆蔽라 不樂其處하고 各各懷懼하니라 時에 魔波旬이 自見老耄하고 羸毁少氣하야 柱杖而行하며 所有宮人과 及采女等도 亦復羸老하며 又見宮殿이 而復崩壞호대 暗暗冥冥하야 不知東西라 時에 魔波旬이 卽懷恐懼하고 身毛爲竪하야 心自念言호대 此何變怪가 令吾宮殿으로 委頓乃爾오 將死罪至아 歸命終盡가 天地遇災하야 劫被燒耶아 時에 魔波旬이 棄除貢高하고 捨惡思想하니라 時에 文殊師利의 所化百億天子가 在交絡者가 住[50]諸魔前하야 謂魔波旬호대 莫懷恐懼하라 汝等之身은 終無患難이니라 有不退轉菩薩大士하시니 名文

---
[48] 上七字는 南續金本作白文殊同.
[49] 具陳은 南續金本作怪.
[50] 住는 金本作住, 經原南續本作住.

殊師利라 威德殊絶하사 總攝十方하시되 德過須彌하고 智超江海하며 慧越虛空이라 於今에 以是[51]入降毀魔場三昧正受하시니 是其威神이니라

下取意引호리라 時에 魔恐懼하고 魔宮震動하야 求化菩薩에 願見救濟한대 菩薩答言하시되 勿懼勿懼하라 可詣釋迦如來之所하면 有無盡慈悲하시니 令無所畏니라 言訖에 不現이어늘 魔卽俱來하야 詣佛請救호대 我等이 聞文殊之名하고 卽懷恐懼하야 不能自安하야 畏亡身命이니다 佛讚文殊已하신대 魔請歸依하야 願脫斯苦어늘 佛令且待須臾하라 文殊當來하야 卽脫汝此難하리라 後에 文殊至어늘 佛問三昧하신대 彼가 廣說竟하고 令捨諸魔하야 文殊問魔호대 汝穢惡此身耶아 魔答云爾니다 若爾인대 當厭貪欲事하고 不住三界니라 魔敬從命하니 卽令諸魔호대 皆復本形하야 五體가 如故等이라하나니 此卽降魔也니라

• '마군과 외도를 항복받고 제압할 적에 통틀어 불가사의하다 말씀한 것'은 그런데 이 두 구절은 전체와 개별이 있으니, 전체로는 전체로 작용하고 전체로 말함으로 마군과 원수를 항복받고, 모든 외도를 제압함이요, 개별로 밝힐 적에 신통으로 두렵게 하고 위덕을 썼으므로 항복을 말함이요, 네 가지 변재를 써서 굴복시키고, 변재 때문에 제압한다고 말하였다. 그러나 그런 일의 종류가 자못 많지만 하나 둘만 간략히 거론하겠다.

『여환삼매경』에 이르되, "그때에 '생각에 잘 머무는 천자'가 문수보살에게 사뢰되 '함께 가서 부처님을 뵙고 싶습니다' 문수보살이 32부로 교차해 얽은[交絡] 2층 집을 변화로 나투시니 모든 보살이 먼저 부처님 처소에 와 있었거늘 사리불이 변화임을 보고 갖추어 부처님께 말

---

51) 以是는 南續金本作已 經原本作以是.

씀드리며 여쭈었는데 부처님이 대답하시기를 '이 문수보살이 모든 보살로 하여금 모이게 했느니라.' 또 여쭙되 '어찌하여 문수보살은 볼 수가 없습니까?' 부처님이 대답하시되 '문수보살이 모든 마군의 삼매를 항복받는 선정에 머물러서 마군의 궁전을 없애며 큰 위덕과 신변을 일으키고 여래의 처소에 왔느니라.' 그때에 문수보살이 모든 마군을 항복받는 삼매에 머물러서 대에 응하여 삼천대천세계의 백억 개의 마군궁전이 일시에 없어졌다. 그 처소에서 안락하지 못하고 각각 두려움을 품었느니라. 그때에 마왕 파순이 스스로 늙은 노인을 보고 젊은 기운을 모두 헐어서 주장자로 다니며 그곳에 있는 궁인과 채녀 등도 또한 역시 늙게 되었고, 또한 다시 궁전이 다시 붕괴됨도 보되 어두컴컴하여 동서를 알 수 없었다. 그때 마왕 파순이 곧 두려움과 공포를 느끼고 몸의 털이 곤두서서 마음으로 스스로 생각하되 '이 어떤 변괴가 나의 궁전으로 하여금 단박에 이렇게 되게 하였는가? 장차 죽을 죄가 이르렀는가? 목숨이 돌아가 다했는가? 천지가 재앙을 만나 겁이 다 타 버렸는가?' 그때 마왕 파순이 잘났다는 생각을 버리고 나쁜 생각도 버렸느니라. 그때에 문수사리가 교화한 백억 천자가 교차해 얽은 곳에 있는 이가 마군의 앞에 머물러 마왕 파순에게 말하되, '두렵고 공포함을 품지 말라. 너희들의 몸은 마침내 환란이 없을 것이다. 불퇴전의 보살대사가 있으시니 이름이 문수사리라, 위덕이 특별해서 시방을 모두 포섭하되, 공덕은 수미산보다 지나고 지혜는 강과 바다를 넘으며, 슬기는 허공보다 초월한다. 지금에 이렇게 마군의 장소를 항복받고 훼손하는 삼매와 선정에 들었으니 그의 위신력이다'라고 하였다."

아래는 의미를 취해 인용하리라. 그때에 마군이 두려워하고 마군의 궁전이 진동하여 보살에게 원컨대 구제받기를 구하였는데 보살이 대답하되, '두려워 말고 두려워하지 말라. 석가 부처님 처소에 가서 참예하면 그지없는 자비가 있으시니 두려워할 것 없게 해 주실 것이다.' 말이 끝나자 나타나지 않았는데 마군이 곧 함께 와서 부처님께 가서 구제를 청하되 '저희들이 문수보살의 이름을 듣고 곧 두려움을 품어서 능히 스스로 편안하지 못하여 목숨을 잃을까 두려웠습니다.' 부처님이 문수보살을 찬탄하셨는데, 마군이 귀의하여 원컨대 이 고통에서 벗어나기를 청하거늘 부처님이 명하되 '우선 잠시 기다려라. 문수가 곧 와서 너희들의 이런 재난에서 벗어나게 해 줄 것이다.' 그 뒤에 문수보살이 도착하거늘 부처님이 삼매를 물으시되 저가 자세하게 설해 마치고 모든 마군에게 버리게 하여, 문수가 마군에게 묻되 '너희가 나의 몸을 더럽히려 하는가?' 마군이 대답하되, '그렇습니다' 하자 '만일 그렇게 하면 당래에 탐내고 욕심내는 일을 싫어하고 삼계에 머물지 않게 되느니라' 하였다. 마군이 공경심으로 명을 따르니 곧 모든 마군에게 명하기를 '모두 본래의 모습을 회복하여 다섯 몸이 예전처럼 되게 하라.' 등이라 하였으니 이것이 곧 마군을 항복받음의 내용이다.

制外者는 卽文殊般泥洹經에 佛說文殊가 初詣諸仙人하야 求出家法한대 諸婆羅門과 九十五種諸論議[52)]師가 無能酬對하고 唯於我所에 出家學道니라 餘文廣博하니 不可具引이니라 至如聖智怖心하야 開聲揚而躄地하며 寂順思覩에 入隱身而立空이라 故得帝釋이 欣喜하야 雨天華而至膝하며 蔽魔愁憂하야 行柱杖而垂淚라 劫火燒刹에 蹈水芝而上行하고 霖雨絶供에 化鉢飯而無盡하며 示多身以抗迦葉하

---

52) 議는 南續金本作義.

고 放一鉢而發本原이 皆是通辯降魔制外也니라

又如度二十億佛에 現說法者가 持地猶存이오 化百千諸龍에 立登正覺者가 王女是一이라 是以로 禮妙慧而不忘敬本하고 勸善財而增長發心이라 無言於不二法門하고 悉力於安樂行品하신대 敎龍吉祥之分衛에 下位莫知오 答琉璃光之光明에 正覺稱妙라 談般若之玄致에 屢質本師하시고 說權實之雙行에 頻驚小聖이 皆辯才也니라

● '외도를 제압함'이란 곧 『문수반니원경(文殊般泥洹經)』에 부처님이 설하되, "문수보살이 처음에 모든 선인을 참예하여 출가법을 구하였는데, 모든 바라문과 95종 모든 외도 논사가 능히 대답하여 상대하지 못하고 오직 나의 처소에서만 출가하여 도를 배웠다. 남은 경문은 넓고 많으니 다 갖추어 인용하지 못한다. 지극함은 성인의 지혜와 같이 두려운 마음에 이르러 음성을 열어 드날려 땅에 넘어지며 고요하고 순한 생각으로 볼 적에 몸을 숨겼다가 허공에 서는 경지에 들어갔다. 그러므로 제석천이 기뻐함을 얻어서 하늘 꽃을 비 내려 무릎까지 쌓이며 마군을 없애어 근심하여 주장자를 짚고 다니며 눈물을 흘렸다. 겁의 불길로 국토를 불태울 적에 수초를 건너서 위로 가고 비 내리니 공양이 끊어질 적에 밥 발우로 변화함이 끝이 없으며 여러 몸을 보여서 가섭존자에 대항하고 한 바리때를 놓아서 본원을 발함이 모두 통틀어 마군을 항복받고 외도를 제압함을 말한 것이다."

또한 마치 20억 부처님을 헤아릴 적에 나타나 설법하는 이가 『지지경(持地經)』에 남아 있고, 백천 마리 모든 용을 교화할 적에 등정각을 세워 오른 이가 왕녀가 하나인지라, 이런 연고로 묘한 지혜에 예배하고 공경하는 근본을 잊지 않고 선재동자를 권하여 발심을 증장하였다. 불이법문에 대해 말이 없고 안락행품에서 힘을 다하였는데 용을 가

르쳐 길상으로 부분적으로 호위할 적에 바른 깨달음을 미묘하다고
칭한다. 반야의 현묘한 이치를 말할 적에 본사에게 자주 질문하고,
권교와 실법을 함께 행함을 말할 적에 작은 성인이 자주 놀라게 함이
모두 변재인 것이다.

化滿塵方者는 辨德用이 橫竪深廣也니 謂十方微塵刹土가 皆是文
殊化處라 故로 菩薩處胎經에 云, 我身如微塵하니 今在他國土하야
三十二相明이라 在在無不現이라하니 餘如衆海雲集中에 引하니라 又
般泥洹經에 云, 住首楞嚴三昧하사 以三昧力으로 於十方國에 或現
初生과 出家와 滅度와 入般涅槃에 分布舍利하야 饒益衆生이라하며
又寶藏陀羅尼經에 廣說하시니 至下菩薩住處品하야 當更明之호리라
即今文中에는 一切處와 一時說偈니 即橫周法界니라

道成先劫者는 此下에 別明竪窮하야 略示一二也라 先劫은 即過去라
名龍種上尊王은 智度論十二에 具引首楞嚴三昧經說호대 名龍種
上尊王이나 經文에 但名龍種上佛하니 即譯人의 廣略耳니라 五十三
佛名中에 亦名龍種上尊王이라하니라 其首楞嚴三昧經은 有三卷하니
即當下卷이라 因文殊가 廣說首楞嚴三昧境界竟하야 爾時에 長老摩
訶迦葉이 白佛言호대 世尊하 我謂文殊法王子가 曾於先世에 已作
佛事러니 現坐道場하야 轉於法輪하야 示諸衆生하며 入大滅度니다 佛
言하시되 如是[53)]하야 如汝所說하니라 迦葉아 過去久遠無量無邊不
可思議阿僧祇劫에 爾時有佛하시니 號龍種上如來應供正徧知라 云
云 於此世界에 南方으로 過於千佛國土하야 國名平等[54)]이니 無有山

---

53) 是下는 經南續金本有如是.
54) 等은 南續金本作正.

河와 沙礫과 瓦石丘陵과 坑坎堆阜하고 地平如掌하며 生柔軟草호대 如迦陵伽라 龍種上佛이 於彼世界에 得阿耨多羅三藐三菩提하사 初轉法輪에 敎化成就七十億數諸菩薩衆하시니라 云云. 佛壽는 四百四千萬歲라하시며 下取意引호리라 涅槃後에 起三十六億塔하니 法住는 十萬歲라 記智明菩薩이 次當作佛이라하며 下結會에 云, 爾時에 平等世界龍種上佛이 豈異人乎아 卽文殊法王子가 是니라

● '교화가 미진수 방위에 가득함'이란 공덕과 작용이 가로와 세로로 깊고 광대함을 밝힘이니, 말하자면 시방세계의 미진수 국토가 모두 문수보살이 교화하던 곳이다. 그러므로『보살처태경』에 이르되, "나의 몸은 작은 티끌과 같으니 지금은 다른 국토에 있어서 32가지 모양이 분명하다. 곳곳에 나타나지 않는 곳이 없다"라고 하였으니, 나머지는 나) 대중이 구름처럼 모여 듦 가운데 인용한 내용과 같다. 또한『문수반니원경』에 이르되, "수능엄삼매에 머물러서 삼매의 힘으로 시방국토에 혹은 처음 태어남과 출가함, 멸도하심과 반열반에 드심을 나툴 적에 사리를 나누어 퍼뜨려서 중생을 이익하게 한다"라고 하였으며, 또한『보장다라니경(寶藏陀羅尼經)』에 자세하게 설하였으니 아래 보살주처품에 가서 다시 설명하리라. 지금의 경문에는 온갖 처소에서 동시에 게송을 설하였으니 곧 '가로로 법계에 두루 하다[橫周法界]'는 뜻이다.

'앞선 겁에 도를 이룸'이란 이 아래에 종으로 다했음을 별도로 설명하여 간략히 한두 가지를 보이리라. '앞선 겁'은 곧 과거를 뜻한다. '용의 종류에 높고 귀한 왕'은『대지도론』제12권에『수능엄삼매경』을 인용하여 설하되, 이름을 용종상존왕불(龍種上尊王佛)이라 하였지만 경문에는 단지 용종상불(龍種上佛)이라고만 이름하였으니 곧 번역한 이

가 자세하거나 생략했을 뿐이다. 53분 부처님 명호 중에도 '용종상존왕불'이라 하였다. 그 『수능엄삼매경』은 세 권이 있으니 (여기의 내용은) 곧 하권에 해당한다. "문수보살이 수능엄삼매의 경계에 대해 자세히 설명하고 나서, 저 때에 장로 마하가섭이 부처님께 사뢰어 말씀하되 '세존이시여, 제가 말한 문수사리 법왕자는 일찍이 전세에 이미 불사를 다 지었는데 지금 도량에 앉아 법륜을 굴려서 모든 중생에게 보이며 대열반에 들었습니다.' 부처님께서 말씀하시되, '그와 같다. 네가 말한 바와 같다. 가섭이여, 과거 오래고 헤아릴 수 없고 끝없고 불가사의한 아승지겁 전에 그때에 부처님이 계셨으니 명호는 용종상 여래 응공 정변지이다. … 이 세계에서 남방으로 천 개의 부처님 국토를 지나서 나라가 있으니 이름은 평등이니 산과 강 모래와 자갈 기와 돌 구릉과 구덩이 언덕이 없으며, 땅은 손바닥처럼 평평하고 부드러운 풀이 생겨나되 가릉가(迦陵伽)와 같았다. 용종상 부처님이 저 세계에서 아눗다라삼약삼보디를 얻으셔서 처음 법륜을 굴리시니 70억 숫자의 모든 보살대중을 교화하여 성취했느니라. … 부처님 수명은 4백4천만 세이다"라고 하였다. 아래는 의미로 취해 인용하리라. "열반하신 후에 36억 개의 탑을 세웠으니 법이 머무는 기간은 10만 세이다. 지명(智明)보살이 다음에 부처가 될 것을 수기하였다"라고 하였으며, 아래 모임을 결론해 말하되, "저 때에 평등세계의 용종상 부처님이 어찌 다른 사람이겠는가? 문수사리 법왕자가 곧 그 사람이다."

次言現證菩提者는 卽央掘摩羅經이라 此經이 有四卷하니 事出第四하니라 初卷中에 明舍衛城北에 有村하니 名薩那오 有一貧窮波羅門女하니 名跋陀羅라 女生一子하니 名一切世間現이오 少失其父하고

年將十二하야 聰明辨慧라 有異村하니 名頗羅訶私오 有一舊住波羅
門師하니 名摩尼跋陀羅라 下取意引하리라 世間現이 從其受學하야
師受王請하고 留其守舍한대 師婦年少라 染心逼之한대 世間現不受
어늘 其師少婦가 自慚55)毀害이러니 師歸가 乃言世間現强逼이라하니
師言하시되 汝已爲惡하니 當殺千人하면 可滅汝罪하리라 卽殺千人하고
還歸見師한대 師怪其存하고 又令殺千人하고 各取一指하야 作鬘冠
首하라 唯欠一人이러니 母爲送食한대 便欲害母할새 世尊現前하사 捨
母趣佛하더니 爲佛所降하야 廣顯深妙라 第四末에는 波斯匿王이 嚴四
兵至하야 欲罰央掘호려 來至佛所한대 佛示央掘이 後發其迹하시고 云,
大王이여 南方에 去此하야 過六十二恒河沙剎하야 有國하니 名一切寶
莊嚴이요 佛名一切世間樂見上大精進이라하시고 下取意引호리라

壽命無量하고 國土嚴淨하며 純說一乘하니 卽央掘是라 由前文殊가
廣與對揚하고 後顯文殊之迹하사 云, 大王이여 北方에 去此하야 過四
十二恒河沙剎하야 有國하니 名常歡喜요 佛名은 歡喜藏摩尼寶積이
라 純一大乘이요 無餘乘名하니 卽文殊師利是요 故云現證菩提요 復
曰摩尼寶積이라 蓋言略耳니라 下說56)師及師婦하고 央掘之母는 三
人皆是如來化現耳라 上略擧過現하고 不說未來成佛者는 未來成
佛은 現卽是因이요 非殊勝故라 疏略不顯하니라 若欲說者인대 卽大
寶積文殊會中說하니라 於未來成佛하니 號普見如來요 以恒河沙界
莊嚴으로 爲一佛國하야 以安養世界莊嚴으로 比之하면 析毛滴海라
不可爲喩니 其中衆生57)이 具三十二相하니 天眼無礙하고 鏡照十方

---

55) 慚는 南續金本作慙.
56) 說은 南續金本作顯.
57) 生下에 南續金本有具字.
58) 苦等은 南續金本作等苦.

하야 不聞生老病死苦等[58]하며 但出佛法僧之聲하니 若人欲見인대 應念便覩라 不待解釋하니라 疑網皆除하고 聞名得最上善利하고 聆記爲面見諸佛等이라

● 다음에 '현재에 보리를 증득했다'고 말한 것은 곧 『앙굴마라경(央掘摩羅經)』이다. 이 경전이 네 권이 있으니, 여기의 사연은 제4권에서 나온 것이다. 제1권 중에, "사위성 북쪽에 마을이 있으니 이름이 살나(薩那)요, 한 가난한 바라문의 부인이 있으니 이름은 발타라(跋陀羅)이다. 여인이 한 아들을 낳으니 이름은 일체세간현(一切世間現)이고, 어려서 그 아버지를 잃고 장성하여 12살에 총명하고 변재가 슬기로웠다. 또 다른 마을이 있으니 이름이 바라하사(頗羅訶私)요, 한 명의 오래 수행한 바라문의 스승이 있으니 이름이 마니발타라(摩尼跋陀羅)이다. 아래는 의미를 취하여 인용하겠다. (그의 아들) 세간현이 그를 따라 공부하고 스승이 대왕의 청을 받고 (출타하였고) 그곳에 머물며 집을 지었는데 스승의 부인이 젊었는지라 (사랑에) 오염된 마음으로 (세간현을) 핍박하였는데 세간현이 받지 않자 그 스승의 젊은 부인이 스스로 부끄럽게 옷을 헤치고 찢어 버리더니, 스승이 돌아옴에 비로소 말하되, '세간현이 억지로 나를 핍박하였다'고 하니 스승이 말하되, '네가 이미 나쁜 짓을 했으니 당래에 천 명의 사람을 죽이고 돌아와서 스승을 만났는데, 스승이 그가 살아 있음을 괴상히 여기고 또 하여금 천 명의 사람을 더 죽이고 각기 손가락 하나를 가지고 꽃다발을 만들어 머리에 모자로 쓰라' 하더니, 오직 한 사람만 모자라니 어머니가 밥을 보내왔는데 문득 어머니를 해치려고 할 적에 세존께서 앞에 나타나니 어머니를 버리고 부처님에게 나아가니 부처님께 항복당하여 '깊고 묘함'을 자세하게 밝혔다."

제4권 말미에는 바사익왕이 사방에 병사로 둘러싸여 이르러서 앙굴마라를 벌 주려고 부처님 처소에 왔는데, 부처님이 앙굴마라가 뒤에 그 자취를 발함을 보이면서 말씀하되, '대왕이여, 남방에 여기서 62항하사 수의 국토를 지나서 나라가 있으니 이름은 일체보장엄(一切寶莊嚴)이요, 부처님 명호는 '일체 세간의 즐거움과 견해가 뛰어나고 큰 정진[一切世間樂見上大精進]'이라 합니다' 하였고, 아래는 의미를 취하여 인용하리라.

"수명이 한량없고 국토가 잘 장엄되며 순수하게 일승(一乘)을 설하였으니 곧 앙굴마라가 그였다. 앞의 문수가 널리 더불어 상대하고 선양함으로 말미암아 뒤에 문수보살의 행적을 드러내어 이르되, '대왕이시여, 북방에는 여기서 42항하사 수의 국토를 지나서 나라가 있으니 이름이 상환희(常歡喜)요, 부처님 명호는 환희장마니보적(歡喜藏摩尼寶積)이다. 순수하게 하나의 대승이요, 나머지 승의 이름은 없으니 곧 문수사리가 그 사람이라' 하였으니, 그러므로 '현재에 보리를 증득함이요, 다시 마니보적이다'라고 한 것이다. 대개의 말은 생략했을 뿐이다. 아래에는 스승과 스승의 부인을 말하고 앙굴마라의 어머니는 세 사람으로 모두 여래가 변화로 나툰 것일 뿐이다. 위에는 과거와 현재를 간략히 거론하였고, 미래의 성불은 말하지 않은 것은 미래의 성불은 현재가 곧 원인이요, 수승하지 않기 때문이다." 소가가 생략하고 밝히지 않았다.

만일 말하려 한다면 곧 『대보적경』의 문수사리 회중(會衆)에 설명이 있다. "미래에 부처가 되시니 명호는 보견여래(普見如來)요, 항하사의 세계를 장엄함으로 하나의 불국토를 만들어 극락세계 장엄과 비교하면 터럭을 갈라서 바다에 떨어뜨림처럼, 비유할 수가 없다. 그

가운데 중생이 서른두 가지 상을 갖추었으니 천안통(天眼通)으로 걸
림이 없고 거울처럼 시방을 비추어 생로병사의 고통 따위를 듣지 않
으며 단지 부처님, 법보, 스님네의 소리만 나오니 만일 사람이 보려
한다면, 생각만 하면 바로 보게 되므로 해석을 기다리지 않는다. 의
심 그물을 모두 제하고 이름을 듣고는 가장 뛰어난 선함과 이익을
얻으며 기억을 좇아 모든 부처님을 대면하여 만나게 되는 등인 줄
알라.

實爲三世佛母者는 結其實德故니 七十九經에 云, 文殊師利所有大
願은 非餘無量百千億那由他菩薩之所能有라 善哉라 文殊師利여
其行廣大하야 其願無邊이니 出生一切菩薩功德하야 無有休息하나니
善哉라 文殊師利여 常爲無量百千億那由他諸佛母라 常爲無量百
千億那由他諸菩薩師하야 敎化成就一切衆生等하나니 佛名經에 說,
過去無量恒河沙佛이 皆是文殊로 敎令發心하야 然猶帶數일새 故今
顯實이라 實爲一切佛母라 不可窮其始末하니 豈獨釋迦之師者오 卽
前所引處胎經에 云, 昔爲能仁師요 今爲佛弟子라 二尊不並立이시
니 故我爲菩薩이라하니라 卽法華九世祖師가 亦帶方便하야 住首楞
嚴三昧하시니 亦是跡中이라 故로 弛張乎權實之場하고 瑩徹乎眞如
之際하사 住諸佛不思議之境하시니 豈可語其始終이리오 無言疆言하
야 爲三世之佛母耳니라

- '진실로 삼세 부처님의 어머니가 된다'는 것은 그 진실한 덕을 결론함
이다. 제79권(입법계품)에 이르되, "문수사리의 가진 서원을 다른 한량
없는 백천억 나유타 보살은 가지지 못하였느니라. 착하도다, 문수사
리동자는 그 수행이 광대하고 그 서원이 그지없어서 모든 보살의 공

덕을 내기를 쉬지 않느니라. 착하도다, 문수사리는 항상 한량없는 백천억 나유타 부처님의 어머니가 되며, 한량없는 백천억 나유타 보살의 스승이 되며, 모든 중생을 교화하고 성취하는 등"이라 하였으며, 『불명경(佛名經)』에 말하되, "과거세의 한량없는 항하사 수의 부처님이 모두 문수보살을 가르쳐 하여금 발심케 하여 그렇게 숫자로 되게 한 연고로 지금 진실을 밝힌다." 진실로 모든 부처님의 어머니가 되는지라, 그 시작과 끝을 궁구할 수가 없으니 어찌 석가 부처님의 스승일 뿐이리오! 곧 앞에서 인용한 『보살처태경』에 이르되, "예전에는 석가의 스승이 되었고, 지금은 부처님의 제자가 되었네. 두 세존이 함께 계시지 않는 법이므로 내가 보살이 된 것이다"라고 하였다. 곧 법화종의 9세 조사가 또한 방편을 띠고 수능엄삼매에 머무셨으니 또한 적문 중에 있다. 그러므로 권교와 실법의 도량을 늦추고 넓히며 진여의 짬을 철저하게 밝게 하여 모든 부처님의 불가사의한 경계에 머무시니 어찌 가히 그 시작과 끝을 말하겠는가? 말 없음으로 한계를 말하여 삼세의 부처님 어머니가 된 것일 뿐이다.

2) 질문과 대답으로 비방을 해명하다[問答通妨] (何不 37下1)

[疏] 何不待請고 敬同佛故라 何不待告오 承佛神力이 佛意許故라 衆旣念請에 佛方現相하리니 非夫尊極大士면 安得[59]理契潛通이리오 故로 上以光으로 示普賢하시고 此乃冥加妙德이니라 若爾인대 普賢은 云何定後에 更請고 表說所信이 甚深細故라 何不入定고 以果從因이 同於信故라 餘如上說하니라 何故로 無加오 以無定故라 又承佛神力이

---

59) 得은 甲南續續金本作行.

是冥加故니라

■ 어찌 청하기를 기다리지 않는가? 부처님과 같이 공경하기 때문이다. 어찌 고하기를 기다리지 않는가? 부처님의 위신력을 받듦이 부처님이 뜻으로 허락한 까닭이다. 대중이 이미 생각으로 청법할 적에 부처님이 비로소 모양을 나타내시니 대저 지극히 존귀한 보살이 어찌 이치로 계합하여 숨어서 통함을 얻겠는가? 그러므로 위에서는 광명으로 보현보살을 보이시고 여기서는 드디어 묘한 공덕보살[문수보살]에게 그윽히 가피하였다. 만일 그렇다면 보현보살은 어떻게 선정에서 나온 뒤에 다시 청하였는가? 표하고 설한 믿을 대상이 매우 깊고 미세한 까닭이다. 어찌하여 삼매에 들지 않았는가? 결과가 원인을 따름이 저 믿음과 같기 때문이다. 나머지는 위에 설명함과 같다. 무슨 연고로 가피가 없는가? 선정에 들지 않았기 때문이다. 또 부처님의 신력을 받듦은 그윽히 가피하신 까닭이다.

[鈔] 影響而來者는 結也라 影響은 顯非實因也니라 何不入定者는 問意에 云, 信未入位인대 許不入定이어니와 今此三品은 說佛三業이어늘 何不入定고할새 故爲此通이니라 以果從因은 因卽十信이니 十信不入일새 果亦不入이니 是十信中의 所說果故니라

● '그림자나 메아리처럼 온다'는 것은 결론함이다. 그림자와 메아리는 진실한 원인이 아님을 밝힌 것이다. '어찌하여 삼매에 들지 않았는가?'는 질문한 의미에 이르되, "십신은 지위에 들지 않았는데 삼매에 들지 않음을 허락하였지만 지금 여기의 세 품은 부처님의 삼업을 말하는데 어찌하여 삼매에 들지 않았는가?" 하므로 이렇게 해명하였다. 결과가 원인을 따름에서 원인이 곧 십신이니, (원인인) 십신이 들지

않았으니 결과도 역시 들지 않은 것이니, 이 십신 가운데 설한 내용이 결과이기 때문이다.

3) 경문을 해석하다[釋經文] (歎衆 38上1)

[疏] 歎衆希有者는 略有五義하니 感應懸隔에 難一遇故오 德行內充에 總稱歎故오 以名表法에 甚希有故오 創起信行에 未曾有故오 此一衆會가 卽是等空法界會故니라
■ '대중이 희유하고 기특하다고 찬탄함'이란 간략히 다섯 가지 뜻이 있으니 감응함이 현저히 떨어질 적에 한번 만나기가 어렵기 때문이요, 덕스런 행동이 안으로 가득할 적에 모두가 칭찬하고 찬탄하기 때문이요, 이름으로 법을 표할 적에 매우 희유하기 때문이요, 처음으로 믿음과 행하기 시작할 적에 일찍이 있지 않은 까닭이요, 이 한 번의 대중 모임이 곧 허공법계의 모임과 같기 때문이다.

2. 질문을 따와서 총합하여 찬탄하다[牒問總歎] (二牒 38上7)

諸佛子여 佛國土가 不可思議며 佛住와 佛刹莊嚴과 佛法性과 佛刹淸淨과 佛說法과 佛出現과 佛刹成就와 佛阿耨多羅三藐三菩提가 皆不可思議니
여러 불자들이여, 부처님의 국토는 불가사의하며 부처님의 머무심과 부처님 세계의 장엄과 부처님 법의 성품과 부처님 세계의 청정함과 부처님의 설법과 부처님의 출현함과 부처님 세계의 성취와 부처님의 아눗다라삼약삼보디가 불가

사의하니라.

[疏] 二, 牒問中에 脫於刹體라 佛出現者는 卽前威德也라 阿云無也오 耨多羅는 上也오 三者는 正也오 藐者는 等也라 又三은 徧也오 菩提는 覺也니 謂道不可加하야 日無上也오 無邪委知가 爲正徧也라

■ 2. 질문을 따와서 총합하여 찬탄함 중에 '국토의 체성'이 탈락되었다. '부처님의 출현함'이란 곧 앞의 부처님 위덕이다. '아(阿)'는 없다는 뜻이요, '녹다라(耨多羅)'는 위의 뜻이요, '삼(三)'이란 바르다는 뜻이요, '약(藐)'이란 같다는 뜻이요, 두 번째 '삼(三)'은 두루 하다는 뜻이요, '보리(菩提)'는 깨달음이란 뜻이다. 말하자면 '말로 더할 수 없음'을 '위가 없다'고 하고, 삿되지 않게 자세히 아는 것이 '바르고 두루 함[正徧]'의 뜻이다.

3. 묻고 찬탄하고 총합하여 해석하다[徵歎總釋] 2.
1) 불가사의에 대해 묻고 해석하다[徵釋難思] (三徵 38下3)

何以故오 諸佛子여 十方世界一切諸佛이 知諸衆生의 樂欲不同하사 隨其所應하여 說法調伏하시되 如是乃至 等法界虛空界시니라
무슨 까닭인가? 여러 불자들이여, 시방세계의 모든 부처님들이 모든 중생의 좋아함과 욕망이 같지 아니함을 아시고 그 응하는 바를 따라서 법을 설하여 조복하시며 이와 같이 법계와 허공계까지도 같이 하시느니라.

[疏] 三, 徵釋中에 徵上難思言也라 下釋에 云, 能感之機가 差別無邊이어늘 如來가 普應하사 周于法界가 廣難思也라 下結文은 具顯이라
- 3. 묻고 해석함 중에 위에 불가사의하다는 말에 대한 질문이다. 아래 해석함 중에 이르되, "감응하는 주체의 근기가 차별됨이 끝이 없는데 여래께서 널리 응하시어 법계에 두루 함이 광대하여 불가사의하다"는 뜻이다. 아래 결론한 경문은 구체적으로 밝혔다.

[鈔] 結文具顯者는 即品末에 云, 如世尊昔爲菩薩時에 以種種談論과 種種語言과 種種音聲과 種種業과 種種報와 種種處와 種種方便과 種種根과 種種信解와 種種地位로 而得成就하시며 亦令衆生으로 如是知見하야 而爲說法이라호미 即其文也니라
- '결론한 경문은 구체적으로 밝힘'이란 곧 품의 말미에 "저 세존이 옛날 보살로 계실 때에 가지가지 담론과 가지가지 말씀과 가지가지 음성과 가지가지 업과 가지가지 과보와 가지가지 처소와 가지가지 방편과 가지가지 근(根)과 가지가지 믿고 이해함과 가지가지 지위로써 성숙함을 얻었으며, 또한 중생으로 하여금 이와 같이 알고 보게 하고 위해 법을 설하시니라"라 하심이 곧 그 문장이다.

2) 불가사의에 대해 개별로 해석하다[別釋難思] (又隨 38上10)

[疏] 又隨宜說法하신 意趣難思라 又等法界者는 擧一說法하야 等餘多門이니 門不可盡이라 量等法界가 法門難思니라
- 또한 '마땅함을 따라 법을 설하신 의취'가 불가사의하다. 또한 '법계와 평등함'이란 하나를 거론하여 법을 설해서 '나머지 여러 문과 같

다' 하였으니, 문을 다할 수 없는 것이다. '분량이 법계와 평등한 것'
이 법문을 사의하기 어려움의 뜻이다.

[鈔] 又隨宜說法者는 上指品末의 廣故로 難思오 今明意趣深故로 難思
라 亦如法華方便品說이니 謂稱體大用이 或隨自意하며 或隨他意하
며 或隨自他意故라 又等法界下는 多門難思니라

● '또한 마땅함을 따라 법을 설함'이란 위에서는 여래명호품 말미에 자
세한 설명 때문에 사의하기 어려움을 지적하였고, 지금은 의취가 깊
은 연고로 사의하기 어려움을 설명하였다. 또한『법화경』방편품의
설명과 같나니, 이른바 체성과 칭합한 큰 작용이 혹은 자신의 의사를
따르며, 혹은 다른 이의 의사를 따르기도 하며, 혹은 자신과 다른 이
의 의사를 따르기도 하는 까닭이다. 又等法界 아래는 여러 문으로
사의하기 어려움을 밝힌 내용이다.

4. 부처님 경계가 불가사의함을 자세히 밝히다[廣顯難思] 2.

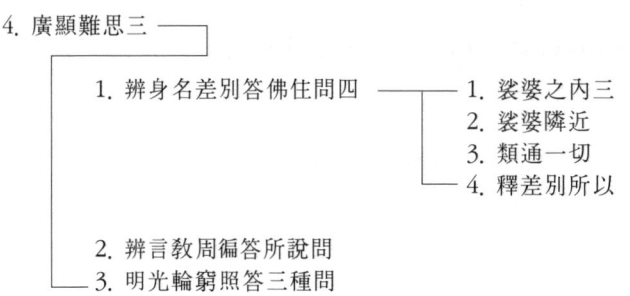

1) 여러 단서를 총합하여 밝히다[總顯多端] 5.
(1) 처음 세 구절은 몸의 모양[初三身相] (第四 39上9)

諸佛子여 如來가 於此娑婆世界諸四天下에 種種身과 種種名과 種種色相과 種種修短과 種種壽量과 種種處所와 種種諸根과 種種生處와 種種語業과 種種觀察로 令諸衆生으로 各別知見케하시니라

여러 불자들이여, 여래가 이 사바세계의 모든 사천하에 가지가지 몸과 가지가지 이름과 가지가지 모양과 가지가지 길고 짧음과 가지가지 수명의 양과 가지가지 처소와 가지가지 모든 근과 가지가지 나는 곳과 가지가지 말씀의 업과 가지가지 관찰로써 여러 중생들로 하여금 각각 달리 알고 보게 하시니라.

[疏] 第四, 廣顯難思라 文이 二니 先, 總顯多端이오 二, 隨門別顯이라 今初也니 擧娑婆爲首하야 略顯十種差別多端이라 準下結通하면 實通法界니라 十句가 不出三業하니 一, 身爲總相이니 現十法界不同일새 故云種種이라 二, 名以召實이니 次下에 廣辨이라 三, 金銀等色이 不同三十二相等이 異라

■ 4. 부처님 경계가 불가사의함을 자세히 밝힘 중에 경문이 둘이니 1) 여러 단서를 총합하여 밝힘이요, 2) 부문을 따라 개별로 밝힘이다. 지금은 1)이니 사바세계를 우두머리로 거론하여 간략히 10종 차별한 여러 단서를 밝힘이다. 아래 결론하고 시방에 통함에 준하면 진실로 법계와 통한다. 열 구절이 삼업에서 벗어나지 않나니, (1) 몸이 총합적인 양상이니 십법계에 나타남이 같지 않은 연고로 '가지가지'라 하였다. (2) 명칭으로 실법을 부름이니 다음 아래에 자세하게 밝혔다. (3) 금과 은 등의 형색이 32가지 모양과 같지 않는 따위가 다르다.

[鈔] 三金銀等色者는 如觀佛三昧海經第三에 廣說하니 今當義引호리라 佛爲父王하사 說觀諸相竟하시고 佛白父王하시며 乃勅阿難하시되 吾今爲汝하야 悉現具足微妙身相하리라 說是語已하시고 佛從座起하사 令衆俱起하야 令觀如來호대 從頂順觀하야 至足輪相하시며 復從足相하야 逆觀至頂하야 一一身分을 分明了了러니 如人執鏡하야 自見面像이라 若生垢惡不善心者는 若有曾毁如來60)禁戒者는 見像純黑이 猶如炭人하니 五百釋子는 但見炭人하며 有千比丘는 見赤土色하며 優婆塞輩十六人은 見黑象脚色하며 優婆夷二十四人은 見如聚墨하며 比丘尼는 見色如白銀하며 優婆塞優婆夷가 有見如藍染靑色이라 四衆悲淚하고 釋子가 拔髮碎身毁形하야 自述所見이어늘 父王이 安慰竟에 釋子卽起하야 白阿難言호대 我宿罪故로 不見佛身이라하야늘 佛爲說因하시되 過去毘婆尸佛時에 有一長者하니 名曰日月德이라 有五百子호대 聰慧無雙이러니 不信父之正法이어늘 子臨終時에 父云호대 汝等邪見하야 不信正法이라 今無常刀가 割汝身心하니 爲何所怙오 令稱毘婆尸佛名이니라 未及法僧而終하야 生61)四王天이러니 後邪見因故로 墮大地獄하야 鐵叉로 刺眼이러니 憶父所敎하야 得生人中하며 六佛出現이나 聞名而不得見이러니 以得聞六佛名故로 與我同生이니라 如來가 令稱佛名號62)하야 禮拜懺悔하야 還見相好身커늘 卽得初果하야 求佛出家하고 得阿羅漢하니라

- '(3) 금과 은 등의 형색'이란『관불삼매해경(觀佛三昧海經)』제3권에 자세히 설명함과 같나니, 지금은 마땅히 뜻으로 인용하리라. "부처님이 부왕을 위하여 모든 모양을 관찰함에 대하여 설해 마치시고 부처님

---

60) 如來는 南續金本作佛.
61) 生下에 南續金本有天字.
62) 上四字는 南續金本作佛名.

이 부왕에게 말씀하며 비로소 아난에게 교칙하시되, '내가 지금 너를 위하여 미묘한 몸을 구족한 모양을 모두 나투리라.' 이 말씀을 설해 마치고 부처님이 자리에서 일어나시어 대중으로 하여금 모두 일어나게 하여 여래를 관찰하게 하되 정수리로부터 순서대로 관찰하여 발바닥 모양에 이르며, 다시 발 모양에서부터 거꾸로 관찰하여 정수리에 이르러 낱낱 몸의 부분을 분명하게 알고 알더니 마치 사람이 거울을 잡고서 스스로 얼굴 형상을 보는 것과 같았다. 만일 번뇌로 나쁘고 착하지 않은 마음을 낸 이와 저 일찍이 여래의 금계를 훼손한 적이 있는 이는 형상이 순전히 흑색임을 보는 것이 마치 잿빛 사람과 같나니, 오백의 석가의 제자는 단지 잿빛 사람만 보며, 천 명의 비구는 붉은 흙색을 보며, 우바새의 무리 열여섯 사람은 검은색 코끼리 다리의 색깔을 보며, 우바이의 무리 스물네 사람은 먹 덩어리 같은 흑색을 보며, 비구니는 백은 색과 같이 보며, 우바새 우바이가 남빛으로 물든 청색을 보는 이도 있었다. 사부대중은 슬퍼서 울고 부처님 제자가 머리카락을 뽑아 몸을 피하고 형상을 훼손하여 스스로 본 것을 말하거늘, 부왕이 편안하게 위로해 마칠 적에 부처님 제자가 곧 일어나서 아난에게 사뢰어 말씀하되 '나는 숙세에 죄를 지은 연고로 부처님 몸을 보지 못한다' 하거늘 부처님이 (그들을) 위하여 원인을 말씀하시되, '과거 비바시 부처님 시절에 한 장자가 있었으니 이름이 일월덕(日月德)이라 한다. 5백의 아들이 있는데 총명하고 지혜로워 같은 이가 없더니, 부왕이 바른 법을 믿지 않았는데 아들이 죽을 때가 되니 부왕이 이르되 '너희들은 삿된 소견으로 정법을 믿지 않는다. 지금은 무상한 칼이 너희의 몸과 마음을 (칼로) 베었으니 의지하는 바가 무엇인가?' '비바시 부처님의 명호를 부르게 하는 것입니다.' 법과 승가에까지 가지

제7. 如來名號品 137

못하고 죽어서 사왕천에 태어났다. 뒤에 삿된 소견의 원인으로 대지옥에 떨어져 쇠꼬챙이[鐵叉]로 눈을 찌르더니 부왕의 가르침을 기억하여 인간에 태어남을 얻었으며, 여섯 부처님이 출현하셨지만 이름만 듣고 친견하지 못하더니 여섯 부처님 명호를 들은 연고로 나와 함께 태어났다. 여래가 부처님 명호를 불러서 예배하고 참회하게 하여 도리어 상호를 갖춘 몸을 보았거늘 수다원과를 얻고 부처를 구하려고 출가하여 아라한과를 얻었다."

千比丘로 見赤土色者는 過去燃燈佛時像法之中에 有千弟子가 心疑於[63]師라 師見其臨終하고 令其稱念燃燈佛名케하야 生忉利天이러니 以疑師罪로 下墮餓鬼中하야 洋銅灌咽이라가 以稱佛名으로 今得值佛이라 佛示胸前卍字令讀하시며 於此字中에 說八萬四千功德之行하신대 卽便懺悔하야 罪障消滅이라 得記作佛하니라 比丘尼見白銀色者는 過去釋迦文佛時에 五百童女가 在山澤中이라가 忽遇比丘하야 皆脫銀環하고 散上發願호대 願此比丘成佛之時에 願我見之가 如所散銀環하야지다 此後에 生生에 作銀山神하며 今見銀色하니라 從是已來로 恒値諸佛하니라 優婆塞가 見黑象脚者는 此等昔時에 皆作國王이러니 受邪沙門이 說於邪法이라 其說法人은 墮阿鼻獄하고 汝等은 隨順惡友敎故로 墮黑暗地獄이러니 由前聞法善心力故로 今得遇我하야 得受五戒라 令其懺悔케하시고 佛放眉間白毫光照하시니 便得初果하고 求佛出家하야 成阿羅漢果하니라

● '천 명의 비구는 붉은 흙색을 본다'는 것은 과거 연등 부처님의 상법시절에 천 명 제자를 둔 스승을 의심하였다. 스승이 그의 임종할 때를

---

63) 上三字는 南續金本作疑.

(미리) 보고 그들로 하여금 연등 부처님 명호를 부르며 염불하게 하여 도리천에 태어났는데, 스승을 의심한 죄로 아귀지옥에 떨어져 큰 쇳물을 목구멍에 부음을 당하다가 부처님 명호를 부른 인연으로 지금은 부처님을 만나게 되었다. 부처님이 가슴의 '만' 자를 보여 주며 독경케 하시며 이 '만' 자 속에서 팔만사천 가지 공덕의 행을 설하셨는데 곧 바로 참회하여 죄와 업장을 소멸하여 부처가 된다는 수기를 받았다. '비구니는 백은 색과 같이 보며'라는 것은 과거 석가 부처님 시절에 오백 명의 동녀가 산의 연못가에 살다가 홀연히 비구를 만나 모두 은색 반지[銀環]를 빼어 상단에 바치며 발원하기를 "원하건대 이 비구가 성불할 때에 내가 보는 것이 마치 (내가) 흩은 은색 반지처럼 되게 하여 주소서! 이런 뒤에 태어날 때마다 은색 산의 신장이 되며 지금처럼 은색을 보게 하소서!" 이로부터 항상 모든 부처님을 친견하게 되었다. '우바새의 무리 열여섯 사람은 검은색 코끼리 다리의 색깔을 보며'라는 것은 이 우바새들이 과거에 모두 국왕이 되었을 적에 삿된 사문이 삿된 법 설하는 것을 받아들였다가 그 설법하는 사문은 아비지옥에 떨어지고 너희들은 악지식의 가르침을 따른 연고로 흑암지옥에 떨어지더니 앞에서 법문 들은 착한 마음의 힘으로 인해 금생에 나를 만나 오계(五戒)를 받고 그들로 하여금 참회토록 하시고 부처님이 미간 백호상으로 광명을 놓아 비추시니 문득 수다원과를 얻고 출가하여 아라한과를 이루게 되었다.

優婆夷가 見聚黑色者는 佛說昔時一⁶⁴⁾寶蓋燈王佛像法之中에 有一比丘가 巡行乞食이라가 至淫女家하니 其女見之하고 盛滿鉢飯하야

---

64) 一은 南續金本無, 原本有 案經云 時世有佛 號一寶蓋燈王.

戲弄比丘言호대 汝顔色可惡이 猶如聚墨하고 身所着衣가 狀如乞人이로다 比丘擲鉢하고 騰空飛去어늘 諸女慚愧하야 懺悔發願호대 願此施食所有功德으로 未來에 得如比丘自在하야지다 以施食故로 千二百劫을 常不飢渴하며 惡罵因故로 六十小劫을 墮黑暗地獄이라 由前發善心일새 今得値我하야 受其五戒오 乃是供養阿羅漢故로 見舍利弗하고 不見我身이니라 佛爲臍中에 出大蓮華하사 化成光臺하나니 有百千聲聞身子目連이 作十八變이라 諸女가 消二十億劫煩惱之結하고 得須陀洹果하며 後見佛身相好端嚴이로대 而不65)見白毫相이라 佛告大王하시되 戲弄惡口로 乃至得道라도 見佛不明이로다 餘廣如經하니 更不會說하노라 如藍之緣은 準例可知로다 下十定品에 見色多種이니라

- '우바이의 무리 스물네 사람은 먹 덩어리 같은 흑색을 보며'라는 것은 부처님이 과거 시절 일보개등왕(一寶蓋燈王) 부처님의 상법(像法) 시절에 한 비구가 돌아다니며 걸식하다가 음탕한 여인의 집에 이르렀는데 그 음녀(淫女)가 보고는 발우에 밥을 가득 담아서 바치며 비구를 희롱하여 말하되 '당신의 얼굴색이 흉악하기가 먹 덩어리와 같고 몸에 입은 옷이 거지 모양과 같다'고 하였다. 비구가 발우를 던지고 공중에 올라 날아가거늘 모든 여인이 부끄러워 뉘우치며 참회하고 발원하되 '원하건대 내가 드린 음식의 공덕으로 내생에 저 비구처럼 자재신통을 얻게 하소서!' 음식을 보시한 연고로 1천 2백 겁 동안 항상 배고픔을 면하고 나쁜 말로 욕한 인연으로 60소겁을 흑암지옥에 떨어지게 되었다. 앞에 발한 착한 마음으로 인해 금생에 나를 만나 오계를 받은 것이요, 비로소 아라한을 공양한 연고로 사리불을 만났지만

---

65) 不은 南續金本作猶不得.

내 몸을 보지는 못하였다. 부처님께서 배꼽에서 큰 연꽃을 출현하여 변하여 광명대[光臺]를 이루니 백천 명의 성문 중에 사리불, 목건련이 18가지 신변을 일으켰다. 모든 여인들이 20억겁의 번뇌에 얽힘을 소멸하고 수다원과를 얻었으며 뒤에 상호가 단정한 부처님을 만났지만 백호상을 보지는 못하였다. 부처님이 대왕에게 고하시되 '비구를 희롱하고 악한 입으로는 나아가 도를 얻음에 이르더라도 부처님 친견함이 분명하지 않다'라고 하시고 나머지 자세한 것은 경문과 같나니 다시 회통하여 설하지 않는다. (우바새 우바이들이) 남빛에 물든 청색을 본 인연은 사례에 준해 보면 알 수 있으리라. 아래 십정품(十定品)에 여러 종류의 색을 본 인연이 있다.

(2) 넷째는 형상[第四形] (四形 41下9)

[疏] 四, 形有長短하야 三尺丈六과 乃至無邊이라
- (2) 넷째는 형상에 길고 짧은 것이 있어서 세 자나 1장 6척이나 나아가 그지없는 것이 있다.

[鈔] 三尺等者는 三尺之身은 即瞿師羅長者所見이오 丈六應身無邊은 即無邊身菩薩이 窮上界而有餘니라 準十定品하면 或見如來를 一由旬量하며 百千由旬하며 乃至不可說不可說佛刹微塵數世界量等이라 略去中間일새 故云乃至無邊이니라
- '세 자' 등에서 '세 자의 몸'은 곧 구사라(瞿師羅) 장자가 본 것이요, '1장 6척 응신이 그지없음'은 곧 그지없는 몸의 보살이 색계와 무색계[上界]를 궁구하고도 남음이 있다. 십정품에 준해 보면 "혹은 여래를

한 유순의 분량을 보기도 하며 백천 유순을 보기도 하며, 나아가 말할 수 없이 말할 수 없는 불국토의 미진수 세계의 분량을 보기도 한다"는 등이다. 간략히 중간 정도이므로 '나아가 한량없음에 이른다'고 하였다.

(3) 다섯째는 수명[第五壽] (五壽 42上4)

[疏] 五, 壽命限量이 或無量劫이며 或不滿百年이며 下至朝現暮寂이라
- (3) 다섯째는 수명의 한계와 분량이 혹은 한량없는 겁이며, 혹은 백년도 차지 않기도 하며, 아래로 아침에 나타났다가 저녁에 고요함에까지 이르기도 한다.

[鈔] 五壽命等者는 或無量劫은 如阿彌陀오 或不滿百年은 如今世尊이라 故로 涅槃에 云, 我聞호니 諸天壽命은 極長이어늘 云何如來는 是天中天이어늘 壽命短促하야 不滿百年고하니라 下至朝現暮寂者는 如月面佛은 壽一日一夜라 故로 佛名經第六에 云, 妙聲佛은 壽命이 六十百千歲요 智自在佛은 壽命十二千歲요 威德自在佛은 壽七十六千歲요 摩醯首羅佛은 壽一億歲요 梵聲佛은 壽十億歲요 大衆自在佛은 壽六十千歲요 勝聲佛은 壽百億歲요 月面佛은 壽一日一夜요 日面佛은 壽一千八百歲요 梵面佛은 壽二十三千歲라하며 又第二中에 云, 諸佛壽命의 長短差別이 有十阿僧祇百千萬億이라하니라 毘盧遮那品에 云, 一切功德山須彌勝雲佛은 壽五十億歲라하고 下經之中에 說諸佛壽의 長短多門하니라
- (3) 다섯째는 수명 등이란 혹은 무량한 겁은 아미타불과 같고, 혹은

백 년도 차지 않음은 현재의 석가세존과 같다. 그러므로『열반경』에 이르되, "내가 들으니, 모든 하늘의 수명은 지극히 길거늘 어찌하여 여래는 하늘 가운데 하늘이거늘 수명이 짧고 촉박하여 백 년도 다하지 않는가?"라고 하였다. '아래로 아침에 나타났다가 저녁에 고요함'이란 마치 월면 부처님은 수명이 하루 낮 하루 밤 정도인 것과 같다. 그러므로『불명경(佛名經)』제6권에 이르되, "묘한 음성 부처님은 수명이 60백천 세요, 지자재(智自在) 부처님은 수명이 12천 세요, 위덕자재(威德自在) 부처님은 76천 세요, 마혜수라 부처님은 1억 세요, 범성(梵聲) 부처님은 10억 세요, 대중자재(大衆自在) 부처님은 60천 세요, 뛰어난 음성[勝聲] 부처님은 100억 세요, 월면(月面) 부처님은 하루 낮 하루 밤이요, 일면(日面) 부처님은 1천 8백 세요, 범면(梵面) 부처님은 23천 세이다"라고 하였다. 또 제2권에는 "모든 부처님의 수명이 길고 짧음이 차별되는 것이 10아승지의 백천만억이 있다"라고 하였다. 비로자나품에 이르되, "일체공덕산수미승운(一切功德山須彌勝雲) 부처님은 수명이 50억 세이다"라고 하였다. 아래 경문 중에는 '모든 부처님의 수명이 길고 짧아서 여러 문이다'라고 설하였다.

(4) 다음 둘은 교화할 곳과 감관[次二處根] (六處 42下7)

[疏] 六, 處니 謂化處니 染淨等殊라 七, 根은 謂眼等隨感現異라
- (4) 여섯째는 장소이니 이른바 교화할 곳이니, 염오와 청정함 등이 다르다. 일곱째는 감관이니 이른바 눈 등 처럼 감관을 따라 나타남이 다르다는 뜻이다.

[鈔] 七根謂眼等者는 佛眼等六根을 通相而言인대 三十二相廣長舌等이 旣有八萬四千等異하니 則六根之相도 隨宜亦殊로다 故로 高幢普照主山神이 得觀察一切衆生心所樂嚴淨諸根解脫門하고 雨花妙眼道場神은 得能雨一切難捨衆寶莊嚴具解脫門이라 偈에 云,[66] 昔行捨行無量劫하사 能捨難捨眼如海라 如是捨行爲衆生이니 此妙眼神이 能悟悅이라하니 謂於一眼에 有無量行이라 故所得眼이 無量差別이니라 復有諸根美妙執金剛神하며 又上經에 云, 佛眼云何無有量 等이니라

- '일곱째는 감관이니 이른바 눈 등 처럼'이란 부처님의 눈 등 육근을 전체 모양으로 말하면 32가지 모양의 길고 넓은 혀 등처럼 이미 팔만사천 가지 따위의 다름이 있으니, 육근의 모양도 마땅함을 따라 또한 다르다. 그러므로 고당보조(高幢普照)주산신이 일체 중생의 마음에 좋아하는 바를 관찰하여 모든 감관을 깨끗하게 장엄하는 해탈문을 얻었고, 우화묘안(雨花妙眼)도량신은 온갖 버리기 어려운 많은 보배로 만든 장엄구를 비 내리는 해탈문을 얻었다. 게송으로 말하되, "옛적에 버리는 일을 한량없는 겁 동안 행하여 버리기 어려운 눈을 능히 버려 바다 같으시니 이러한 버리는 일 다 중생을 위함이라 이 문을 묘안(妙眼)도량신이 깨닫고 기뻐했네"라고 하였으니 이른바 한 가지 눈에 한량없는 행법이 있는 것이므로 얻은 눈이 무량한 차별이 있는 것이다. 다시 모든 감관이 아름답고 묘한 집금강신이 있으며, 또 위의 경문(제6권 여래현상품)에 이르되, "부처님의 눈은 어찌하여 한량이 없는가?"라고 한 등이다.

---

66) 이는 世主妙嚴品 제1의 道場神 게송이다. (교재 권1 p.85-)

(5) 뒤의 셋은 태어난 곳 등이다[後三生處等] (八生 43上7)

[疏] 八, 生處가 有刹利等別이라 九, 依語之用이니 隨方言音하야 施設非一故라 十, 觀察者 周旋顧眄하야 以應群機라 又觀存亡安危可不하야 智照諸境하야 示有多端이라 下結意에 云, 令諸衆生으로 各稱己分하야 而自知見하야 得調伏耳라하니라

- (5) 여덟째, 태어난 곳이 찰제리 등의 다름이 있다. 아홉째, 의지한 언사의 작용이니, 지방의 말과 음성을 따라 시설함이 하나가 아닌 까닭이다. 열 번째, 관찰함이란 두루 돌며 돌아보아서 여러 근기에 응하기 때문이다. 또한 있고 없음과 편안하고 위태함의 가부를 관찰하여 지혜로 모든 경계를 비추어 보여 줌이 여러 가지가 있다. 아래 의미를 결론하여 이르되, "모든 중생들로 하여금 각기 자신의 분수에 맞도록 하여 스스로 알고 보아서 조복함을 얻을 뿐"이라 하였다.

2) 사천하의 여래명호[隨門別顯] 3.
(1) 몸과 명칭의 차이를 밝혀 부처님이 머무심에 대한 질문에 대답하다
   [辨身名差別答佛住問] 2.

가. 이치를 세우다[立理] 2.
가) 함께 표방하다[雙標] (第二 43下5)

[疏] 第二, 諸佛子下는 隨門別顯이라 文分爲三이니 初는 終此品히 辨身名差別하사 答上佛住之問하고 近廣種種身等八句하시니 以色相等이 皆屬身故라 二, 四諦品에 辨言敎徧周하사 答佛所說法問하고 近

廣種種語業이라 三, 光明覺品에 明光輪窮照하사 答上威德法性菩提三問하고 近廣種種觀察이라 其五句依報는 但有現相答하나니 廣在前會故니라 今初라 廣上名者는 然聖人은 無名이나 爲物立稱이라

■ 2) 諸佛子 아래는 (사천하의 여래명호를 밝힘이니) 문을 따라 개별로 밝힘이다. 경문을 셋으로 나누리니, (1) 이 품 끝까지 몸과 명칭의 차이를 밝혀 위의 부처님이 머무시는가? 라는 질문에 대답함이고, 자세하게 갖가지 몸 따위 여덟 구절이 이웃하나니, 형색 모양 등이 모두 몸에 속하기 때문이다. (2) 사성제품에 언사의 교법이 두루 함을 밝혀 부처님의 설법에 대한 질문에 대답함이요, 가깝게는 갖가지 어업을 자세하게 밝힘이다. (3) 광명각품에는 광명 그물이 끝까지 비춤을 밝혀서 위의(부처님의) 위덕과 법성과 보리의 세 가지 질문에 대답함이요, 가깝게는 갖가지 관찰을 자세하게 밝힘이다. 그 다섯 구절의 의보는 단지 현상으로 대답함이 있으니 자세한 것은 앞의 제1 적멸도량법회에 있기 때문이다. 지금은 (1) (몸과 명칭의 차이를 밝혀 부처님이 머무심에 대한 질문에 대답함)이다. 널리 위에 이름한 것은 그런데 성인은 이름이 없지만 중생을 위해 명칭을 세운 것이다.

나) 명칭에 대해 밝히다[辨名] (若就 44上1)

[疏] 若就德以立인대 德無邊涯오 若隨機立名인대 等衆生界라 雖復多種이나 皆爲隨宜와 生善滅惡과 見理而立이니 海印頓現이라 不應生着也니라

■ 만일 공덕에 나아가 세운다면 공덕은 끝이 없을 것이요, 만일 근기를 따라 명칭을 세운다면 중생계와 평등할 것이다. 비록 다시 여러 종류

이지만 모두 마땅함을 따름과 선을 생기게 하고 악을 없앰과 도리를 보고 (명칭을) 세웠으니 바다의 도장에 몰록 나타남이니 응당 집착을 일으키지 않아야 한다.

[鈔] 然聖人無名下는 欲顯多名하야 先且立理라 於中有二하니 先, 雙標니 謂本無言相이라 故로 下經에 云⁶⁷⁾ 已出世間言語道하야 其性非有非無故라하니 凡有言象이 皆是隨俗利衆生耳니라 二, 若就德下는 辨名이니 就無名立名이 不出此二니 就德하야는 通於眞應이오 隨機하야는 唯約利他니라

雖復多種下는 二, 以義統收에 不出四悉檀義하니 一, 世界悉檀이니 但令歡喜라 如來立名이 少從於此하고 多約後三이라 今言隨宜가 此爲總句라 然四悉檀이 皆是隨物宜故니라 此一句는 亦攝世界悉檀이니라 二, 生善者는 即是爲人이오 三, 滅惡者는 即是對治니 四, 見理者는 即第一義라 又四悉檀을 亦名四隨니 問明品中에 更當廣說호리라 言海印頓現⁶⁸⁾者는 無盡之名을 皆我本師가 海印頓現하사 即攝十方三世佛號하나니 皆屬一佛隨宜之號오 非約多佛이니라

● 가. 然聖人無名 아래는 많은 명칭을 밝히려고 먼저 이치를 세운 것이다. 그중에 둘이 있으니 가) 함께 표방함이니 이른바 본래 언사의 모양이 없다는 뜻이다. 그러므로 아래 경문에 이르되, "이미 세간의 언어의 길을 벗어나서 그 성품이 있는 것도 아니요, 없는 것도 아닌 까닭이다"라고 하였으니, 무릇 언사의 형상이 모두 세속을 따라 중생을 이롭게 함에 있을 뿐이다. 나) 若就德 아래는 명칭에 대해 밝힘에서,

---

67) 이는 入法界品 제39의 '如來의 功德'을 찬탄한 게송이다. 經云, "如來淸淨妙法身이 一切三界無倫匹하사 以出世間言語道하시니 其性非有非無로다."(교재 권4 p.563-)

68) 現은 金本作見.

((가) 바로 밝힘이니) 이름할 것 없음에 입각하여 명칭을 세움이 이 둘을 벗어나지 않나니, 공덕에 입각하면 진실로 응함에 통하고, 근기에 따르면 오직 이타행만을 잡은 것이다.

(나) 雖復多種 아래는 뜻으로 거두어 묶음이다. 네 가지 실단(悉檀)의 뜻에서 벗어나지 않나니, ① 세계실단(世界悉壇)이니 단지 (중생을) 환희케 함이다. 여래가 명칭을 세움이 적게는 이것을 따른 것이요, 많게는 뒤의 세 가지 실단을 잡은 것이다. 지금에 마땅함을 따름이 이것을 총상 구절로 삼음을 말한다. 그러나 네 가지 실단이 모두 중생에게 마땅함을 따르기 때문이다. 이런 한 구절도 역시 세계실단을 포섭하고 있다. ② 선을 일으킴이란 곧 '사람을 위한 실단[爲人悉壇]'이요, ③ 악함을 없앰은 바로 '대치하는 실단[對治悉壇]'이요, ④ 이치를 발견함은 곧 '제일가는 뜻의 실단[第一義悉壇]'이다. 또한 네 가지 실단을 또한 '네 가지 수순함[四隨]'이라 이름하나니, 보살문명품에 가서 다시 자세하게 설명하겠다. '바다의 도장에 몰록 나타났다'고 말한 것은 그지없는 명칭을 모두 우리 본사 석가부처님이 바다의 도장에 몰록 나타내시어 곧 시방과 삼세의 부처님 명호를 포섭하였으니, 모두 한결같이 부처님이 (중생의) 마땅함을 따르는 명호에 속함이요, 대부분의 부처님을 잡은 것이 아니다.

나. 경문 해석[釋文] 4.

가) 사바세계 안의 백억 가지 부처님 명호[娑婆之內] 3.

(가) 사주세계의 10종 명호[此四洲] 3.

ㄱ. 처소를 표방하다[標處] (文中 44下6)

諸佛子여 如來가 於此四天下中에 或名一切義成이며 或名圓滿月이며 或名師子吼며 或名釋迦牟尼며 或名第七仙이며 或名毘盧遮那며 或名瞿曇氏며 或名大沙門이며 或名最勝이며 或名導師시니 如是等이 其數十千이라 令諸衆生으로 各別知見케하시니라

여러 불자들이여, 여래가 이 사천하에서 혹은 이름이 일체의성이며, 혹은 이름이 원만월이며, 혹은 이름이 사자후며, 혹은 이름이 석가모니며, 혹은 이름이 제칠선이며, 혹은 이름이 비로자나이며, 혹은 이름이 구담씨며, 혹은 이름이 대사문이며, 혹은 이름이 최승이며, 혹은 이름이 도사이시니, 이와 같은 이름이 그 수가 10천이라 모든 중생들로 하여금 제각기 알고 보게 하시니라.

[疏] 文中分四니 一, 娑婆之內에 自有百億이오 二, 娑婆隣近에는 卽百億之外오 三, 類通一切니 謂盡十方이오 四, 釋差別所由니 由隨物故라 初中에 分三이니 初, 此四洲오 二, 四洲之隣十界오 三, 總結娑婆라 今初가 亦三이니 初, 標處요 次, 列名이오 後, 結數라 他皆倣此니라 擧四洲者는 昔云意取閻浮니 言總意別이라하니 餘三天下에 佛不出故라 然雖不出하야 除北俱盧나 餘容有往이라 下並準之니라

- 나. 경문 해석 중에 넷으로 나누리니 가) 사바세계 안에 자연히 백억 가지 명호가 있음이요, 나) 사바세계 인근에는 백억 가지 명호요, 다) 유례하여 일체와 통함이니 이른바 온 시방의 뜻이다. 라) 차별한 이유를 밝힘이니 중생을 따르는 까닭이다. 가) 중에 셋으로 나누리니 (가) 사바세계 사주(四洲)세계의 10종 명호요, (나) 사주세계 인근의

10종 명호요, (다) 사바세계를 총합 결론함이다. 지금은 (가)에도 또한 셋이니 ㄱ. 처소를 표방함이요, ㄴ. 명칭을 나열함이요, ㄷ. 숫자로 결론함이니 다른 것은 모두 이것과 비슷하다.

사주세계를 거론한 것은 예전에는 이르되, "의미로는 염부제를 취하였으니 말은 총상이지만 의미는 별상이다"라고 하였으니, 나머지 3천하에는 부처님이 출현하지 않은 까닭이다. 그러나 비록 출현하지 않았지만 북구로주는 제외하지만 나머지는 간 적이 있음을 허용하였으니 아래는 아울러 여기에 준한다.

ㄴ. 명칭을 나열하다[列名] (一切 45上3)

[疏] 一切義成은 卽悉達也니 無事不成就故라 圓滿月者는 惑斷智圓하야 恩蔭淸凉故라 師子吼者는 名決定說이라 釋迦牟尼者는 釋迦는 云能이니 能仁種故요 牟尼는 云寂黙이니 契寂理故라 第七仙者는 七佛之末故라 若取賢劫인대 當第四라 仙卽喩也니 無欲染故라 毘盧遮那는 廣如前釋하니라 瞿曇氏者는 唯約姓也니 此云地主라 以從劫初에 代代相承하야 爲轉輪王故라 然上云釋迦는 乃是族望이오 此卽姓望故라 智論第二에 云, 釋迦牟尼의 姓이 瞿曇故라하며 佛名經에도 亦然하니라 沙門은 此云息惡이니 無惡不息일새 故復稱大라 最勝者는 聖中極故니 德無加故라 導師者는 引導衆生하야 離險難故며 於生死海에 示衆寶故라 然名含多義이어늘

■ '일체의 뜻을 성립함'은 곧 실달 태자이니 성취하지 못한 일이 없기 때문이다. '원만한 달'이란 번뇌를 끊고 지혜가 원만하여 은혜의 그늘로 시원한 까닭이다. '사자의 포효'란 결정적인 설법을 이름한다. 석가모

니란 석가는 능함을 말하니 능인의 종족이요, 모니는 고요하고 묵묵함을 말하나니, 고요한 이치에 계합한 까닭이다. '제7의 신선'이란 일곱 부처님의 끝인 까닭이다. 만일 현겁을 취하면 제4에 해당한다. 신선은 비유이니 욕심에 물듦이 없기 때문이다. 비로자나는 자세한 것은 앞에서 해석한 내용과 같다. '구담씨'는 오직 족성만 잡았으니 '땅의 주인'이라 번역한다. 겁초로부터 대대로 계승하여 전륜왕이 된 까닭이다. 그러나 위에서 말한 석가는 비로소 종족으로 바라본 것이요, 여기서는 성씨로 바라본 까닭이다. 『대지도론』 제2권에 이르되, "석가모니의 성씨가 구담인 까닭이다"라고 하였고, 『불명경』에도 마찬가지이다. '사문'이란 '악함을 쉼'이라고 번역하나니, 악함을 쉬지 않음이 없으므로 다시 '크다'고 칭하였다. '가장 뛰어남'이란 성인 중의 끝인 까닭이니, 공덕을 더할 바가 없기 때문이다. '인도하는 스승'이란 중생을 인도하여 험하고 어려움을 여의는 까닭이며, 나고 죽음의 바다에서 많은 보배를 보여 주기 때문이다. 그렇게 명칭에 많은 뜻을 포함하고 있다.

[鈔] 一切義成者는 梵名悉達多는 太子時號니 果收因名에 恐人不知일새 故將梵言하야 以釋唐語니라 惑斷等者는 暗盡明圓하야 淸涼益物이니 如三德也니라 然上云者는 姓望은 如崔盧等이오 族望은 如博陵[69]이니 以是能仁之瞿曇故니라

- '일체의 뜻을 성립함'이란 범어로 실달다란 이름은 태자 시절의 호칭이니, 과덕에서 인행의 명칭을 거둘 적에 사람이 알지 못할까 염려하여 범어의 말을 가져서 당나라 말로 해석한 것이다. '번뇌를 끊는다'

---

69) 陵下에 南續金本等者.

는 등은 어둠이 다하고 밝음이 두렷해서 시원하게 중생을 이익함이니 (열반의) 세 가지 덕과 같다. '그러나 위에 말한 것'이란 성씨로 바라봄은 최씨, 노씨 등과 같고, 종족으로 바라봄은 넓은 언덕과 같나니 바로 능인(能仁) 종족의 구담씨인 까닭이다.

ㄷ. 숫자로 결론하다[結數] (略釋 45下8)

[疏] 略釋此十은 恐文繁博이라 餘但隨難解之니라
- 간략히 이런 열 가지로 해석함은 경문이 너무 많음을 염려한 것이니, 나머지는 단지 어려움을 따라 해석한 것이다.

(나) 사주세계 인근의 여래명호[四洲之隣] 3.
ㄱ. 통틀어 시방을 해석하다[通釋十方] (二此 46上5)

[疏] 二, 此四天下東下는 此洲之隣十界니 卽爲十段이라 其善護等은 皆 四洲之通稱也라
- (나) 此四天下東 아래는 사주세계 인근의 시방세계이니 곧 열 문단이 된다. 그 선호세계 등은 모두 사주세계의 전체 명칭이다.

ㄴ. 시방세계를 별도로 해석하다[別釋十方] 10.
ㄱ) 동방 선호(善護)세계의 10종 명호[東方善護] (今初 46上5)

諸佛子여 此四天下東에 次有世界하니 名爲善護라 如來가 於彼에 或名金剛이며 或名自在며 或名有智慧며 或名

難勝이며 或名雲王이며 或名無諍이며 或名能爲主며 或名心歡喜며 或名無與等이며 或名斷言論이시니 如是等이 其數十千이라 令諸衆生으로 各別知見케하시니라

여러 불자들이여, 이 사천하 동쪽에 다음 세계가 있으니 이름이 선호며 여래가 거기에서는 혹은 이름이 금강이며, 혹은 이름이 자재며, 혹은 이름이 유지혜며, 혹은 이름이 난승이며, 혹은 이름이 운왕이며, 혹은 이름이 무쟁이며, 혹은 이름이 능위주며, 혹은 이름이 심환희며, 혹은 이름이 무여등이며, 혹은 이름이 단언론이시니, 이러한 이름이 그 수가 10천이라 모든 중생들로 하여금 제각기 알고 보게 하시니라.

[疏] 今初東方斷言論者는 證離言故며 無能說過故라
■ 지금은 ㄱ) 동방 선호세계의 10종 명호에서 '언론을 끊음'이란 말을 떠났음을 증명한 연고며, 설하는 주체의 허물이 없기 때문이다.

[鈔] 無能說過者는 卽大薩遮尼乾子所說經第四卷에 有嚴熾王이 請薩遮하야 入宮供養할새 因問云호대 大師여 頗有人이 於衆生界中에 聰明大智며 利根黠慧호대 有罪過不아 答言有니라 下有十重問答호대 大意皆同이라 一은 問是誰오 一, 云能雨波羅門은 聰明大智나 常多淫欲하야 喜侵他妻니라 二, 頗羅墮波羅門은 多睡오 三, 黑王子는 多嫉妬오 四, 勝仙王子는 多殺生이오 五, 無畏王子는 慈心太過오 六, 天力王子는 飮酒太過오 七, 婆藪天王子는 行事太過오 八, 大仙王子는 貪心太過오 九, 大天王子는 輕躁戲笑하야 放逸太過오 十, 波斯匿王은 噉食太過니라 第十一은 問호대 還更有不아 答云有니라 王

亦有過니 謂太暴惡急卒이니라 王聞하고 大怒하야 令殺尼乾이어늘 尼
乾驚怖하야 乞容一言云호대 我亦有過하니 實語太過니다 大王아 黠
慧之人은 不應於一切時에 常行實語오 觀其可不어늘 我於暴卒人
前에 出其實語하니 故爲太過니다 王悟悔過하야 更問之曰, 頗有聰
明大智利根이 無有過不아 答言有니다 問誰是오 答云, 沙門瞿曇이
此一無過니라 我四圍陀經中에 說호대 釋種沙門은 無有過失이니 所
謂生在大家라 不可譏嫌이니 何以故오 是轉輪王種故니라 種姓豪貴
라 不可譏嫌이니 以甘蔗種姓家生故니라 福德莊嚴이라 不可譏嫌이니
三十二相과 八十種好로 莊嚴身故니라 下에 廣說如來具大慈悲와
無礙辯才와 十力無畏와 諸不共德하며 廣說三十二相과 八十種好와
一切功德호대 云唯此一人이 無有過失이니 則顯餘皆不免일새 故로
今疏에 云, 無能說過니라 王聞하고 發心하니라

● '설하는 주체의 허물이 없다'는 것은 곧『대살자니건자소설경(大薩遮
尼乾子所說經)』제4권 엄치왕(嚴熾王)이 살자(薩遮) 니건자(尼乾子)를 청
하여 궁전에 들어가 공양하여서 질문을 인하여 이르되, " '대사시여,
자못 어떤 사람이 중생세계 중에 총명하고 지혜로우며 근기가 날카
롭고 간교한 지혜가 있는데 죄와 허물이 있습니까, 아닙니까?' 대답
하되 '있습니다.' 아래에 열 번 거듭 질문과 대답이 있는데 큰 의미는
이와 비슷하다. (1) 묻기를, '누가 그렇습니까?' ① 이르되, 비를 내리
는 바라문은 총명하고 크게 지혜롭지만 항상 음욕이 많아서 다른 이
의 부인을 즐겨 침해합니다. ② 파라타(頗羅墮) 바라문은 잠이 많고,
③ 검은 왕자는 질투가 많으며, ④ 승선(勝仙) 왕자는 살생을 많이 하
고, ⑤ 무외(無畏) 왕자는 자비심이 너무 넘치고, ⑥ 천력(天力) 왕자는
음주가 너무 심하고, ⑦ 바수천(婆藪天) 왕자는 일을 행함이 너무 지

나치고, ⑧ 대선(大仙) 왕자는 탐욕심이 아주 많으며, ⑨ 대천(大天) 왕자는 경솔하고 조급하게 희롱하고 웃어서 방일함이 너무 심하고, ⑩ 바사익왕은 음식에 대한 탐욕이 지나치다."

제11권에는 "묻기를, '다시 또 무엇이 있는가?' 대답하되, '있습니다. 대왕도 역시 잘못이 있으니 이른바 포악하고 조급함이 지나칩니다.' 왕이 듣고 크게 노하여 니건자를 죽이려 하거늘 니건자가 놀라서 한 마디로 용서를 구걸하여 말하되, '저도 또한 허물이 있으니 진실한 말이 너무 지나칩니다. 대왕이시여, 뛰어나고 지혜로운 사람은 응당히 온갖 시간에 항상 진실한 말을 하지 말고 그 가능 여부를 관찰해야 하는데, 저는 갑자기 사람 앞에서 그 진실한 말을 내뱉으니 그러므로 큰 잘못이 있습니다. 왕이 깨닫고 잘못을 뉘우쳐서 다시 묻기를 '자못 총명하고 지혜롭고 근기가 영리한 사람이 잘못이 없습니까? 아닙니까?' 대답하되, '있습니다.' 묻기를 '누가 그렇습니까?' 대답하되, '사문 구담(瞿曇)이 하나의 잘못도 없습니다. 내가 네 가지 베다 경문[四圍陀經]에 설하되, 「석가 종족의 사문은 과실이 없으니 이른바 큰 대가집에 태어났으므로 나무라거나 속일 수가 없나니 왜냐하면 전륜왕의 종족인 까닭이다. 종족과 성씨가 호화롭고 귀하여 속이거나 나무랄 수가 없나니 감자(甘蔗) 종족의 성씨 집안에 태어났기 때문이다. 복덕으로 장엄하여 나무라거나 속일 수가 없으니 32상과 80종호로 몸을 장엄한 까닭이다.」'"

아래에 여래가 대자비와 걸림 없는 변재와 십력과 사무외와 모두가 함께하지 않는 덕을 갖춤에 대해 자세하게 설명하였고, 32상과 80종호와 온갖 공덕을 자세하게 설명하여 말하되, '오직 이 한 분만이 과실이 없나니 나머지는 모두 변하지 못한다'고 밝혔으므로 지금 소가가 말하되, '말씀하는 주체의 과실이 없다'고 하였으니 왕이 이 말을 듣고 발심하였다.

ㄴ) 남방 난인세계의 10종 명호[南方難忍]

諸佛子여 此四天下南에 次有世界하니 名爲難忍이라 如來가 於彼에 或名帝釋이며 或名寶稱이며 或名離垢며 或名實語며 或名能調伏이며 或名具足喜며 或名大名稱이며 或名能利益이며 或名無邊이며 或名最勝이시니 如是等이 其數十千이라 令諸衆生으로 各別知見케하시니라

여러 불자들이여, 이 사천하 남쪽에 다음 세계가 있으니 이름이 난인이라 여래가 거기서 혹은 이름이 제석이며, 혹은 이름이 보칭이며, 혹은 이름이 이구며, 혹은 이름이 실어며, 혹은 이름이 능조복이며, 혹은 이름이 구족희며, 혹은 이름이 대명칭이며, 혹은 이름이 능이익이며, 혹은 이름이 무변이며, 혹은 이름이 최승이시니, 이러한 이름이 그 수가 10천이라 모든 중생들로 하여금 제각기 알고 보게 하시니라.

[疏] 南云帝釋者는 爲天人主하야 能稱物心故라
- ㄴ) 남방에서 '제석(帝釋)'이라 말한 것은 천상과 인간의 주인이 되어서 능히 중생의 마음에 맞추기 때문이다.

ㄷ) 서방 친혜세계의 10종 명호[西方親慧]

諸佛子여 此四天下西에 次有世界하니 名爲親慧라 如來가 於彼에 或名水天이며 或名喜見이며 或名最勝王이며 或名調伏天이며 或名眞實慧며 或名到究竟이며 或名歡喜며 或名法慧며 或名所作已辦이며 或名善住시니 如是等이 其數十千이라 令諸衆生으로 各別知見케하시니라
여러 불자들이여, 이 사천하 서쪽에 다음 세계가 있으니 이름이 친혜라 여래가 거기서 혹은 이름이 수천이며, 혹은 이름이 희견이며, 혹은 이름이 최승왕이며, 혹은 이름이 조복천이며, 혹은 이름이 진실혜며, 혹은 이름이 도구경이며, 혹은 이름이 환희며, 혹은 이름이 법혜며, 혹은 이름이 소작이판이며, 혹은 이름이 선주시니, 이러한 이름이 그 수가 10천이라 모든 중생들로 하여금 제각기 알고 보게 하시니라.

[疏] 西云水天者는 水善利萬物이며 天光淨故라
■ ㄷ) 서방에서 '물과 하늘[水天]'이라 말한 것은 물은 만물을 좋고 이롭게 하며, 하늘은 광명이 깨끗한 까닭이다.

ㄹ) 북방 사자세계의 10종 명호[北方師子]

諸佛子여 此四天下北에 次有世界하니 名有師子라 如來가 於彼에 或名大牟尼며 或名苦行이며 或名世所尊이며 或名最勝田이며 或名一切智며 或名善意며 或名淸淨이며 或名鎜羅跋那며 或名最上施며 或名苦行得이시니 如是等이 其數十千이라 令諸衆生으로 各別知見케하시니라

여러 불자들이여, 이 사천하 북방에 다음 세계가 있으니 이름이 사자라 여래가 거기서 혹은 이름이 대모니며, 혹은 이름이 고행이며, 혹은 이름이 세소존이며, 혹은 이름이 최승전이며, 혹은 이름이 일체지며, 혹은 이름이 선의며, 혹은 이름이 청정이며, 혹은 이름이 예라발라며, 혹은 이름이 최상시며, 혹은 이름이 고행득이시니, 이러한 이름이 그 수가 10천이라 모든 중생들로 하여금 제각기 알고 보게 하시니라.

[疏] 北方瑿羅跋那者는 具云瑿濕弗羅跋那니 瑿70)濕弗은 自在也오 羅跋那者는 聲也니 卽圓音自在耳니라
■ ㄹ) 북방에서 '예라발라(瑿羅跋那)'라 말한 것은 갖추어서 '예습불라발나(瑿濕弗羅跋那)'라 하나니, '예습불'은 자재의 뜻이요, '라발나'는 음성이니, 곧 원만한 음성이 자재하다는 뜻일 뿐이다.

ㅁ) 동북방 묘관찰세계의 10종 명호[東北方妙觀察]

諸佛子여 此四天下東北方에 次有世界하니 名妙觀察이라 如來가 於彼에 或名調伏魔며 或名成就며 或名息滅이며 或名賢天이며 或名離貪이며 或名勝慧며 或名心平等이며 或名無能勝이며 或名智慧音이며 或名難出現이시니 如是等이 其數十千이라 令諸衆生으로 各別知見케 하시니라

---

70) 上三瑿字는 原本作瞖 續金本作瑿.

여러 불자들이여, 이 사천하 동북방에 다음 세계가 있으니 이름이 묘관찰이라 여래가 거기서 혹은 이름이 조복마며, 혹은 이름이 성취며, 혹은 이름이 식멸이며, 혹은 이름이 현천이며, 혹은 이름이 이탐이며, 혹은 이름이 승혜며, 혹은 이름이 심평등이며, 혹은 이름이 무능승이며, 혹은 이름이 지혜음이며, 혹은 이름이 난출현이시니, 이러한 이름이 그 수가 10천이라 모든 중생들로 하여금 제각기 알고 보게 하시니라.

ㅂ) 동남방 희락세계의 10종 명호[東南方喜樂]

諸佛子여 此四天下東南方에 次有世界하니 名爲喜樂이라 如來가 於彼에 或名極威嚴이며 或名光焰聚며 或名徧知며 或名秘密이며 或名解脫이며 或名性安住며 或名如法行이며 或名淨眼王이며 或名大勇健이며 或名精進力이시니 如是等이 其數十千이라 令諸衆生으로 各別知見케하시니라

여러 불자들이여, 이 사천하 동남방에 다음 세계가 있으니 이름이 희락이라 여래가 거기서 혹은 이름이 극위엄이며, 혹은 이름이 광염취며, 혹은 이름이 변지며, 혹은 이름이 비밀이며, 혹은 이름이 해탈이며, 혹은 이름이 성안주며, 혹은 이름이 여법행이며, 혹은 이름이 정안왕이며, 혹은 이름이 대용건이며, 혹은 이름이 정진력이시니, 이러한 이름이 그 수가 10천이라 여러 중생들로 하여금 제각기 알고 보게 하

시니라.

ㅅ) 서남방 심견뢰세계의 10종 명호[西南方甚堅牢]

諸佛子여 此四天下西南方에 次有世界하니 名甚堅牢라 如來가 於彼에 或名安住며 或名智主이며 或名圓滿이며 或名不動이며 或名妙眼이며 或名頂王이며 或名自在音이며 或名一切施며 或名持衆僊이며 或名勝須彌시니 如是等이 其數十千이라 令諸衆生으로 各別知見케하시니라
여러 불자들이여, 이 사천하 서남방에 다음 세계가 있으니 이름이 심견뢰라 여래가 거기서 혹은 이름이 안주며, 혹은 이름이 지왕이며, 혹은 이름이 원만이며, 혹은 이름이 부동이며, 혹은 이름이 묘안이며, 혹은 이름이 정왕이며, 혹은 이름이 자재음이며, 혹은 이름이 일체시이며, 혹은 이름이 지중선이며, 혹은 이름이 승수미시니, 이러한 이름이 그 수가 10천이라 모든 중생들로 하여금 제각기 알고 보게 하시니라.

ㅇ) 서북방 미묘지세계의 10종 명호[西北方微妙地]

諸佛子여 此四天下西北方에 次有世界하니 名微妙地라 如來가 於彼에 或名普徧이며 或名光焰이며 或名摩尼髻며 或名可憶念이며 或名無上義며 或名常喜樂이며 或名性淸淨이며 或名圓滿光이며 或名修臂며 或名住本이시

니 如是等이 其數十千이라 令諸衆生으로 各別知見케하시니라

여러 불자들이여, 이 사천하 서북방에 다음 세계가 있으니 이름이 미묘지라 여래가 거기서 혹은 이름이 보변이며, 혹은 이름이 광염이며, 혹은 이름이 마니계며, 혹은 이름이 가억념이며, 혹은 이름이 무상의며, 혹은 이름이 상희락이며, 혹은 이름이 성청정이며, 혹은 이름이 원만광이며, 혹은 이름이 수비이며, 혹은 이름이 주본이시니, 이러한 이름이 그 수가 10천이라 모든 중생들로 하여금 제각기 알고 보게 하시니라.

ㅈ) 하방 염혜세계의 10종 명호[下方焰慧]

諸佛子여 此四天下次下方에 有世界하니 名爲焰慧라 如來가 於彼에 或名集善根이며 或名師子相이며 或名猛利慧며 或名金色焰이며 或名一切知識이며 或名究竟音이며 或名作利益이며 或名到究竟이며 或名眞實天이며 或名普徧勝이시니 如是等이 其數十千이라 令諸衆生으로 各別知見케하시니라

여러 불자들이여, 이 사천하 다음 하방에 세계가 있으니 이름이 염혜라 여래가 거기서 혹은 이름이 집선근이며, 혹은 이름이 사자상이며, 혹은 이름이 맹리혜이며, 혹은 이름이 금색염이며, 혹은 이름이 일체지식이며, 혹은 이름이 구경음이며, 혹은 이름이 작이익이며, 혹은 이름이 도구경이며,

혹은 이름이 진실천이며, 혹은 이름이 보변승이시니, 이러한 이름이 그 수가 10천이라 모든 중생들로 하여금 제각기 알고 보게 하시니라.

ㅊ) 상방 지지세계의 10종 명호[上方持地]

諸佛子여 此四天下次上方에 有世界하니 名曰持地라 如來가 於彼에 或名有智慧며 或名淸淨面이며 或名覺慧며 或名上首며 或名行莊嚴이며 或名發歡喜며 或名意成滿이며 或名如盛火며 或名持戒며 或名一道시니 如是等이 其數十千이라 令諸衆生으로 各別知見케하시니라

여러 불자들이여, 이 사천하 다음 상방에 세계가 있으니 이름이 이르되 지지라 여래가 거기서 혹은 이름이 유지혜며, 혹은 이름이 청정면이며, 혹은 이름이 각혜며, 혹은 이름이 상수며, 혹은 이름이 행장엄이며, 혹은 이름이 발환희며, 혹은 이름이 의성만이며, 혹은 이름이 여성화며, 혹은 이름이 지계며, 혹은 이름이 일도시니, 이러한 이름이 그 수가 10천이라 모든 중생들로 하여금 제각기 알고 보게 하시니라.

[疏] 上云盛火者는 盛火焚薪에 不擇林[71]木이오 佛智利物에 無揀賢愚니라

ㅊ) 상방에서 '치성한 불[盛火]'이라 말한 것은 치성한 불길로 장작을 불사를 적에 숲과 나무를 가리지 않고, 부처님 지혜로 중생에게 이롭게 할 적에 현명함과 어리석음을 가리지 않는다.

---

71) 林은 南續金本作材, 源原本作林.

ㄷ. 질문과 대답으로 원융하게 포섭하다[問答融攝] 2.
ㄱ) 원융하게 포섭함을 설명하다[正明融攝] (問餘 49下9)

[疏] 問이라 餘聖敎에 說호대 大輪圍內에 平布百億하니 上卽諸天이오 下
安地獄이어늘 如何此說上下에 皆有四洲오 答이라
■ 묻는다. "나머지는 성인의 교법에 설하되, 대윤위산 안에 평등하게 백
억 개의 사천하가 퍼져 있으니 상계는 모든 하늘이요, 하계는 지옥을
두었는데 어찌하여 여기서는 상계와 하계에 모두 사주(四洲)세계가 있
다고 하였는가?" 대답한다.

ㄴ) 뜻과 이치를 유례하여 밝히다[類顯義理] 2.
(ㄱ) 사바세계를 바로 밝히다[直顯娑婆] (此敎 49下10)

[疏] 此敎所說은 事隨理融이러니 隨說法處하야 卽是當中이니 縱極上際하
야 旁至大輪圍山이라도 亦有十方이 互爲主伴하야 以融爲眷屬일새
本數非多라 十方界融도 亦準於此니라 因此略說娑婆融通하야 改非
改相이 略有其五하니 一, 約事常定이니 如小乘說이오 二, 隨心見異
니 若身子梵王이오 三, 就佛而言이니 本非淨穢오 四, 隨法廻轉이니
如上主伴이 互爲오 五, 潛入微塵이니 如前會說이니라
■ '여기 원교의 설법 내용은 현상은 이치를 따라 융합하는 것이니 설법
장소를 따라 곧 중앙에 해당하나니 지극히 위쪽에서 놓아서 곁으로
대윤위산에 이르더라도 또한 열 개의 방위가 번갈아 주인과 들러리가
되어 서로 융섭하여 권속이 되는 연고로 근본 숫자는 많지 않은 것이
다. 열 방위의 세계에 융섭한 것도 역시 여기에 준한다.' 이렇게 사바

세계가 원융하게 통함을 간략히 설함으로 인하여 고칠 수 없는 모양을 고친 것이 대략 다섯 가지가 있으니 (1) 현상이 항상 정해짐을 잡았으니 소승에서 설함과 같음이요, (2) 마음을 따라 소견이 다름이니 사리불이 범왕을 보는 것과 같음이요, (3) 부처님에 입각하여 말함이니 본래 염오와 청정이 아님이요, (4) 법에 따라 회전함이니 상계의 주인과 들러리가 서로 바뀜과 같음이요, (5) 몰래 미진 세계에 들어감이니, 앞의 제1 적멸도량법회에서 설한 내용과 같다.

[鈔] 問餘說教說下는 問答料揀이니 初, 問이라 答中에 有三하니 初, 正釋此文이오 二, 因此下는 類顯義理라 卽五教意니 二는 通始終이오 三은 卽頓教오 四五는 皆圓이라

- ㄷ. 問餘說教說 아래는 질문과 대답으로 (원융하게 포섭함을) 구분함이니 (1) 질문이다. (2) 대답함 중에 셋이 있으니 ㄱ) 경문을 (원융하게 포섭함으로) 해석함이요, ㄴ) 因此 아래는 뜻과 이치를 유례하여 밝힘이니, 곧 다섯 교법의 주장이니 ((1)은 소승이요) (2) 마음을 따라 소견이 다름[隨心見異]은 대승의 시교(始教)와 종교(終教)에 통하며, (3) 부처님에 입각하여 말함[就佛而言]은 돈교(頓教)요, (4) 법을 따라 돌리고 바뀜[隨法廻轉]과 (5) 몰래 티끌 세계에 들어감[潛入微塵]은 모두 원교(圓教)이다.

(ㄴ) 모든 국토를 포괄하여 통하다[該通諸刹] (若通 50上9)

[疏] 若通論餘淨土인댄 更有五義하니 謂諸刹相入義와 相卽義와 一具一切義와 廣陜自在義와 帝網重重義라 並如前後諸文에 所說하니라

■ 만일 나머지 정토를 통틀어 논한다면 다시 다섯 가지 뜻이 있으니, 말하자면 ① 모든 국토가 서로 들어가는 뜻과 ② 서로 합치하는 뜻과 ③ 하나에 전체를 구족하는 뜻과 ④ 넓고 좁은 것이 자유자재한 뜻과 ⑤ 인드라 그물처럼 겹치고 겹치는 뜻이다. 아울러 앞과 뒤의 모든 경문에 설한 내용과 같다.

[鈔] 三,[72] 若通論下는 該通諸刹이라 以上五義는 但語娑婆어니와 今該橫竪一切諸刹이라 此五는 亦卽成就品中十無礙義니 欲對上五하야 顯其無盡일새 故復重明이라 又前約五敎는 以法隨機오 此五約理는 直語融卽이라 一, 相入義는 卽一多相容不同門이오 二, 相卽義는 卽諸法相卽自在門이오 三, 一具一切는 卽同時具足相應門이오 四, 卽廣卽狹은 是廣狹自在無礙門이오 五, 卽因陀羅網境界門이라 又兼上五니 潛入微塵은 卽微細義오 隨法廻轉은 卽主伴門義오 隨心見異는 卽隱顯義오 就佛而言인대 本非淨穢어니와 託事表法에 十[73]門不同은 卽託事義오 顯於時中은 卽十世義니 十玄具矣라

上之十義는 直約處明하야 立名如是어니와 若小乘中인대 盡三千界가 唯一釋迦오 若三乘說인대 亦百億內에 有百億釋迦하고 餘十方刹은 自是別佛이어니와 今約一乘인대 皆是遮那의 海印頓現이라 餘十方佛도 例此亦然이 猶如燈光이 互入同徧이라 然於一乘에 不可說體에 建立多名이니 故令此名으로 一一融攝이니라

● (ㄴ) 若通論 아래는 모든 국토를 포괄하여 통함이다. 위의 다섯 가지 뜻은 단지 사바세계만 말하였지만 지금은 가로와 세로로 일체의 모든 국토를 포괄한다. 여기의 다섯 가지 뜻은 곧 또한 세계성취품

---

72) 三은 南續金本無, 若下에 南續金本有約字.
73) 十은 南金本作千.

중의 열 가지 장애 없음의 뜻이니, 위의 다섯 가지 뜻을 상대하여 그 지없음을 밝히려 한다면 짐짓 다시 거듭하여 설명한 것이다. 또한 앞에서 오교(五敎)를 잡은 것은 법으로 중생의 근기에 맞춤이요, 이런 다섯 교법으로 이치를 잡은 것은 바로 융섭하고 합치함을 말한 것이다. ① 서로 들어가는 뜻은 하나와 여럿이 서로 용납하지만 같지 않은 문이요, ② 서로 합치하는 뜻은 모든 법이 서로 합치하여 자재한 문이요, ③ 하나에 전체를 구족하는 뜻은 동시에 구족하여 서로 응하는 문이요, ④ 넓은 데 합치하고 좁은 데 합치하는 뜻은 넓고 좁음에 자재하여 장애되지 않은 문이요, ⑤ (인드라 그물처럼 겹치고 겹치는 뜻)은 곧 인드라 그물 같은 경계의 문이다. 또한 위의 다섯을 겸하나니, (5) 몰래 미진 세계에 들어감은 곧 미세상용안립문(微細相容安立門)이요, (4) 법에 따라 돌리고 바뀜은 주반원명구성문(主伴圓明俱成門)이요, (2) 마음을 따라 소견이 다름은 비밀현료구성문(秘密顯了俱成門)이요, (3) 부처님에 입각하여 말함은 본래 깨끗하고 더러움이 아니지만 현상에 의탁하여 법을 표하면 십현문이 같지 않은 것은 곧 탁사현법생해문(託事顯法生解門)의 뜻이요, (6) 시간 속에 드러남은 곧 십세격법이성문(十世隔法異成門)의 뜻이니 (이로써) 십현문(十玄門)이 구족하였다.

위의 열 가지 뜻은 바로 장소를 잡아 설명하여 세운 이름이 이와 같지만 만일 소승법이라면 삼천대천세계가 오직 하나의 석가부처님 뿐일 것이요, 만일 삼승으로 설한다면 또한 백억 사천하 안에 백억 석가부처님이 있고, 나머지 시방의 국토는 자연히 다른 부처님이겠지만 지금은 일승을 잡았으므로 모두가 비로자나 부처님이 바다에 도장 찍듯이 몰록 나타나심인 것이다. 나머지 시방의 부처님도 여기와 유례하여 마찬가지인 것이 마치 등불 빛이 서로 들어가 하나로 두루 함과 같다. 그러나 일승법에서 체성을 말할 수 없을 적에 많은 명칭을 세우는 것이므로 이런 명칭으로 하여금 낱낱이 원융하게 포섭하는 것이다.

(다) 사바세계의 명호를 결론하다[總結娑婆] (諸佛 52上8)

諸佛子여 此娑婆世界에 有百億四天下어든 如來가 於中에 有百億萬種種名號하사 令諸衆生으로 各別知見케하시니라
여러 불자들이여, 이 사바세계에 백억의 사천하가 있으니 여래가 그 가운데서 백억 만의 가지가지 명호를 두어 모든 중생들로 하여금 제각기 보고 알게 하시니라."

[疏] 三, 諸佛子此娑婆下는 總結娑婆라
■ (다) 諸佛子此娑婆 아래는 사바세계의 명호를 결론함이다.

나) 사바세계 인근의 여래명호[娑婆隣近] 10.
(가) 동방 밀훈세계의 10종 명호[東方密訓] (二諸 51下4)

諸佛子여 此娑婆世界東에 次有世界하니 名爲密訓이라 如來가 於彼에 或名平等이며 或名殊勝이며 或名安慰며 或名開曉意며 或名聞慧며 或名眞實語며 或名得自在며 或名最勝身이며 或名大勇猛이며 或名無等智시니 如是等百億萬種種名號를 令諸衆生으로 各別知見케하시니라
"여러 불자들이여, 이 사바세계 동방에 다음 세계가 있으니

이름이 밀훈이라 여래가 거기서 혹은 이름이 평등이며, 혹은 이름이 수승이며, 혹은 이름이 안위며, 혹은 이름이 개효의며, 혹은 이름이 문혜며, 혹은 이름이 진실어며, 혹은 이름이 득자재며, 혹은 이름이 최승신이며, 혹은 이름이 대용맹이며, 혹은 이름이 무등지시니, 이러한 백억 만의 가지가지 명호가 있어 모든 중생들로 하여금 제각기 알고 보게 하시니라.

[疏] 二, 諸佛子此下는 彰娑婆隣近이라 十方을 亦爲十段이라 密訓唯九者는 勘晉經컨대 開曉意下에 闕一聞慧하고

■ 나) 諸佛子此 아래는 사바세계 인근의 여래명호이니, 시방을 또한 열 문단으로 하였다. (가) 동방 밀훈세계에 아홉 가지 명호만 있는 것은 진경을 참고하면 개효의(開曉意) 아래에 문혜(聞慧)가 하나 빠져 있다.

(나) 남방 풍일세계의 10종 명호[南方豊溢]

諸佛子야 此娑婆世界南에 次有世界하니 名曰豊溢이라 如來가 於彼에 或名本性이며 或名勤意며 或名無上尊이며 或名大智炬며 或名無所依며 或名光明藏이며 或名智慧藏이며 或名福德藏이며 或名天中天이며 或名大自在시니 如是等百萬億種種名號를 令諸衆生으로 各別知見케하시니라

여러 불자들이여, 이 사바세계 남방에 다음 세계가 있으니 이름이 이르되 풍일이라 여래가 거기서 혹은 이름이 본성이며, 혹은 이름이 근의며, 혹은 이름이 무상존이며, 혹은

이름이 대지거이며, 혹은 이름이 무소의이며, 혹은 이름이 광명장이며, 혹은 이름이 지혜장이며, 혹은 이름이 복덕장이며, 혹은 이름이 천중천이며, 혹은 이름이 대자재시니, 이러한 백만 억의 가지가지 명호가 있어 모든 중생들로 하여금 제각기 알고 보게 하시니라.

[疏] 南方에는 唯二어니와 舊經則具하니 乃是新本이 脫漏라 準前後例컨대 不應獨此便略이라

■ (나) 사바세계 남방에는 오직 둘뿐이지만 진경(晉經)에는 갖추어 있으니 이에 신본이 빠진 것이다. 앞뒤의 사례에 준해 보면 응당히 유독 이 쪽만 생략된 것이 분명하다.

(다) 서방 이구세계의 10종 명호[西方離垢]

諸佛子여 此娑婆世界西에 次有世界하니 名爲離垢라 如來가 於彼에 或名意成이며 或名知道며 或名安住本이며 或名能解縛이며 或名通達義며 或名樂分別이며 或名最勝見이며 或名調伏行이며 或名衆苦行이며 或名具足力이시니 如是等百億萬種種名號를 令諸衆生으로 各別知見케 하시니라
여러 불자들이여, 이 사바세계 서방에 다음 세계가 있으니 이름이 이구라 여래가 거기서 혹은 이름이 의성이며, 혹은 이름이 지도며, 혹은 이름이 안주본이며, 혹은 이름이 능해박이며, 혹은 이름이 통달의며, 혹은 이름이 락분별이며, 혹

은 이름이 최승견이며, 혹은 이름이 조복행이며, 혹은 이름이 중고행이며, 혹은 이름이 구족력이시니, 이러한 백억 만의 가지가지 명호가 있어 모든 중생들로 하여금 제각기 알고 보게 하시니라.

(라) 북방 풍락세계의 10종 명호[北方豊樂]

諸佛子여 此娑婆世界北에 次有世界하니 名曰豊樂이라 如來가 於彼에 或名薝蔔華色이며 或名日藏이며 或名善住며 或名現神通이며 或名性超邁며 或名慧日이며 或名無礙며 或名如月現이며 或名迅疾風이며 或名淸淨身이시니 如是等百億萬種種名號를 令諸衆生으로 各別知見케하시니라

여러 불자들이여, 이 사바세계 북방에 다음 세계가 있으니 이름이 풍락이라 여래가 거기서 혹은 이름이 담복화색이며, 혹은 이름이 일장이며, 혹은 이름이 선주며, 혹은 이름이 현신통이며, 혹은 이름이 성초매이며, 혹은 이름이 혜일이며, 혹은 이름이 무애며, 혹은 이름이 여월현이며, 혹은 이름이 신질풍이며, 혹은 이름이 청정신이시니, 이러한 백억 만의 가지가지 이름이 있어 모든 중생들로 하여금 제각기 알고 보게 하시니라.

(마) 동북방 섭취세계의 10종 명호[東北方攝取]

諸佛子여 此娑婆世界東北方에 次有世界하니 名爲攝取라 如來가 於彼에 或名永離苦며 或名普解脫이며 或名大伏藏이며 或名解脫智며 或名過去藏이며 或名寶光明이며 或名離世間이며 或名無礙地며 或名淨信藏이며 或名心不動이시니 如是等百億萬種種名號를 令諸衆生으로 各別知見케하시니라

여러 불자들이여, 이 사바세계 동북방에 다음 세계가 있으니 이름이 섭취라 여래가 거기서 혹은 이름이 영리고며, 혹은 이름이 보해탈이며, 혹은 이름이 대복장이며, 혹은 이름이 해탈지, 혹은 이름이 과거장이며, 혹은 이름이 보광명이며, 혹은 이름이 이세간이며, 혹은 이름이 무애지며, 혹은 이름이 정신장이며, 혹은 이름이 심부동이시니, 이러한 백억 만의 가지가지 이름이 있어 모든 중생들로 하여금 제각기 알고 보게 하시니라.

(바) 동남방 요익세계의 10종 명호[東南方饒益]

諸佛子여 此娑婆世界東南方에 次有世界하니 名爲饒益이라 如來가 於彼에 或名現光明이며 或名盡智며 或名美音이며 或名勝根이며 或名莊嚴蓋며 或名精進根이며 或名到分別彼岸이며 或名勝定이며 或名簡言辭며 或名智慧海시니 如是等百億萬種種名號를 令諸衆生으로 各別知見케하시니라

여러 불자들이여, 이 사바세계 동남방에 다음 세계가 있으

니 이름이 요익이라 여래가 거기서 혹은 이름이 현광명이며, 혹은 이름이 진지며, 혹은 이름이 미음이며, 혹은 이름이 승근이며, 혹은 이름이 장엄개며, 혹은 이름이 정진근이며, 혹은 이름이 도분별피안이며, 혹은 이름이 승정이며, 혹은 이름이 잔언사며, 혹은 이름이 지혜해시니, 이러한 백억 만의 가지가지 이름이 있어 모든 중생들로 하여금 제각기 알고 보게 하시니라.

(사) 서남방 선소세계의 10종 명호[西南方鮮小]

諸佛子여 此娑婆世界西南方에 次有世界하니 名爲鮮少라 如來가 於彼에 或名牟尼主며 或名具衆寶며 或名世解脫이며 或名徧知根이며 或名勝言辭며 或名明了見이며 或名根自在며 或名大仙師며 或名開導業이며 或名金剛師子시니 如是等百億萬種種名號를 令諸衆生으로 各別知見케 하시니라

여러 불자들이여, 이 사바세계 서남방에 다음 세계가 있으니 이름이 선소라 여래가 거기서 혹은 이름이 모니주며, 혹은 이름이 구중보, 혹은 이름이 세해탈이며, 혹은 이름이 변지근이며, 혹은 이름이 승언사며, 혹은 이름이 명료견이며, 혹은 이름이 근자재며, 혹은 이름이 대선사며, 혹은 이름이 개도업이며, 혹은 이름이 금강사자시니, 이러한 백억 만의 가지가지 이름이 있어 모든 중생으로 하여금 제각기 알고 보게 하시니라.

(아) 서북방 환희세계의 10종 명호[西北方歡喜]

諸佛子여 此娑婆世界西北方에 次有世界하니 名爲歡喜
라 如來가 於彼에 或名妙華聚며 或名栴檀蓋며 或名蓮
華藏이며 或名超越諸法이며 或名法寶며 或名復出生이
며 或名淨妙蓋며 或名廣大眼이며 或名有善法이며 或名
專念法이며 或名網藏이시니 如是等百億萬種種名號를
令諸衆生으로 各別知見케하시니라

여러 불자들이여, 이 사바세계 서북방에 다음 세계가 있으니 이름이 환희라 여래가 거기서 혹은 이름이 묘화취며, 혹은 이름이 전단개며, 혹은 이름이 연화장이며, 혹은 이름이 초월제법이며, 혹은 이름이 법보며, 혹은 이름이 부출생이며, 혹은 이름이 정묘개며, 혹은 이름이 광대안이며, 혹은 이름이 유선법이며, 혹은 이름이 전염법이며, 혹은 이름이 망장이시니, 이러한 백억 만의 가지가지 이름이 있어 모든 중생들로 하여금 제각기 알고 보게 하시니라.

[疏] 西北方名有十一者는 獨此有餘하야 不成文體하니 此中專念法은 應
卽是前所脫聞慧오 亦是梵本之漏를 注者가 誤安貝葉耳니라

■ (아) 사바세계 서북방에 열한 가지가 있는 것은 유독 여기만 남은 것이 있어서 문체(文體)를 이루지 못했으니, 이 가운데 '전념법(專念法)'은 응당히 곧 앞에서 빠뜨린 문혜(聞慧)일 것이요, 또한 범본에서 빠진 것을 역주자가 패엽경(貝葉經)에 잘못 둔 까닭일 뿐이다.

(자) 하방 관약세계의 10종 명호[下方關鑰]

諸佛子여 此娑婆世界次下方에 有世界하니 名爲關鑰이
라 如來가 於彼에 或名發起焰이며 或名調伏毒이며 或名
帝釋弓이며 或名無常所며 或名覺悟本이며 或名斷增長
이며 或名大速疾이며 或名常(當)樂施며 或名分別道며
或名摧伏幢이시니 如是等百億萬種種名號를 令諸衆生
으로 各別知見케하시니라

여러 불자들이여, 이 사바세계 하방에 다음 세계가 있으니 이름이 관약이라 여래가 거기서 혹은 이름이 발기염이며, 혹은 이름이 조복독이며, 혹은 이름이 제석궁이며, 혹은 이름이 무상소며, 혹은 이름이 각오본이며, 혹은 이름이 단증장이며, 혹은 이름이 대속질이며, 혹은 이름이 상락시며, 혹은 이름이 분별도며, 혹은 이름이 최복당이시니, 이러한 백억 만의 가지가지 이름이 있어 모든 중생들로 하여금 제각기 알고 보게 하시니라.

[疏] 下方에 云帝釋弓者는 如來念定之弓에 以明利箭으로 能射業惑阿修羅故라 然舊云法命主라하니 義取帝釋이 以法教命으로 爲天主故라 今云其弓은 但一事耳라 若作宮室字인대 以處로 取人이니 大同晉本이니라

■ (자) 하방의 명호에서 '제석천의 활[帝釋弓]'이라 말한 것은 여래가 선정을 생각하는 활에 밝고 날카로운 화살로 능히 '업과 번뇌가 있는 아수라'를 쏘았기 때문이다. 그러나 구본(舊本)에서 '법과 목숨의 주

인[法命主]'이라 하였으니, 뜻으로는 제석이 법과 교법의 명으로 하늘의 주인이 된 것을 취한 까닭이다. 지금 그 활을 말한 것은 단지 한 가지 일일 뿐이다. 만일 궁실(宮室)이란 글자로 바꾼다면[作] 장소로 사람을 취한 것이니 진본(晉本)과 크게는 같은 것이다.

(차) 상방 진음세계의 10종 명호[上方振音]

諸佛子여 此娑婆世界次上方에 有世界하니 名曰振音이라 如來가 於彼에 或名勇猛幢이며 或名無量寶며 或名樂大施며 或名天光이며 或名吉興이며 或名超境界며 或名一切主며 或名不退輪이며 或名離衆惡이며 或名一切智시니 如是等百億萬種種名號를 令諸衆生으로 各別知見케하시니라

여러 불자들이여, 이 사바세계 상방에 다음 세계가 있으니 이름이 이르되 진음이라 여래가 거기서 혹은 이름이 용맹당이며, 혹은 이름이 무량보며, 혹은 이름이 낙대시며, 혹은 이름이 천광이며, 혹은 이름이 길흥이며, 혹은 이름이 초경계며, 혹은 이름이 일체주며, 혹은 이름이 불퇴륜이며, 혹은 이름이 난중악이며, 혹은 이름이 일체지시니, 이러한 백억만의 가지가지 이름이 있어 모든 중생들로 하여금 제각기 알고 보게 하시니라."

다) 유례하여 일체와 통하다[類通一切] (第三 54下4)

諸佛子여 如娑婆世界하여 如是東方百千億과 無數無量
無邊無等과 不可數不可稱不可思不可量不可說인 盡法
界虛空界의 諸世界中에 如來名號도 種種不同이며 南西
北方과 四維上下도 亦復如是하니

"여러 불자들이여, 사바세계와 같아서 이같이 동방으로 백
천억과 수 없고 한량없고 끝없고 같을 이 없고 셀 수 없고
일컬을 수 없고 생각할 수 없고 헤아릴 수 없고 말할 수 없
는 온 법계와 허공계의 모든 세계 가운데에 여래 명호도 갖
가지로 같지 않으며 남방 서방 북방과 네 간방과 상방과 하
방도 또한 다시 이와 같으니라.

[疏] 第三, 諸佛子如娑婆下는 類通一切라 準四諦品하면 更有擧此하야
例餘十方호대 亦如娑婆가 互爲主伴하니라
- 다) 諸佛子如娑婆 아래는 유례하여 일체와 통함이다. 사성제품에 준
해 보면 다시 이것을 예로 들어서 나머지 시방과 유례하되, 또한 사
바세계가 번갈아 주인과 들러리가 됨과 같다.

라) 차별한 이유를 밝히다[釋差別所以] (第四 54下10)

如世尊이 昔爲菩薩時에 以種種談論과 種種語言과 種
種音聲과 種種業과 種種報와 種種處와 種種方便과 種
種根과 種種信解와 種種地位로 而得成熟이실새 亦令衆
生으로 如是知見하여 而爲說法하시니라

저 세존이 옛날 보살로 계실 때에 가지가지 담론과 가지가

지 말씀과 가지가지 음성과 가지가지 업과 가지가지 과보
와 가지가지 처소와 가지가지 방편과 가지가지 근과 가지
가지 믿고 이해함과 가지가지 지위로써 성숙함을 얻었을새,
또한 중생으로 하여금 이와 같이 알고 보게 하고 위해 법을
설하시니라."

[疏] 第四, 如世尊下는 釋差別所由라 此有二意하니 一, 自旣由於差別
名言等하야 而得成就라 今還倣古하사 以差別熟他오 二, 昔菩薩時
에 隨機調物하나니 今時出世에 稱本立名하시며 如昔敎衆生하야 令空
妄境하사 今成正覺에 爲立超境界名이라 他皆倣此니 故로 而得成熟
之言이 通自他也니라

- 라) 如世尊 아래는 차별한 이유를 밝힘이다. 여기에 두 가지 의미가 있으니 ① 스스로 이미 차별된 명칭과 언사 등으로 인하여 성취함을 얻은 것이다. 지금은 도리어 예전 해석을 모방하여 차별되게 다른 것을 성숙케 한 것이요, ② 예전 보살 시절에는 근기를 따라 중생을 조복하였으니, 현재에 출세간에서는 근본과 칭합하게 이름을 세웠으며, 마치 예전 중생을 가르쳐서 망녕된 경계를 하여금 비우게 해서 지금에 정각을 이루실 적에 경계를 초월한 명칭을 건립함과 같다. 다른 것은 이것과 비슷하나니 그러므로 '성숙함을 얻는다'는 말이 자신과 남에게 통하는 것이다.

제7. 여래명호품(如來名號品) 終

大方廣佛華嚴經 제12권
大方廣佛華嚴經疏鈔 제12권의 ② 暑字卷下

제8 四聖諦品

사성제품에서는 세존이 설하시는 법문 곧 진리가 세상에 따라 각기 다른 이름으로 불린다는 취지로 고집멸도 사성제를 사바세계와 인근의 열 세계에서 불리는 명칭을 열거하여 4. 여래의 경계가 불가사의함을 밝히고 있다. 경문에 이르되,

"여러 불자들이여, 고(苦)성제는 이 사바세계 가운데서 혹은 죄라 하고 혹은 핍박(逼迫)이라 하고 혹은 변이(變異)라 하고 혹은 반연(攀緣)이라 하고… 혹은 우부행(愚夫行)이라 하느니라."

또 사바세계 인근의 열 세계[隣次+界]에서는 사성제를,

"여러 불자들이여, 이 사바세계에서 고(苦)성제라 말하는 것은 저 밀훈세계 가운데서는 혹은 이름이 영구근(營求根)이며 혹은 이름이 불출리(不出離)며 혹은 이름이 계박본(繫縛本)이며… 혹은 이름이 형상물(形狀物)이라 하느니라…"

大方廣佛華嚴經疏鈔 제12권의 ② 暑字卷下

제8. 사성제를 말하는 품[四聖諦品]

4. 여래의 경계가 불가사의하다[廣顯難思] ②
(2) 언설의 교법이 두루 함을 밝혀 부처님 설하는 법에 대한 질문에 대답하다
　　[辨言敎周徧答所說問] 5.

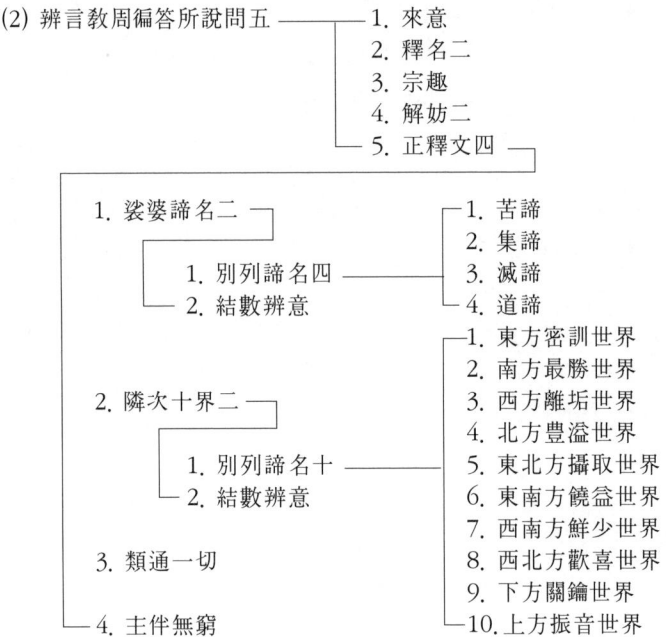

가. 오게 된 뜻[來意] (初來 1上5)

[疏] 釋此一品에 五門分別이니 初, 來意者는 此品은 廣前種種語業이니 卽答前佛說法問이며 亦遠答前會佛演說海之一問故라 旣知佛可歸하니 次知法可仰이라 上名은 隨物立이오 今法은 逐機差일새 故次來也니라

- 이 한 품을 해석하려고 다섯 문으로 분별하나니 가. 오게 된 뜻은 이 사성제품은 앞의 갖가지 어업을 자세하게 밝혔으니, 곧 앞의 부처님의 설법에 대한 질문에 대답한 내용이며, 또한 멀리는 앞의 제1 적멸도량 법회에서 '부처님 연설바다[佛演說海]'의 한 질문에 대답한 내용이다. 이미 부처님께 귀의해야 함을 알았으니, 다음으로 법에 대해 알아야 받들 수 있는 것이다. 위의 명칭은 중생에 따라 세운 것이요, 지금의 법은 근기를 좇아 차별된 것이므로 다음에 온 것이다.

[鈔] 四聖諦品第八이라 此品廣於下는 疏文有三하니 一, 對問辨來오 二, 旣知佛下는 約義辨次오 三, 上名隨下는 辨義相不同이라

- 사성제품 제8이다. (가. 오게 된 뜻)에서 此品廣於 아래는 소의 문장에 셋이 있으니 가) 질문에 상대하여 오게 된 뜻을 밝힘이요, 나) 旣知佛 아래는 뜻에 의지하여 순서를 밝힘이요, 다) 上名隨 아래는 뜻과 모양이 같지 않음을 밝힘이다.

나. 명칭 해석[釋名] 2.
가) 바로 명칭을 해석하다[正釋名] (二釋 1上9)

[疏] 二, 釋名이라 中에 言四聖諦者는 聖者는 正也니 無漏正法을 得在心故라 諦有二義하니 一者, 諦實이오 二者, 審諦라 言諦實者는 此約

境辨이니 謂如所說相하야 不捨離故며 眞實故며 決定故라 謂世出世
二種因果에 必無虛妄하야 不可差失이니라 言審諦者는 此就智明이니
聖智로 觀彼하야 審不虛故라 凡夫는 雖有苦集이나 而不審實하니 不
得稱諦오 無倒聖智로 審知境故로 故名聖諦니라 故로 瑜伽九十五에
云, 由二緣故로 名諦니 一, 法性故요 二, 勝解故라 愚夫는 有初無
後하고 聖具二聖具二[74]故로 偏說聖諦라하니라 四, 謂苦, 集, 滅, 道
라 總云四聖諦는 帶數釋也니라

■ 나. 명칭 해석이다. 그중에 사성제라 말한 것에서 성(聖)이란 '바르다'
는 뜻이니 번뇌 없는 올바른 법을 마음으로 얻게 되는 까닭이요, 제
(諦)에 두 가지 뜻이 있으니 첫째, 진리가 실다움이요, 둘째, 진리를
살핌이다. '진리가 실답다'는 말은 경계에 의지해서 밝힌 내용이니, 말
하자면 말한 모양과 같이 여의지 않는 연고며, 진실한 연고며 결정된
까닭이다. 다시 말하면 세간과 출세간의 두 가지 인과에 반드시 허
망함이 없어서 어긋나거나 잃어버리지 않는다는 뜻이다. '진리를 살
핀다'고 말한 것은 이는 지혜에 나아가서 밝힘이니, 성스런 지혜로 저
것을 관찰하여 허망하지 않음을 살피는 까닭이다. 범부는 비록 고통
과 고통의 원인이 있지만 진실함을 살피지 못하니 진리라 칭하지 못
함이요, 뒤바뀌지 않은 성스런 지혜로 아는 경계를 살피는 연고로 '성
스런 진리'라 말한다. 그러므로 『유가사지론』 제95권에 이르되, "두
가지 인연으로 인해 진리라 말하나니, (1) 법의 체성인 연고요, (2) 뛰
어난 이해인 까닭이다. 어리석은 범부는 (1)은 있지만 (2)는 없고, 성
인은 둘을 다 갖춘 연고로 치우쳐 '성인의 진리[聖諦]'라고 말한다. 넷
은 이른바 고제와 집제와 멸제와 도제이다. 총합하여 '네 가지 성스

---

74) 具二는 續金本作二具.

런 진리'라 말함은 '숫자를 동반한 해석[帶數釋]'이다.

[鈔] 二, 釋名者는 疏文有二하니 先, 正釋名이오 經論에 廣明하니 其[75]文略具어니와 五地에 復釋하니라 今當略辨호리니 先, 得名이오 後, 釋名이라 前中分二니 初, 解聖이오 二, 解諦라 文有三節하니 一, 雙標二義오 二, 言諦實下는 雙釋二義니 諦通二義라 聖之一字는 唯屬審諦니라 三, 故瑜伽下는 引證二義니 法性은 是諦實이오 勝解는 是審諦라

● 나. 명칭 해석은 소의 문장에 둘이 있으니, 가) 바로 명칭을 해석함이요, 경과 논에서 자세히 설명하였으니 그 문장은 간략하거나 구체적인데 (십지품) 제5 난승지에 가서 다시 해석하겠다. 지금은 간략히 밝혔으니 (가) 이름을 얻음이요, (나) 명칭 해석이다. (가) 중에 둘로 나누면 ㄱ. 성(聖)에 대한 해석이요, ㄴ. 제(諦)에 대한 해석이다. 경문에 세 구절이 있으니 (ㄱ) 두 가지 뜻을 함께 표방함이요, (ㄴ) 言諦實 아래는 두 가지 뜻을 함께 해석함이니 진리는 두 가지 뜻에 통함이다. 성이란 한 글자는 오직 둘째, '진리를 살핌'에만 속한다. (ㄷ) 故瑜伽 아래는 두 가지 뜻을 인용하여 증명함이니 법의 성품은 곧 진리가 실다움이요, 뛰어난 이해는 바로 진리를 살핀다는 뜻이다.

나) 체성과 모양을 밝히다[辨體相] 2.
(가) 체성과 모양을 바로 밝히다[正辨性相] 4.

ㄱ. 나고 죽음의 사성제[生滅四諦] 3.
ㄱ) 바로 설명하다[正明] (初則 2上2)

---

[75] 其는 南續金本作今.

ㄴ) 소속을 결론하다[結屬] (此約)

ㄷ) 인용하여 증명하다[引證] (智論)

[疏] 性相云何오 逼迫을 名苦니 即有漏色心이오 增長을 名集이니 即業煩惱오 寂靜을 名滅이니 謂即涅槃이오 出離를 名道니 謂止觀等이라 此는 約相說이니 通大小乘이라 智論에 云, 小乘에는 三是有相이오 滅是無相이어니와 大乘에는 四諦가 皆是無相이라하니라

■ 체성과 모양은 어떠한가? 핍박을 이름하여 '고통'이라 하니, 곧 번뇌가 있는 물질과 마음이요, 증장함을 '고통의 원인[集]'이라 이름하나니 곧 업과 번뇌요, 적정함을 '고통의 소멸[滅]'이라 이름하나니 곧 열반을 말한다. 벗어나 여의는 것을 '고통의 소멸에 이르는 길[道]'이라 이름하나니, 이른바 사마타와 위빠사나 따위이다. 이것은 모양을 잡아서 설명함이니, 대승과 소승에 통하는 개념이다. 『대지도론』에 이르되, "소승에서 셋은 모양 있음이요, 멸제는 모양이 없지만, 대승에는 사성제가 모두 모양이 없다"라고 하였다.

[鈔] 性相云何下는 第二, 辨體相이니 謂正出體性이라 即說行相일새 故名體相이라 於中에 亦二니 先, 辨性相이오 二, 屬經結示라 今初니 通有天台四四諦意라 四四諦者는 玄文에 已具어니와 今略列名호리니 一, 生滅四諦요 二, 無生四諦요 三, 無量四諦요 四, 無作四諦라 依常所釋에 但有其二하니 或名有作無作이며 或名有量無量이라 有作과 有量은 即是小乘이오 無作과 無量은 即是大乘이라 今以義開일새 故成四四니 初即生滅四諦라 文有[76]三하니 初, 正明이라 然句皆二義

---

76) 有는 南續金本作分爲.

니 如逼迫名苦는 則77)釋別名이니 二, 以當辨相이라 如逼迫身心은 是苦行相이오 二, 卽有漏色心者는 正出體也라 色心은 卽五蘊이니 心是四故라 五盛陰苦故며 不攝無爲故라 增長名集은 是釋名相이니 積集增長故요 卽業煩惱者는 出體라 下二諦도 例知니라 而道云等 者는 等取八正道等이니라 此約相說者는 結屬生滅四諦也라 然四諦 가 有相有性하니 上所辨性은 是相性也오 下說無相은 是眞性이니라 三, 智論云下는 引證이라 通大小乘은 亦是結前生後니 結前은 是生 滅四諦라 大乘四諦皆無相下는 生後니 無生四眞諦也니라

● 나) 性相云何 아래는 체성과 모양을 밝힘이니 이른바 체성을 바로 내보임이다. 곧 행법의 모양을 말하므로 체성과 모양이라 이름하였 다. 그중에 또한 둘이니, (가) 체성과 모양을 밝힘이요, (나) 경문의 소속을 결론해 보임이다. 지금은 (가)이니 통틀어 천태종의 네 가지 사성제의 의미가 있다. '네 가지 사성제'란 현담(玄談)의 문장에 이미 구족했거니와 지금 간략히 명칭을 나열한다면 ㄱ. 나고 죽음의 사성 제요, ㄴ. 나고 죽음 없는 사성제요, ㄷ. 지음 없는 사성제요, ㄹ. 한 량없는 사성제이다. 일반적으로 해석한 바에 의지하면 단지 둘만 있 으니 혹은 지음 있는 사성제와 지음 없는 사성제라 이름하며, 혹은 한량 있는 사성제와 한량없는 사성제라 이름하기도 한다. 지음 있음 과 한량 있음은 곧 소승법이요, 지음 없음과 한량없음은 바로 대승법 이다. 지금은 뜻으로 전개한 연고로 네 가지 사성제가 되었으니, ㄱ. 은 나고 죽음의 사성제이다. 경문이 셋이니 ㄱ) 바로 설명함이다. 그 런데 구절이 모두 두 가지 뜻이니 (1) 저 '핍박을 고통이라 이름한 것' 은 개별 명칭을 해석함이니 (2) 모양을 밝힘에 해당한다. 저 몸과 마

---

77) 則은 南續金本作卽.

음을 핍박함은 고행의 모양임과 같으며, ㄴ) '번뇌 있는 물질과 마음'이란 바로 체성을 내보임이다. 물질과 마음은 곧 오온(五蘊)이니 마음이 넷인 까닭이다. 다섯 가지가 치성한 음이 고통인 연고며, 무위에 속하지 않기 때문이다. '증장함을 고통의 원인'이란 명칭 해석이니 쌓고 모아 증장하는 까닭이요, 업과 번뇌란 체성을 내보임이다. 아래 두 가지 진리[滅, 道]도 유례하면 알 것이다. 그런데 '도제(道諦)에' 등이라 말한 것은 여덟 가지 바른 길 등을 '똑같이 취한다'는 뜻이다. 여기서 모양을 잡아 설한 것은 결론적으로 나고 죽음의 사성제에 속한 것이다. 그러나 사성제가 모양이 있고 체성이 있으니 위에서 밝힌 성품은 곧 모양의 체성이요, 아래에 말한 모양 없음은 곧 진여의 체성이다. ㄷ) 智論云 아래는 인용하여 증명함이다. 대승과 소승에 통함은 또한 앞을 결론하고 뒤를 시작함이니, 앞을 결론함은 나고 죽음의 사성제에 대한 결론이다. 大乘四諦皆無相 아래는 뒤를 시작함이니, ㄴ. 나고 죽음 없는 사성제이다.

ㄴ. 나고 죽음 없는 사성제[無生四諦] 3.
ㄱ) 경문을 인용하여 바로 설명하다[引經正明] (涅槃 3上2)
ㄴ) 뜻으로 경문을 해석하다[以義釋經] (謂達)
ㄷ) 경문을 인용하여 증명하다[引經證成] (又涅)

[疏] 涅槃에 云, 解苦無苦를 名苦聖諦라하니 謂達四緣生故로 空이니 則超筌悟旨成大라 又涅槃에 云, 凡夫는 有苦而無諦하며 二乘은 有苦 有苦諦로대 而無眞實하며 菩薩은 無苦有諦로대 而有眞實이라하니라 謂若苦가 卽諦인대 三塗之苦가 豈卽諦也리오 二乘은 雖審知之나 而

不達法空하야 不見眞實이니라

■ 『열반경』에 이르되, "고통과 고통 없음을 아는 것을 고성제라 이름한다"라고 하였으니, 이른바 네 가지 인연에 의해 생긴 줄 통달한 연고로 공(空)이니, 통발을 뛰어넘어 종지를 깨달으면 대승이 된다. 또 『열반경』(제13권 성행품)에 이르되, "범부는 괴로움만 있고 진리는 없으며, 이승은 괴로움은 있고 고성제도 있지만 진실함은 없다. 보살들은 괴로움은 없고 진리는 있는데 진실함도 있다"라고 하였다. 말하자면 만일 고통이 곧 진리라면 삼악도의 고통이 어찌 진리이겠는가? 이승은 비록 살펴서 알았지만 법이 공함을 통달하지 못해서 진실을 보지 못한다는 뜻이다.

[鈔] 涅槃云下는 卽無生四諦라 然疏有三하니 初, 引經正明이니 卽十三經에 略示一苦라 若具인대 應云, 解集無和合을 名集聖諦오 解滅無滅과 解道無道等이니 影在次文이니라 謂達四下는 二, 以義釋經이니 云何言無生고 四諦가 從緣無性이 卽是空故로 名之爲無언정 非斷無也라 滅雖無爲나 因滅惑顯일새 亦曰從緣이니라 言[78]超筌悟旨成大者는 苦集滅道는 以爲空筌이니 其猶筌蹄로 以求魚兎오 無相空理는 卽爲魚兎니 得魚忘筌이 是悟空方便이며 得[79]成大乘이오 非離四外에 別有大也니 如非離筌而得魚矣니라

三, 又涅槃云下는 引經證成大小別義하야 雙證生滅과 及無生也라 經에 云, 善男子야 以是義故로 諸凡夫人은 有苦無諦하며 聲聞緣覺은 有苦有苦諦호대 而無眞實하며 諸菩薩等은 解苦無苦하시니 是故로 無苦而有眞諦니라 諸凡夫人은 有集無諦하며 聲聞緣覺은 有集有

---

78) 言은 南續金本作則.
79) 方便得은 甲本作旨便得, 南續金本作旨便.

集諦而無眞實하며 諸菩薩等은 解集無集하나니 是故로 無集而有眞諦니라 聲聞緣覺은 有滅非眞이어니와 菩薩摩訶薩은 有滅有眞諦오 聲聞緣覺은 有道非眞이어니와 菩薩摩訶薩은 有道有眞諦라하나니 故로 引此經文하야 兼釋解苦無苦下之三句니라 言謂若苦卽諦下는 釋經凡夫無諦之言이라 涅槃四諦品에 云, 佛이 復告迦葉하시되 所言苦者는 不名苦聖諦니 何以故오 若苦가 是苦聖諦者인대 一切畜生과 及地獄衆生도 應有聖諦로다 亦卽思益經文이니 此無諦言은 約審諦說이오 不約諦實이라 若約諦實인대 三塗實苦니라 二乘雖審知之下는 釋二乘有諦無實之言이니 有審諦故로 如實知苦하야 不同凡夫가 妄計爲樂이라 無實은 可知로다

- ㄴ. 涅槃云 아래는 나고 죽음 없는 사성제이다. 그런데 소문에 셋이 있으니 ㄱ) 경문을 인용하여 바로 설명함이니 곧 제13권 경문에 간략히 고성제 하나만 보였다. 만일 갖추어 말한다면 이르되, "화합하지 못한 것이 모인 줄 아는 것을 이름하여 집성제라 하고, (괴로움이) 소멸함과 소멸함 없음을 아는 것과 (괴로움이 소멸하는) 길이 있고 길이 없음을 아는 것" 따위이니 비추어 생략함은 다음 문장에 있다. ㄴ) 謂達四 아래는 뜻으로 경문을 해석함이니, 어떤 것을 나고 죽음에 없음이라 하는가? 사성제가 인연으로부터 자체 성품 없음이 곧 공인 연고로 없다고 이름하지만 단멸의 무는 아니다. 멸제가 비록 무위법이지만 원인이 없으면 번뇌가 나타나므로 또한 '인연으로부터'라 말하였다. '통발을 뛰어넘어 종지를 깨달으면 대승이 된다'고 말한 것은 고제와 집제, 멸제, 도제로써 통발을 비움이 되나니, 그것은 마치 통발과 올무[筌蹄]로 고기나 토끼를 잡음과 같고, 모양 없는 공의 이치는 곧 물고기나 토끼가 되나니 고기를 얻게 한 통발을 잊는 것이 바로

공의 종지를 깨닫는 방편이며, 바로 대승을 이룸이요, 넷을 여읜 밖에 따로이 대승이 있는 것이 아님이니, 마침 통발을 여의고 고기를 얻는 것이 아님과 같다.

ㄷ) 又涅槃云 아래는 경문을 인용하여 대승 소승의 차별된 뜻을 증명하여 나고 죽음의 사성제와 나고 죽음 없는 사성제를 함께 증명하였다. 『열반경』에 이르되, "선남자여, 이런 뜻으로 인해 모든 범부인은 괴로움은 있고 진리는 없으며, 성문과 연각은 괴로움도 있고 고성제도 있지만 진실함은 없으며, 모든 보살들은 괴로움도 있고 괴로움이 없음을 아나니 이런 연고로 괴로움은 없고 진리와 진실함은 있다. 모든 범부인은 괴로움의 원인은 있고 진리는 없으며, 성문과 연각은 괴로움의 원인이 있고 괴로움의 원인의 성제도 있지만 진실함은 없으며, 모든 보살들은 괴로움의 원인이 있고 괴로움의 원인이 없음을 아나니 이런 연고로 괴로움의 원인은 없고 진리와 진실함은 있다. 성문과 연각은 멸제는 있고 진실함은 아니지만 보살마하살은 멸제도 있고 진실함과 진리도 있다. 성문과 연각은 도제가 있고 진실함은 아니지만 보살마하살은 도제도 있고, 진실함과 진리도 있다"라고 하였다. 그러므로 이런 경문을 인용하여 解苦無苦 아래의 세 구절을 겸하여 해석하였다. 謂若苦卽諦라 말한 아래는 경문에서 '범부는 진리가 없다'는 말을 해석함이다. 『열반경』 사성제품에 이르되, "부처님이 다시 가섭존자에게 고하시되, '말한 바 괴로움이란 괴로움의 성제라 이름하지 않는다. 왜냐하면 만일 괴로움이 바로 괴로움의 성제라면 온갖 축생과 지옥 중생도 응당히 성제가 있으리라.' 또한 사익경의 경문이기도 하나니, 이런 '진리가 없다'는 말은 진리를 살핌[審諦]을 잡아 말한 것이요, 진리가 실다움[諦實]을 잡은 것은 아니다. 만일 진리가

실다움을 잡는다면 삼악도가 진실로 괴로움일 것이다. 二乘雖審知 之 아래는 '이승이 진리는 있고 진실함은 없다'는 말을 해석함이니 진 리를 살핌이 있는 연고로 여실하게 괴로움을 알아서 범부가 망녕되게 계탁하여 즐거움을 삼는 것과는 같지 않다. '진실함 없다'는 것은 알 수 있으리라.

ㄷ. 한량없는 사성제[無量四諦] 3.
ㄱ) 위의 경문을 따와서 이치를 세우다[牒上立理] (又二 4上10)
ㄴ) 경문을 인용하여 증명하다[引文證成] (大經)
ㄷ) 본경과 회통하다[會今經文] (然此)

[疏] 又二乘은 雖知苦相이나 不知無量相故라 大經에 云, 苦有無量相은 非諸聲聞緣覺所知라하며 瑜伽에 說苦有一百一十이라하니라 然此經 中에 雖彰名異나 卽表義殊니 以名必召實故로 是無量四諦義也라 約一界一諦하면 卽有十千이오 娑婆四諦에는 有四百億十千名義라 而文義包博하고 言含性相이니라

■ 또한 이승은 비록 괴로움의 모양을 알지만 한량없는 모양을 알지는 못하기 때문이다. 『대반야경』에 이르되, "괴로움에 한량없는 모양이 있음은 모든 성문과 연각이 알 수 있는 경계가 아니다"라고 하였고, 『유가사지론』에는 '괴로움이 110가지가 있다'고 말하였다. 그런데 이 경문 중에 비록 이름이 다른 것을 밝혔지만 곧 뜻이 다름을 표하였으 며, 이름은 반드시 실법을 부르는 연고로 한량없는 사성제의 뜻인 것 이다. 한 세계와 하나의 진리를 잡으면 곧 만 가지가 있을 것이요, 사 바세계의 사성제에는 4백억 1만 가지 명칭과 뜻이 있다. 그러나 경문

의 뜻에 넓게 포함되었고, 말에는 체성과 모양을 포함하고 있다.

[鈔] 又二乘下는 第三, 無量四諦라 疏文有三하니 初, 躡上立理[80]라 前은 不見法空苦性일새 故無眞實이오 此不知無量하야 不見相故로 亦非見實이며 前卽理智故로 但見生空하야 不及菩薩이오 此卽量智故로 但知麤相하야 不及菩薩이니라 二, 故大經云下는 引文證成이니 迦葉이 白佛言호대 世尊하 昔佛一時에 在恒河岸尸首林中하사 爾時如來가 取少樹葉하사 告諸比丘하시되 我今手中所捉葉多아 一切因地의 草木葉多아 諸比丘言호대 世尊하 一切因地草木葉多는 不可稱計요 如來所捉은 少不足言이니다 諸比丘야 我所覺了一切諸法은 如因大地生草木等이오 爲諸衆生하야 所宣說者는 如手中葉이니라 迦葉難言호대 如來所了無量諸法이 若入四諦인대 則爲已說이오 若不入者인대 應有五諦니다 佛讚迦葉하시되 善哉善哉라 汝今所問이 則能利益, 安隱, 快樂, 無量衆生이로다 善男子야 如是諸法이 悉已攝在四諦法中이니라 迦葉이 復白佛言호대 如是等法이 若在四諦인대 如來何故로 唱言不說이닛고 佛言하시되 善男子야 雖復入中이나 猶名不說이니 何以故오 善男子야 知聖諦가 有二種智하니 一者는 中이오 二者는 上이니 中者는 聲聞緣覺이오 上者는 諸佛菩薩이니라 善男子야 知陰爲苦는 名爲中智요 分別諸陰에 有無量相하야 悉是諸苦는 非是聲聞緣覺의 所知니 是名上智니라 善男子야 如是等義를 我於彼經에 竟不說之니라 次歷入界면 皆如陰說이오 又別歷色等五陰하면 一一皆言有無量相하나니 此是無量四諦意也니라

- ㄷ. 又二乘 아래는 한량없는 사성제이다. 소의 문장에 셋이 있으니,

---

80) 躡은 甲南續金本作牒.

ㄱ) 위의 경문을 토대로 이치를 세움이다. 앞에서는 법이 공함과 괴로움의 체성을 보지 못한 연고로 진실함이 없음이요, 여기서는 한량없음을 알지 못해서 모양을 보지 못하는 연고로 또한 진실함을 보지 못하며, 앞에서는 '이치와 합치한 지혜[如理智]'인 연고로 단지 중생이 공한 것만 보아서 보살에 미치지 못함이요, 여기서는 '분량과 합치한 지혜[如量智]'인 연고로 다만 거친 모양만 알고 보살에 미치지 못하는 것이다. ㄴ) 故大經云 아래는 경문을 인용하여 증명함이니, 가섭존자가 부처님께 사뢰어 말하되, "세존이시여, 예전에 부처님이 어느 때에 항하의 언덕에 있는 시수림(尸首林) 가운데 계시사 그때에 여래께서 작은 나뭇잎을 잡고서 여러 비구들에게 고하시되, '내가 지금 손에 잡고 있는 나뭇잎이 많으냐, 모든 땅에 떨어진 풀과 나뭇잎이 많으냐?' 하시니 여러 비구들이 말하되, '세존이시여, 모든 땅에 있는 풀과 나뭇잎이 많은 것은 계산할 수가 없으며, 여래가 잡고 있는 나뭇잎은 적어서 말할 필요도 없습니다.' '여러 비구들아, 내가 깨달아 안 일체의 모든 법은 마치 대지에 생겨난 풀과 나무와 같고, 모든 중생을 위하여 선설한 법은 손에 잡은 나뭇잎과 같다.'" 가섭이 힐난하여 말하되 "여래께서 깨달으신 한량없는 모든 법이 만일 사성제에 들어간다면 곧 이미 설하신 법일 것이요, 만일 들어가지 않는다면 응당히 오성제가 있어야 할 것입니다." 부처님이 가섭존자를 칭찬하시면서, "착하고 착하다. 네가 지금 질문한 것이 한량없는 중생들을 능히 이익케 하고 안온하고 쾌락하게 할 것이다. 선남자여, 이러한 모든 법이 모두 사성제 법 가운데 포섭되느니라." 가섭존자가 다시 부처님께 사뢰어 말하되, "이러한 따위의 법이 만일 사성제에 있다면 여래께서 무슨 연고로 '말하지 않았다'고 부르짖어 말씀하셨습니까?" 부처님이 말씀

하되, "선남자여, 비록 다시 그 사성제 안에 들어가지만 아직도 '말하지 않는다'고 하나니, 왜냐하면 선남자여, 성스런 진리에 두 가지 지혜가 있음을 알아야 할 것이니 첫째는 중간 지혜요, 둘째는 뛰어난 지혜[上智]이다. 중간 지혜는 성문과 연각이요, 뛰어난 지혜는 모든 부처님과 보살이다. 선남자여, 오음이 괴로운 줄 아는 것을 '중간 지혜'라 이름하고, 모든 오음을 분별할 적에 한량없는 모양이 있어서 모두가 괴로움인 것은 성문과 연각이 아는 것이 아니므로 이것을 '뛰어난 지혜'라 이름한다. 선남자여, 이러한 따위의 뜻을 내가 저 경전에 마침내 말하지 않았다. 다음으로 거쳐서 세계에 들어가면 모두 오음의 설명과 같을 것이요, 또한 별도로 물질 등 오음을 거치면 낱낱에 모두 한량없는 모양이 있음을 말할 것이니, 이것이 한량없는 사성제의 의미이다."라고 하셨다.

瑜伽說苦有一百一十者는 一百[81]은 卽四十四論이니 增數明之라 初云謂有一苦하니 依無差別流轉之苦라 一切有情이 無不皆墮流轉苦故니라 復有二苦하니 一, 欲이니 爲根本苦니 謂所可愛事의 若變若壞所生之苦오 二, 癡니 異熟生苦니 謂若猛利體受所觸이라 卽於自體에 執我我所하야 愚癡迷悶하야 生極怨嗟라 由是因緣하야 受二箭受하니 謂身箭受와 及心箭受니라 復有三苦하니 一, 苦苦오 二, 行苦오 三, 壞苦니라 次云復有四苦하니 五는 有五苦오 六은 有六苦오 七은 有七苦오 八은 有八苦오 九는 有九苦오 十은 有十苦하야 共[82]成五十五苦니라

● 『유가사지론』에는 '괴로움이 110가지가 있다'고 말한 것에서 1백은

---

81) 上八字는 南本作者, 續金本作有一百一十.
82) 共은 南續金本作故.

곧 『유가사지론』 제44권의 논문이다. 늘어나는 숫자를 설명함이다. "처음에 말하되, '이른바 하나의 괴로움이 있으니 무차별에 의지하여 유전하는 괴로움'이다. 온갖 유정이 모두 유전하는 괴로움에 떨어지지 않는 것이 없기 때문이다. 다시 두 가지 괴로움이 있다. (1) 애욕이 근본이 되는 괴로움이니, 사랑스러운 일이 변하거나 무너짐에서부터 생기는 괴로움이다. (2) 어리석음의 이숙으로 생김의 괴로움이니, 괴로움의 날카로운 체가 느낌에 접촉되어 바로 그 자체에서 〈나〉와 〈내 것〉이라고 집착하여, 어리석고 답답하여 극히 원망하고 슬퍼하는 이 인연으로 말미암아 두 가지 화살의 느낌[箭受]을 받는다. 이른바 (1) 몸 화살의 느낌[身箭受]과 (2) 마음 화살의 느낌[心箭受]이다. 다시 세 가지의 괴로움이 있나니, (1) 고고(苦苦)요, (2) 행고(行苦)요, (3) 괴고(壞苦)이다." 다음에 이르되, "다시 네 가지 괴로움[83]이 있으니, 다섯은 다섯 가지 괴로움[84]이 있고, 여섯은 여섯 가지 괴로움[85]이 있고, 일곱은 일곱 가지 괴로움[86]이 있고, 여덟은 여덟 가지 괴로움[87]이 있

---

83) (1) 따로 떨어짐의 괴로움[別離苦]이니, 사랑한 이와 따로 떨어짐에서 생기는 바의 괴로움이다. (2) 끊어져 무너짐의 괴로움[斷壞苦]이니, 중동분(衆同分)을 버리는 죽음으로 말미암아 생기는 바의 괴로움이다. (3) 서로 이어짐의 괴로움[相續苦]이니, 이로부터 뒤에 자주자주 죽고 나고 하며, 차츰차츰 서로 이어짐에서 생기는 바의 괴로움이다. (4) 끝까지의 괴로움[畢竟苦]이니 결정코 열반의 법이 없는 모든 유정들의 다섯 가지 쌓임[五取蘊]의 괴로움이다.
84) (1) 탐욕의 얽음[貪欲纏]에서 반연되는 괴로움이요, (2) 성냄의 얽음에서 반연되는 괴로움이요, (3) 흐리멍텅함과 잠의 얽음에서 반연되는 괴로움이요, (4) 들뜸과 뉘우침의 얽음에서 반연되는 괴로움이요, (5) 의심의 얽음에서 반연되는 괴로움이다.
85) (1) 원인의 괴로움이니, 나쁜 갈래의 원인을 익히기 때문이다. (2)둘째는 결과의 괴로움이니, 모든 나쁜 갈래에 나게 되기 때문이다. (3) 재산과 지위를 구하는 괴로움이요, (4) 부지런해 수호하는 괴로움이요, (5) 만족함이 없는 괴로움이요, (6) 변하여 무너지는 괴로움이다. 이와 같은 여섯 가지를 통틀어서 괴로움이라 말한다.
86) (1) 나는 괴로움이요, (2) 늙는 괴로움이요, (3) 병드는 괴로움이요, (4) 죽는 괴로움이요, (5) 원수와 만나게 되는 괴로움이요, (6) 사랑한 이와 이별하게 되는 괴로움이요, (7) 비록 다시 바라고 구한다 하더라도 얻지 못하는 괴로움이다.
87) 다시 여덟 가지 괴로움이 있나니, (1) 추위의 괴로움이요, (2) 더위의 괴로움이요, (3) 배고픔의 괴로움이요, (4) 목마름의 괴로움이요, (5) 자재하지 않는 괴로움이요, (6) 자신이 핍박하고 괴롭힘의 괴로움이니, 매일 없음[無繫] 등의 모든 외도와 무리가 그것이다. (7) 다른 이의 핍박하고 괴롭힘의 괴로움이니, 다른 이의 손 또는 흙덩이 따위의 닿음과 모기 등에 따위에 물리는 것이 그것이다. (8) 한 종류의 형태로 오랫동안 머무름의 괴로움이다.

고, 아홉은 아홉 가지 괴로움[88]이 있고, 열은 열 가지 괴로움[89]이 있어서 함께 55가지 괴로움이 된다."

次論에 云, 當知復有餘九種苦하니 一, 一切苦오 二, 廣大苦오 三, 一切門苦오 四, 邪行苦오 五, 流轉苦오 六, 不隨欲苦오 七, 違害苦오 八, 隨逐苦오 九, 一切種苦라 其第一, 一切苦에 開爲二苦하니 一, 宿因所生苦오 二, 現緣所生苦라 其第二, 廣大苦에 開爲四苦하며 第三, 一切門苦에 亦開四苦하며 第四, 邪行苦에 開五하며 五, 流轉苦에 開六하며 六, 不隨欲苦에 開七하며 七, 違害苦에 開八하며 八, 隨逐苦에 開九하며 九, 一切種苦에 開十하야 復成五十五라 故로 兩段이 合一百一十苦니라 三, 然此經中下는 會今經文이니 正同無量이니라

● 다음 논에 이르되, "다시 그 밖에 아홉 가지 괴로움이 있는 줄 알아야 한다. (1) 온갖 괴로움[一切苦]이요, (2) 넓고 큼의 괴로움[廣大苦]이요, (3) 온갖 문의 괴로움[一切門苦]이요, (4) 삿된 행의 괴로움[邪行苦]이요, (5) (생사에) 헤맴의 괴로움[流轉苦]이요, (6) 하고 싶은 대로 되지 않는 괴로움[不隨次苦]이요, (7) 어기고 해침의 괴로움[違害苦]이요, (8) 뒤따라 다님의 괴로움[隨逐苦]이요, (9) 온갖 종류의 괴로움[一切種苦]이다. 그 (1) 온갖 괴로움에서 열면 두 가지 괴로움이 있나니, 첫째는 전생의 원인에서 나는 바 괴로움[宿因所生苦]이요, 둘째는 현재의 인연

---

[88] (1) 자신이 쇠손(衰損)하는 괴로움이요, (2) 다른 이가 쇠손하는 괴로움이요, (3) 친족이 쇠손하는 괴로움이요, (4) 재산과 지위가 쇠손하는 괴로움이요, (5) 병없음이 쇠손하는 괴로움이요, (6) 계율이 쇠손하는 괴로움이요, (7) 소견이 쇠손하는 괴로움이요, (8) 현재 법의 괴로움[現法苦]이요, (9) 후생법의 괴로움[後法苦]이다.

[89] (1) 모든 먹을 것의 도구가 모자라는 괴로움이요, (2) 모든 마실 거리의 도구가 모자라는 괴로움이요, (3) 탈 것의 도구가 모자라는 괴로움이요, (4) 의복의 도구가 모자라는 괴로움이요, (5) 꾸미개의 도구가 모자라는 괴로움이요, (6) 기물의 도구가 모자라는 괴로움이요, (7) 향과 다리의 바르고 꾸미는 도구가 모자라는 괴로움이요, (8) 노래하고 춤추고 풍악하는 도구가 모자라는 괴로움이요, (9) 비추고 밝히는 도구가 모자라는 괴로움이요, (10) 남녀 시종의 도구가 모자라는 괴로움이다.

에서 나는 바 괴로움[現緣所生苦]이다." (2) 넓고 큼의 괴로움에서 열면 네 가지 괴로움[90]이 있으며, (3) 온갖 문의 괴로움에도 또한 네 가지 괴로움[91]이 있으며, (4) 삿된 행의 괴로움에서 다섯 가지 괴로움[92]으로 열며, (5) 헤맴의 괴로움에는 여섯 가지 괴로움[93]을 열었고, (6) 하고 싶은 대로 되지 않는 괴로움에서 일곱 가지 괴로움[94]을 열었으며, (7) 어기고 해침의 괴로움에서 여덟 가지 괴로움[95]으로 열었으며, (8) 뒤따라 다님의 괴로움에서 아홉 가지 괴로움[96]으로 열었으며,

---

90) (1) 오랜 동안의 괴로움[長時苦]이요, (2) 맹렬하고 날카로움의 괴로움이요, (3) 여러 가지 종류의 괴로움이요, (4) 끊임없음의 괴로움이다.
91) (1) 나라카의 괴로움[那落迦苦]이요, (2) 축생의 괴로움[傍生苦]이요, (3) 귀신 세계의 괴로움[鬼世界苦]이요, (4) 착한 갈래에 소속되는 괴로움[善趣所攝苦]이다.
92) (1) 현재 법 안에서 다른 이를 범하여 다른 이를 이롭게 하지 않음에서 일어나는 바 괴로움이요, (2) 가지가지 고르지 못한 음식을 수용하여 요소[界]가 고르지 않음에서 일어나는 바 괴로움이요, (3) 바로 현재 법의 괴로움에 핍박 받음으로 말미암아 저절로 만들어짐에 일어나는 바 괴로움이요, (4) 많이 이치 아닌 뜻 지음에 편안히 머무름으로 말미암아 받는 바 번뇌와, 따로 번뇌의 얽힘에서 일어나는 바 괴로움이요, (5) 모든 몸과 말과 뜻의 갖가지 나쁜 행을 많이 일으킴으로 말미암아 받는 바 장차 오는 세상에서의 여러 나쁜 갈래[惡趣]의 괴로움이다.
93) 나고 죽음에 헤매는 데에 일정하지 않음[不定]에서부터 나는 괴로움이 있다. (1) 제 몸이 일정하지 않음이요, (2) 부모가 일정하지 않음이요, (3) 처자가 일정하지 않음이요, (4) 종과 심부름꾼이 일정하지 않음이요, (5) 벗과 벼슬아치와 친속이 일정하지 않음이요, (6) 재산과 지위가 일정하지 않음이다.
94) (1) 오래 살기를 바랐는데 하고 싶은 대로 되지 않고 수명이 짧게 태어난 괴로움이요, (2) 단정하기를 바랐는데 하고 싶은 대로 되지 않고 못나게 태어난 괴로움이요, (3) 으뜸가는 집안에 태어나기 바랐는데 하고 싶은 대로 되지 않고 하천한 집안에 태어난 괴로움이요, (4) 크게 부자 되기를 바랐는데 하고 싶은 대로 되지 않고 가난한 데에 태어난 괴로움이요, (5) 큰 힘을 바랐는데 하고 싶은 대로 되지 않고 약하게 태어난 괴로움이요, (6) 알 바의 경계[所知境界]를 분명히 알려 하는데 하고 싶은 대로 되지 않고 어리석음과 지혜 없음이 나투어 행해지는 데 나는 괴로움이요, (7) 다른 이보다 훌륭하기를 바랐는데 하고 싶은 대로 되지 않고, 도리어 다른 이가 더 훌륭하게 되는 데서 나는 큰 괴로움이다.
95) 첫째는 집에 있는 이들로서 처자들에 대한 일이 손감(損減)하는 데서 나는 괴로움이요, 둘째는 집을 떠난 이들로서 탐냄 따위의 번뇌가 더욱 더하게 되는 데서 나는 괴로움이요, 셋째는 굶주림에 핍박받는 데서 나는 바 괴로움이요, 넷째는 원수와 적의 핍박에서 나는 바 괴로움이요, 다섯째는 너른 들판의 험난함과 절박한 일의 핍박에서 나는 바 괴로움이요, 여섯째는 다른 이에게 매임에서 나는 바의 괴로움이요, 일곱째는 팔 다리가 완전하지 못한 괴롭힘에서 나는 바 괴로움이요, 여덟째는 죽이고 속박하고 찍고 끊고 때리고 내쫓는 핍박에서 나는 바 괴로움이다.
96) 세상의 여덟 가지 법에 의하여 여덟 가지 괴로움이 있다. (1) 무녀짐의 법[壞法]이 파괴되는 때에 괴로움이다. (2) 다함의 법[盡法]이 다할 때의 괴로움이다. (3) 늙음의 법[老法]이 늙는 때의 괴로움이다. (4) 병듦의 법[病法]이 병든 때의 괴로움이다. (5) 죽음의 법[死法]이 죽는 때의 괴로움이다. (6) 이익 없는 괴로움이요, (7) 명예 없는 괴로움이요, (8) 헐뜯음 있는 괴로움이니, 이것이 여덟 가지 괴로움이다. (9) 바라고 구하는 괴로움이니, 이런 것을 통털어서 뒤따라 다님의 괴로움[隨逐苦]이라 한다.

(9) 온갖 종류의 괴로움에서 열 가지 괴로움[97]을 열어서 다시 55가지가 되었다. 그러므로 두 문단이 합하여 110가지 괴로움이 되었다.

ㄷ) 然此經中 아래는 본경의 경문과 회통함이니 바로 한량없는 사성제와 같다.

ㄹ. 지음 없는 사성제[無作四諦] 3.
ㄱ) 총합하여 설명하다[總明] (又究 6下3)
ㄴ) 별도로 네 가지 모양을 보이다[別示四相] (今了)
ㄷ) 모두 묶어서 하나의 진리로 돌아가다[束歸一諦] (無苦)

[疏] 又究此四에 非唯但空이라 便爲眞實이니라 今了陰入이 皆如에 無苦可捨오 無明과 塵勞가 卽是菩提니 無集可斷이오 生死가 卽涅槃이니 無滅可證이오 邊邪가 皆中正이니 無道可修라 無苦無集에 卽無世間이오 無滅無道에 卽無出世間이오 不取不捨에 同一實諦니라

■ 또한 이런 네 가지 사성제를 궁구할 적에 오로지 단지 공함뿐만 아니라 문득 진실함이 된다. 지금 오음과 12입이 모두 진여임을 알면 괴로움을 버릴 것이 없으며, 무명과 번뇌가 바로 보리인 것이니 괴로움의 원인을 단절할 필요가 없으며, 나고 죽음이 곧 열반인 것이니 고통의 원인이 소멸함을 증득할 필요가 없으며, 변두리와 삿된 소견이 모두 중도의 바른 소견이니 도제를 닦을 것이 없게 된다. 괴로움이 없고 괴로움의 원인이 없으면 곧 세간이 없음이요, 멸제도 없고 도제도 없으면 곧 출세간도 없음이요, 취하지 않고 버리지도 않으면 하나의 실

---

97) 다섯 가지 즐거움[五樂]의 다스릴 바에 다섯 가지 괴로움이 있나니, 첫째는 원인의 괴로움[因苦]이요, 둘째는 느낌의 괴로움[受苦]이요, 셋째는 즐거움만이 없는 괴로움[有無樂苦]이요, 넷째는 느낌이 끊어지지 않는 괴로움[受不斷苦]이요, 다섯째는 벗어남[出離]과 멀리 여읨[遠離]과 고요함[寂靜]과 보리에 대한 즐거움의 다스릴 바, 집에 있음과 욕심세계의 결박과, 미트러운 생각[尋]과 이생(異生)의 괴로움이다. 이것을 다섯 가지 괴로움이라 한다.

법인 진리와 같다.

[鈔] 又究下는 第四, 無作四諦라 文中에 亦三이니 初, 總明이라 言非唯但空者는 揀上無生이 但顯空義라 便爲眞實은 正是所宗이라 二, 今了下는 別示四相이라 陰入皆如者는 前云卽空이라하고 今云卽如하니 理已別矣로다 又言無苦可捨는 非是空故로 無有可捨니 今體卽如라 如外에 無苦이니 何所捨耶아 此句言如는 如尙似空이라 集言無明塵勞皆卽菩提는 豈同前空苦리오 菩提體外에 無別可斷이 不同無生이 空無可斷이라 前則空中에 無華이니 云何可摘이며 今則波卽是水일새 不得除波라 下二諦도 例然이라 生死卽涅槃은 非是體空無生滅也오 邊邪皆中正者는 非離邊外에 別有中道며 非離邪外에 別有正道며 亦非無邊無邪無可修也니 細尋可見이라 勿濫無生이니라 故로 涅槃四諦品에 云, 若知如來常住하면 名修習苦오 若知法常하면 是名[98) 修集이라 若修滅者가 若多修空하면 名爲不善이니 何以故오 滅壞一切法故로 壞於如來眞法藏故로 同於外道니라 若有說言호대 有如來藏을 雖不可見이나 若滅煩惱하면 乃能得入이라하야 若發此心하면 一念因緣으로 於證得中에 而得自在라하시고 結云, 以如來秘密藏者는 卽是滅諦오 道聖諦者는 所謂佛法僧寶와 及正解脫이니 若能一念發心하야 見如來常住無變하며 法僧解脫에도 亦復如是하면 名修習道라하나니 上皆無作四諦意也니라

- ㄹ. 又究 아래는 지음 없는 사성제이다. 경문 중에 또한 셋이니 ㄱ) 총합하여 설명함이다. '오로지 단지 공함뿐만 아니다'라고 말한 것은 위의 ㄴ. 나고 죽음 없는 사성제가 단지 공한 뜻만 밝혔으니 문득 진

---

98) 是名은 南續金本作名爲.

실함이 된 것은 바로 종지로 삼을 대상이다. ㄴ) 수了 아래는 별도로 네 가지 모양을 보임이다. '오음과 12입이 모두 진여'라는 것은 앞에서는 '공과 합치한다'고 하였고, 지금은 '진여와 합치한다'고 하였으니, 이치가 이미 다른 것이다. 또한 '괴로움을 버릴 것이 없다'고 말함은 공(空)인 연고로 버릴 것이 없는 것이 아님이니, 지금은 체성이 곧 진여인지라 진여 밖에 괴로움이 없으니, 무엇이 버릴 것이겠는가? 이 구절에서 진여라 말함은 오히려 공과 비슷함과 같다. 집제(集諦)를 '무명과 번뇌가 모두 곧 보리이다'라고 말함은 어찌 앞의 공함과 괴로움과 같겠는가? 보리의 체성 밖에 따로 단절할 것이 없는 것이 나고 죽음 없음이 공하여 단절할 수 없음과는 같지 않다. 앞은 공 가운데 꽃이 없으니 어떻게 딸 수 있으며, 지금은 파도가 곧 물이므로 파도를 없애지 않은 것이다. 아래의 두 가지 성제도 유례하면 그렇다. 생사가 곧 열반인 것은 체성이 공하여 생멸이 없음이 아니요, '변두리와 삿된 소견이 모두 중도의 바른 소견이다'라는 것은 변두리 소견을 여읜 밖에 따로이 중도가 있는 것이 아니며, 삿된 소견을 여읜 밖에 따로이 바른 길이 있는 것이 아니며, 또한 변두리도 없고 삿됨도 없고 닦을 수 있는 것도 아님을 부정한 것이니, 자세히 살펴보면 알 수 있으리라. 잘못하여 나고 죽음이 없음이라 하지 말라. 그러므로 『열반경』사성제품에 이르되, "만일 여래가 항상 계시는 줄 안다면 '고제를 닦고 익힌다'고 말할 것이요, 만일 법이 항상한 줄 안다면 '집제를 닦고 익힌다'고 이름할 것이다. 만일 멸제를 닦는 이가 저 자주 공함을 닦으면 좋지 않음이라 이름한다. 왜냐하면 온갖 법을 멸하여 무너뜨리는 연고며, 여래의 참된 법장을 무너뜨리는 연고로 외도와 같다."

만일 어떤 이가 말하되, '여래장을 비록 볼 수는 없지만 번뇌를 없애면 비로소 들어갈 수 있는 것과 같아서, 만일 이런 마음을 발하면 한 생각 인연으로 중도를 증득하고 자재를 얻는다'라 하였고, 결론하여 말하되, '여래의 비밀스런 창고는 바로 멸제요, 도성제는 이른바 불보 법보 승보와 바른 해탈이니 만일 한 생각으로 능히 발심하여 여래가 항상 계시고 변함이 없음을 보며, 법의 해탈, 승의 해탈에도 또한 그러하다면 '도제를 닦고 익힌다'고 이름하리라'"라고 하였으니, 여기까지 모두 지음 없는 사성제의 의미이다.

無苦無集下는 第三, 束歸一諦라 一實諦義는 亦是涅槃十三文이니 文殊問佛호대 世尊하 第一義中에 有世諦눗가 世諦之中에 有第一義눗가 如其有者인대 卽是一諦오 如其無者인대 將非如來虛妄說耶눗가 善男子야 世諦가 卽第一義諦니다 世尊하 若爾則無二諦니다 善男子야 有善方便하야 隨順衆生하야 說於二諦等이니 皆一諦義니다 亦下에 文殊問言호대 所言實諦는 其義云何눗고 答云, 實諦는 名爲眞法이니 若法非眞이면 不名實諦니라 又名無顚倒니라 又無有[99]虛妄을 名曰大乘이니 是佛所說이오 非魔所說이니라 又言하시되 善男子야 實諦者는 一道淸淨하야 無有二也니라 善男子야 有常有樂과 有我有淨을 是則名爲實諦之義하나니라

- ㄷ) 無苦無集 아래는 모두 묶어 하나의 진리로 돌아감이다. (1) 실다운 진리의 뜻은 또한 『열반경』 제13권의 경문이니, "문수보살이 부처님께 여쭙되, '세존이시여, 제일가는 이치 중에 세속 진리가 있습니까, 없습니까? 세속 진리 중에 제일가는 이치가 있습니까, 없습니까? 만일 있다고 한다면 바로 하나의 진리일 것이요, 만일 없다고 한다면

---

[99] 又無有는 南續金本作名無.

장차 여래가 허망하게 말함이 아니겠습니까?' '선남자여, 세속 진리가 곧 제일가는 이치의 진리이다.' '세존이시여, 만일 그렇다면 둘이 없는 진리일 것입니다.' '선남자여, 좋은 방편이 있어서 중생에게 수순하여 두 가지 진리 등을 설하나니 모두가 하나의 진리의 뜻이다.' 또한 아래에 문수보살이 여쭈어 말하되, '말한 바 실다운 진리는 그 뜻이 어떠한가?' 대답하되, '실다운 진리는 진여법이라 이름하나니, 만일 법이 진여가 아니면 실다운 진리라 이름하지 못한다. 또한 뒤바뀜 없음이라 이름한다. 또 허망함이 없는 것을 이름하여 대승이라 하나니 곧 부처님이 설하신 내용이요, 마군이 설한 내용이 아니다.' 또 말하되, '선남자여, 실다운 진리란 한결같은 도가 청정해서 둘이 있지 않다. 선남자여, 항상함이 있고 즐거움이 있고, 〈내〉가 있고 깨끗함이 있는 것을 이름하여 실다운 진리의 뜻이라 이름한다'"라고 하였다.

(나) 경문에 소속됨을 결론하여 보이다[屬經結示] (故斯 8上6)

[疏] 故斯一品에 有作無作과 有量無量이 皆在其中이라 準下第五地中하면 復以十重觀察이니 至下當明하리라

■ 그러므로 이 한 품에서 지음 있음과 지음 없음, 한량 있음과 한량없음이 모두 그 가운데 있다. 아래 제5 난승지에 준해 보면 다시 열 번 거듭 관찰하게 할테니 아래에 가서 당연히 설명하리라.

[鈔] 故斯一品下는 第二, 會經結示라 上第三段中에 言此經이 正同無量四諦는 且從一義耳니 今則具結通具四種也라 故로 上疏에 云, 而文義包博하고 言含性相이라하니라 相은 卽生滅과 及與無量이오 性은 卽

無生과 及與無作이니 相以廣狹으로 成二四諦하고 性以空實로 成二四諦라 經宗必融이니 擧一收四하야사 方是經旨라 以四種四諦가 義出諸師일새 故疏暗用하야 使合經文이나 不標名目이면 恐驚常聽일새 結歸二對하고 順常經論하야 或名有作無作하며 或名有量無量이라 今之結意는 有作이 卽生滅이오 有量이 同無生이니 於有量上에 說無生耳라 餘二名同이니라

五地十重은 至文自見이로대 今略示名호리라 一, 善知俗諦요 二, 善知第一義諦요 三, 相諦요 四, 差別諦요 五, 成立諦요 六, 事諦요 七, 生諦요 八, 盡無生諦요 九, 入道智諦요 十, 善知一切菩薩地次第成就諦요 乃至善知如來成就智諦니라

● (나) 故斯一品 아래는 경문을 회통하여 결론하여 보임이다. 위의 셋째 문단 중에 이 경문이 한량없는 사성제와 바로 같다는 말은 우선 한 가지 뜻을 따랐을 뿐이니 지금은 결론하여 통함을 갖추고 네 종류를 구족하였다. 그러므로 위의 소문에 이르되, "그러나 경문과 뜻이 넓고 포함되었고, 말에는 체성과 모양을 포함하고 있다"라고 말한 것이다. 모양은 곧 나고 죽음의 사성제와 한량없는 사성제요, 체성은 곧 나고 죽음 없는 사성제와 지음 없는 사성제이니, 모양은 넓고 좁은 것으로 두 가지 사성제를 이루고, 체성은 공하고 실다움으로 두 가지 사성제를 이룬다. 경의 종지는 반드시 융섭하나니 하나를 거론하여 넷을 거두어야 비로소 경의 종지가 되는 것이다. 네 종류의 사성제가 뜻이 모든 법사에게서 나왔으므로 소가가 모르게 사용하여 하여금 경문과 합하였지만 명칭과 제목을 표방하지 않으면 항상 들은 것을 두려워하고 놀랄 것이므로 결론하여 두 가지 대구로 돌아가고 일반적인 경과 논에 따라서 혹은 지음 있고 지음 없다고 이름

하며, 혹은 한량 있고 한량없음이라 이름하기도 하였다. 지금에 결론한 의미는 지음 있음이 곧 나고 죽음이요, 한량 있음이 나고 죽음 없음과 같나니, 한량 있음 위에 나고 죽음 없음을 설했을 뿐이다. 나머지 둘은 명칭이 같다.

'제5 난승지의 열 번 거듭함'이란 경문에 가면 자연히 보겠지만 지금 간략히 명칭을 보이리라. (1) 세속 진리를 잘 아는 것이요, (2) 제일가는 이치의 진리를 잘 아는 것이요, (3) 모양의 진리요, (4) 차별한 진리요, (5) 성립하는 진리요, (6) 현상법의 진리요, (7) 생겨나는 진리요, (8) 모두 나고 죽음 없는 진리요, (9) 도에 들어가는 지혜의 진리요, (10) 일체 보살지를 순서대로 성취하는 진리를 잘 아는 것이요, 나아가 여래가 성취한 지혜를 잘 아는 진리이다.

다. 근본 가르침[宗趣] (三宗 9上1)

[疏] 三, 宗趣者는 以無邊諦海로 隨根隨義하야 立名不同하야 徧空世界하야는 以此爲宗이오 務在益物調生으로 爲趣라 又上二皆宗이오 發生淨信爲趣니라

■ 다. 근본 가르침이란 그지없는 진리의 바다로 근기를 따르고 뜻을 따라 세운 명칭이 같지 않아서 허공과 세계에 두루 함으로 근본을 삼고, 중생을 이익되게 하고 중생을 조복함에 힘쓰는 것으로 가르침을 삼는다. 또한 위의 둘은 모두 근본이요, 깨끗한 믿음을 발생함으로 가르침을 삼는다.

라. 비방과 힐난을 해명하다[解妨] 2.

가) 질문하다[問] (四解 9上4)

[疏] 四, 解妨難이라 問이라 旣彰佛語業하야 答說法問인대 佛所說法이 多門이어늘 何以唯陳四諦오
- ㄹ. 비방과 힐난을 해명함이다. 가) 질문함이다. 이미 부처님의 어업을 밝혀서 법을 설하심에 대한 질문에 대답한다면, '부처님이 설하신 법이 여러 문인데 어찌하여 오직 사성제만 말하였는가?

나) 대답하다[答] 2.
(가) 사성제에 포함된 까닭이다[四諦包含故] (答以 9上5)

[疏] 答이라 以名雖在小나 義通大小요 事理具足이니 謂苦集二諦는 是世間因果라 所知所斷이니 無改易故요 滅道二[100]諦는 出世間因果라 所證所修니 事決定故라 知斷證修가 能運衆生하야 到彼岸故로 世界有異라도 此獨無改온 況無量無作을 何義不收리오 是故로 約此하사 以顯差別하니라
- 나) 대답함이다. 명칭은 비록 소승에 있지만 뜻은 대승과 소승에 통함이요, 현상과 이치를 구족하였다. 이른바 고제와 집제의 두 가지는 세간법의 원인과 결과이다. 알 대상이요 끊을 대상이니 고치거나 바꿀 수 없기 때문이요, 멸제와 도제의 두 가지는 출세간의 원인과 결과이다. 증득할 대상이요 닦을 대상이니 할 일이 결정된 까닭이다. 알고 끊고 증득하고 닦는 것이 능히 중생을 움직여서 저 언덕에 이르게 하는 연고로 세계가 달라짐이 있더라도 이것은 홀로 고치지 못할 것

---

100) 二는 南續金本作兩.

인데 하물며 한량없음과 지음 없음을 어떤 뜻으로 거두지 못하겠는 가? 이런 연고로 이것을 잡아서 차별됨을 밝힌 것이다.

[鈔] 答以名雖在小者는 通此一問에 有二義하니 一, 四諦가 包含故오 二, 開權顯實故라 今初에 名雖在小者는 經中에 多言爲求聲聞者하야 說四諦故니라 義通大小는 卽生滅無生等이라 言事理具足者는 如十 二緣은 但事而無理어니와 今滅諦는 是理요 十二因緣은 名廣事略하 고 事亦不具하니 但有苦集而無道故라 六波羅密은 但顯出世하니 無 世間故오 但有道滅하니 無苦集故라 謂苦集二諦下는 出具足相이라 世界有異者는 十方諸佛의 出世敎化가 皆令捨於世間하고 證涅槃 故라 三世同然이니 故로 涅槃에 云, 我昔與汝等으로 不識四眞諦일새 是故久流轉 生死大苦海라하니라 況無量下는 收後二重이니 但用前 二라도 相性具足하고 大小包含이언마는 況加此二하면 一實之旨가 於 是乎在아

● 나) 대답함에서 '명칭은 비록 소승에 있지만'이란 이 한 가지 질문을 해명할 적에 두 가지 뜻이 있으니 (가) 사성제가 포함된 까닭이요, (나) 방편을 열어 진실을 밝혔기 때문이다. 지금은 (가)에서 '명칭은 비록 소승에 있다'는 것은 경문 중에 대부분 성문을 구하는 이를 위 하여 사성제를 설한다고 말하기 때문이다. '뜻은 대승과 소승에 통 한다'는 것은 곧 나고 죽음의 사성제와 나고 죽음 없는 사성제 등이 다. '현상과 이치를 구족했다'고 말한 것은 저 12인연은 단지 현상일 뿐 이치가 없고, 지금의 멸성제는 이치요, 12인연은 명칭은 넓은데 현 상은 간략하고 현상이 또한 구비되지 않았으니 단지 고제와 집제만 있고, 도제가 없기 때문이다. 육바라밀은 단지 출세간법만 밝혔으니

세간법이 없기 때문이요, 단지 도제와 멸제만 있으니 고제와 집제는 없기 때문이다. (다) 謂苦集二諦 아래는 갖춘 모양을 내보임이다. '세계가 달라짐이 있다'는 것은 시방의 모든 부처님이 세상에 나와서 교화하심이 모두 세간법을 버리고 열반을 증득하게 하는 까닭이다. 삼세가 함께 그러하니 그러므로『열반경』제15권 범행품에 이르되, "아득한 옛날 나와 너희들은 네 가지 진제를 보지 못하고 그로 인하여 생사의 큰 고통스러운 바다에 오랫동안 헤매면서 지내었다"라고 하였다. (라) 況無量 아래는 뒤의 두 가지 거듭을 거둠이니, 단지 앞의 둘만 쓰더라도 모양과 체성이 구족하고 대승 소승이 포함될 텐데 하물며 이런 둘을 더하면 일승의 진실한 종지가 더욱 들어 있지 않겠는가!

(나) 방편을 열어 진실을 밝힌 까닭이다[開權顯實故] (又爲 10上1)

[疏] 又爲破計引機故니 謂演彼聲聞四諦局法하야 令亡所執하고 引入一乘無邊諦海일새 故約此辨이니라 何以四諦에 皆帶苦言고 謂苦滅聖諦等이라 然이나 謂生苦之集일새 故云苦集이오 盡苦之滅일새 名爲苦滅이오 至苦滅之道일새 名苦滅道라 不得單言苦道는 以道非生苦가 不同集故라 又非滅苦면 不同滅故며 能證苦滅故로 云苦滅道니라

■ 또한 계탁을 부수고 근기를 끌어들이기 위한 연고니, 이른바 저 성문들의 사성제에 국한된 법을 연설하여 하여금 집착을 없애고 일승의 그지없는 진리의 바다로 끌어들이는 연고로 이것을 잡아 밝힌 것이다. 어찌하여 사성제에 모두 '괴로움'이란 말이 수반되는가? 그러나 이른바 괴로움을 생기게 하는 모임이므로 '괴로움의 모임'이라 말하였

고, 괴로움이 없어진 멸제이므로 '괴로움의 소멸'이라 이름하였고, 괴로움의 소멸에 이르는 길이므로 '괴로움을 소멸하는 길'이라 이름한 것이다. 단순히 '괴로움의 길'이라 하지 않은 것은 도로써 괴로움을 생겨나지 않게 함이 집제와는 다르기 때문이다. 또한 괴로움을 멸함이 아니면 멸제와 같지 않기 때문이며, 괴로움이 소멸됨을 능히 증득하였으므로 '괴로움을 소멸하는 길'이라 하였다.

[鈔] 又爲破計下는 第二, 開權顯實故니 以諸經等[101])에 多說四諦爲小어니와 今開此局하야 名周法界하야 亡所執相하고 卽入無生하야 引入一乘하니 則會眞實이온 況六度等이 而不周耶아
- (나) 又爲破計 아래는 방편을 열어 진실을 밝힌 까닭이니 모든 경전에서 대부분 사성제는 소승을 위하여 설하였지만 지금은 이런 국한됨을 열어서 명칭이 법계에 두루 하여 집착된 바의 모양을 없애고 곧바로 나고 죽음 없음에 들어가 일승으로 끌어들였으니, 진실을 알지언정 육바라밀 따위가 두루 하지 않음과 비교할 수 있겠는가?

마. 바로 경문을 해석하다[正釋文] 2.
가) 표방하여 고하다[標告] (五正 10下1)

爾時에 文殊師利菩薩摩訶薩이 告諸菩薩言하시되,
그 때에 문수사리 보살마하살이 여러 보살들에게 말하였다.

[疏] 五, 正釋文이라 一品을 分二니 先, 標告라 二, 諸佛子下는 正釋[102])이

---

101) 等은 南續金本作中.

라 於中에 分四니 初, 娑婆諦名이오 二, 隣次十界오 三, 類通一切오 四, 主伴無窮이라 然此望前品하면 略於單說四洲라 就初二中하야 一一方內에 文各有二니 一, 別列諦名이오 二, 結數辨意라 然其立名이 或有因從果稱하며 果藉因名하며 約事約理하며 或總或別하니 如文當知니라

■ 마. 바로 경문을 해석함이다. 한 품을 둘로 나누리니 가) 표방하여 고함이요, 나) 諸佛子 아래는 바로 해석함이다. 그중에 넷으로 나누면 (가) 사바세계의 사성제 명칭이요, (나) 사바세계 인근의 열 가지 세계요, (다) 모든 부류에 통함이요, (라) 설주와 동반대중이 끝없음이다. 그러나 이를 앞의 품과 비교하면 단지 사주세계만 말했으니 (가)와 (나)의 둘 중에 의지하여 하나하나 방위에 경문이 각기 둘이 있으니 ㄱ. 개별적으로 사성제의 명칭을 나열함이요, ㄴ. 숫자로 결론하여 의미를 밝힘이다. 하지만 그 명칭이 혹 어떤 것은 인행이 과덕으로 인해 칭하기도 하고, 과덕은 인행을 빌려서 이름하기도 하며, 현상과 이치를 의지하기도 하며, 혹은 총합하기도 하고, 혹은 개별적으로 하기도 한다. 경문과 같이 알지니라.

나) 바로 밝히다[正顯] 4.
(가) 사바세계의 사성제의 이름[娑婆諦名] 2.

ㄱ. 사성제의 명칭을 개별로 나열하다[別列諦名] 4.
ㄱ) 괴로움의 성제[苦諦] (初娑 10下10)

---

102) 釋은 南金本作顯.

諸佛子여 苦聖諦는 此娑婆世界中에 或名罪며 或名逼迫이며 或名變異며 或名攀緣이며 或名聚며 或名刺며 或名依根이며 或名虛誑이며 或名癰瘡處며 或名愚夫行이니라

"여러 불자들이여, 고성제는 이 사바세계 가운데서 혹은 죄라 하고 혹은 핍박이라 하고 혹은 변이라 하고 혹은 반연이라 하고 혹은 취라 하고 혹은 자라 하고, 혹은 의근이라 하고 혹은 허광이라 하고 혹은 옹창처라 하고 혹은 우부행이라 하느니라.

[疏] 初, 娑婆中에 列內四諦를 即爲四別이니 一, 苦云罪者는 摧也니 謂摧壞色心故라 二, 逼迫者는 不可意境이 逼迫身心也니 此二는 總顯이라 三, 變異者는 壞苦也요 攀緣者는 追求苦也오 聚者는 五盛陰苦也라 刺者는 從喩立名이니 如刺未拔이라 依根者는 由苦하야 能生一切惡也라 虛誑者는 於下苦中에 能生樂想也라 癰瘡處者는 此喩二苦니 有癰瘡處가 性自是苦라 此如五陰苦에 若加手等觸이니 苦上加苦가 是苦苦也라 愚夫行者는 行苦也니 愚人所行故라 如以睫毛로 置掌에 不覺이어니와 若置眼[103)]內하면 爲苦不安이니 愚夫는 不覺行苦가 如掌內之毛라 而復以苦로 反欲捨苦는 皆愚夫行也라

- (가) 사바세계의 사성제 명칭 중에 사성제를 나열한 것을 넷으로 구분하였으니 ㄱ) 괴로움의 성제에서 (1) '죄'라 한 것은 꺾는 것이니 형색과 마음을 꺾어 무너뜨리는 까닭이다. (2) 핍박이란 생각할 수 없는 경계가 몸과 마음을 핍박한다는 뜻이니 이 둘[죄와 핍박]은 총합하

---

103) 眼은 南續金本作目. 癰 악창 옹, 瘡 종기 창, 誑 속일 광

여 밝힘이다. (3) 변해 달라짐이란 괴고요, 반연함은 괴로움을 따라 구하는 것이요, 덩어리란 오음(五陰)이 치성한 괴로움이다. 가시[刺]란 비유에서 건립한 이름이니 마치 가시를 뽑아내지 못함과 같으며, 감관을 의지함이란 괴로움으로 말미암아 온갖 나쁜 일이 능히 생겨난다는 뜻이다. 헛되이 속임이란 하열한 괴로움 속에서 즐겁다는 생각을 일으키는 까닭이다. 옹창처란 이것으로 두 가지 괴로움을 비유하였으니 곪거나 다친 곳이 있어서 체성이 자연히 괴롭다는 뜻이다. 이렇게 오음의 괴로움과 같이 손발 따위로 닿음을 더하는 것과 같나니 괴로움 위에 괴로움을 더한 것이 고고(苦苦)이다. '어리석은 범부의 행'이란 행고이니 어리석은 사람의 소행인 까닭이다. 마치 눈썹 터럭을 손바닥에 두면 알지 못하지만 만일 눈 속에 넣으면 괴롭고 불안함과 같나니, 어리석은 범부는 변천하는 괴로움이 손바닥의 터럭과 같아서 다시 고통을 도리어 고통에 버리는 것은 모두 범부의 소행인 것이다.

[鈔] 五, 正釋文이라 如睫毛104)者는 全是俱舍頌에 云, 如以一睫毛로 置掌人不覺이어니와 若置眼睛上하면 爲苦及不安이라 凡夫는 如手掌하야 不覺行苦睫하고 智者如眼睛하야 緣極生厭怖라하니라 從而復以苦等者는 卽法華經第一에 云, 不求大勢佛과 及與斷苦法하고 深入諸邪見하야 以苦欲捨苦하니 爲是衆生故로 而起大悲心이라하니라

● 마. 바로 경문을 해석함이다. '눈썹의 터럭과 같다'는 것은 모두『구사론』게송이니 이르되, "마치 눈썹의 터럭 하나를 손바닥에 두면 사람이 모르지만 만일 눈동자에 들어가면 괴롭고 불안하게 됨과 같다.

---

104) 上鈔는 南續金本作如一睫毛. 睫 속눈썹 첩.

범부는 손바닥과 같아서 변천하는 괴로움[行苦]이 바름을 알지 못하고 지혜 있는 사람은 눈동자에 있는 것처럼 반연을 끝내 싫어하고 두려워한다"라고 하였다. 다시 괴로움 등이란 곧 『법화경』 제1권에 이르되, "큰 세력의 부처님과 및 괴로움을 끊는 법을 구하지 않고 모든 삿된 소견에 깊이 들어가 괴로움으로 괴로움을 버리려 하나니 이런 중생을 위하여 대비의 마음을 일으킨다"라고 하였다.

ㄴ) 괴로움이 모임의 성제[集諦] (二集 11下8)

諸佛子여 苦集聖諦는 此娑婆世界中에 或名繫縛이며 或名滅壞며 或名愛著義며 或名妄覺念이며 或名趣入이며 或名決定이며 或名網이며 或名戲論이며 或名隨行이며 或名顚倒根이니라

여러 불자들이여, 고집성제는 이 사바세계 가운데서 혹은 계박이라 하고 혹은 멸괴라 하며 혹은 애착의라 하며 혹은 망각념이라 하며 혹은 취입이라 하며 혹은 결정이라 하며 혹은 망이라 하며 혹은 희론이라 하며 혹은 수행이라 하며 혹은 전도근이라 하느니라.

[疏] 二, 集中에 初二는 通顯이니 謂有業惑者는 繫縛三界하야 滅壞善根이라 次二는 別顯煩惱니 餘多通業惑이라

■ ㄴ) 괴로움의 모임의 성제 중에 (ㄱ) 처음의 둘[계박, 멸괴]은 전체적으로 밝힘이니, 이른바 업과 번뇌가 있는 이는 삼계에 얽히고 속박되어 선근을 없애고 무너뜨린다. (ㄴ) 다음의 둘[애착의, 망각념]은 개별로 번

뇌를 밝힘이니 나머지는 대부분 업과 번뇌에 통하는 개념이다.

[鈔] 有業惑者는 然이나 三雜染인 業惑爲集이니 別有多門이나 總不出二니라
- 업과 번뇌가 있는 이는 그러나 세 가지 잡염법인 업과 번뇌가 집성제가 되나니, 개별로 여러 문이 있지만 총합하면 두 가지에서 벗어나지 않는다.

ㄷ) 괴로움이 멸한 성제[滅諦] (三苦 12上4)

諸佛子여 苦滅聖諦는 此娑婆世界中에 或名無諍이며 或名離塵이며 或名寂靜이며 或名無相이며 或名無沒이며 或名無自性이며 或名無障礙며 或名滅이며 或名體眞實이며 或名住自性이니라
여러 불자들이여, 고멸성제는 이 사바세계 가운데서 혹은 무쟁이라 하고 혹은 이진이라 하고 혹은 적정이라 하고 혹은 무상이라 하고 혹은 무몰이라 하고 혹은 무자성이라 하고 혹은 무장애라 하고 혹은 멸이라 하고 혹은 체진실이라 하고 혹은 주자성이라 하느니라.

[疏] 三, 苦滅中에 無諍者는 煩惱爲諍故라 體眞實者는 非唯惑滅而已라 實乃法身常住가 爲滅諦之義니 故로 次云住自性也니 謂本來滅故니라
- ㄷ) 괴로움이 멸한 성제에서 다툼 없음이란 번뇌로 다투기 때문이다.

'체성이 진실함'은 오직 번뇌가 없어질 뿐만 아니라 진실로 비로소 법신이 상주함이 멸성제의 뜻이 되는 것이다. 그러므로 '자체 성품에 머무름'이라 한 것이니 이른바 본래로 열반인 까닭이다.

[鈔] 煩惱名諍은 卽俱舍論에 云, 煩惱名諍이니 觸動善品故라하니 今滅煩惱를 故名無諍이라하니라 非唯滅惑者는 如成實等에 亦說호대 滅者는 譬如燈滅에 則膏明俱竭하야 無復別有一實盡處也라하니라 肇公이 亦用此言하니라 實則滅惑所顯에 法身常住하야 有實體也라 故로 涅槃第四에 迦葉問言호대 如佛所言하사 如燈滅已에 無有方所인달하야 如來亦爾하야 旣滅度已에 亦無方所니다 佛告迦葉하시되 善男子야 如人이 然燈之時에 燈器大小가 悉滿中油하면 隨其油在하야 其明猶存이라가 若油盡已에 明亦俱盡이니 其明滅者는 喩煩惱滅이라 明雖滅盡이나 燈器猶存이니 如來亦爾하야 煩惱雖滅이나 法身常存라하며 下文에 又云, 如燈滅者는 是羅漢涅槃이라하니라 又四諦品에 云, 若言修習空法하면 是名不善이니 滅壞一切如來眞法藏故로 同於外道하니 故知滅體는 法是眞實故로다

次云住自性者는 證成上文의 體眞實義니 則體眞實은 揀非虛妄과 及非空無라 住自性言은 卽是法住法正位也라 本來寂滅은 卽成上文의 住自性義니라

● '번뇌를 다툼'이라 이름한 것은 곧 『구사론』에 이르되, "번뇌를 이름하여 다툼이라 하나니, 선한 품성을 접촉하여 움직이게 하는 까닭이다"라고 하였으니 지금은 '번뇌를 없앴으므로 '다툼 없음'이라 이름한 것이다'라고 하였다. '오직 번뇌가 없어질 뿐만 아니라' 한 것은 저 『성실론』등에도 또한 말하되, "멸함이란 비유컨대 등불이 꺼질 적에 기

름과 광명이 모두 고갈하여 다시 따로이 실제로 다하는 곳이 하나가 있는 것도 아니다"라고 하였다. 승조법사는 또한 이 말씀을 사용한 것이다. 실제로는 번뇌를 없애고 밝힌 곳에 법신이 상주하여 진실한 체성이 있다. 그러므로 『열반경』 제4권에, "가섭존자가 여쭈어 말하되 '부처님이 말씀하신 것과 같이 등불이 꺼지고 나면 아무 방소도 없는 것과 같아서 여래도 또한 그러하여 이미 멸도에 드신 뒤에는 또한 아무 방소도 없습니다' 부처님이 가섭에게 고하시되, 선남자여, 마치 사람이 등불을 밝힐 적에 등잔이 크든 작든 기름을 가득 채우면 그 기름 있음을 따라서 밝음이 아직 남았다가 기름이 다하고 나면 밝음 역시 함께 다함과 같나니, 그 광명이 다하는 것은 번뇌가 다함에 비유하였다. 광명은 비록 다 소멸하지만 등잔은 남은 것이니 부처님도 또한 마찬가지로 번뇌가 비록 없어졌으나 법신은 항상 계신다"라고 하였으며, 아래 경문에 또 이르되, "등불이 다한 것은 아라한의 열반과 같다"라고 하였다. 또한 사제품에 이르되, "만일 공한 법을 닦고 익힌다고 말하면 이것을 불선법이라 이름하나니, 모든 여래의 진정한 법장을 없애고 무너뜨리는 연고로 외도와 같다"라고 하였으니, 그러므로 알라. 멸제의 체성은 법이 진실함인 것을.

다음에 '자체 성품에 머문다'고 말한 것은 위의 경문의 '체성이 진실함'의 뜻을 증명함이니, 체성이 진실함은 허망하지 않음과 공하여 없는 것 아님을 구분한 말이다. '자체 성품에 머문다'는 말은 곧 법이 법의 바른 지위에 머문다는 뜻이다. '본래로 열반함'은 위의 경문의 '자체 성품에 머문다'는 뜻을 성립하는 말이다.

ㄹ) 괴로움의 멸에 이르는 길의 성제[道諦] (四苦 13上6)

諸佛子여 苦滅道聖諦는 此娑婆世界中에 或名一乘이며 或名趣寂이며 或名導引이며 或名究竟無分別이며 或名平等이며 或名捨擔이며 或名無所趣며 或名隨聖意며 或名仙人行이며 或名十藏이니라

여러 불자들이여, 고멸도성제는 이 사바세계 가운데서 혹은 일승이라 하고 혹은 취적이라 하고 혹은 도인이라 하고 혹은 구경무분별이라 하고 혹은 평등이라 하고 혹은 사담이라 하고 혹은 무소취라 하고 혹은 수성의라 하고 혹은 선인행이라 하고 혹은 십장이라 하느니라.

[疏] 四, 苦滅道諦에 云十藏者는 謂信聞等이니 如十藏品說이니라
- ㄹ) 괴로움의 멸에 이르는 길의 성제에서 '열 가지 무진장'이라 말한 것은 이른바 믿음과 들음 따위이니 저 십무진장품에 설한 내용과 같다.

ㄴ. 숫자로 결론하고 의미를 밝히다[結數辨意] (二結 13上9)

諸佛子여 此娑婆世界中에 說四聖諦가 有如是等四百億十千名하니 隨衆生心하여 悉令調伏케하시니라

여러 불자들이여, 이 사바세계에서 사성제를 말하는데 이러한 4백억 10천 가지의 이름이 있으니 중생의 마음을 따라 다 하여금 조복케 하느니라.

[疏] 二, 結에 云四百億十千者는 望前名號하면 一, 四洲에 有十千이어니

와 今一四天下에 一諦에 亦有十千하며 四諦에 歷於百億일새 故有四百億箇十千이라 隨衆生心下는 顯差別之意也니라
- ㄴ. 숫자로 결론하고 의미를 밝힘에 이르되, '4백억 10천 가지'라 말한 것은 하나의 사주(四洲)세계에 10천 가지가 있거니와 지금 하나의 4천하에서 한 가지 성제마다 10천 가지가 있으며, 사성제에 백억 가지를 거쳤으므로 4백억 개가 10천 가지가 있는 것이다. 隨衆生心 아래는 차별한 의미를 밝힌 내용이다.

(나) 사바세계 인근의 열 세계의 사성제[隣次十界] 2.

ㄱ. 사성제의 명칭을 나열하다[別列諦名] 10.
ㄱ) 동방 밀훈세계의 사성제[東方密訓世界] 5.
(ㄱ) 고성제의 열 가지 명칭[苦十種名] (第二 13下6)

諸佛子여 此娑婆世界의 所言苦聖諦者는 彼密訓世界中엔 或名營求根이며 或名不出離며 或名繫縛本이며 或名作所不應作이며 或名普鬪諍이며 或名分析悉無力이며 或名作所依며 或名極苦며 或名躁動이며 或名形狀物이니라

여러 불자들이여, 이 사바세계에서 고성제라 말하는 것은 저 밀훈세계 가운데서는 혹은 이름이 영구근이며 혹은 이름이 불출리며 혹은 이름이 계박본이며 혹은 이름이 작소불응작이며 혹은 이름이 보투쟁이며 혹은 이름이 분석실무력이며 혹은 이름이 작소의며 혹은 이름이 극고이며 혹은

이름이 조동이며 혹은 이름이 형상물이니라.

[疏] 第二, 辨十方諦名이라 密訓은 卽東方界也라 苦名分析悉無力者는 推之於緣에 無實物也라 形狀物者는 有形皆苦也라
- (나) 사바세계 인근의 열 세계의 사성제 명칭을 밝힘이다. ㄱ) 밀훈密訓은 곧 동방의 세계이다. 고성제를 '분석해도 모두 능력 없음'이라 이름한 것은 인연을 추구할 적에 실제 물건이 없다는 뜻이다. '형상 가진 물건'이란 형상 있는 것은 모두 괴로움이란 뜻이다.

(ㄴ) 집성제의 열 가지 명칭[集十種名]

諸佛子여 所言苦集聖諦者는 彼密訓世界中엔 或名順生死며 或名染著이며 或名燒然이며 或名流轉이며 或名敗壞根이며 或名續諸有며 或名惡行이며 或名愛著이며 或名病源이며 或名分數니라
여러 불자들이여, 고집성제라 말하는 것은 저 밀훈세계 가운데서는 혹은 이름이 순생사며 혹은 이름이 염착이며 혹은 이름이 소연이며 혹은 이름이 유전이며 혹은 이름이 패괴근이며 혹은 이름이 속제유며 혹은 이름이 악행이며 혹은 이름이 애착이며 혹은 이름이 병원이며 혹은 이름이 분수니라.

[疏] 集中에 病源者는 謂有攀緣故오
- (ㄴ) 집성제 중에 '병의 근원'이란 반연이 있다는 뜻이다.

[鈔] 集中病源者는 卽淨名第二에 云, 何謂病本고 謂有攀緣이니 從有攀緣하야 卽[105]爲病本이라하며 下文에 云何斷攀緣고 以無所得이니 若無所得하면 則無攀緣이라하니라 釋曰, 正引病本하야 無得은 因便이니라

- 집성제 중에 '병의 근원'이란 곧 『유마경』 제2권에 이르되, "무엇이 병의 근본인가? 이를테면 반연에 있다. 반연이 있음으로부터 병의 근본이 됩니다"라고 하였으며, 아래 경문에 이르되, "어떻게 반연을 끊는가 하면 얻을 바 없음으로써 합니다. 만약 얻을 바가 없으면 곧 반연이 없습니다"라고 하였다. 해석하자면 바로 병의 근본을 이끌어서 얻음이 없음은 원인의 쪽에서 말한 것이다.

(ㄷ) 멸성제의 열 가지 명칭[滅十種名]

諸佛子여 所言苦滅聖諦者는 彼密訓世界中엔 或名第一義며 或名出離며 或名可讚歎이며 或名安隱이며 或名善入趣며 或名調伏이며 或名一分이며 或名無罪며 或名離貪이며 或名決定이니라

여러 불자들이여, 고멸성제라 말한 것은 저 밀훈세계 가운데서는 혹은 이름이 제일의며 혹은 이름이 출리며 혹은 이름이 가찬탄이며 혹은 이름이 안온이며 혹은 이름이 선입취며 혹은 이름이 조복이며 혹은 이름이 일분이며 혹은 이름이 무죄며 혹은 이름이 이탐이며 혹은 이름이 결정이니라.

[疏] 滅에 云一分者는 惑由妄起일새 故分數塵沙어니와 理不可分일새 故

---

105) 卽은 南續金本作則.

稱一分이니라

■ (ㄷ) 멸성제에서 '한 부분'이라 말한 것은 번뇌는 망념으로 말미암아 일어났으므로 티끌 수와 모래를 구분하고 헤아렸지만 이치는 나눌 수가 없으므로 '한 부분'이라 이름하였다.

[鈔] 惑由妄起者는 卽大般若中[106]에 般若波羅蜜多淸淨과 若色淸淨하며 若一切智智淸淨하면 無二無二分이며 無別無斷故라하시고 故無二分은 是一分[107]耳니라 是以로 生公이 云, 萬善은 理同而相兼하야 惡異而域絶이오 善因伏惑成別이니 故有八萬行名이라 行雖參差나 俱果菩提니 總由一理以統之라 故何有二分이리오 理不可分이 如虛空故라하니라

● '번뇌는 망념으로 말미암아 일어남'이란 곧 『대반야경』 중에 "반야바라밀다가 청정함과 형색이 청정함, 온갖 지혜의 지혜가 청정함은 둘도 없고 두 부분도 없으며, 별상도 없고 단절함도 없기 때문이다"라고 하였고, 그러므로 두 부분이 없음은 '한 부분'이란 뜻일 뿐이다. 이런 까닭으로 도생(道生) 법사가 이르되, "만 가지 선함은 이치가 같고 모양을 겸하여 악과 다르고 영역이 끊어짐이요, 좋은 원인에 번뇌를 조복하여 별상이 되었으니 그러므로 8만 가지 행법의 이름이 있는 것이다. 행법이 비록 어긋나더라도 모두 결과는 보리이니 총상으로 한 가지 이치로 인해 통합하였다. 그러므로 어찌 두 부분이 있겠는가? '이치가 나눌 수 없다' 함이 마치 허공과 같기 때문이다"라고 하였다.

(ㄹ) 도성제의 열 가지 명칭[道十種名]

---

106) 中下에 南續金本有若字.
107) 一分은 南續金本作眞滅.

諸佛子여 所言苦滅道聖諦者는 彼密訓世界中엔 或名猛
將이며 或名上行이며 或名超出이며 或名有方便이며 或
名平等眼이며 或名離邊이며 或名了悟며 或名攝取며 或
名最勝眼이며 或名觀方이니라
여러 불자들이여, 고멸도성제라 말한 것은 저 밀훈세계 가
운데서는 혹은 이름이 맹장이며 혹은 이름이 상행이며 혹
은 이름이 초출이며 혹은 이름이 유방편이며 혹은 이름이
평등안이며 혹은 이름이 이변이며 혹은 이름이 요오며 혹
은 이름이 섭취며 혹은 이름이 최승안이며 혹은 이름이 관
방이니라.

[疏] 道에 言上行者는 所之在滅이라 言觀方者는 謂觀四諦也라 更有四
方하니 如十定品하니라

■ (ㄹ) 도성제에서 '상행'이라 말한 것은 가는 방소가 열반에 있다는 뜻
이다. '방소를 관찰함'이라 말한 것은 이른바 사성제를 관찰함이다.
다시 네 방소가 있으니 십정품의 내용과 같다.

[鈔] 所之在滅者는 滅爲最上이라 之者는 適也니 道能證滅일새 故爲上行
이라 此言은 在於周易하니 故로 謙卦에 云, 地道는 卑而上行이라하며
噬嗑卦象辭에 云, 柔得中而上行이라하니 注에 云, 上行은 謂所之在
進也니 凡言上行은 所之在貴也라하니라 今借此文勢니라
觀方者는 卽涅槃三十六에 迦葉品中에 云, 如恒河邊에 有七種衆生
하니 一者, 沈沒이오 二者, 沒已還出하고 出已復沒이오 三者, 沒已却
出하고 出已不沒이오 四者, 出已觀方이오 五者, 觀方已去오 六者,

出去[108]하야 淺處則住오 七者, 到彼岸이라하고 廣有合文하나니 今但 取第四觀方一義니라 經云, 是名第四徧觀四方이니라 四方者는 卽是 四諦라하니라 釋曰, 能觀四諦가 卽是道諦일새 故道名觀方이니라

更有四方者는 卽第四十二阿耨達池喩中에 合池四方云, 佛子야 何者가 名爲菩薩四方고 所謂見一切佛而得開悟하며一 聞一切法하고 受持不忘하며二 圓滿一切波羅密行하며三 大悲說法하야 滿足衆生이 라하니라四 釋曰, 若觀此四하면 爲菩薩道也니라

● '가는 방소가 열반에 있다'는 것은 열반이 '최상'이 됨이다. 간다는 것은 '맞다'는 뜻이다. 도성제는 능히 열반을 증득하므로 '위로 행함'이 된다. 이 말은 『주역』에 있는 말이다. 그러므로 『주역』 겸괘(謙卦)에 이르되, "땅의 길은 낮은 데서 위로 간다"고 하였으며, 서합괘(噬嗑卦)의 단사(彖辭)에 이르되, "부드럽게 중용을 얻어 위로 간다"고 하였으니 주(註)에 이르되, "위로 행함은 이른바 가는 방소가 나아감에 있나니 대개 상행이란 말은 가는 곳이 귀함에 있다"라고 하였다. 지금 여기서는 이런 문장의 세력을 빌려온 것이다.

'방소를 관찰함'이란 곧 『열반경』 제36권 가섭품 중에 이르되, "갠지스 강가에 일곱 종류의 중생이 있음과 같나니, (1) 빠지는 중생이요, (2) 빠졌다가 다시 나오고 나왔다가는 다시 빠지는 중생, (3) 빠졌다가 도리어 나오고 나와서는 빠지지 않는 중생 (4) 나와서는 주위를 관찰하는 중생 (5) 방소를 관찰하고는 가는 중생, (6) 나가서 얕은 곳에 머무는 중생, (7) 저 열반의 언덕에 이르는 중생이다"라고 하였고, 널리 비유와 합한 경문이 있으니, 지금은 단지 (4) 나와서는 주위를 관찰하는 중생의 한 가지 뜻만 취하였다. 경문에 이르되, "이것

---

108) 出去는 南續金本作去至, 案經卷三十二師子吼品 此句作入已卽去淺處卽住 迦葉品作行已復住.

을 (4) 두루 사방을 관찰함이라 이름한다. 여기서 사방이란 곧 사성제를 뜻한다"라고 하였다. 해석하자면 관찰하는 주체의 사성제가 바로 도성제이므로 도성제를 사방을 관찰함이라 이름한 것이다.

'다시 사방이 있다'는 것은 곧 (십정품의) 제42권 아누달 연못의 비유 중에 연못의 사방과 합하여 말하되, "불자들이여, 어떤 것을 보살의 사방이라 이름하는가? 이른바 모든 부처님을 친견하고 깨달음을 얻었으며(1) 온갖 법문을 듣고 잊지 않고 수지하며(2) 온갖 바라밀행법을 원만히 하고(3) 대비심으로 법을 설하여 중생을 만족함이다(4)"라고 하였다. 해석하자면 만일 이런 네 가지로 관찰하는 것을 보살의 도성제(道聖諦)로 삼는다는 뜻이다.

㈤ 숫자로 결론하다[結數辨意]

諸佛子여 密訓世界에 說四聖諦가 有如是等四百億十千名하니 隨衆生心하여 悉令調伏케하시니라
여러 불자들이여, 밀훈세계에서 사성제를 말하는데 이러한 4백억 10천 가지의 이름이 있으니 중생의 마음을 따라 다 하여금 조복케 하시니라.

ㄴ) 남방 최승세계의 사성제[南方最勝世界] 4.
(ㄱ) 고성제의 열 가지 명칭[苦十種名] (二最 16上2)

諸佛子여 此娑婆世界의 所言苦聖諦者는 彼最勝世界中엔 或名恐怖며 或名分段이며 或名可厭惡며 或名須承事

며 或名變異며 或名招引冤이며 或名能欺奪이며 或名難共事며 或名妄分別이며 或名有勢力이니라

여러 불자들이여, 이 사바세계에서 고성제라 말하는 것은 저 최승세계 가운데서는 혹은 이름이 공포며 혹은 이름이 분단이며 혹은 이름이 가염오이며 혹은 이름이 수승사며 혹은 이름이 변이며 혹은 이름이 초인원이며 혹은 이름이 능기탈이며 혹은 이름이 난공사이며 혹은 이름이 망분별이며 혹은 이름이 유세력이니라.

[疏] 二, 最勝世界者는 卽是南方이라 前名豐溢하니 豐溢은 是正翻이오 最勝은 乃義譯耳라 苦名有勢力者는 生老病死가 猶四山臨人하니 世雖賢豪라도 力無與競이니라

- ㄴ) 최승세계란 곧 남방이다. 앞에서 풍일(豐溢)세계라 하였으니 풍일은 바로 번역한 내용이요, 최승(最勝)이라 함이 비로소 뜻으로 번역한 것일 뿐이다. 고성제를 '세력 있음'이라 이름한 것은 나고 늙고 병들고 죽음이 마치 사방의 산에 다다른 사람과 같나니, 세상에 비록 현명하고 호방(豪放)한 사람이라 하더라도 힘으로 경쟁할 수 없기 때문이다.

[鈔] 生老病死者는 涅槃二十九中에 釋八喩非喩云, 云何非喩오 如我昔告波斯匿王云호대 大王아 有親信人이 從四方來하야 各作是言호대 大王아 有四大山이 從四方來하야 欲害人民이언마는 王若聞者면 當設何計오 王言호대 世尊하 設有此來면 無逃避處니 唯當專心持戒布施니이다 我卽讚言호대 善哉라 大王이여 我說四山은 卽是衆生의

生老病死니 生老病死가 常來害¹⁰⁹人이라 云何大王이 不修施戒오하시니 卽其事也라 故로 賢與不肖와 豪强羸弱이 同爲四遷하야 一無脫者라 梵王帝釋과 貧窮下賤과 堯舜桀紂와 三皇四凶이 倂歸灰壤하야 皆爲苦依니라

- '나고 늙고 병들고 죽음'이란 『열반경』 제29권(사자후보살품) 중에 '여덟 가지 비유할 수 없는 것'을 비유함에 대한 해석에 이르되, "어떠한 것이 (현재에) 없는 비유인가? 나는 예전에 바사익왕에게 이렇게 말하였다. 대왕이여, 친하게 믿는 사람들이 사방에서 찾아와서 각자 '대왕이시여, 네 개의 큰 산이 사방으로부터 다가와서 사람들을 해치려고 하나이다'라고 말하면, 왕은 이 말을 듣고 마땅히 어떠한 계책을 시설하겠습니까? 왕은 말하되, '세존이시여, 설사 여기로 다가오는 일이 있어도 도피할 곳이 없으니, 오직 마땅히 마음을 기울여 계율을 지키고 보시를 해야 하리다'라고 하기에 나는 곧 찬탄하여, '훌륭합니다. 대왕이여, 내가 말한 네 개의 산은 곧 중생이 태어나고 늙고 병들어 죽는 것입니다. 태어나고 늙고 병들어 죽는 것은 항상 찾아와서 사람에게 핍박하거늘, 어떻게 대왕이 계율과 보시를 수행하지 않겠습니까?'라고 말하였느니라"라고 하였으니 곧 그 사연이다. 그러므로 현명한 이와 불초(不肖)한 이, 호방하고 강한 이와 가득 차고 약한 이가 함께 네 가지로 천류(遷流)하여 한 사람도 벗어나는 이가 없는 것이다. 범천왕과 제석천과 빈궁하고 하천한 이, 요순(堯舜) 임금이나 걸주왕(桀紂王), 삼황(三皇)이나 네 가지 오랑캐가 모두 재나 흙으로 돌아가서 모두 고성제(苦聖諦)에 의지함이 된다.

---

109) 害는 經南續金本作切. 豊 풍년 풍. 溢 넘칠 일. 肖 작을 초. 桀 홰막대기 걸. 紂 주임금 주. 獷 사나울 광. 鄙 더러울 비.

(ㄴ) 집성제의 열 가지 명칭[集十種名]

諸佛子여 所言苦集聖諦者는 彼最勝世界中엔 或名敗壞며 或名癡根이며 或名大寃이며 或名利刃이며 或名滅味며 或名仇對며 或名非己物이며 或名惡導引이며 或名增黑暗이며 或名壞善利니라
여러 불자들이여, 고집성제라 말한 것은 저 최승세계 가운데서는 혹은 이름이 패괴며 혹은 이름이 치근이며 혹은 이름이 대원이며 혹은 이름이 이인이며 혹은 이름이 멸미며 혹은 이름이 구대며 혹은 이름이 비기물이며 혹은 이름이 악도인이며 혹은 이름이 증흑암이며 혹은 이름이 괴선리니라.

[疏] 集名非己物者는 己本性淨이어니 妄惑何預리오
- (ㄴ) 집성제(集聖諦)를 '자기 물건이 아님'이라 이름한 것은 자기의 본 성품이 깨끗한데 망녕된 번뇌가 어디에 발붙이리오!

(ㄷ) 멸성제의 열 가지 명칭[滅十種名]

諸佛子여 所言苦滅聖諦者는 彼最勝世界中엔 或名大義며 或名饒益이며 或名義中義며 或名無量이며 或名所應見이며 或名離分別이며 或名最上調伏이며 或名常平等이며 或名可同住며 或名無爲니라
여러 불자들이여, 고멸성제라 말한 것은 저 최승세계 가운

데서는 혹은 이름이 대의며 혹은 이름이 요익이며 혹은 이름이 의중의며 혹은 이름이 무량이며 혹은 이름이 소응견이며 혹은 이름이 이분별이며 혹은 이름이 최상조복이며 혹은 이름이 상평등이며 혹은 이름이 가동주며 혹은 이름이 무위니라.

[疏] 滅名義中義者는 事善은 有義오 滅理는 尤勝일새 義中義也니라
- (ㄷ) 멸성제(滅聖諦)에서 '뜻 중의 뜻'이라 말한 것은 현상이 좋은 것은 유의 뜻이요, 멸성제의 이치는 더욱 뛰어난 뜻이므로 '뜻 중의 뜻'이라 말한 것이다.

(ㄹ) 도성제의 열 가지 명칭[道十種名]

諸佛子여 所言苦滅道聖諦者는 彼最勝世界中엔 或名能燒然이며 或名最上品이며 或名決定이며 或名無能破며 或名深方便이며 或名出離며 或名不下劣이며 或名通達이며 或名解脫性이며 或名能度脫이니라 諸佛子여 最勝世界에 說四聖諦가 有如是等四百億十千名하니 隨衆生心하여 悉令調伏케하시니라

여러 불자들이여, 고멸도성제라 말한 것은 저 최승세계 가운데서는 혹은 이름이 능소연이며 혹은 이름이 최상품이며 혹은 이름이 결정이며 혹은 이름이 무능파며 혹은 이름이 심방편이며 혹은 이름이 출리며 혹은 이름이 불하열이며 혹은 이름이 통달이며 혹은 이름이 해탈성이며 혹은 이름이

능도탈이니라. 여러 불자들이여, 최승세계에서 사성제를 말하는데 이러한 4백억 10천 가지의 이름이 있으니 중생의 마음을 따라 다 하여금 조복케 하시니라.

[疏] 道名燒然은 以智慧火로 燒煩惱故니라
- (ㄹ) 도성제(道聖諦)를 '불로 태움'이라 이름한 것은 '지혜의 불로써 번뇌를 태운다'는 뜻이다.

ㄷ) 서방 이구세계의 사성제[西方離垢世界] 4.
(ㄱ) 고성제의 열 가지 명칭[苦十種名] (三西 17下4)

諸佛子여 此娑婆世界의 所言苦聖諦者는 彼離垢世界中엔 或名悔恨이며 或名資待며 或名展轉이며 或名住城이며 或名一味며 或名非法이며 或名居宅이며 或名妄著處며 或名虛妄見이며 或名無有數니라

여러 불자들이여, 이 사바세계에서 고성제라 말한 것은 저 이구세계 가운데서는 혹은 이름이 회한이며 혹은 이름이 자대며 혹은 이름이 전전이며 혹은 이름이 주성이며 혹은 이름이 일미며 혹은 이름이 비법이며 혹은 이름이 거택이며 혹은 이름이 망착처며 혹은 이름이 허망견이며 혹은 이름이 무유수니라.

[疏] 三, 西方離垢世界라 苦名無有數者는 三際無涯故오
- ㄷ) 서방 이구세계의 사성제이다. (ㄱ) 고성제를 '헤아릴 수 없음'이

라 이름한 것은 삼제(三際, 전제 중제 후제)가 끝이 없기 때문이요,

(ㄴ) 집성제의 열 가지 명칭[集十種名]

　　諸佛子여 所言苦集聖諦者는 彼離垢世界中엔 或名無實物이며 或名但有語며 或名非潔白이며 或名生地며 或名執取며 或名鄙賤이며 或名增長이며 或名重擔이며 或名能生이며 或名麤獷이니라
　　여러 불자들이여, 고집성제라 말한 것은 저 이구세계 가운데서는 혹은 이름이 무실물이며 혹은 이름이 단유어며 혹은 이름이 비결백이며 혹은 이름이 생지며 혹은 이름이 집취며 혹은 이름이 비천이며 혹은 이름이 증장이며 혹은 이름이 중담이며 혹은 이름이 능생이며 혹은 이름이 추광이니라.

[疏] 集名增長者는 從惑生惑業故오
■ (ㄴ) 집성제(集聖諦)를 '증장함'이라 이름한 것은 번뇌에서 번뇌와 업이 생기기 때문이요,

[鈔] 從惑生惑業者는 即俱舍頌이니 具云, 從惑生惑業하고 從業生於事하며 從事事惑生하고 有支理唯此라하니 此偈는 六地에 當釋호리라 今但要此句의 從惑生惑者는 謂從愛生取也오 言從惑生業者는 即從取生有하며 及無明生行이라 事即是苦니 今但說集에 唯擧惑業이니라
● '번뇌에서 번뇌와 업이 생긴다'는 것은 곧 『구사론』의 게송이다. 갖추

어 말하면, "미혹으로 말미암아 미혹과 업이 생기고 업으로 말미암아 현상이 생기며 현상에서 현상과 미혹이 생기나니, 존재 부분[有支]의 이치는 오직 그럴 뿐이네"라고 하였으니, 이 게송은 제6 현전지에 가서 해석하겠다. 지금은 단지 이 구절의 번뇌에서 번뇌가 생겨나는 까닭이요, '번뇌에서 업이 생겨난다'고 말한 것은 곧 취착에서 존재가 생겨나고 나아가 무명에서 지어감이 생겨나는 것이다. 현상은 곧 괴로움이니 지금은 단지 집성제만 말하면서 오직 번뇌와 업만 거론한 것이다.

(ㄷ) 멸성제의 열 가지 명칭[滅十種名]

> 諸佛子여 所言苦滅聖諦者는 彼離垢世界中엔 或名無等等이며 或名普除盡이며 或名離垢며 或名最勝根이며 或名稱會며 或名無資待며 或名滅惑이며 或名最上이며 或名畢竟이며 或名破印이니라
> 여러 불자들이여, 고멸성제라 말한 것은 저 이구세계 가운데서는 혹은 이름이 무등등이며 혹은 이름이 보제진이며 혹은 이름이 이구며 혹은 이름이 최승근이며 혹은 이름이 칭회며 혹은 이름이 무자대며 혹은 이름이 멸혹이며 혹은 이름이 최상이며 혹은 이름이 필경이며 혹은 이름이 파인이니라.

[疏] 滅名稱會者는 以事之滅로 稱會理滅故오 破印者는 世之陰苦가 若臘印으로 印泥에 印壞文成하야 此陰纔滅에 彼陰續生이니 今云破印

은 永不生也라

■ (ㄷ) 멸성제를 '칭합하게 앎'이라 이름한 것은 현상이 없어짐으로 이치가 없어짐과 칭합하게 아는 까닭이요, '깨진 도장[破印]'이란 세간에서 오음의 괴로움이 마치 밀납 도장으로 진흙에 찍을 적에 도장은 부서지고 무늬는 이루어짐과 같아서 이쪽 오음이 겨우 없어지면 저쪽 오음이 연속해서 생기는 것이니, 지금에 깨진 도장은 영원히 생겨나지 않기 때문이다.

[鈔] 若蠟印印泥者는 卽涅槃二十九라 下當廣釋호리라 次下疏文은 卽彼經文이니 今當略引하리라 經에 云, 善男子야 如日垂沒에 山陵堆阜가 影現東移나 理無西逝인달하야 衆生果報도 亦復如是하야 此陰滅時에 彼陰續生이 如燈生暗滅하며 燈滅暗生이라 善男子야 如蠟印으로 印泥에 印與泥合하야 印滅文成이나 而是蠟印은 不變在泥라 文非泥出이며 不餘處來나 以印因緣으로 而生是文인달하야 現在陰滅하고 中陰陰生에 是現在陰이 終不變爲中陰五陰이라 中陰五陰이 亦非自生이며 不從餘來나 因現陰故로 生中陰陰이 如蠟印으로 印泥에 印壞文成이라 名雖無差나 而時節有異라하나라 釋曰, 義至下釋이니 今意在破印耳라 陰卽是苦니 若證滅理하면 現在之陰이 不爲後因이오 後陰不生이 卽破印也니라

● '마치 밀납 인장으로 진흙에 찍는 것과 같다'는 것은 곧 『열반경』제29권에 있으니 아래에 가서 해석하겠다. 다음 아래 소문은 곧 저『열반경』의 경문이니 지금 간략히 인용하겠다. 경에 이르되, "선남자여, 가령 해가 지려 할 적에 산이나 언덕은 그 그림자가 동쪽으로 옮기는 것으로 나타나지만 이치상으로 서쪽으로 가는 것이 아닌 것과 같다.

이처럼 중생의 업의 과보도 또한 그러하여 이 오음이 없어질 적에 저쪽 오음이 계속하여 생겨남이, 마치 등불이 켜지면 어둠이 없어지고 등불이 꺼지면 어둠이 나타나는 것과 같으니라. 선남자여, 마치 밀납으로 만든 인장을 진흙에 찍으면 인장과 진흙이 합하였다가 인장을 떼면 글자가 생겨나는데, 이 밀납의 인장[蠟印]이 변하여 인주에 있는 것도 아니고, 글자가 진흙에서 나오는 것도 아니며, 다른 데에서 오는 것도 아니고, 인장의 인연으로 이 글자가 생겨나느니라. 현재의 오음이 없어지면 중음신의 오음이 생겨나는데, 이 현재의 오음이 마침내 변하여 중음신의 오음이 되는 것도 아니요, 중음신의 오음이 또한 스스로 생겨나는 것도 아니며, 다른 데에서 오는 것도 아니며, 인연으로 오음으로 인하여 중음신의 오음이 생겨나는 것이니, 마치 밀납의 인장을 진흙에 찍은 뒤 인장을 떼면 글자가 이루어지는 것과 같느니라. 그 명칭은 비록 차별이 없지만 시절은 각각 다르니라"라고 하였다. 해석하자면 뜻은 아래에 가서 해석할 것이니 지금은 의미가 (진흙에) 찍은 인장에 있을 뿐이다. 오음은 곧 괴로움이니 만일 멸성제의 이치를 증득하면 현재의 오음이 후생의 원인이 되지 않을 것이요, 후생의 오음이 생기지 않음이 곧 '깨진 도장[破印]'이란 뜻이다.

(ㄹ) 도성제의 열 가지 명칭[道十種名]

諸佛子여 所言苦滅道聖諦者는 彼離垢世界中엔 或名堅固物이며 或名方便分이며 或名解脫本이며 或名本性實이며 或名不可毀뽕며 或名最淸淨이며 或名諸有邊이며 或名受寄全이며 或名作究竟이며 或名淨分別이니라 諸

佛子여 離垢世界에 說四聖諦가 有如是等四百億十千名하니 隨衆生心하여 悉令調伏케하시니라

여러 불자들이여, 고멸도성제라 말한 것은 저 이구세계 가운데서는 혹은 이름이 견고물이며 혹은 이름이 방편분이며 혹은 이름이 해탈본이며 혹은 이름이 본성실이며 혹은 이름이 불가훼자며 혹은 이름이 최청정이며 혹은 이름이 제유변이며 혹은 이름이 수기전이며 혹은 이름이 작구경이며 혹은 이름이 정분별이니라. 여러 불자들이여, 이구세계에서 사성제를 말하는데 이러한 4백억 10천 가지의 이름이 있으니 중생의 마음을 따라 다 하여금 조복케 하시니라.

[疏] 道名諸有邊者는 照實卽生死可盡也라 故로 中論에 云, 眞法及說者와 聽者難得故니 是故則[110)]生死가 非有邊無邊이라하니 謂三事難得일새 故非有邊이라 難得者는 容有得義니 得則生死有邊이라 受寄全者는 業寄於集하야 暫受還亡이오 業寄於道에 永不可失이니라

■ (ㄹ) 도성제(道聖諦)를 '모든 존재의 끝'이라 이름한 것은 실법을 비추어 보면 곧 나고 죽음이 다할 수 있기 때문이다. 그러므로 『중론』에 이르되, "참된 법과 말하는 이와 듣는 이를 얻을 수 없나니 그러므로 생사는 끝 있음도 끝없음도 아니다"라고 하였으니 이른바 세 가지 일을 얻기 어려우므로 끝 있음이 아니다. '얻기 어렵다'는 것은 있는 쪽으로 뜻을 얻음을 용납함이니 얻음은 나고 죽음이 끝이 있다는 쪽이다. '받아서 전체를 의탁함'이란 업은 집성제에 의탁하여 잠시 받고서 도리어 없어짐이요, 업은 도성제에 의탁하면 영원히 잃지 않을 수 있다.

---

110) 則은 源金本作卽, 論原南本作則. 蠟 밀 납.

[鈔] 照實等者는 此正立理라 故中論下는 引證이라 先擧偈文하리니 卽邪見品이라 先有偈云호대 若世間有邊인대 云何有後世며 若世間無邊인대 云何有後世리오하니 上은 反釋之라 次云호대 五陰常相續이 猶如燈火焰이니 以是於世間에 不應邊無邊이라하니라 釋日, 以緣生이 性空故로 不屬邊無邊이니라

復次如中百觀說하는 眞法及說者等은 此約相說이니 不遇因緣하면 則生死無邊이오 遇則有邊이라 此有三事하니 一, 眞法은 如良藥이오 二, 說者는 如良醫오 三, 聽者는 如可治之病이라 若具此三하면 煩惱病愈하고 生死可盡이니 盡卽是有邊이라 不具此三하면 煩惱浩然하야 生死無畔이니 斯則無邊이라 故로 結云, 非有邊非無邊也라하니라 謂三事下는 疏釋이요 上偈는 卽影公意니 彼疏에 云, 難得故로 非有邊이오 難得故로 非無邊이라하니라 言猶難見일새 故取意釋호리라 夫言難得은 非全不得이니 若全不得이면 一向無邊이라 今有得者며 得則有邊이어니와 以難得故로 則無邊耳니 此亦約一人而說이어니와 若總望一切하면 難有其邊이니라 業寄於集者는 設修善業이라도 有漏心修하면 是寄於集諦니 因[111]盡報謝일새 故云還亡이라 無漏心修하면 是寄於道니 道符於理라하야 直趣菩提故니라

● '실법을 비추어 보는' 등이란 여기서 바로 a. 이치를 세움이다. b. 故中論 아래는 인용하여 증명함이다. 먼저 게송의 문장을 거론할 것이니 곧 사견품이다. 먼저 게송으로 이르되, "만일 세간이 끝이 있다면 어찌 뒤 세상이 있으며, 세간이 끝이 없다면 어찌 뒤 세상이 있으랴?"라고 하였으니, 위는 반대로 해석한 내용이다. 다음에 이르되, "오음이 항상 계속함이 등불의 불길 같으니 그러므로 이 세간은 끝 있음도

---

111) 諦因은 甲續本作因諦, 南金本無諦字.

끝 없음도 아니다"라고 하였다. 해석하자면 인연으로 생긴 것은 본성이 공한 연고로 끝이 있음에도 없음에도 속하지 않는다.

또다시 『중론』의 백 가지 관법을 설하는 '진실한 법과 설하는 법사' 등은 여기서 모양을 잡아 설명하였으니, 인연을 만나지 못하면 생사가 없는 쪽이요, (인연을) 만나면 (생사가) 있는 쪽이다. 여기에 세 가지 일이 있으니, (1) 진실한 법은 좋은 약과 같고, (2) 설하는 법사는 좋은 의사와 같고, (3) 법문 듣는 사람은 치료할 수 있는 병과 같다. 만일 이 셋을 갖추면 번뇌의 병이 낫고 생사가 끝낼 수 있으니 다함은 곧 끝이 있음이요, 이 셋을 갖추지 못하면 번뇌가 넓어져서 생사가 끝이 없으니 이것은 없다는 쪽이다. 그러므로 결론하여 말하되, '끝이 있음도 없음도 아니다'라고 하였다.

謂三事 아래는 ㄷ) 소가의 해석이요, 위의 게송은 곧 영공법사의 주장이다. 저 (영공의) 소에 이르되, "얻기 어려운 연고로 끝이 있음이 아니요, 얻기 어려운 연고로 없음도 아니다"라고 하였다. 말은 오히려 보기가 어려운 연고로 의미를 취하여 해석하리라. 무릇 '얻기 어렵다'고 말함은 완전히 얻지 못하는 것이 아니니, 만일 완전히 얻지 못한다면 한결같이 끝이 없음일 것이다. 지금은 얻은 이가 있는 것이며 얻으면 끝이 있는 것이지만 얻기 어렵기 때문에 없다는 쪽이라 할 뿐이니, 이것도 역시 한 사람을 잡아서 말하였지만 만일 총합하여 모두를 바라본다면 있다는 쪽이기가 어려운 것이다. '업은 집성제를 의탁한다'는 것은 설사 선업을 닦았더라도 유루의 마음으로 닦으면 집성제를 의탁함이니 원인이 다하고 과보를 사양하는 연고로 '도리어 없다'라고 말한 것이다. 무루의 마음으로 닦으면 도성제를 의탁함이니, 도성제가 이치에 부합하므로 바로 보리에 나아가는 까닭이다.

ㄹ) 북방 풍일세계의 사성제[北方豐溢世界] (四北 20下2)
(ㄱ) 고성제의 열 가지 명칭[苦十種名]

諸佛子여 此娑婆世界의 所言苦聖諦者는 彼豐溢世界中엔 或名愛染處며 或名險害根이며 或名有海分이며 或名積集成이며 或名差別根이며 或名增長이며 或名生滅이며 或名障礙며 或名刀劍本이며 或名數所成이니라
여러 불자들이여, 이 사바세계에서 고성제라 말한 것은 저 풍일세계 가운데서는 혹은 이름이 애염처이며 혹은 이름이 험해근이며 혹은 이름이 유해분이며 혹은 이름이 적집성이며 혹은 이름이 차별근이며 혹은 이름이 증장이며 혹은 이름이 생멸이며 혹은 이름이 장애며 혹은 이름이 도검본이며 혹은 이름이 수소성이니라.

[疏] 四, 北方豐溢世界者는 豐溢은 自南方界名이니 前品에 此方名爲豐樂이라 梵云微部地니田夷切 豐樂은 得旨라 譯者가 不審하야 二名을 相參耳니라 苦名有海分者는 二十五有의 各一分也라 數所成者는 數體卽集이니 集所成故라

■ ㄹ) 북방 풍일세계에서 '풍일'은 남방세계의 명칭이니 앞의 제7 여래명호품에서는 북방을 '풍락세계'라 이름하였다. 범어로 미부지(微部地)라 하나니(지라고 발음) 풍락(豐樂)은 뜻으로 번역함이다. 번역자가 잘 살피지 못해서 두 가지 이름을 서로 섞었을 뿐이다. '고성제를 유해 바다의 부분'이라 이름한 것은 25가지 유(有)의 각기 한 부분이란 뜻이다. '헤아려 이룬 것'이란 헤아림의 체성은 곧 모으는 것이니, 모아

서 이룬 것이기 때문이다.

[鈔] 二十五有者는 頌에 云, 四洲四惡趣와 梵王六欲天과 無想五那含과 四空幷四禪이라하니 廣如涅槃十四하니라 數體卽集者는 有爲之法을 總名爲數니 亦心數也라 今總中에 取別하야 云卽集也니라

● '25가지 존재'란 게송에 이르되, "사주(四洲)세계, 네 가지 악한 갈래와 범천왕과 여섯 가지 욕계 하늘과 무상천과 오나함천(五那含天)과 사공천(四空天)과 사선천이다"라고 하였으니 자세한 것은 『열반경』제14권의 내용과 같다. '헤아림의 체성은 곧 모음'이란 유위의 법을 총합하여 헤아림이라 이름하였으니 또한 '마음으로 헤아림'의 뜻이다. 지금은 총상에서 별상을 취하여 '곧 모으는 것'이라 하였다.

(ㄴ) 집성제의 열 가지 명칭[集十種名]

諸佛子여 所言苦集聖諦者는 彼豊溢世界中엔 或名可惡이며 或名名字며 或名無盡이며 或名分數며 或名不可愛며 或名能攫噬며 或名麤鄙物이며 或名愛着이며 或名器며 或名動이니라

여러 불자들이여, 고집성제라 말한 것은 저 풍일세계 가운데서는 혹은 이름이 가오며 혹은 이름이 명자며 혹은 이름이 무진이며 혹은 이름이 분수며 혹은 이름이 불가애며 혹은 이름이 능확서며 혹은 이름이 추비물이며 혹은 이름이 애착이며 혹은 이름이 기며 혹은 이름이 동이니라.

[疏] 集名分數者는 無一理以貫之하면 則惑業萬差矣라 攫噬者는 攫은 搏也오 噬는 嚙也니 集之損害가 猶惡禽獸也라

- (ㄴ) 집성제(集聖諦)를 '분별하여 헤아림'이라 이름한 것은 한 가지 이치로 관통함이 없다면 번뇌와 업은 만 가지로 차별되기 때문이다. '잡아서 씹음'에서 확(攫)은 잡음의 뜻이오, 서(噬)는 씹는다는 뜻이니 집성제의 손해남이 악한 새나 짐승과 같기 때문이다.[112]

[鈔] 無一理者는 生公이 云, 凡順理生心을 名善이오 乖背爲惡이라 萬善이 理同而相兼이오 惡異而域絶이 卽斯義矣니라

- '한 가지 이치도 없다'는 것은 도생법사가 이르되, "대개 이치에 순응하여 마음 내는 것은 '착하다'고 이름하고, (이치에) 어긋나고 위배됨을 '나쁘다'고 말한다. 만 가지 착함이 이치로 같으면서 모양을 겸하고, (이치와) 나쁘고 달라서 영역이 끊어짐이 바로 이런 뜻이다.

(ㄷ) 멸성제의 열 가지 명칭[滅十種名]

諸佛子여 所言苦滅聖諦者는 彼豊溢世界中엔 或名相續斷이며 或名開顯이며 或名無文字며 或名無所修며 或名無所見이며 或名無所作이며 或名寂滅이며 或名已燒盡이며 或名捨重擔이며 或名已除壞니라

여러 불자들이여, 고멸성제라 말한 것은 저 풍일세계 가운데서는 혹은 이름이 상속단이며 혹은 이름이 개현이며 혹은 이름이 무문자며 혹은 이름이 무소수며 혹은 이름이 무

---

112) 攫 붙잡을 확. 噬 씹을 서.

소견이며 혹은 이름이 무소작이며 혹은 이름이 적멸이며 혹은 이름이 이소진이며 혹은 이름이 사증담이며 혹은 이름이 이제괴니라.

[疏] 滅名無所修者는 修已極故오
■ (ㄷ) 멸성제를 '닦은 바가 없음'이라 이름한 것은 수행이 이미 지극한 까닭이요,

(ㄹ) 도성제의 열 가지 명칭[道十種名]

諸佛子여 所言苦滅道聖諦者는 彼豊溢世界中엔 或名寂滅行이며 或名出離行이며 或名勤修證이며 或名安隱去며 或名無量壽며 或名善了知며 或名究竟道며 或名難修習이며 或名至彼岸이며 或名無能勝이니라 諸佛子여 豊溢世界에 說四聖諦가 有如是等四百億十千名하니 隨衆生心하여 悉令調伏케하시니라

여러 불자들이여, 고멸도성제라 말한 것은 저 풍일세계 가운데서는 혹은 이름이 적멸행이며 혹은 이름이 출리행이며 혹은 이름이 근수증이며 혹은 이름이 안은거며 혹은 이름이 무량수며 혹은 이름이 선요지며 혹은 이름이 구경도며 혹은 이름이 난수습이며 혹은 이름이 지피안이며 혹은 이름이 무능승이니라. 여러 불자들이여, 풍일세계에서 사성제를 말하는데 이러한 4백억 10천 가지의 이름이 있으니 중생의 마음을 따라 다 하여금 조복케 하시니라.

[疏] 道名無量壽者는 謂證滅永常이니 今因標果稱이니라
- (ㄹ) 도성제를 '한량없는 수명'이라 이름한 것은 멸성제가 영원하고 항상함을 증득하였으니 지금은 원인으로 표방하고 결과로 이름한 것이다.

ㅁ) 동북방 섭취세계의 사성제[東北方攝取世界] 4.
(ㄱ) 고성제의 열 가지 명칭[苦十種名] (五東 22上2)

諸佛子여 此娑婆世界의 所言苦聖諦者는 彼攝取世界中엔 或名能劫奪이며 或名非善友며 或名多恐怖며 或名種種戲論이며 或名地獄性이며 或名非實義며 或名貪欲擔이며 或名深重根이며 或名隨心轉이며 或名根本空이니라
여러 불자들이여, 이 사바세계에서 고성제라 말한 것은 저 섭취세계 가운데서는 혹은 이름이 능겁탈이며 혹은 이름이 비선우며 혹은 이름이 다공포며 혹은 이름이 종종희론이며 혹은 이름이 지옥성이며 혹은 이름이 비실의며 혹은 이름이 탐욕담이며 혹은 이름이 심중근이며 혹은 이름이 수심전이며 혹은 이름이 근본공이니라.

[疏] 五, 東北方攝取世界라 苦名地獄性者는 未入忍來에 常有墮性이라 根本空者는 約性以說이니 同淨名에 五受陰하야 洞達空故라
- ㅁ) 동북방 섭취세계의 사성제이다. (ㄱ) 고성제를 '지옥의 체성'이라 이름한 것은 인위에 들어가지 못하고 나올 적에 항상 체성에 떨어지게 된다. '근본이 공함'이란 체성을 잡아 말한 내용이니, 『유마경』에서

다섯 가지 느낌[五受陰]으로는 훤하게 공을 통달함이라 한 것과 비슷하다.

[鈔] 未入忍者는 俱舍에 云, 煖必至涅槃이오 頂終不斷善이며 忍不墮惡趣요 第一은 入離生이라하니 四善根中에 第三善根이 方免地獄이라 故知苦依之身이 地獄性矣로다
同淨名者는 卽迦旃延章이니 謂不生不滅이 是無常義오 五受陰에 洞達空無所起가 是苦義오 諸法畢竟無所有가 是空義오 於我無我에 而不二가 是無我義오 法本不然이며 今則無滅이 是寂滅義라하니 今唯要第一句라 至第三住하야 當廣分別[113]이니라

● '인위에 들어가지 못함'이란 『구사론』에 이르되, "난법(煖法)은 반드시 열반에 이르고, 정법(頂法)은 끝내 선근 끊지 않으며, 인법(忍法)은 나쁜 갈래에 떨어지지 않고, 세제일법(世第一法)은 이생[正性離性]에 드네"라 하였으니 네 가지 선근 중에 셋째 선근[因位]이 바야흐로 지옥을 면하는 것이다. 그러므로 알라. 괴로움이 의지하는 몸이 지옥의 체성인 줄을.

『유마경』과 비슷하다'고 한 것은 곧 가전연장이니 "이른바 (모든 법은 마침내) 불생불멸하는 것이 이것이 무상(無常)의 뜻이요, 오음(五陰)을 통달하여 텅 비어 고통이 일어나는 바가 없는 것이 이것이 괴로움의 뜻이요, 모든 법이 구경(究竟)에 있는 바가 없는 이것이 공의 뜻이요, <나>와 <내가 없음>이 둘이 아닌 것이 이것이 무아(無我)의 뜻이니라. 법은 본래 그렇지 않지만, 지금은 소멸하지 않음이 적멸의 뜻이니라"라고 하였으니 지금은 오직 첫째 구절이 중요하고 제3 수행주(修行住)에 가서 자세하게 분별하겠다.

---

113) 別下에 南續金本有耳字.

(ㄴ) 집성제의 열 가지 명칭[集十種名]

　　諸佛子여 所言苦集聖諦者는 彼攝取世界中엔 或名貪著이며 或名惡成辦이며 或名過惡이며 或名速疾이며 或名能執取며 或名想이며 或名有果며 或名無可說이며 或名無可取며 或名流轉이니라
　　여러 불자들이여, 고집성제라 말한 것은 저 섭취세계 가운데서는 혹은 이름이 탐착이며 혹은 이름이 악성판이며 혹은 이름이 과오이며 혹은 이름이 속이며 혹은 이름이 능집취며 혹은 이름이 상이며 혹은 이름이 유과며 혹은 이름이 무가설이며 혹은 이름이 무가취며 혹은 이름이 유전이니라.

[疏] 集中에 由妄惑故로 愛見羅刹이 橫相執取하며 妄體本空故로 無可取라 故로 中論에 云, 虛誑妄取者는 是中에 何所取아 佛說如是法은 欲以示空義라하니라
■ (ㄴ) 집성제 중에 망녕된 번뇌로 인하여 애견(愛見)의 나찰이 가로의 모양을 고집하여 취하며, 망념의 체성이 본래 공한 연고로 취할 수가 없는 것이다. 그러므로 『중론』(觀行品)에 이르되, "거짓되고 허망하게 취한다 함은 여기에서 무엇을 취한단 말인가? 부처님이 이렇게 말씀하심은 〈공〉의 이치를 보이기 위함이다"라고 하였다.

[鈔] 生公이 云, 夫苦之爲事는 會所成者니 豈得有哉아 是以로 言五受陰空이 是苦義也니 五受陰이 苦之宗也라 無常으로 推生及滅에 事不在

一이니라 又通有漏無漏故로 言諸法苦니 以卽體是無로 義起於內니
라 又得無漏者는 不以失受致苦하나니 故唯受陰而已也라 洞達者는
苦以空으로 爲其體일새 故洞達이라 無所起者는 假會之法이니 宜配
起也니라

愛見等者는 愛見羅刹은 前已釋竟이라 二地經에 云, 身見羅刹이 於
中執取하야 將其永入愛欲稠林이라하니라 妄體本空者는 由二義니 一
段前名執取라하고 後名無所取라하니 義似相違일새 故疏牒釋이니라
下引中論¹¹⁴⁾하야 釋無所取는 卽是行品이니 行卽是陰이라 謂小乘人
이 爲菩薩立過云호대 若一切法空인대 何以佛說虛誑妄取오 若有妄
取인대 法則不空이라할새 故로 偈에 云, 如佛經所說하야 虛誑妄取相이
니 諸行妄取故로 是名爲虛誑이라할새 故로 論主가 擧偈以答이니 卽如
今疏所引偈가 是라 此答意에 云, 由不了空하야 無所取中에 而生取
着일새 故云妄取니 若有可取인대 不名妄取라하니 明知說於妄取가 正
爲說空이라 如責瞖¹¹⁵⁾人의 妄取空華는 正爲顯華是非有故니라

● 도생법사가 이르되, "대저 괴롭게 하여 일을 함은 모아서 이룬 것이니
어찌 있음을 얻으리오! 이런 까닭에 오수음이 공(호)하다는 것이 괴로
움의 뜻이라 말하였다. 오수음이 곧 괴로움의 근본인 것이다. 무상함
으로 나고 죽음을 미루어 보면 일이 하나만이 아니다. 또한 유루와
무루에도 통하는 연고로 '모든 법이 괴로움이다'라 하였으니 곧 체성
이 없으므로 뜻이 안에서 나온 것이다" '또한 무루법도 얻는다'는 것
은 느낌을 잃고 괴로움에 이른다는 것이 아니니, 그러므로 오직 다섯
가지 느낌의 온일 뿐이다. '훤히 통달한다'는 것은 괴로움은 공함으
로 그 체성을 삼는 까닭에 훤히 통달하는 것이다. '일어남이 없다'는

---

114) 上七字는 南續金本作中論下.
115) 瞖는 南本作瞖誤. 瞖 깃일산 예. 瞖 백태낄 예.

것은 가관으로 알게 된 법이니 마땅히 일어남에 배대해야 한다.

애견(愛見) 따위는 애견의 나찰은 앞에서 이미 해석하여 마쳤다. 제2 이구지(離垢地)의 경문에 이르되, "내 몸이라고 고집하는 나찰(身見羅刹)에게 붙들려서 애욕의 숲속으로 끌려 들어간다"라고 하였다. '망념의 체성이 본래 공하다'는 것은 두 가지 뜻에 기인한 것이니 한 문단은 앞에서 '고집하여 취함'이라 이름하였고, 뒤에는 '취할 대상이 없다'고 하였으니 뜻이 서로 위배되는 것 같지만 그리하여 소가가 따라서 해석하였다. 아래에서 중론을 인용하여 취할 대상이 없음을 해석함은 곧 관행품이니 행은 곧 오음을 뜻한다. 이른바 소승의 사람이 보살에게 허물을 건립하여 말하되, "만일 온갖 법이 공하다면 어찌하여 부처님이 헛되이 속이고 망녕되게 취한다면 법이 공하지 않을 것이다"라고 하였으므로 게송에 이르되, "불경에 말씀하시기를 거짓되고 허망하게 상을 취한다 하니 모든 현실[行]을 허망하게 취하므로 허망하고 거짓되다 이름하노라"라고 하였다. 그러므로 논주가 게송을 거론하여 답하였으니 곧 지금 소가가 인용한 게송과 같은 것이 그것이다. 여기서 답한 의미에 이르되, "공을 요달하지 못함으로 말미암아 취할 것 없는 것 중에서 취착심을 내었으니 그러므로 '망녕되게 취한다'고 하였다. 만일 취할 수 있다면 망녕되게 취한다고 이름하지 못할 것이다"라고 하였으니 망녕되게 설함이 바르게 공을 설함인 줄 분명히 알라. 마치 눈에 티끌이 들어간 사람이 허망하게 허공 꽃을 취한다고 꾸짖음은 바로 꽃이 있지 않음을 밝힘이 되기 때문이다.

(ㄷ) 멸성제의 열 가지 명칭[滅十種名]

諸佛子여 所言苦滅聖諦者는 彼攝取世界中엔 或名不退轉이며 或名離言說이며 或名無相狀이며 或名可欣樂이며 或名堅固며 或名上妙며 或名離癡며 或名滅盡이며 或名遠惡이며 或名出離니라

여러 불자들이여, 고멸성제라 말한 것은 저 섭취세계 가운데서는 혹은 이름이 불퇴전이며 혹은 이름이 이언설이며 혹은 이름이 무상장이며 혹은 이름이 가흔락이며 혹은 이름이 견고며 혹은 이름이 상묘며 혹은 이름이 이치며 혹은 이름이 멸진이며 혹은 이름이 원악이며 혹은 이름이 출리니라.

(ㄹ) 도성제의 열 가지 명칭[道十種名]

諸佛子여 所言苦滅道聖諦者는 彼攝取世界中엔 或名離言이며 或名無諍이며 或名教導며 或名善廻向이며 或名大善巧며 或名差別方便이며 或名如虛空이며 或名寂靜行이며 或名勝智며 或名能了義니라 諸佛子여 攝取世界에 說四聖諦가 有如是等四百億十千名하니 隨眾生心하여 悉令調伏케하시니라

여러 불자들이여, 고멸도성제라 말한 것은 저 섭취세계 가운데서는 혹은 이름이 이언이며 혹은 이름이 무쟁이며 혹은 이름이 교도며 혹은 이름이 선회향이며 혹은 이름이 대선교며 혹은 이름이 차별방편이며 혹은 이름이 여허공이며 혹은 이름이 적정행이며 혹은 이름이 승지며 혹은 이름이

능요의니라. 여러 불자들이여, 섭취세계에서 사성제를 말하는데 이러한 4백억 10천 가지의 이름이 있으니 중생의 마음을 따라 다 하여금 조복케 하시니라."

[疏] 滅道를 俱名離言者는 滅性은 離言이오 道令言離故니라
- (ㄷ) 멸성제와 (ㄹ) 도성제에 모두 '말을 떠남'이라 이름한 것은 열반의 체성은 말을 여읨이요, 도성제는 말로 하여금 여의게 하는 까닭이다.

[鈔] 滅性離言者는 諸法寂滅相은 不可以言宣故오 道令言離者는 亡心體極하야 離言契滅故니라
- '멸성제의 체성은 말을 떠남'이란 모든 법의 고요한 모양은 언사로써 베풀 수 없는 까닭이요, '도성제는 말로 하여금 여의게 한다'는 것은 마음의 체성이 지극함이 없어서 말을 떠나서 멸성제와 계합하는 까닭이다.

ㅂ) 동남방 요익세계의 사성제[東南方饒益世界] 4.
(ㄱ) 고성제의 열 가지 명칭[苦十種名] (六東 24上4)

諸佛子여 此娑婆世界의 所言苦聖諦者는 彼饒益世界中엔 或名重擔이며 或名不堅이며 或名如賊이며 或名老死며 或名愛所成이며 或名流轉이며 或名疲勞며 或名惡相狀이며 或名生長이며 或名利刃이니라
"여러 불자들이여, 이 사바세계에서 고성제를 말한 것은 저 요익세계 가운데서는 혹은 이름이 중담이며 혹은 이름이 불

견이며 혹은 이름이 여적이며 혹은 이름이 노사며 혹은 이름이 애소성이며 혹은 이름이 유전이며 혹은 이름이 피로며 혹은 이름이 악상장이며 혹은 이름이 생장이며 혹은 이름이 이인이니라.

[疏] 六, 東南饒益世界라 苦名如賊者는 五盛陰苦가 劫害我故오
- ㅂ) 동남방 요익세계이다. 고성제를 '도적과 같음'이라 이름한 것은 5음이 치성한 괴로움이 나를 겁내고 해치려 하기 때문이요,

(ㄴ) 집성제의 열 가지 명칭[集十種名]

諸佛子여 所言苦集聖諦者는 彼饒益世界中엔 或名敗壞며 或名渾濁이며 或名退失이며 或名無力이며 或名喪失이며 或名乖違며 或名不和合이며 或名所作이며 或名取며 或名意欲이니라

여러 불자들이여, 고집성제라 말한 것은 저 요익세계 가운데서는 혹은 이름이 패괴며 혹은 이름이 혼탁이며 혹은 이름이 퇴실이며 혹은 이름이 무력이며 혹은 이름이 상실이며 혹은 이름이 괴위며 혹은 이름이 불화합이며 혹은 이름이 소작이며 혹은 이름이 취며 혹은 이름이 의욕이니라.

[疏] 集名無力者는 於出生死에 無有力能이라 善法治之하야 不復相拒故라
- (ㄴ) 집성제를 '능력 없음'이라 이름한 것은 생사를 벗어남에서 힘으로 능히 할 수 없으니 선법을 다스려서 다시는 서로 거부하지 못하기

때문이다.

(ㄷ) 멸성제의 열 가지 명칭[滅十種名]

諸佛子여 所言苦滅聖諦者는 彼饒益世界中엔 或名出獄이며 或名眞實이며 或名離難이며 或名覆護며 或名離惡이며 或名隨順이며 或名根本이며 或名捨因이며 或名無爲며 或名無相續이니라
여러 불자들이여, 고멸성제라 말한 것은 저 요익세계 가운데서는 혹은 이름이 출옥이며 혹은 이름이 진실이며 혹은 이름이 이난이며 혹은 이름이 부호며 혹은 이름이 이악이며 혹은 이름이 수순이며 혹은 이름이 근본이며 혹은 이름이 사인이며 혹은 이름이 무위며 혹은 이름이 무상속이니라.

[疏] 滅名捨因者는 無爲無因하야 而體是果니 菩提之道를 望此에 亦因이라 獨寂滅涅槃이 得稱果果일새 故曰捨因이니라
■ (ㄷ) 멸성제를 '원인을 버림'이라 이름한 것은 함이 없고 원인이 없어서 체성이 곧 결과이니, 깨달음의 도를 이것과 비교하면 또한 원인이기도 하다. 유독 고요한 열반만이 결과의 결과라 칭하는 까닭에 '원인을 버림'이라 말한 것이다.

[鈔] 無爲無因者는 卽涅槃師子吼品에 云, 涅槃은 無因이오 而體是果니 若涅槃有因인대 不得名爲般涅槃也라하니 謂涅槃之體는 畢竟無因

이 如無我我所故니라 亦如俱舍에 無爲無因果니 謂六因에 無五하고 但有能作일새 故名捨因이니라 而體是果는 則¹¹⁶⁾離繫果라 菩提之道 望此亦因者는 要得菩提하야사 證涅槃故라 故此菩提를 亦名爲因이 니 是果中因故라 滅理涅槃은 亦是因家之果라 又是菩提는 果家之 果故니라

- '함이 없고 원인이 없어서'란 곧『열반경』(제28권) 사자후품에 이르되, "선남자여, 열반은 원인은 없어도 그 자체는 결과이니, 만일 열반에 원인이 있다면 곧 열반이라고 칭할 수 없느니라. 이른바 열반의 체성 은 필경에 원인이 없는 것이 마치 〈나〉와 〈내 것〉이 없음과 같기 때문이다" 또한『구사론』에서 함이 없고 원인과 결과가 없다 함과 같 나니, 이른바 '여섯 가지 원인'¹¹⁷⁾에서 다섯이 없고 단지 능작인(能作 因)만 있으므로 '원인을 버림'이라 이름한 것이다. '그 자체는 결과'라 함은 이계과(離繫果)¹¹⁸⁾라는 뜻이다. '깨달음의 도를 이것과 비교하면 또한 원인이기도 하다'는 것은 중요한 것은 보리를 얻어야만 열반을 증득하기 때문이다. 그러므로 이 보리를 또한 원인이라 이름하나니, 이는 결과 속의 원인이란 뜻이다. '멸성제의 이치가 열반'임은 또한 '원 인 속의 결과'라는 뜻이기도 하니, 또한 보리는 '결과 속의 결과'이기 도 하기 때문이다.

(ㄹ) 도성제의 열 가지 명칭[道十種名]

---

116) 則은 南續金本作卽.
117) 六因: 범어 ṣaḍ-hetu의 번역. 菩薩位를 十信 十住 十行 十廻向 十地 等覺 妙覺 등 일곱으로 나누고, 그중 최후 妙覺은 구경원만한 佛果임에 대하여 앞의 여섯은 불과에 이르는 수행의 因이므로 六因이라 한다. 能作 因 俱有因 同類因 相應因 遍行因 異熟因 등이다. (구사론 제6권)
118) 이계과(離繫果): 5果의 하나. 지혜를 얻어 번뇌의 繫縛을 끊고 擇滅無爲를 성취함, 곧 열반의 진리 6因과 4緣 의 도에 의해서 생긴 果는 아니지만 聖道의 智力으로 번뇌의 덮임을 여의고 얻은 果. 5果는 等流果 異熟果 士 用果 增上果 離繫果 등.

諸佛子여 所言苦滅道聖諦者는 彼饒益世界中엔 或名達無所有며 或名一切印이며 或名三昧藏이며 或名得光明이며 或名不退法이며 或名能盡有며 或名廣大路며 或名能調伏이며 或名有安隱이며 或名不流轉根이니라 諸佛子여 饒益世界에 說四聖諦가 有如是等四百億十千名하니 隨衆生心하여 悉令調伏케하시니라

여러 불자들이여, 고멸도성제라 말한 것은 저 요익세계 가운데는 혹은 이름이 달무소유며 혹은 이름이 일체인이며 혹은 이름이 삼매장이며 혹은 이름이 득광명이며 혹은 이름이 불퇴법이며 혹은 이름이 능진유며 혹은 이름이 광대로며 혹은 이름이 능조복이며 혹은 이름이 유안은이며 혹은 이름이 불류전근이니라. 여러 불자들이여, 요익세계에서 사성제를 말하는데 이러한 4백억 10천 가지의 이름이 있으니 중생들의 마음을 따라서 다 하여금 조복케 하시니라.

[疏] 道名一切印은 無不審決故라 印義는 後說호리라
■ (ㄹ) 도성제를 '온갖 인장'이라 말함은 살펴서 결정하지 못함이 없기 때문이다. 인장의 뜻은 나중에 설명하리라.

ㅅ) 서남방 선소세계의 사성제[西南方鮮少世界] (七西 25下4)
(ㄱ) 고성제의 열 가지 명칭[苦十種名]

諸佛子여 此娑婆世界의 所言苦聖諦者는 彼鮮少世界中엔 或名險樂欲이며 或名繫縛處며 或名邪行이며 或名隨

受며 或名無慚恥며 或名貪欲根이며 或名恒河流며 或名常破壞며 或名炬火性이며 或名多憂惱니라

여러 불자들이여, 이 사바세계에서 고성제를 말한 것은 저 선소세계 가운데서는 혹은 이름이 험낙욕이며 혹은 이름이 계박처며 혹은 이름이 사행이며 혹은 이름이 수수며 혹은 이름이 무참치며 혹은 이름이 탐욕근이며 혹은 이름이 항하류며 혹은 이름이 상파괴며 혹은 이름이 거화성이며 혹은 이름이 다우뇌니라.

[疏] 七, 西南鮮少世界라 苦名邪行者는 體非正道며 是行性故오

ㅅ) 서남방 선소세계의 사성제이다. 고성제를 '삿된 행'이라 이름한 것은 (괴로움의) 체성이 바른 도가 아니며, 행의 본성이기 때문이요.

(ㄴ) 집성제의 열 가지 명칭[集十種名]

諸佛子여 所言苦集聖諦者는 彼鮮少世界中엔 或名廣地며 或名能趣며 或名遠慧며 或名留難이며 或名恐怖며 或名放逸이며 或名攝取며 或名着處며 或名宅主며 或名連縛이니라

여러 불자들이여, 고집성제라 말한 것은 저 선소세계 가운데서는 혹은 이름이 광지며 혹은 이름이 능취며 혹은 이름이 원혜며 혹은 이름이 유난이며 혹은 이름이 공포며 혹은 이름이 방일이며 혹은 이름이 섭취며 혹은 이름이 착처며 혹은 이름이 택주며 혹은 이름이 연박이니라.

[疏] 集名廣地는 生大苦樹故라 宅主는 卽無明也라
- (ㄴ) 집성제를 '넓은 땅'이라 이름한 것은 큰 고통의 나무가 자라나는 까닭이다. '집의 주인'이란 곧 무명을 말한다.

(ㄷ) 멸성제의 열 가지 명칭[滅十種名]

諸佛子여 所言苦滅聖諦者는 彼鮮少世界中엔 或名充滿이며 或名不死며 或名無我며 或名無自性이며 或名分別盡이며 或名安樂住며 或名無限量이며 或名斷流轉이며 或名絶行處며 或名不二니라
여러 불자들이여, 고멸도성제라 말한 것은 저 선소세계 가운데서는 혹은 이름이 충만이며 혹은 이름이 불사며 혹은 이름이 무아며 혹은 이름이 무자성이며 혹은 이름이 분별진이며 혹은 이름이 안락주며 혹은 이름이 무한량이며 혹은 이름이 단유전이며 혹은 이름이 절행처며 혹은 이름이 불이니라.

[疏] 滅名絶行處者는 心路絶故오
- (ㄷ) 멸성제를 '행이 끊어진 곳'이라 이름한 것은 마음의 길이 끊어진 까닭이다.

(ㄹ) 도성제의 열 가지 명칭[道十種名]

諸佛子여 所言苦滅道聖諦者는 彼鮮少世界中엔 或名大

光明이며 或名演說海며 或名簡擇義며 或名和合法이며 或名離取著이며 或名斷相續이며 或名廣大路며 或名平等因이며 或名淨方便이며 或名最勝見이니라 諸佛子여 鮮少世界에 說四聖諦가 有如是等四百億十千名하니 隨衆生心하여 悉令調伏케하시니라

여러 불자들이여, 고멸도성제라 말한 것은 저 선소세계 가운데서는 혹은 이름이 대광명이며 혹은 이름이 연설해며 혹은 이름이 간택의며 혹은 이름이 화합법이며 혹은 이름이 이취착이며 혹은 이름이 단상속이며 혹은 이름이 광대로이며 혹은 이름이 평등인이며 혹은 이름이 정방편이며 혹은 이름이 최승견이니라. 여러 불자들이여, 선소세계에서 사성제를 말하는데 이러한 4백억 10천 가지의 이름이 있으니 중생의 마음을 따라 다 하여금 조복케 하시니라.

[疏] 道名廣大路者는 先聖後賢이 游之而不厭故니라
- (ㄹ) 도성제를 '넓고 큰 길'이라 이름한 것은 선대의 성인과 후대의 현인이 노닐어도 싫증이 나지 않기 때문이다.

ㅇ) 서북방 환희세계의 사성제[西北方歡喜世界] 4.
(ㄱ) 고성제의 열 가지 명칭[苦十種名] (八西 26下5)

諸佛子여 此娑婆世界의 所言苦聖諦者는 彼歡喜世界中엔 或名流轉이며 或名出生이며 或名失利며 或名染著이며 或名重擔이며 或名差別이며 或名內險이며 或名集會

며 或名惡舍宅이며 或名苦惱性이니라

여러 불자들이여, 이 사바세계에서 고성제라 말한 것은 저 환희세계 가운데서는 혹은 이름이 유전이며 혹은 이름이 출생이며 혹은 이름이 실리며 혹은 이름이 염착이며 혹은 이름이 중담이며 혹은 이름이 차별이며 혹은 이름이 내험이며 혹은 이름이 집회며 혹은 이름이 악사택이며 혹은 이름이 고뇌성이니라.

[疏] 八, 西北歡喜界中이라 苦諦에 闕一者는 晉譯에 少出生이며 唐譯에 少失利라

■ ㅇ) 서북방 환희세계의 사성제이다. 고성제에 하나가 빠진 것은 진역경에는 '적게 출생함'이라 하였고, 당역 경에는 '적게 손해 봄'이라 하였다.

(ㄴ) 집성제의 열 가지 명칭[集十種名]

諸佛子여 所言苦集聖諦者는 彼歡喜世界中엔 或名地며 或名方便이며 或名非時며 或名非實法이며 或名無底며 或名攝取며 或名離戒며 或名煩惱法이며 或名狹劣見이며 或名垢聚니라

여러 불자들이여, 고집성제라 말한 것은 저 환희세계 가운데서는 혹은 이름이 지며 혹은 이름이 방편이며 혹은 이름이 비시며 혹은 이름이 비실법이며 혹은 이름이 무저며 혹은 이름이 섭취며 혹은 이름이 이계며 혹은 이름이 번뇌법

이며 혹은 이름이 협렬견이며 혹은 이름이 구취니라.

[疏] 集名無底者는 煩惱深故니 非習道學浮면 沈而不已니라
- (ㄴ) 집성제를 '밑바닥이 없음'이라 이름한 것은 번뇌가 깊은 까닭이니 도를 익히고 뜰 것을 배우지 않으면 (수렁에) 빠져도 어쩌지 못하는 것이다.

[鈔] 非習道學者는 亦涅槃三十二의 師子吼品에 恒河七人之意라 習道는 是法이오 學浮는 是喩니 經中에 因師子吼가 問호대 若一切衆生과 乃至闡提가 定有佛性인대 卽當定得無上菩提니 何以一切衆生이 不得涅槃이닛고 若有佛性力故면 何須修習八正道等이닛고 佛便讚歎하사 謂擧此喩하시니 佛言하시되 善哉善哉라 善男子야 如恒河邊에 有七種人하니 若爲洗浴커나 恐怖賊寇커나 或爲採華하야 則入河中에 第一人者는 入水則沒하나니 何以故오 羸無力故며 不習浮故니라 第二人者는 雖沒이나 還出하고 出已復沒하나니 第三人者는 沒已卽出하고 出更不沒하나니 何以故오 身重故로 沒하고 力大故로 出이며 又習浮故로 出已卽住니라 第四人者는 入已便沒하고 沒已還出하며 出已卽住하고 徧觀四方하나니 何以故오 重故로 則沒하고 力大故로 還出하고 習浮에 則住오 不知出處일새 故觀四方이니라 第五人者는 入已卽沒하고 沒已還出하며 出已卽住하고 住已觀方하며 觀方已卽去하나니 何以故오 爲怖畏故니라 第六人者는 入已卽去하야 淺處則住하나니 何以故오 觀賊遠近故니라 第七人者는 旣至彼岸에 登上大山하야 無復恐怖하고 離諸怨賊하야 受大快樂하나라 善男子야 生死大河도 亦復如是하야 有七種人이 畏煩惱賊일새 故發意欲度하나니 此

下에 則119)義引經文호리라

● '도를 익히고 뜰 것을 배우지 않는다'는 것은 또한 『열반경』 제32권 사자후보살품에, 갠지스 강의 일곱 사람의 의미이다. 도를 익힘은 법이요 뜨는 것을 배움은 비유이니, 경문 중에 사자후보살이 질문을 인하여, "만약 일체 중생과 내지 일천제가 결정코 부처님 성품이 있다면 곧 마땅히 결정코 아눗다라삼먁삼보디를 얻을 것이온데, 어찌하여 일체 중생이 전부 이 대열반을 얻지 못하나이까? 만약 일체 중생에게 부처님 성품의 힘이 있다면 (곧 마땅히 결정코 아눗다라삼먁삼보디를 얻을 것이온데) 어찌하여 여덟 가지 성스런 도를 수습해야 하나이까? 부처님께서 문득 찬탄하여 곧 이런 비유를 들어 말씀하셨다. "훌륭하고 훌륭하도다. 선남자여, 항하 주변에 일곱 종류의 사람이 있었는데 그들은 목욕하기 위하여 혹은 도적을 두려워하여 혹은 꽃을 따기 위하여 곧 강 속으로 들어갔느니라. 첫째 사람은 물에 들어가자 곧 빠졌으니, 왜냐하면 수척해서 기운이 없고 헤엄치는 법을 익히지 않았기 때문이다. 둘째 사람은 비록 빠졌다가 도로 솟아올랐으나, 솟아오른 뒤에 다시 빠졌느니라. 왜냐하면 몸의 기운이 세기 때문에 능히 도로 솟아올랐으나 헤엄치는 법을 익히지 않았기 때문에 솟아오른 뒤에 도로 빠진 것이다. 셋째 사람은 빠진 뒤에 곧 솟아올랐고, 솟아오른 뒤에도 다시 빠지지 않았다. 왜냐하면 몸이 무겁기 때문에 빠졌으나 기운이 세기 때문에 솟아올랐고, 예전에 헤엄치는 법을 익혔기 때문에 솟아오른 뒤에도 곧 그대로 머무른 것이다. 넷째 사람은 물에 들어가서 문득 빠졌으나 빠진 뒤에 도로 솟아올랐고, 솟아오른 뒤에는 그대로 머무르면서 사방을 두루 관찰하였느니라. 왜냐하면 무겁

---

119) 則은 南續金本作卽是. 嬴 가득찰 영. 寇 도둑 구.

기 때문에 곧 침몰하였으나 기운이 세기 때문에 도로 솟아올랐고 헤엄치는 법을 익혔기 때문에 곧 그대로 머물렀으며, 나갈 데를 알지 못하기 때문에 사방을 관찰하였다. 다섯째 사람은 물에 들어가서 곧 침몰하였으나, 침몰한 뒤에 다시 솟아올랐고, 솟아오른 뒤에는 그대로 머물렀으며, 머무른 뒤에는 사방을 관찰하였고, 관찰한 뒤에는 곧 떠났느니라. 왜냐하면 두려워하였기 때문이다. 여섯째 사람은 물에 들어간 뒤에 곧 떠나서 얕은 데에 머물렀다. 왜냐하면 도적이 가까운 곳에 있는지 먼 곳에 있는지를 관찰하기 위함이다. 일곱째 사람은 이미 저쪽 언덕에 도달해 큰 산 위로 올라감으로써 다시는 공포가 없어졌으며, 모든 원수진 도적을 떠나 큰 쾌락을 누렸느니라. 선남자여, 태어나고 죽는 큰 강도 또한 그와 같아서 일곱 종류의 사람이 있으니, 번뇌의 도적을 두려워하기 때문에 태어나고 죽는 큰 강을 건너려는 마음을 일으키는 것이니라"라고 하였다. 이 아래는 뜻으로 경문을 인용하겠다.

第一人者는 謂出家披衣나 隨逐惡友하고 聽受邪法하야 撥無因果일새 卽一闡提가 沒生死河하야 不能得出이니 是第一人이니라 第二人者는 欲度生死호대 斷善根故로 沒하고 親近善友하야 得信心故로 出하며 又遇惡友하야 復斷善根일새 故復沒也니라 第三人者는 斷善根故로 沒하고 近善友하야 得信心故로 出하며 信如來常住하고 修習淨戒하며 讀誦書寫十二部經하고 堅住施慧[120)]일새 故名不沒이오 修戒施慧일새 卽是習浮니라 第四人者는 沒出與住가 皆同第三이니 但合觀方이라 云觀四方者는 四沙門果니라 第五人者는 餘義同前이니 但

---

120) 施慧는 南續金本作惠施.

卽去者는 心無退轉이 是住오 無退轉已에 卽便前進이니 前進者는 謂辟支佛이니라 第六人者는 前喩之中에 但云入已卽去나 及至合中하야는 亦同第五하야 皆有沒出住去니라 去至淺處則住者는 謂諸菩薩이 欲爲度脫諸衆生故로 住觀煩惱니라 經에 云, 第七人者는 發意欲度生死大河로대 斷善根故로 於中沈沒이오 親近善友하야 獲得信心하고 得信心已에 是名爲出이라 以信心故로 受持讀誦書寫解說十二部經하야 爲衆生故로 廣宣流布하며 樂於惠施하고 修習智慧하며 以利根故로 堅住信慧[121]하야 心無退轉하고 無退轉已에 卽便前進하며 旣前進已에 得到彼岸하며 登大高山하야 離諸恐怖하야 多受安樂이니라 善男子야 彼岸山者는 喩於如來오 受安樂者는 喩佛常住[122]오 大高山者는 喩大涅槃이니라 善男子야 是恒河邊에 如是諸人이 悉具手足이나 而不能度인달하야 一切衆生도 亦復如是하야 實有佛寶法寶僧寶며 如來常說諸法要義하며 謂八聖道大般涅槃이나 而諸衆生이 悉不能得하니 此非我咎며 亦非聖道衆生等過라 當知悉是煩惱過惡라 以是義故로 一切衆生이 不得涅槃이라하니라 釋曰, 是知衆生이 雖有佛性이나 要須修道하야사 方至彼岸이니라

● 첫째 사람은 출가하여 법복을 입었으나 나쁜 친구를 가까이하면서 그의 가르침을 따르고 삿된 법을 받아들여서 인과를 없다 하므로 곧 일천제가 생사의 강에 빠져서 능히 나오지 못하나니 곧 첫째 사람인 것이다. 둘째 사람은 생사의 강을 건너려고 하지만 선근을 단절하기 때문에 빠지고 선한 벗을 친근하고 믿는 마음을 얻은 연고로 나오고, 또 나쁜 벗을 만나 다시 선근을 단절하는 연고로 다시 빠지는 것이

---

121) 慧는 南續金本作惠, 經原本作慧.
122) 住는 南續金本作在, 經原本作住.

다. 셋째 사람은 선근을 단절하는 연고로 빠지고 선한 벗을 친근하여 믿는 마음을 얻는 연고로 나오며, 여래가 항상 계심을 믿고 청정한 계율을 닦고 익히며 십이부경을 독송하고 서사하고 굳게 보시와 지혜에 머무르는 연고로 다시 빠지지 않는다 이름하고, 계율과 보시와 지혜를 닦는 것이 곧 뜨는 것을 익히는 것과 같다. 넷째 사람은 빠지고 나오고 머무르는 것은 모두 셋째 사람과 같나니 단지 사방을 관찰함과 합한 것이다. '사방을 관찰한다'고 말한 것은 '사문의 네 가지 과보[四沙門果]'를 말한다. 다섯째 사람이란 나머지 뜻은 앞과 같나니 단지 곧바로 간 것은 마음으로 물러남 없음이 바로 머무르는 것이요, 물러남이 없고 난 뒤에 곧 문득 앞으로 나아가나니, '앞으로 나아감'이란 벽지불을 말한다. 여섯째 사람은 앞의 비유 가운데 '단지 들어가서는 곧 간다'고 하였지만 나아가 합한 중에 가서는 또한 다섯째와 같아서 모두 빠지고 나오고 머무르고 감이 있다. '가서는 얕은 곳에 이른다'는 것은 이른바 모든 보살이 일체 중생을 제도하여 해탈시키려는 연고로 머물러서 번뇌를 관찰하는 것이다. 경문에 이르되, "일곱째 사람은 생사의 큰 강을 건너려는 마음은 일으켰으나 선근을 단절하였기 때문에 그 강 속에 침몰하고, 선한 벗을 친근하여 믿는 마음을 얻고, 믿는 마음을 얻은 것을 '솟아오른다'고 이름하느니라. 믿는 마음 때문에 십이부경을 받아 지니고 읽고 외우고 글로 쓰고 해설하고 중생을 위하여 널리 유포하며, 보시하기를 좋아하고 지혜를 수습하며, 근기가 예리하기 때문에 믿음과 지혜에 굳게 머물러서 마음으로 퇴전하지 않으며, 퇴전하지 않고서 곧바로 앞으로 나아가며, 이미 앞으로 나아가서는 저 언덕에 도달해 크고 높은 산으로 올라가 모든 공포를 여의고 안락함을 많이 누리느니라. 선남자여, 저 언덕에 있는 산은 여래를 비유하고, 안락함을 누리는 것은 부처님이 항상 계시는 것을 비유하고, 크고 높은 산은 대열반을 비유한 것이다. 선남자여, 이 항하 주변에 있는 이러한 사람들은 전부 손과 발을 갖추었지만 건너가지 못하는 것과 같이, 일체 중생도 또한 그와 같아서 진실로 불보(佛寶)와 법보(法寶)와 승보(僧寶)가 있고, 여래는 항상 모든 법의 중요한 의미를 말하며, 여덟 가지 성스런 도와 대열반이 있다고 하지만, 모든 중생이 전부 얻지 못하는 것은 나의 잘못도 아니고, 또한 성스런 도의 잘못도, 중생들의 잘못도 아니니, 마땅히 모두가 번뇌의 잘못임을 알아야 하느니라. 이러한 의미 때문에 일체 중생이 열반을 얻지 못하느니라"라고 하였다. 해석하자면, 이로써 중생에게 진실로 부처 성품이 있지만 중요한 것은 모름지기 도를 닦아야만 바야흐로 저 언덕에 이를 수 있는 것임을 알겠다.

(ㄷ) 멸성제의 열 가지 명칭[滅十種名]

諸佛子여 所言苦滅聖諦者는 彼歡喜世界中엔 或名破依止며 或名不放逸이며 或名眞實이며 或名平等이며 或名善淨이며 或名無病이며 或名無曲이며 或名無相이며 或名自在며 或名無生이니라

여러 불자들이여, 고멸성제라 말한 것은 저 환희세계 가운데서는 혹은 이름이 파의지며 혹은 이름이 불방일이며 혹은 이름이 진실이며 혹은 이름이 평등이며 혹은 이름이 선정이며 혹은 이름이 무병이며 혹은 이름이 무곡이며 혹은 이름이 무상이며 혹은 이름이 자재며 혹은 이름이 무생이

니라.

[疏] 滅名破依止는 身與煩惱가 互爲依止하야 展轉無窮이니 唯證滅理하야사 方能永破라
■ (ㄷ) 멸성제를 '의지를 타파함'이라 이름한 것은 몸과 번뇌가 서로 의지가 되어서 전전히 다함이 없나니, 오직 멸성제의 이치를 증득해야만 비로소 능히 영원히 타파한다는 뜻이다.

[鈔] 身與煩惱下는 卽涅槃四十이니 納衣梵志가 問言호대 如瞿曇說하사 無量世中에 作善不善하면 未來에 還得善不善身이라하니 是義不然이니 何以故오 如瞿曇說하야 因煩惱故로 獲得是身이라하니 若因煩惱하야 獲得[123)]身者인댄 身爲在先가 煩惱在先가 若煩惱在先인댄 誰之所作이며 住在何處오 若身在先인댄 云何說言因煩惱得이리오 是故로 若言煩惱在先하면 是則[124)]不可오 若身在先하면 是亦不可오 若言一時인댄 是亦不可니 先後一時가 義俱不可라 是故로 我說一切諸法이 皆有自性이오 不從因緣이니다 下經에 答云하시되 善男子야 汝言身爲在先이면 煩惱在先者는 是義不然이니 何以故오 若我當說身在先者인댄 汝可難言, 汝亦同我하야 身不在先이니 何因緣故로 而作是難고 善男子야 一切衆生의 身及煩惱가 俱無先後오 一時而有라 雖一時有나 要因煩惱하야 而得有身이오 終不因身하야 有煩惱也라 하니라 釋曰, 上有三關하니 先과 後와 一時라 佛捨前後하시고 而用一時하니라 恐難一時일새 故自遮云하시되 汝意에 若謂如人二眼이 一時而得이오 不相因待니 左不因右며 右不因左라 煩惱及身이 亦如是者

---

123) 得은 南續金本作是.
124) 則은 南續金本作卽.

인대 是義不然이니 何以故오 世間에 眼見炷之與明이 雖復一時나 明要因炷오 終不因明而有炷也라하니라 釋日, 此佛一答에 一時와 因緣의 二義並成일새 故今疏에 云, 身與煩惱가 互爲依止라하니 互爲依止之言은 卽俱時義라 非謂因身有煩惱也오 謂因煩惱而得有身이라 能生煩惱가 復依身住나 亦不應難未有[125]身時에 煩惱依何니 故云互依니 二互因依하야 展轉無際라 若證滅理하면 因惑不生하며 惑旣不生에 身從何得이리오 非唯身滅에 證於不生이라 展轉之見이 亦皆寂滅이니라

● 身與煩惱 아래는 곧 『열반경』 제40권(교진여품 제12)이니 누더기 옷 입은 범지[袖衣梵志]가 여쭈었다. "구담이시여, 구담께서 말씀하기를 '한량없는 세상 속에서 선함과 선하지 않음을 지었기에 미래에 도로 선한 몸과 선하지 않은 몸을 얻는다'고 하였는데, 그 의미가 그렇지 않습니다. 왜냐하면 구담께서는 번뇌로 인하여 이 몸을 획득한다고 하였는데, 만약 번뇌로 인하여 몸을 획득한다면, 몸이 먼저 있겠습니까? 번뇌가 먼저 있겠습니까? 만약 번뇌가 먼저 있다면 누가 지었고 어느 곳에 머물러 있으며, 만약 몸이 먼저 있다면 어떻게 번뇌로 인하여 몸을 얻는다고 말하겠습니까? 그러므로 가령 번뇌가 먼저 있다고 말하여도 또한 옳지 못하고, 가령 몸이 먼저 있다고 말하여도 또한 옳지 못하고, 가령 동일한 시기에 있다고 말하여도 또한 옳지 못합니다. 먼저 있거나, 나중에 있거나 동일한 시기이거나 모두 의미가 옳지 못합니다. 그러므로 나는 '모든 법에는 모두 자성이 있으며, 인연을 따르지 않는다'고 말하는 것입니다"라고 하였다. 아래 경문에 답하기를, "선남자야, 그대가 말하기를 '몸이 먼저 있는가?'라고 하는데,

---

[125] 有는 續金本作得.

그 의미가 그렇지 않느니라. 왜냐하면 만약 내가 마땅히 몸이 먼저 있다고 말하였다면 그대가 힐난할 수 있겠지만, 그대도 또한 나와 똑같이 몸이 먼저 있지 않거늘 무슨 인연으로 이러한 힐난을 하는가? 선남자야, 일체 중생의 몸과 번뇌는 모두 먼저 있는 것도 아니고 나중에 있는 것도 아니고 일시에 있는 것이며, 비록 일시에 있다고 하여도 반드시 번뇌로 인하여 몸이 있게 되는 것이니, 끝내 몸으로 인하여 번뇌가 있는 것이 아니니라"라고 하였다. 해석하자면 위에는 세 가지 관문이 있으니 먼저와 나중과 일시이다. 부처님이 먼저와 나중을 버리고 일시를 쓴 것이다. 일시라는 것에 힐난할까 염려하여 스스로 차단하여 말하되, "그대가 생각하기를 '마치 사람의 두 눈이 일시에 있어서 서로 상대로 인하지 않는 것과 같으니, 왼눈은 오른눈으로 인하지 않고 오른눈은 왼눈으로 인하지 않는 것처럼, 번뇌와 몸도 또한 그와 같다'고 한다면, 그 의미가 그렇지 않느니라. 왜냐하면 선남자야, 세상에서 심지와 광명을 눈으로 볼 때는 비록 일시적이라고 하여도 광명은 반드시 심지로 인하지 결코 광명으로 인하여 심지가 있는 것은 아니기 때문이니라"라고 하였다. 해석하자면, 여기서 부처님이 한번 답하심에 일시와 인연의 두 가지가 함께 이루어지므로 지금 소가가 말하되, '몸과 번뇌가 서로 의지가 되어서'라고 하였으니 '서로 의지가 된다'는 말은 곧 동시라는 뜻이다. '몸으로 인하여 번뇌가 있다'고 말한 것이 아니요, '번뇌로 인하여 내 몸이 있다'고 말한 것이다. 생기는 주체인 번뇌가 다시 몸을 의지하여 머물지만 또한 '응당히 몸이 있지 않을 때에는 번뇌가 무엇을 의지하는가?'라고 힐난할 것이니, 그러므로 '서로 의지한다'고 말한 것이라서 둘이 서로 의지함을 인하여 전전히 끝이 없는 것이다. 만일 멸성제의 이치를 증득하면 원인인 번뇌가 생기지도 않으며, 번뇌가 이미 생기지 않았으니 몸이 어디에서 생겨나겠는가? 오로지 몸이 없어지면 나지 않음을 증득할 뿐만 아니라 전전히 (바뀐) 소견도 또한 모두 고요해질 것이다.

(ㄹ) 도성제의 열 가지 명칭[道十種名]

諸佛子여 所言苦滅道聖諦者는 彼歡喜世界中엔 或名入勝界며 或名斷集이며 或名超等類며 或名廣大性이며 或名分別盡이며 或名神力道며 或名衆方便이며 或名正念行이며 或名常寂路며 或名攝解脫이니라 諸佛子여 歡喜世界에 說四聖諦가 有如是等四百億十千名하니 隨衆生心하여 悉令調伏케 하시니라

여러 불자들이여, 고멸도성제라 말한 것은 저 환희세계 가운데서는 혹은 이름이 입승계며 혹은 이름이 단집이며 혹은 이름이 초등류며 혹은 이름이 광대성이며 혹은 이름이 분별진이며 혹은 이름이 신력도며 혹은 이름이 중방편이며 혹은 이름이 정념행이며 혹은 이름이 상적로며 혹은 이름이 섭해탈이니라. 여러 불자들이여, 환희세계에서 사성제를 말하는데 이러한 4백억 10천 가지의 이름이 있으니 중생의 마음을 따라 다 하여금 조복케 하시니라.

[疏] 道名廣大性者는 無不在故니라
■ (ㄹ) 도성제를 '광대한 성품'이라 이름한 것은 없는 곳이 없기 때문이다.

[鈔] 道名廣大性者然道無不在者는 然道無不在는 亦是莊子[126])니 東郭
子가 問於莊子曰, 道何所在오 答曰, 道在瓦甓[127])이니라 曰何下耶아
莊子曰, 道在屎尿니라 曰何愈下耶아 曰道無不在라하니라 彼以虛無
自然으로 爲道라 無法不是虛無自然일새 故無不在어니와 今以類取
則眞如寂滅이 無所不在니 道符於滅에 何所不在리오

● '도성제를 광대한 성품이라 이름한 것은 없는 곳이 없다'는 것은 그러
나 도는 없는 곳이 없음은 또한 『장자(莊子)』의 말씀이니 동곽자(東郭
子)가 장자에게 묻기를, "도라는 것은 어디에 존재하는 것입니까?" 장
자가 말했다. "도는 기와와 벽돌에도 있습니다." 이르되, "어찌해서
아랫 것에 있습니까?" 장자가 말했다. 도는 똥과 오줌에도 있습니다.
어찌하여 더욱 하찮은 것에 있습니까?" "도는 어디에든 존재하지 않
는 곳이 없습니다"라고 하였다. 저들은 텅 비어 없는 자연을 도라 하
였다. 법은 텅 빈 자연이 아닌 것도 없으므로 존재하지 않음이 없지
만 지금은 유례하여 취하면 진여가 고요함이 존재하지 않는 곳 없나
니 도가 멸성제와 부합할 적에 어느 곳엔들 존재하지 않으리오!

ㅈ) 하방 관약세계의 사성제[下方關鑰世界] 4.
(ㄱ) 고성제의 열 가지 명칭[苦十種名] (九下 31上8)

諸佛子여 此娑婆世界의 所言苦聖諦者는 彼關鑰世界中
엔 或名敗壞相이며 或名如坏器며 或名我所成이며 或名
諸趣身이며 或名數流轉이며 或名衆惡門이며 或名性苦

---

126) 東郭子는 南續金本作商太宰懿誤. 甓 벽돌 벽. 屎 똥 시. 尿 오줌 뇨.
127) 甓은 南續金本作石, 原本作甓 莊子知北游作甓, 一本作甓. 鑰 자물쇠 약. 駭 놀랄 해. 匿 숨을 닉. 疵 흠 자. 飄 회오리바람 표. 駛 달릴 사.

며 或名可棄捨며 或名無味며 或名來去니라

여러 불자들이여, 이 사바세계에서 고성제라 말한 것은 저 관약세계 가운데서는 혹은 이름이 패괴상이며 혹은 이름이 여배기며 혹은 이름이 아소성이며 혹은 이름이 제취신이며 혹은 이름이 수류전이며 혹은 이름이 중악문이며 혹은 이름이 성고며 혹은 이름이 가기사며 혹은 이름이 무미며 혹은 이름이 래거니라.

[疏] 九, 下方關鑰世界라 苦名我所成者는 我見有故오
■ ㅈ) 하방 관약세계의 사성제이다. (ㄱ) 고성제를 '내가 이룬 것'이라 이름한 것은 나라는 소견이 있기 때문이요,

(ㄴ) 집성제의 열 가지 명칭[集十種名]

諸佛子여 所言苦集聖諦者는 彼關鑰世界中엔 或名行이며 或名憤毒이며 或名和合이며 或名受支며 或名我心이며 或名雜毒이며 或名虛稱이며 或名乖違며 或名熱惱며 或名驚駭니라

여러 불자들이여, 고집성제라 말한 것은 저 관약세계 가운데서는 혹은 이름이 행이며 혹은 이름이 분독이며 혹은 이름이 화합이며 혹은 이름이 수지며 혹은 이름이 아심이며 혹은 이름이 잡독이며 혹은 이름이 허칭이며 혹은 이름이 괴위며 혹은 이름이 열뇌며 혹은 이름이 경해니라.

[疏] 集名我心은 卽我見愛요
- (ㄴ) 집성제를 '나의 마음'이라 이름한 것은 곧 〈나〉라는 소견을 애착함이요,

(ㄷ) 멸성제의 열 가지 명칭[滅十種名]

諸佛子여 所言苦滅聖諦者는 彼關鑰世界中엔 或名無積集이며 或名不可得이며 或名妙藥이며 或名不可壞며 或名無着이며 或名無量이며 或名廣大며 或名覺分며 或名離染이며 或名無障礙니라
여러 불자들이여, 고멸성제라 말한 것은 저 관약세계 가운데서는 혹은 이름이 무적집이며 혹은 이름이 불가득이며 혹은 이름이 묘약이며 혹은 이름이 불가괴며 혹은 이름이 무착이며 혹은 이름이 무량이며 혹은 이름이 광대며 혹은 이름이 각분이며 혹은 이름이 이염이며 혹은 이름이 무장애니라.

[疏] 滅名覺分者는 所覺處故오
- (ㄷ) 멸성제를 '깨달을 부분'이라 이름한 것은 '깨달을 대상인 장소'이기 때문이요,

(ㄹ) 도성제의 열 가지 명칭[道十種名]

諸佛子여 所言苦滅道聖諦者는 彼關鑰世界中엔 或名安

隱行이며 或名離欲이며 或名究竟實이며 或名入義며 或
名性究竟이며 或名淨現이며 或名攝念이며 或名趣解脫
이며 或名救濟며 或名勝行이니라 諸佛子여 關鑰世界에
說四聖諦가 有如是等四百億十千名하니 隨衆生心하여
悉令調伏케하시니라

여러 불자들이여, 고멸도성제라 말한 것은 저 관약세계 가운데서는 혹은 이름이 안온행이며 혹은 이름이 이욕이며 혹은 이름이 구경실이며 혹은 이름이 입의며 혹은 이름이 성구경이며 혹은 이름이 정현이며 혹은 이름이 섭염이며 혹은 이름이 취해탈이며 혹은 이름이 구제며 혹은 이름이 승행이니라. 여러 불자들이여, 관약세계에서 사성제를 말하는데 이러한 4백억 10천 가지의 이름이 있으니 중생의 마음을 따라 다 하여금 조복케 하시니라.

[疏] 道名入義者는 能入滅諦第一義故니라
■ (ㄹ) 도성제를 '이치에 들어감'이라 이름한 것은 멸성제의 제일가는 이치에 잘 들어가기 때문이다.

ㅊ) 상방 진음세계의 사성제[上方振音世界] (十上 32上8)
(ㄱ) 고성제의 열 가지 명칭[苦十種名]

諸佛子여 此娑婆世界의 所言苦聖諦者는 彼振音世界中
엔 或名匿疵며 或名世間이며 或名所依며 或名傲慢이며
或名染著性이며 或名駛流며 或名不可樂이며 或名覆藏

이며 或名速滅이며 或名難調니라

여러 불자들이여, 이 사바세계에서 고성제라 말한 것은 저 진음세계 가운데서는 혹은 이름이 익자며 혹은 이름이 세간이며 혹은 이름이 소의며 혹은 이름이 오만이며 혹은 이름이 염착성이며 혹은 이름이 사류며 혹은 이름이 불가락이며 혹은 이름이 부장이며 혹은 이름이 속멸이며 혹은 이름이 난조니라.

[疏] 十, 上方振音世界라 苦名匿疵는 身爲惑病의 所藏處故라 傲慢者는 慢以生苦로 爲業이니 果取因名이라 染着性者는 性令染故니 如樂受壞苦를 誰謂苦耶아 駛流者는 刹那性故니 即行苦也라 不可樂者는 苦苦也라 覆藏者는 藏苦因故며 樂藏壞苦故며 不苦不樂에 藏行苦故라 速滅者는 流轉苦也라 難調者는 誰不欲捨이언마는 莫之能出하나니 不憚疲苦하야사 方能調之니라

ㅊ) 상방 진음세계의 사성제이다. 고성제를 '흠결을 숨김'이라 이름한 것은 몸이 번뇌와 병의 감출 장소인 까닭이다. '오만함'이란 거만함은 괴로움을 생김으로 업을 삼나니, 결과는 원인을 취하여 이름한 것이다. '물들고 집착하는 체성'이란 성품을 물들게 하는 까닭이니 마치 즐겁게 괴고(壞苦)를 받는 것을 누가 괴로움이라 말하겠는가? '빠르게 흐름'이란 찰나의 체성인 까닭이니 곧 행고이다. '즐길 수 없음'이란 고고(苦苦)이다. '덮고 감춤'이란 괴로움의 원인을 감추기 때문이며, 괴고를 감추기를 좋아하는 까닭이며, 괴롭지도 즐겁지도 않음은 행고(行苦)를 감추는 까닭이다. '바르게 멸함'이란 유전하는 괴로움이다. '조절하기 어려움'이란 누가 버리려고 하지 않겠는가마는 능히 벗

어나지 못하게 하나니, 피로하고 괴로움을 꺼리지 않아야만 능히 조절할 수 있다.

(ㄴ) 집성제의 열 가지 명칭[集十種名]

諸佛子여 所言苦集聖諦者는 彼振音世界中엔 或名須制伏이며 或名心趣며 或名能縛이며 或名隨念起며 或名至後邊이며 或名共和合이며 或名分別이며 或名門이며 或名飄動이며 或名隱覆니라

여러 불자들이여, 고집성제라 말한 것은 저 진음세계 가운데서는 혹은 이름이 수제복이며 혹은 이름이 심취며 혹은 이름이 능박이며 혹은 이름이 수념기며 혹은 이름이 지후변이며 혹은 이름이 공화합이며 혹은 이름이 분별이며 혹은 이름이 문이며 혹은 이름이 표동이며 혹은 이름이 은부이니라.

[疏] 集名至後邊者는 不斷無窮故라 門者는 入苦趣故니라
- (ㄴ) 집성제를 '뒤쪽 끝에 도착함'이라 이름한 것은 끝없음을 단절하지 않기 때문이다. 문이란 괴로운 갈래에 들어갈 것이기 때문이다.

(ㄷ) 멸성제의 열 가지 명칭[滅十種名]

諸佛子여 所言苦滅聖諦者는 彼振音世界中엔 或名無依處며 或名不可取며 或名轉還이며 或名離諍이며 或名小며 或名大며 或名善淨이며 或名無盡이며 或名廣博이며

或名無等價니라

여러 불자들이여, 고멸성제라 말한 것은 저 진음세계 가운데서는 혹은 이름이 무의처며 혹은 이름이 불가취며 혹은 이름이 전환이며 혹은 이름이 이쟁이며 혹은 이름이 소며 혹은 이름이 대며 혹은 이름이 선정이며 혹은 이름이 무진이며 혹은 이름이 광박이며 혹은 이름이 무등가니라.

[疏] 滅名不可取의 取則不滅也니 小之則無內라 不容一物也오 大之則無外라 法界性也니라

■ (ㄷ) 멸성제를 '취할 수 없음'이라 이름한 것에서 취함은 없어지지 않는다는 뜻이다. 작아지면 안이 없는 것이니, 한 물건도 허용하지 않는다는 뜻이요, 커지면 바깥이 없음이니 곧 법계의 체성이란 뜻이다.

(ㄹ) 도성제의 열 가지 명칭[道十種名]

諸佛子여 所言苦滅道聖諦者는 彼振音世界中엔 或名觀察이며 或名能摧敵이며 或名了知印이며 或名能入性이며 或名難敵對며 或名無限義며 或名能入智며 或名和合道며 或名恒不動이며 或名殊勝義니라 諸佛子여 振音世界에 說四聖諦가 有如是等四百億十千名하니 隨衆生心하여 悉令調伏케하시니라

여러 불자들이여, 고멸도성제라 말한 것은 저 진음세계 가운데서는 혹은 이름이 관찰이며 혹은 이름이 능최적이며 혹은 이름이 요지인이며 혹은 이름이 능입성이며 혹은 이름

이 난적대며 혹은 이름이 무한의며 혹은 이름이 능입지며 혹은 이름이 화합도며 혹은 이름이 항부동이며 혹은 이름이 수승의니라. 여러 불자들이여, 진음세계에서 사성제를 말하는데, 이러한 4백억 10천 가지의 이름이 있으니 중생의 마음을 따라 다 하여금 조복케 하시니라.

[疏] 道名難敵對者는 有惑必破하고 不爲惑破故가 猶明能滅暗일새 故無暗而不滅이오 暗不滅明이니 何能相敵이니라
- (ㄹ) 도성제를 '적대하기 어려움'이라 이름한 것은 번뇌가 있으면 반드시 타파하고 번뇌에 부서짐을 당하지 않기 위한 것이 마치 밝음은 능히 어둠을 없애는 것이므로 어둠이 없으면 없애지 않는 것과 같고, 어둠은 밝음을 없애지 못하는 것이니 어찌 능히 서로 대적할 수 있겠는가?

ㄴ. 숫자를 결론하고 의미를 밝히다[結數辨意] (經/諸佛 33上9)

諸佛子여 如此娑婆世界中에 說四聖諦가 有四百億十千名하여 如是東方百千億과 無數無量無邊無等과 不可數不可稱不可思不可量不可說인 盡法界虛空界의 所有世界인 彼一一世界中에 說四聖諦도
여러 불자들이여, 이 사바세계 가운데서 사성제를 말하는데 4백억 10천 가지의 이름이 있는 것과 같이, 동방의 백천억과 수없고 한량없고 끝없고 같을 이 없고 셀 수 없고 일컬을 수 없고 생각할 수 없고 헤아릴 수 없고 말할 수 없는 온 법계 허공계에 있는 세계의 저 낱낱의 세계 가운데서 사성

제를 말하는 데도

(다) 유례하여 일체와 통하다[類通一切] (第三 33下6)

亦各有四百億十千名하니 **隨衆生心**하여 **悉令調伏**케 하시니라 **如東方**하여 **南西北方**과 **四維上下**도 **亦復如是**하니라
또한 각각 4백억 10천 가지의 이름이 있어 중생의 마음을 따라 다 하여금 조복케 하시며, 동방과 같이 남방 서방 북방과 네 간방, 상방, 하방도 또한 다시 이와 같으니라.

[疏] 第三, 諸佛子下는 類通一切니 初, 擧娑婆하야 以類東方하고 後, 擧東方하야 以類餘九니라

■ (다) 諸佛子 아래는 유례하여 일체와 통함이다. ㄱ. 사바세계를 거론하여 동방과 유례하고, ㄴ. 동방을 거론하여 나머지 아홉 방위와 유례함이다.

(라) 주인과 반려가 끝이 없다[主伴無窮] 2.
ㄱ. 이쪽을 거론하여 저쪽과 유례하다[擧此例彼] (第四 33下10)
ㄴ. 저쪽으로 이쪽과 유례하다[以彼類此] (後彼)

諸佛子여 **如娑婆世界**에 **有如上所說十方世界**하여 **彼一切世界**도 **亦各有如是十方世界**어든 **一一世界中**에 **說苦聖諦**가 **有百億萬種名**하며 **說集聖諦**와 **滅聖諦**와 **道聖諦**도 **亦各有百億萬種名**하니 **皆隨衆生心之所樂**하여 **令其**

調伏케 하시니라

여러 불자들이여, 사바세계에 위에서 말한 것 같은 시방의 세계가 있는 것처럼 일체 세계에도 또한 각각 이와 같은 시방세계가 있어 낱낱의 세계 가운데서 고성제를 말하는데 백억만 가지의 이름이 있으며, 집성제와 멸성제와 도성제를 말하는 데도 또한 각각 백억만 가지의 이름이 있으니, 모두 중생 마음의 좋아하는 바를 따라서 그로 하여금 조복케 하시니라.

[疏] 第四, 如娑婆下는 顯主伴無盡이라 文中에 初, 擧此例彼니 謂娑婆爲主에 有密訓等盡空世界가 皆爲伴이라 後, 彼一切下는 以彼類此니 則知密訓等盡空世界가 爲主에 攝伴亦爾하야 則無盡無盡耳라 此猶約娑婆同類世界而說이어니와 以結數中에 同百億故라 餘樹形等異類世界인 彼一一類가 皆徧虛空法界하니 是則重重無盡無盡이라 非此所說也니 如是가 皆爲調伏衆生이니라

■ (라) 如娑婆 아래는 주인과 반려가 끝이 없음이다. 경문 중에 ㄱ. 이쪽을 거론하여 저쪽과 유례함이니, 이른바 사바세계는 주인이 되고, 밀훈세계 등 온 허공세계는 모두 반려가 된다. ㄴ. 彼一切 아래는 저쪽으로 이쪽과 유례함이니, 곧 밀훈세계 등 온 허공세계가 주인이 됨을 알고는 반려를 포섭함도 또한 그러하여 끝없고 끝없을 뿐이다. 이것은 사바를 잡아서 같은 부류라고 말하였지만 숫자를 결론함 중에는 백억 가지 이름이 같기 때문이다. 나머지는 나무의 형상 따위 다른 부류의 세계인 저 낱낱의 부류가 모두 허공법계에 두루 하니 이것은 거듭하고 거듭하며, 끝이 없고 끝이 없는 것이다. 여기서 설한 것이

아님이니, 이런 것이 모두 중생을 조복하기 위함이다.

[鈔] 則知密訓等者는 此有兩重하니 一, 即釋迦가 在此爲主에 攝密訓等 爲伴하며 則在密訓爲主에 攝娑婆等爲伴이 亦然이니 方是一佛之諦 라 二, 如此佛諦名에 既主伴無盡하야 則密訓等의 他佛爲主에 諦名 도 亦然하니라

● '곧 밀훈세계 등을 안다'는 것은 여기서는 두 가지가 있으니, (1) 석가모니가 여기에 있으면 주인이 될 적에 밀훈세계를 포섭하여 반려가 되며, 밀훈세계에 있으면 주인이 될 적에는 사바세계 등을 포섭하여 반려가 되는 것도 마찬가지이니 바야흐로 한 부처님의 진리가 된다. (2) 마치 이쪽 부처님의 진리의 명칭에 이미 주인과 반려가 끝없음과 같아서 밀훈세계 등의 다른 부처님은 주인이 될 적에 진리의 명칭도 마찬가지이다.

제8. 사성제품(四聖諦品) 終

大方廣佛華嚴經 제13권
大方廣佛華嚴經疏鈔 제13권의 ① ② 往字卷上下

제9 光明覺品

광명각품(光明覺品)에서 부처님은 두 발바닥으로 백억의 광명[제3 兩足輪放光]을 놓아서 삼천대천세계에 있는 갖가지 차별한 현상을 비춘다. 문수보살은 지혜의 광명으로 평등한 이치를 비추니, 몸의 광명과 지혜의 광명이 합하여 하나가 되었다. 따라서 진리와 현상이 함께 어우러진 이치를 깨달았다는 말이니, 대개 '생각으로 짓는 업[意業]'은 헤아릴 수 없이 자재하므로 '광명'으로 보인 것으로 이해해야 하리라.

여기서는 크게 세 가지 질문을 말하고 있으니, 첫째, 깨달음, 둘째, 부처님의 위신력, 셋째, 법성에 대한 질문이니, 여기에 대해 부처님의 두 발바닥에서 나온 광명이 이 세 가지 질문에 대해 문수보살이 부처님을 대신하여 대답한다.

> 大方廣佛華嚴經 제13권
> 大方廣佛華嚴經疏鈔 제13권의 ① 往字卷上

제9. 광명을 비추어 깨달음을 주는 품[光明覺品] ①

4. 여래 경계가 불가사의하다[廣顯難思] ③

제1절. 의지할 과덕에 대한 질문에 답한다[初三品答所依果問] ③

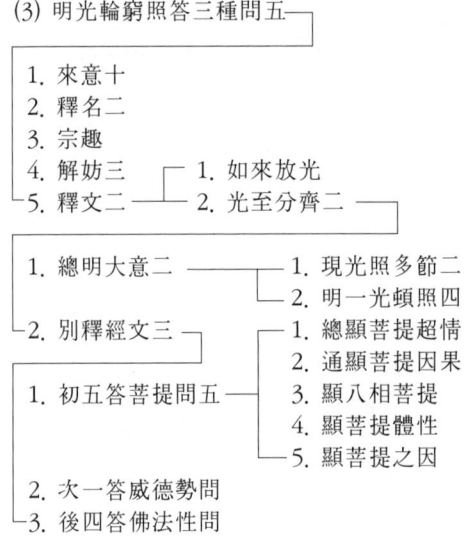

(3) 발바닥에서 백억 광명을 비추어 세 가지 질문에 대답하다
　　[明光輪窮照答三種問] 5.

가. 오게 된 뜻[來意] (解此 1上5)

[疏] 解此一品에 略以五門이니 初, 來意中에 自有其十하니 一, 爲答前所依果問故라 然이나 古德이 對前二品하야 已答二問하고 此品은 正答三問하니 謂長行放光은 答佛威德하고 見成正覺으로 答成菩提하며 文殊說偈는 正答佛法性問이라하니라 今更一解호리니 謂長行에 但現相答은 已如前說이오 偈中에 具答三問하니 謂初五는 答菩提오 次一은 答威德이오 後四는 答法性이니라 二, 爲廣名號品하야 總標多端故라 正廣種種觀察이니 是意業故라 三者, 卽說十信之體性故니 如下三會에 將說正位에 皆有偈讚이 此其類也라 四, 顯實徧故라 但所說有二하니 一, 佛이오 二, 法이라 佛有二하니 一, 身이오 二, 名이라 法亦有二하니 一, 權이오 二, 實이라 前은 但佛名徧이오 此顯身徧이라 四諦는 卽實之權徧이오 此品은 顯卽權之實徧故라

■ 이 한 품을 해석할 적에 간략히 다섯 문이니 가. 오게 된 뜻 중에 자연히 열 문단이 있으니, (1) 앞의 의지할 대상인 과덕에 대한 질문에 대답하기 위함이다. 그러나 예전 스님들이 "앞의 두 품(여래명호품, 사성제품)을 상대하여 이미 두 가지 질문에 답하였고, 이 광명각품은 바로 세 가지 질문에 답하였다. 말하자면 ① 장항의 광명 놓음은 부처님의 위덕에 대해 답하였고, ② 정각 이루심 보는 것으로 깨달음을 성취함에 대해 답하였고, ③ 문수보살이 설한 게송은 부처님의 법의 체성에 대한 질문에 답한 것이다"라고 하였다. 지금 다시 한 가지 해석을 더 하리니, '이른바 장항에는 모양을 나타내서 답한 것은 이미 앞의 설명과 같고, 게송 가운데 세 가지 질문에 대해 갖추어 답하였다.' 말하자면 가. 처음의 다섯 게송은 부처님의 보리에 답함이요, 나. 다음의 한 게송은 부처님 위덕에 답함이요, 다. 뒤의 네 게송은 부처님의 법성에 답함이다. (2) 여래명호품을 자세히 하기 위하여 여러 단서로 총합하

여 표방하기 때문이다. 갖가지 관찰을 바르고 자세하게 함이니 생각의 업이기 때문이다. (3) 십신(十信)의 체성을 설하기 위함이니, 아래 제3회에 바른 지위를 장차 설할 적에 모두 게송 찬탄이 있는 것과 같은 것이 그런 부류이다. (4) 실법(實法)이 두루 함을 밝히기 위함이다. 단지 설법 내용은 둘만 있으니 (1) 부처님과 (2) 부처님 법이다. (1) 부처님에 둘이 있으니 ① 몸이요, ② 명칭이다. (2) 부처님 법에도 둘이 있으니 ① 방편법이요, ② 실법이다. 앞에서는 단지 부처님 명호만 두루 하고, 여기서는 몸에 두루 함을 밝혔다. 사성제품은 곧 실법과 합치한 방편이 두루 함이요, 이 광명각품은 방편과 합치한 실법이 두루 함을 밝혔기 때문이다.

[疏] 五, 現驗故니 上二에 云徧은 衆未目覩일새 今光으로 示徧相故라 六, 顯總徧故니 前은 但名諦別徧이어니와 今此一會는 卽徧法界니 一一皆悉同時同處同衆同說同徧故라 七, 顯圓徧故니 謂前顯差別一切하야 方能徧一切오 今顯無差別一切하야 卽圓融徧一切故라 八, 與下經으로 爲其則故니 謂下經結通에 云徧一切者가 皆如此辨이니 以如來一乘圓敎로 於須彌山等一類世界에 施化分齊가 皆若此故라 九, 示前神通相故라 上云現通은 如何現耶아 一會不動하고 徧法界故라 十, 爲顯理事가 俱無障礙니 令捨執從法故라 此意雖通이나 在文偏顯라 有上諸義일새 故此品이 來也니라

■ (5) 영험을 나타내기 위함이니 위의 둘에 이르되, "두루 함은 대중들이 눈으로 보지 못한다"고 하였으므로 지금은 광명으로 두루 한 모양을 보이기 위함이다. (6) 총상으로 두루 함을 나타내기 위함이니, 앞은 단지 명호와 사성제가 두루 함이 달랐지만 지금 여기 한 법회는

곧 법계에 두루 함이니, 낱낱이 모두 시기가 같고, 장소가 같고, 대중이 같고, 설법이 같고, 두루 함이 같기 때문이다. (7) 원융하고 두루 함을 밝히기 위함이니 이른바 앞에서는 일체가 차별됨을 밝혀서 비로소 능히 일체에 두루 함이요, 지금은 차별 없는 일체를 밝혀서 원융하게 일체에 두루 한 까닭이다. (8) 아래 경문과 함께 그 법칙을 삼기 위함이니 말하자면 아래 경문의 결론하고 (시방에) 통함에 이르되, '일체에 두루 하다'고 말한 것이 모두 여기에 밝힌 것과 같으니, 여래가 일승의 원만한 교법으로 수미산 따위 한 부류의 세계에서 보시하고 교화하는 영역이 모두 이와 같기 때문이다. (9) 앞의 신통한 모양을 보이기 위함이다. 위에서 말하되, "신통을 나툼은 어떻게 나툰다는 것인가? 한 모임이 움직이지 않고 법계에 두루 한 까닭이다." (10) 이치와 현상이 모두 장애가 없음을 밝히기 위함이니 하여금 집착을 버리고 법을 따르기 위함이다. 여기는 의미로 비록 통하였지만 경문에는 치우쳐 밝힌 것이다. 위의 여러 가지 뜻이 있으므로 이 품이 오게 된 것이다.

[鈔] 前但名諦別徧等者는 如名號品에 如來가 於此에 名悉達等이나 在密訓等하야 名則不同이며 十方例然인달하야 諦名亦爾하니 此是一重別徧이오 二者, 名徧而非是諦徧이며 諦徧而不是名徧일새 故云名諦가 別徧이니라 言今此一會卽徧法界者는 經에 云, 如於此處에 見佛世尊이 坐蓮華藏師子之座하야 彼盡虛空徧法界인 一切世界閻浮提中에도 亦如是坐라하나니 此是總徧相也라 對上二別하야 亦有二總하니 一, 總徧諸處오 二, 主伴時處等이 總皆徧也라 言同時者는 無前後也라 言同處者는 此有二處하니 一者, 約主니 同在普光明殿이오

二者, 約伴이니 同居金色世界等이라 言同衆者는 亦有二衆하니 一,
約主佛이니 十刹塵數菩薩이 圍繞오 二, 約伴衆이니 謂文殊等諸來
菩薩이 亦各領十佛刹塵故라 言同說者는 一切處에 文殊가 同時發
聲而說頌故며 法界皆同說十信故라 言同徧者는 結上諸同이니 謂主
伴時處가 皆悉徧也니라

● '앞은 단지 명호와 사성제가 두루 함이 달랐지만' 등이란 첫째, 여래
명호품에서 여래가 이곳에서 이름이 실달타 등이라 하였지만 밀훈세
계 등에서는 명호가 같지 않으며, 시방도 유례하여 그러한 것과 같이
사성제의 명칭도 또한 그러하였으니 이것이 한 번의 다르면서 두루
함이요, 둘째는 이름은 두루 하면서 사성제는 두루 하지 않으며, 사
성제는 두루 하면서 명칭은 두루 하지 않으므로 이르되, "명칭과 사
성제가 다르면서 두루 하다"고 말하였다. '지금 여기 한 법회는 곧 법
계에 두루 하다'고 말한 것은 경문에 이르되, "이곳에서 부처님 세존
이 연화장 사자좌에 앉은 것과 같아서 저 온 허공 법계에 두루 한 일
체세계 염부제 중에도 또한 이와 같이 앉으셨다"라고 하였으니, 이것
은 총상으로 두루 한 모양이다. 위의 두 가지 별상과 상대하여 또한
두 가지 총상이 있으니 (1) 총상으로 모든 장소에 두루 함이요, (2)
주인과 반중(伴衆), 때와 장소 등이 총합하여 모두 두루 한 것이다.
'동시'라고 말한 것은 앞과 뒤가 없다는 뜻이다. '장소가 같다'고 말
한 것은 여기에 두 가지 장소가 있으니 첫째, 주인을 잡으면 똑같이
보광명전에 있음이요, 둘째, 반중(伴衆)을 잡으면 똑같이 금색세계에
사는 것이다. '대중이 같다'고 말한 것은 또한 두 가지 대중이 있으니
첫째, 주된 부처님을 잡으니 열 개의 불찰미진수 보살이 둘러쌈이요,
둘째, 반중(伴衆)을 잡으니 이른바 문수사리 등 모든 (외부에서) 온 보

살이 또한 각기 열 개의 불찰미진수를 받았기 때문이다. '설법이 같다'고 말한 것은 온갖 곳에 있는 문수보살이 동시에 소리를 내어 게송을 설한 까닭이며, 법계에 모두 똑같이 열 가지 믿음을 설한 까닭이다. '두루 함이 같다'고 말한 것은 위에서 여러 가지가 같음을 결론함이니, 이른바 주불과 반중, 때와 장소가 모두 다 두루 하다는 뜻이다.

七, 顯圓徧故者는 問이라 此與第六으로 有何異耶아 第六에도 亦名諦別徧이오 今亦云差別方能徧이라하며 第六에 云一會即徧이라하고 今此亦云無差別一切徧하니 二相을 難分이로다 答曰, 細尋에 方別이니 前是總別對오 此是圓別對라 二處가 別則大同이나 而圓總則異하니 前言總別者는 別則此界와 他界가 名各不同이오 總則處處가 皆同此一이라 今圓別者는 別則要有差別하야사 方能徧故니 若不差別하면 不能徧也라 圓則不要差別而能周徧이니 能周徧之法이 一一圓融일새 故云無差別이라 一別一切別은 即圓融이 徧一切니 上一切字는 是主伴處衆이 是能徧之一切오 下一切字는 但是所徧一切處耳니라 而言圓融者는 一會가 即是彼一切會오 亦非此會가 處處到也라 即此即彼며 即一即多일새 故云圓融이니라 又第六은 約所徧處하야 以論總別이니 東名이 非西名일새 所徧別也오 此會가 即彼會일새 所徧處가 總也라 七, 約能徧하야 以論圓別이라 要將差別之法하야 方能普徧이니 是身名이 別也어니와 今是圓融無差別之法이 即能徧故로 名爲圓也니라 前之別은 如列宿이 徧九天이오 此之別은 如一月落百川이라 故로 前에 云別則二處가 大同이니 大同者는 有小異故라 前之總은 如一雲之滿宇宙오 此之圓은 如和香之徧一室이니 故云總과 圓

이 誠有異也니라

- '(7) 원융하고 두루 함을 밝히기 위함'이란 묻는다. 이것과 제6과 함께 무슨 다른 점이 있는가? 제6에는 명호와 사성제가 다르면서 두루 함이요, 지금 제7에도 또한 이르되, '차별하면서 비로소 능히 두루 하다'라고 하였으며, 제6에 이르되, '한 법회는 곧 두루 하다'라 하였고, 지금 여기서도 역시 "차별 없는 온갖 것이 두루 하다"라 하였으니 두 모양을 구분하기 어렵도다. 답하되, '자세히 살펴보면 비로소 구분된다'고 하였으니 앞은 총상과 별상이 상대함이요, 여기는 원교(圓敎)와 별교(別敎)가 상대함이다. 두 장소가 별상으로는 크게는 같지만 원교와 총상으로는 다른 것이니 앞에서 총상과 별상이라 말한 것에서 별상은 이 사바세계와 다른 세계가 명칭이 각각 다름이요, 총상은 곳곳이 모두 이 한 곳과 같은 것이다. 지금에 원교와 별교에서 별교는 중요한 것은 차별함이 있어야 비로소 능히 두루 할 수 있기 때문이니, 만약 차별되지 않으면 능히 두루 할 수 있으니, 능히 두루 한 법이 낱낱이 원융하므로 '차별이 없다'고 말한 것이다. '하나가 다르면 일체가 다른 것'은 곧 원융함으로 일체에 두루 함이니 위의 일체(一切)라는 글자가 주인과 반중, 장소와 대중이 능히 일체에 두루 함이요, 아래의 일체(一切)라는 글자는 단지 두루 한 대상의 온갖 곳일 뿐이다. 그러나 '원융'이라 말한 것은 한 법회가 곧 저 온갖 법회요, 또한 이곳의 법회가 곳곳에 도달함이다. 이곳이 곧 저곳이며, 하나가 곧 여럿이므로 '원융하다'고 말하였다. 또한 제6은 두루 할 대상인 장소를 잡아서 총상과 별상을 논하였으니, 동쪽 명칭이 서쪽 명칭이 아니므로 두루 한 대상은 다른 것이요, 이곳 법회가 곧 저곳 법회이므로 두루 할 대상인 장소가 총상인 것이다. 7) 두루 한 주체를 잡아서 원교와 별교

를 논하였다. 중요한 것은 차별된 법을 가져야 비로소 능히 널리 두루 할 수 있으니 몸의 명칭이 다르지만 지금은 원융문의 차별 없는 법이 곧 능히 두루 한 연고로 원교라 이름한 것이다. 앞의 별상은 마치 여러 개의 별이 아홉 하늘에 두루 함과 같고, 여기의 별상은 마치 하나의 달이 백 군데 강에 떨어짐과 같다. 그러므로 앞에서 말한 별상은 두 장소가 크게는 같나니, '크게는 같다'는 것은 작게는 다름이 있다는 뜻이다. 앞의 총상은 마치 하나의 구름이 우주에 가득함과 같나니, 그러므로 총상과 원교가 진실로 다름이 있는 것이다.

나. 명칭 해석[釋名] 2.
가) 바로 명칭을 해석하다[正釋名] 3.
(가) 함께 표방하다[雙標] (第二 3下8)

[疏] 第二, 釋名者는 一은 開요 二는 合이라
■ 나. 명칭 해석이란 ㄱ. 열어서 해석함이요, ㄴ. 합하여 해석함이다.

(나) 함께 해석하다[雙釋] 2.
ㄱ. 열어서 해석하다[釋開] 2.
ㄱ) 총합하여 네 가지 대구로 보이다[總示四對] (初開 3下8)

[疏] 初開者는 光明은 體也오 覺者는 用也라 此二가 各二니 謂光有身智二光하고 覺有覺知와 覺悟라 又光有能照와 所照하고 覺有能覺과 所覺이라
■ ㄱ. 열어서 해석함이란 광명은 체성이고 깨달음은 작용이다. 이 둘이

각기 둘이니 이른바 광명은 몸과 지혜의 두 가지 광명이 있고, 깨달음은 깨달아 아는 것[一切智]과 깨달아 깨우침이 있다. 또한 광명에는 비추는 주체와 비추는 대상이 있고, 깨달음에도 깨닫는 주체와 깨달을 대상이 있다.

[鈔] 第二, 釋名이라 疏中에 先, 得名이오 後, 若從開下는 釋名이라 前中에 初開者下는 文亦有二하니 初, 正有三重호대 義含四對하니 一, 二光이오 二, 二覺이오 三, 能所라 能所中義가 分之爲二니 一, 上二는 光能所오 二, 下二는 覺能所라

- 나. 명칭 해석이다. 소문 중에 가) 이름을 얻음이요, 나) 若從開 아래는 명칭 해석이다. 가) 중에 初開者 아래는 소문이 또한 둘이 있으니 (1) 바로 세 번 거듭함이 있는데 뜻으로는 네 가지 대구를 포함하였으니 ① 두 가지 광명 ② 두 가지 깨달음 ③ 주체와 대상 주체와 대상의 뜻이 나누어 둘로 하였으니 위의 둘은 광명의 주체와 대상이요, ④ 아래의 둘은 깨닫는 주체와 대상이다.

ㄴ) 개별로 네 가지 대구를 보이다[別示四對] (如來 4上4)

[疏] 如來가 放身光하사 照事法界하야 令菩薩로 覺知하야 見事無礙하며 文殊가 演智光하니 雙照事理하야 令衆으로 覺悟法之性相이니라

- 여래가 몸의 광명을 놓아서 현상의 법계를 비추어 보살로 하여금 깨달아 알게 하여 '현상에 걸림 없음[事無礙]'을 보며, 문수보살이 지혜 광명을 연설하니 현상과 이치를 함께 비추어서 중생으로 하여금 법의 체성과 모양을 깨닫게 하는 것이다.

[鈔] 如來放身光下는 二, 別示上來四對之相이니 謂分二光하야 各屬文殊와 及佛이오 二覺으로 別配身智二光이라 而二光中에 各有兩重能所하니 謂如來放身光[128]은 能照也오 照事法界는 卽所照也라 令菩薩覺知는 卽能覺也오 見事無礙는 是所覺也라 所覺은 卽照所成益이니 上卽長行中事라 二, 文殊가 以智光은 卽能照也오 雙照事理는 卽所照也라 令衆覺悟는 卽能覺也오 法之性相은 卽所覺也라 所覺은 卽[129]照所成益이니 卽偈頌中意니라

● ㄴ) 如來放身光 아래는 개별로 여기까지 네 가지 대구를 보임이다. 말하자면 두 광명으로 나누어서 각기 문수보살과 부처님께 속하게 하였고, 두 가지 깨달음으로 몸 광명과 지혜 광명에 따로 배대하였다. 그러나 두 광명 중에서 각기 두 가지 주체와 대상이 있으니 이른바 (1) 여래가 몸의 광명을 놓음은 비추는 주체이고, '현상의 법계[事法界]'를 비춤은 곧 비출 대상이다. 보살로 하여금 깨달아 알게 함은 곧 깨닫는 주체이고, '현상을 보는 데 걸림 없음'은 깨달을 대상이다. 깨달을 대상은 곧 비추어 이룰 이익이니 위는 곧 장항 중의 일이다. (2) 문수보살이 지혜 광명을 쓰는 것은 곧 비추는 주체이고, 현상과 이치를 함께 비추는 것은 곧 비출 대상이다. 중생으로 하여금 깨닫게 함은 곧 비추는 주체요, 법의 체성과 모양은 곧 깨달을 대상이다. 깨달을 대상은 곧 비추어 얻을 이익이니 곧 게송 중의 의미이다.

ㄴ. 합하여 해석하다[釋合] 5.
ㄱ) 두 가지 경계와 합하다[合二境] (二合 4下4)

---

128) 光下에 南金本有身字, 續本有者字.
129) 卽은 南金本作亦.

[疏] 二, 合者는 良以事理가 俱融하야 唯一無礙境일새 故得一事가 即徧無邊호대 而不壞本相이오

- ㄴ. 합하여 해석함이란 진실로 현상과 이치가 모두 융합하여 오직 하나의 걸림 없는 경계일 뿐이므로 한 가지 일이 곧 끝없이 두루 하지만 본래 모양을 무너뜨리지 않는다.

[鈔] 二, 合者下는 合上四對라 義有五重하고 文有六節하니 一, 合이오 二, 境이니 即前所照니 若事理不融하면 餘皆不合일새 故先明之니라 言故得一事下는 即前所覺이니 見事無礙라

- ㄴ. 二, 合者 아래는 위의 네 가지 대구와 합함이다. 뜻이 다섯 가지 거듭함이 있고, 경문에는 여섯 구절이 있으니 ㄱ) (두 가지 경계와) 합함이요, ㄴ) 경계(와 합함)이니 곧 앞의 비출 대상이니, 만일 현상과 이치를 융합하지 않으면 나머지는 모두 합하지 않으므로 먼저 설명하였다. 故得一事 아래는 곧 앞의 깨달을 대상이니 '현상을 보는 데 걸림 없음'이다.

ㄴ) 두 가지 광명과 합하다[合二光] (身智 4下9)

[疏] 身智無二하야 唯一無礙光이라 故로 涅槃經에 琉璃光菩薩處에 云, 光明者는 名爲智慧라하니라

- 몸과 지혜가 둘이 없어서 오로지 하나의 걸림 없는 광명일 뿐이다. 그러므로 『열반경』에 유리광(琉璃光) 보살처에 이르되, "광명은 지혜를 이름한 것이다"라고 하였다.

[鈔] 二, 身智無二者는 合二光也라 引涅槃證者는 琉璃光菩薩이 放身光明한대 文殊가 乃云光明者는 名爲智慧라하니 則知二光이 不別이니 卽第二十一經이니라

- ㄴ) '몸과 지혜가 둘이 없다'는 것은 두 가지 광명과 합함이다. 『열반경』(제21권)을 인용한 것은 유리광보살이 몸의 광명을 놓았는데 문수보살이 이에 말하되, "광명이란 지혜를 이름한다"라고 하였다. 두 가지 광명이 다르지 않음을 알 것이니 『열반경』 제21권 (광명변조고귀덕왕보살품) 경문이다.

ㄷ) 두 가지 깨달음과 합하다[合二覺] (知悟 5上3)

[疏] 知悟不殊하야 唯一平等覺이니 悟心之知가 無事非理故니라
- 알고 깨달음이 다르지 않아서 오직 한 가지 평등한 깨달음일 뿐이니, '마음을 깨달아 아는 것'은 일이 아니요, 이치도 아닌 까닭이다.

[鈔] 三, 知悟不殊下는 合二覺也라 謂前身光으로 照文殊等에 覺知如來光照我刹이라 然文殊等知는 是無知之知니 故名悟心之知라 知事卽理하야 二覺合也니 不同凡小가 取事理相이니라
- ㄷ) 知悟不殊 아래는 두 가지 깨달음과 합함이다. 말하자면 앞의 몸 광명으로 문수보살 등에 비출 적에 여래의 광명이 우리들 국토에 비춤을 깨달아 아는 것이다. 현상이 이치와 합치함을 알아서 두 가지 깨달음을 합한 것이다. 범부와 소승이 현상과 이치를 취한 모양과 같지 않다.

ㄹ) 주체와 대상을 합하다[合能所] (又此 5上8)

[疏] 又此二光이 不異覺境이라
- 또한 이 두 가지 광명이 깨달음의 경계와 다르지 않다.

[鈔] 四, 又此二光下는 卽合能所也[130])니 二種能所가 一時雙合에 則能照所照와 能覺所覺이 皆性融故로 擧一全收니라
- ㄹ) 又此二光 아래는 주체와 대상을 합함이니, 두 종류의 주체와 대상이 동시에 함께 합할 적에 비추는 주체와 비추는 대상, 깨닫는 주체와 깨달을 대상이 모두 체성이 융섭한 연고로 하나를 거론하여 전체를 거두는 것이다.

ㅁ) 위의 셋과 총합하여 융섭하다[總融上三] (此三 5下1)

[疏] 此三圓融하야 唯無礙之法界라
- 이런 셋이 원융하여 오로지 걸림 없는 법계일 뿐이다.

[鈔] 五, 此三圓融者는 總融上三也라 上雖四對나 體唯有三하니 謂能覺之光과 所照之境과 所成之覺이니 三對六法이 擧一全收하야 爲一法界라 此上의 五重合은 竟하다
- ㅁ) '이런 셋이 원융하다'는 것은 위의 셋과 총합하여 융섭함이다. 위는 비록 네 가지 대구이지만 체성은 오직 셋만 있는 것이다. 말하자면 깨닫는 주체의 광명과 비출 대상인 경계와 성취할 대상인 깨달음

---

130) 卽也는 南續金本作又此二光下 四合能所.

이니 세 가지 대구와 여섯 가지 법이 하나를 거론하여 전체를 거두어서 하나의 법계를 삼는다. 이 위의 다섯 번 거듭 합함은 마친다.

(다) 광명각품의 명칭을 결론하다[結成品名] (雖平 5下5)

[疏] 雖平等絶相이나 不壞光明之覺이라 品中에 辨此일새 故以爲名이니라
- 비록 평등하여 모양이 끊어졌지만 광명스런 깨달음은 무너지지 않는다. 광명각품 가운데 이것을 밝히기 때문에 명칭으로 삼은 것이다.

[鈔] 六, 雖平等下는 結成品名이라 上開는 多約相하고 合多約性이라 卽開卽合하야 不壞性相일새 故云光明覺也니라
- (다) 雖平等 아래는 품의 명칭을 결론함이다. 위의 ㄱ. 열어서 해석함은 대부분 모양을 잡았고, ㄴ. 합하여 해석함은 대부분 체성을 잡은 해석이다. 여는 것과 합치하고 합함과 합치하여 체성과 모양을 무너뜨리지 않는 연고로 '광명이 깨달음'이라 이름하였다.

나) 6합석으로 밝히다[辨六釋] (若從 5下8)

[疏] 若從開釋인대 光明之覺이며 光明有覺之用이니 通依主와 有財오 若從合說인대 光明이 卽覺이니 可持業也니라
- 만일 열어서 해석함을 따른다면 광명의 깨달음이며 광명에 깨달음의 작용이 있으니 의주석(依主釋)과 유재석(有財釋)에 통하고, 만일 합하여 해석함으로부터 말하면 광명이 곧 깨달음이니 지업석(持業釋)이 가능하다.

다. 근본 가르침[宗趣] (第三 5下10)

[疏] 第三, 宗趣者는 以身智二光으로 無礙覺悟로 爲宗이오 令物生信으로 爲趣라 又釋名은 並是品宗이오 來意는 盡爲意趣니라
- 다. 근본 가르침이란 몸 광명과 지혜 광명의 둘로써 깨달음과 걸림 없음으로 근본을 삼고, 중생으로 하여금 믿음을 생기게 함으로 가르침을 삼는다. 또한 명칭 해석은 아울러 광명각품의 종지이고, 오게 된 뜻은 모두 가르침[意趣]으로 삼는다.

[鈔] 又釋名並是者는 立名은 從所從故오 來意는 辨意趣故라 故로 賢首가 以此釋名으로 爲其品宗하고 以此來意로 爲其意趣하니라
- '또한 명칭 해석은 아울러 품의 종지'란 명칭을 세움은 따르는 대상을 따르는 까닭이요, 오게 된 뜻은 의취를 밝힌 까닭이다. 그러므로 현수(賢首)대사가 여기의 명칭 해석으로 품의 종지를 삼고, 여기의 오게 된 뜻으로 의미와 가르침을 삼는다.

라. 비방을 해명하다[解妨] 3.
가) 의심과 힐난을 구비하다[具疑難] (第四 6上4)

[疏] 第四, 解疑妨이라 問이라 此足輪光을 何時放耶아 若說名諦竟인대 如何佛剎菩薩衆數가 並同名號며 如先已放인대 前何不說고 答이라 是前名號品에 放이라 但前二品에는 明文殊가 此會說法에 不俟光照어니와 今辨百億剎中과 乃至徧法界說일새 故須光以顯示오 其所來菩薩은 即前菩薩일새 故並全同이니라

■ 라. 비방을 해명함이다. 묻는다. "여기의 발바닥 광명을 어느 시점에 방출하는가? 만약 명호와 사성제를 말함을 마쳤다면 어찌하여 불국토와 보살과 대중의 숫자가 아울러 명호와 같으며, 마치 먼저 방광하였다면 앞에서 어찌하여 말하지 않았는가?" 답한다. "이 앞의 여래명호품에 방광하였다. 단지 앞의 두 품에는 문수보살이 이 법회에서 설법할 적에 광명이 비추는 것을 기다리지 않았지만, 지금은 백억 개의 불국토와 나아가 온 법계를 드러내어 설명한 연고로 광명으로 밝게 보임을 구한 것이요, 그 온 바의 보살은 곧 앞의 보살이므로 아울러 완전히 같은 것이다.

[鈔] 第四解疑妨者[131]는 文有三重하니 初一은 具疑難이니 光何時放이니 滯二途故오 從若說名諦下는 躡跡申難이라 答中에 初는 指前決其所疑[132]오 從但前二品下는 二, 爲其解難[133]이니 謂前二品에는 未要放光일새 故前不明이오 此中에 始要일새 故此方說이라 此中菩薩은 卽是牒前이니 故前十方에 一一別說이오 此則倂牒이니라

● 라. 비방을 해명함이란 경문이 세 번 거듭함이 있으니, 가) 제1중(重)은 의심과 힐난을 갖추었으니 광명을 놓는 시점은 언제인가? 두 가지 길에 지체하는 까닭이요, 나) 若說名諦 아래는 자취를 토대로 힐난을 말함이다. 대답할 중에 (가) 앞에서 의심하는 바를 결정함에 대해 지적함이요, (나) 但前二品 아래는 그를 위해 힐난을 해명함이니 이른바 앞의 두 품에는 방광이 중요한 것이 아니므로 앞에서는 설명하지 않았고, 이 가운데서 비로소 중요하므로 여기에 처음으로 설한 것

---

131) 上鈔는 南續金本作四解疑妨.
132) 前下에 南續金本有說字.
133) 難은 南續金本作釋.

이다. 이 가운데 보살은 곧 앞에서 따왔으니 그러므로 앞의 시방에서 낱낱이 따로 설명한 것이요, 여기서는 함께 따온 것이다.

나) 힐난만 하고 의심하지 않는다[唯難不疑] (次有 6下 4)
다) 의심만 하고 힐난하지 않는다[唯疑不難] (又疑)

[疏] 次有妨云호대 光照百億인대 百億에 何不照此오 釋云, 此爲主故니 若彼爲主인대 則說彼照니라 又疑云호대 下光이 旣窮法界인대 金色은 更在何許오 當刹當刹에 有本會處니 皆去十刹主伴徧故니라

■ 다음에 어떤 이가 비방하여 말하되, "광명이 백억 세계를 비추었는데 백억 세계를 비출 적에 어찌하여 이곳은 비추지 않았는가?" 해석하여 말하되, "이곳은 주인이기 때문이다"라고 하였으니, 만일 저곳이 주인이었다면 저기서 여기를 비춘다고 말했을 것이다. 또한 의심해 말하되, "아래 방광이 이미 법계 끝까지 비추었는데 금색세계는 다시 어느 곳에 허락하리오. 해당하는 국토마다 근본 도량이 있으니 모두 열 개의 불국토에 가서 주불(主佛)과 반중(伴衆)이 두루 한 까닭이다.

[鈔] 二, 光照百億下는 唯難無疑라 三, 又疑云下光旣窮法界下는 唯疑不難이니 但疑金色等이 何所在故로 是不決耳라 疑意에 云, 此界放光인대 而金色等이 去於此界가 各十佛刹이라 今若主佛이 至東十佛刹處放光인대 則是文殊所從之刹이오 若更至東十刹인대 金色은 乃至放光之西라 九方도 例然일새 故云金色更在何所라 擧初爲例하야 九色例然이니라 後, 當刹下는 答이니 答意에 云, 主刹이 向東放光에 餘之十刹이 一時向東이니 主刹은 如車轂하고 十方金色等은 則如輻

輞이라 車轂若移하면 輻輞皆移니 故로 下經에 云, 盡法界虛空界一切世界에 皆有百億閻浮提언마는 一切如來가 亦如是坐라 悉以佛神力故로 十方에 各有一大菩薩하니 所從來刹은 謂金色世界等이니라 如向東旣爾하야 徧餘九方에도 亦然이니 故主與伴이 一時俱徧이라 旣徧法界가 總是娑婆오 亦徧法界가 皆是金色이오 徧法界가 皆是妙色이니 十色皆徧이라 且依此會라 餘會徧等은 已如玄中하니라

● 나) 光照百億 아래는 힐난만 하고 의심하지 않음이다. 다) 又疑云 下光旣窮法界 아래는 의심만 하고 힐난하지 않음이니, 단지 금색세계 등이 어느 곳에 있는가만 의심한 연고로 여기서 결정하지 않았을 뿐이다. 의미를 의심하여 말하되, "이 사바세계에서 방광하였는데 그러나 금색세계 등이 이 사바세계와 떨어진 거리가 각기 열 개의 불국토이다"라는 뜻이다. 지금은 만일 주인 부처님이 동쪽으로 열 개의 불국토 도량에 가서 방광하였다면 문수보살이 왔다는 국토란 말인가? 만일 다시 동쪽으로 열 개의 불국토에 갔다면 금색세계는 나아가 방광한 서쪽이 되는가? 아홉 방위도 유례하여 마찬가지이므로 "금색세계는 다시 어느 곳에 있는가? 처음을 예로 들어서 아홉 가지 형색세계도 마찬가지이다." 4) 當刹 아래는 대답함이니, 의미를 대답하여 말하되, "주된 국토가 동쪽을 향해 방광할 적에 나머지 열 개의 불국토는 일시에 동쪽으로 향하나니 주불의 국토는 수레의 속바퀴[車轂]와 같고, 시방의 금색세계 등은 바퀴살[輻]과 바퀴통[輞]과 같다. 수레의 속바퀴가 옮겨 가면 바퀴살도 모두 옮기게 된다." 그러므로 아래 경문에 이르되, "온 법계 허공계 온갖 세계에 모두 백억의 염부제가 있는데 일체의 여래가 또한 이와 같이 앉으셨다. 다 부처님의 위신력으로 시방에 각각 한 큰보살이 있고, 좇아온 바

의 국토는 이르되 금색세계 등이다"라고 하였다. 마치 동쪽을 향하여 이미 그런 것과 같이 나머지 아홉 방위에 두루 함도 마찬가지이니, 그러므로 주불과 반중이 일시에 모두 두루 하였다. 이미 법계에 두루 함이 모두 사바세계요, 또한 법계에 모두 금색세계에 두루 하며 법계에 두루 함이 모두 사바세계요, 또한 묘색세계이니 열 가지 형색세계가 모두 두루 한 것이다. 우선 이 모임에 의지한 것이다. 그러므로 '모임에 의지한 것'이니 나머지 모임에 의지한 등은 이미 현담(玄談)에서 밝힌 내용과 같다.

마. 경문 해석[釋文] 2.

가) 여래가 양쪽 발에서 광명을 놓다[如來放光] (第五 7下2)

爾時에 世尊이 從兩足輪下로 放百億光明하사
그때에 부처님이 두 발바닥으로 백억 광명을 놓아서

[疏] 第五, 釋文이라 大分爲二니 初, 如來放光이오 二, 照此下는 光至分齊라 今初, 足下放者는 表信四義니 一, 自下而上에 信最初故오 二, 最卑微故오 三, 爲行本故라 智論第九에 云, 足下放光者는 身得住處가 皆由於足이라하니라 四, 顯信該果海니 已滿足故라 輪義는 亦然이니 圓無缺故며 言百億光者는 以徧法界所照之刹이 皆百億故니라

■ 마. 경문 해석이다. 크게 둘로 나누었으니 가) 여래가 양쪽 발에서 광명을 놓음이요, 나) 照此 아래는 광명이 미치는 영역이다. 지금은 가) '발바닥에서 방광함'이란 믿음의 네 가지 뜻을 필요로 한다. (1) 아래

부터 위에서 믿음이 최초인 까닭이요, (2) 가장 낮고 작기 때문이요, (3) 수행의 근본이 되기 때문이다.『대지도론』제9권(제7권 방광을 해석함)에 이르되, "발바닥 아래에서 광명을 놓은 것은 몸이 편안하게 머무를 수 있는 것은 모두가 발로 인해 가능하기 때문이다"라고 하였다. (4) 믿음이 과덕을 포괄함을 밝힘이니 이미 발에 가득한 까닭이다. 발바닥의 뜻도 역시 그러하니, 원만하여 모자람이 없는 까닭이며, 백억의 광명을 말한 것은 법계에 두루 한 광명이 비치는 국토가 모두 백억인 까닭이다.

[鈔] 智度論下는 卽第九論이니 釋經從足下千輻輪相中하사 放六百萬億光明하야 表說六度故라 義有兩意하니 此是初意라 第二意에 云, 復次一身中에 雖頭貴而足賤이나 佛不自貴光은 不爲利養이시니 是故로 於賤處에 放光이라하야 彼約敎相일새 故作是釋이어니와 今文은 約表일새 故不正用하니 卽是第二, 最卑微故에 攝之니라

● 智度論 아래는『대지도론』제9권의 논문이니, (세존의) 발 아래 천 개의 바퀴살 모양[千輻輪相] 상호에서 6백만 억 광명을 놓아서 육바라밀 설함을 표한 것으로 해석한 까닭이다. 뜻에 두 가지 의미가 있으니, 이것은 첫째 의미이다. 둘째 의미에 이르되, "또 한 몸에서 비록 머리는 귀하고 발은 천하나 부처님은 스스로가 광명을 귀히 여기지 않으셨으니, 이양을 위해서가 아니다. 그렇기 때문에 천한 곳에서 광명을 놓으셨다"라고 하여 저는 교법의 양상을 잡았으므로 이렇게 해석하였지만 지금 경문은 표함을 잡았으므로 바르게 사용하지 않았으니 곧 두 번째 가장 낮고 작은 것에서 거둔 것이다.

나) 광명이 미치는 영역[光至分齊] 2.

(가) 큰 의미를 총합하여 밝히다[總明大意] 2.
ㄱ. 광명을 나투어 여러 군데를 비추다[現光照多節] 2.
ㄱ) 경문에 의지하여 열 군데가 있다[約文有十] (第二 8上4)
ㄴ) 실법이 끝없음을 거론하다[據實無盡] (若據)

照此三千大千世界의
이 삼천대천세계를 비추니,

[疏] 第二, 光至分齊者는 此中에 光照大數를 約其現文인대 且有二十六節이니 前九는 別明이오 後十七은 同辨이니 卽爲十段이라 若據實義인대 應有等法界無盡之節하야 節節有偈니 中上本經에는 必應廣說이니라

■ 나) 광명이 미치는 영역은 이 가운데 광명이 비치는 큰 숫자를 그 나타난 경문에 의지하면 우선 26구절이 있으니, (1) 앞의 아홉 구절을 개별로 설명함이요, (2) 뒤의 17구절은 함께 밝힘이니 곧 열 문단이 된다. 만일 실법의 뜻을 의거한다면 응당히 법계와 똑같은 끝없는 구절이 있어서 구절마다 게송이 있으니 중본과 상본(의 화엄경)에는 반드시 응당히 자세히 설하였다.

ㄴ. 한 광명이 몰록 비춤을 밝히다[明一光頓照] 4.
ㄱ) 바로 설명하다[正明] (然非 8上4)
ㄴ) 힐난을 해명하다[通難] (隨機)

[疏] 然非多度放光이라 亦非一度放光하야 次第照於多節이오 唯一放光에 同時頓照盡空世界이언마는 但爲言不並彰하야 說有前後오 隨機心現하야 節節各見일새 則如來光明이 節節而照며
- 그러나 여러 번 방광한 것은 아니다. 또한 한 번 방광하여 순서대로 여러 군데를 비춘 것도 아니요, 오직 한 번 방광할 적에 온 허공과 세계를 동시에 몰록 비추었는데 단지 말과 함께 밝히지는 않고, 설명하려니 앞 뒤가 있을 뿐이다. 근기를 따라 마음으로 나투어 구절마다 각기 본다면 여래의 광명이 구절구절 비출 것이며,

ㄷ) 잘못을 가려내다[揀濫] (金色 8下1)
ㄹ) 나머지 의미와 유례하다[例餘意] (住行)

[疏] 金色文殊가 節節而至며 乃至法界라도 各見亦爾니라 在佛文殊하야는 節節皆徧이 如月普徧에 百川各見이오 若法界機인대 頓見前來의 諸類所見이라 信會旣爾에 住行等會에도 同徧亦然이니라
- 금색세계의 문수보살이 구절마다 이를 것이며, 나아가 법계에 가서도 각각 보는 것이 또한 그러하다. 부처님 지위에 있는 문수보살은 구절마다 모두 두루 한 것이 마치 달이 온 누리에 두루 하면 백 가지 강물에서 각기 볼 것이요, 만일 법계의 근기라면 몰록 앞에까지 모든 종류의 소견을 보는 것이다. 십신(十信)의 법회가 이미 이러할 적에, 십주와 십행의 법회에도 똑같이 두루 함은 마찬가지이다.

[鈔] 第二, 光至分齊라 疏文有三하니 初, 明光至節數오 二, 然非多下는 揀非오 三, 唯一下는 顯正이라 於中三이니 初, 正明一光頓照오 二, 隨

機心現下는 次通難이니 難云호대 旣一時頓照인대 何以有二十六節
等耶아 釋云, 隨機見故니라 三, 在佛文殊下는 揀濫이니 云何濫耶아
上釋妨中에 文有三節하니 一, 權機가 節節見이오 二, 光節節照오
三, 文殊節節至라 如第一百億內機는 則非百世界中機요 百世界中
機는 則非千世界中機오 則應第一節中文殊와 如來는 非第二節中
文殊와 如來라 故今釋云호대 唯第一機는 節節互非오 下二는 節節
皆徧이라 如第一하야 三千佛光은 卽是第二며 乃至徧法界光이오 文
殊亦爾하야 正徧第一節이라 文殊가 卽徧法界로대 而節節見者는 但
由機感이니 故云百川各見이니 機復有差라 若未入法界인대 節節不
同이어니와 已入法界인대 皆如文殊가 諸節頓見이니라

- 나) 광명이 미치는 영역이다. 소문에 셋이 있으니 (1) 광명이 미치는
구절의 숫자를 설명함이요, (2) 然非多 아래는 잘못을 가려냄이요,
(3) 唯一 아래는 바른 것을 밝힘이다. 그중에 셋이니 ㄱ) 한 광명이
몰록 비춤에 대해 바로 설명함이요, ㄴ) 隨機心現 아래는 힐난을 해
명함이다. 힐난하여 말하되, "이미 일시에 몰록 비춘다면 어찌하여
26구절 등이 있다고 하였는가?" 해석하여 말하되, "근기를 따라 보기
때문이다." ㄷ) 在佛文殊 아래는 잘못을 가려냄이니 어떤 것이 잘못
인가? 위의 비방을 해석함 중에 경문이 세 구절이 있으니, (1) 방편인
근기가 구절구절 보는 것이요, (2) 광명이 구절마다 비춤이요, (3) 문
수보살이 구절마다 이르는 것이다. 마치 첫째, 백억 안의 근기는 백
세계 중의 근기가 아니요, 백 세계 중의 근기는 천 세계 중의 근기가
아니요, 응당히 제1 구절 중의 문수보살과 여래는 둘째 구절의 문수
보살과 여래가 아니다. 그러므로 지금에 해석하되, 오직 첫째 근기는
구절구절이 서로 그릇됨이요, 아래 두 근기는 구절마다 모두 두루 함

이다. 첫째 근기와 같아서 삼천의 부처님 광명은 곧 둘째 근기이며, 나아가 법계에 두루 한 광명이요, 문수보살도 또한 그러해서 첫째 구절에 바로 두루 하다. '문수보살이 온 법계와 합치했는데 구절마다 본다'는 것은 단지 근기에 감응함으로 인한 것이니, 그러므로 '백 가지 강에서 각기 본다'고 하였으니 근기에도 다시 차별이 있는 것이다. 만일 법계에 들어가지 않는다면 구절마다 같지 않겠지만 이미 법계에 들어갔다면 모두 문수보살이 모든 구절에서 몰록 보는 것과 같다.

(나) 경문을 개별로 해석하다[別釋經文] 2.
ㄱ. 열 문단을 총합하여 지적하다[總指十段] (十段 9上4)

[疏] 十段之中에 文各有二하니 皆長行은 佛以身光으로 照現事境하사 令衆目覩오 偈頌은 文殊가 智光으로 讚述事理하사 令衆悟入이라

■ 열 문단 중에 경문이 각기 둘이 있으니 모두 (ㄱ) 장항은 부처님이 몸 광명으로 비추어 현상경계를 나타내어 대중으로 하여금 보게 하는 부분이요, (ㄴ) 게송은 문수보살이 지혜광명으로 현상과 이치를 찬탄하고 말해서 대중으로 하여금 깨달아 들어오게 함이다.

ㄴ. 과목을 나누고 바로 해석하다[分科正釋] 2.
ㄱ) 바로 과목 나누다[正科] (十段 9上6)

[疏] 十段이 依答인대 文三이니 初五는 答菩提라 即分爲五니 初一은 總顯菩提超情이오 二, 通顯菩提因果오 三, 顯八相菩提오 四, 顯菩提體性이오 五, 顯菩提之因이라

■ 열 문단이 대답에 의지한다면 경문이 셋이니 (가) 처음 다섯 문단은 보리에 대한 질문에 대답함이다. 곧 다섯 과목으로 나누었으니 1. 보리는 정식을 초월함에 대해 밝힘이요, 2. 통틀어 보리의 원인과 결과를 밝힘이요, 3. 여덟 모양의 보리를 밝힘이요, 4. 보리의 체성을 밝힘이요, 5. 보리의 원인을 밝힘이다.

ㄴ) 개별로 해석하다[別釋] 3.

1. 처음 다섯 구절은 부처님의 보리에 관한 질문에 답하다[初五答菩提問] 5.
1) 보리는 정식을 초월함에 대해 밝히다[總顯菩提超情] 2.

(1) 장항으로 밝히다[長行] 2.
가. 사바세계의 염오와 청정을 비추다[先照本界染淨] 3.

가) 그 영역을 총합하여 표방하다[總標分齊] 3.
(가) 경과 논을 인용하여 해석하다[引經論釋] 2.
ㄱ. 구사론을 인용하여 해석하다[引俱舍] (今初 9下1)

[疏] 今初長行中에 二니 先, 照本界染淨이오 二, 如此處下는 現自法會普徧之相이라 前中에 三이니 初, 總標分齊오 二, 百億閻浮下는 別顯所照오 三, 其中下는 類結明顯이라 今初에 言三千大千者는 俱舍에 云, 四大洲日月과 蘇迷盧欲天과 梵世各一千을 名一小千界오 此小千千倍를 說名一中千이오 此千倍를 大千이니 皆同一成壞라하니라 梵世는 謂卽初禪이니 故云同一成壞라 以三度積일새 故曰三千이니

略去小中하고 擧其末後일새 故云大千이니라

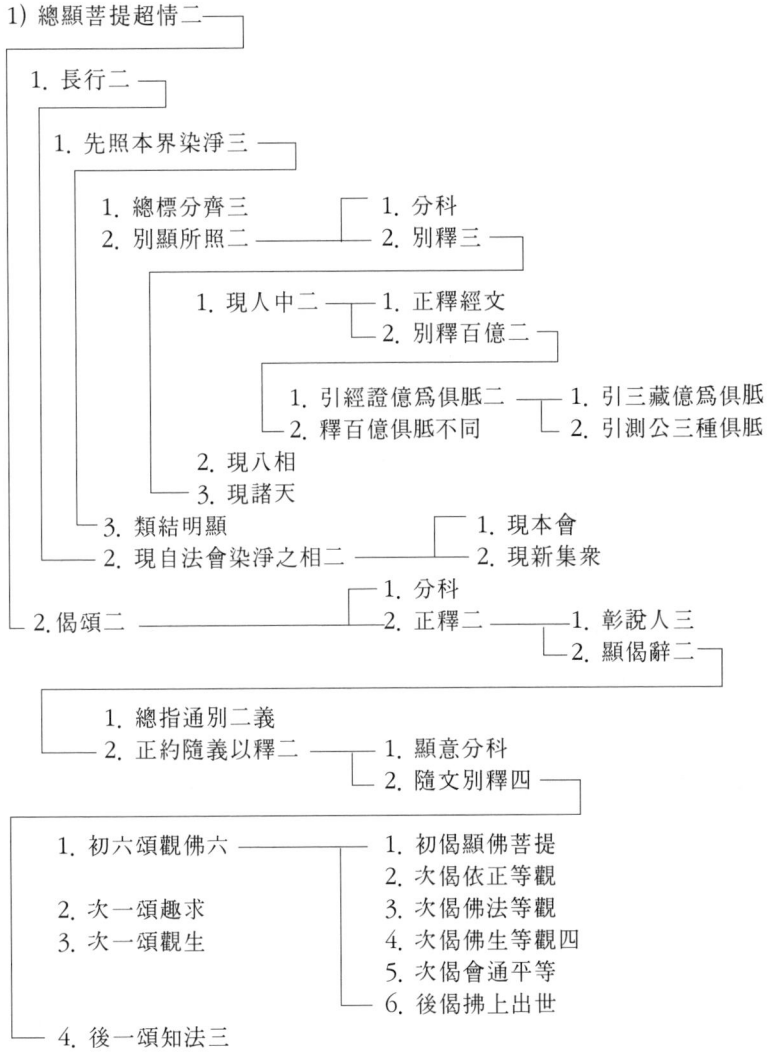

■ 지금은 (1) 장항 중에 둘이니 가. 사바세계의 염오와 청정을 비춤이요,

나. 如此處 아래는 법회로부터 널리 두루 한 모양을 나타냄이다. 가.
중에 셋이니 가) 그 영역을 총합하여 표방함이요, 나) 百億閻浮 아래
는 비출 대상을 개별로 밝힘이요, 다) 其中 아래는 유례하여 결론하
고 분명하게 밝힘이다. 지금은 가)에서 '삼천대천세계'라 말한 것은
『구사론』(제11권 분별세품)에 이르되, "사대주와 해와 그리고 달과 소미
로와 육욕(六欲)의 하늘과 범천인 그의 각 1천을 하나의 소천세계라
말하며, 이 소천이 천 배가 되는 것을 하나의 중천이라 말하고 이것의
천 배를 대천(大千)이라 하는데 모두 동일하게 이루어지고 무너지네"
라고 하였다. 범천세상은 곧 초선천을 말함이니, 그러므로 '모두 동일
하게 이루어지고 무너지네'라고 한 것이다. 세 번 쌓은 연고로 삼천세
계라 하였으니 소천과 중천은 생략해 버리고 그 마지막을 거론한 연
고로 '대천세계'라 말한다.

[鈔] 俱舍論者는 此文易了니 總以喩顯하리라 一小千界는 如一千錢이오
一中千界는 如千貫錢이오 大千世界는 如千箇千貫이라 而但取於初
禪爲數하고 已上은 不說이어니와 若擧二禪已上하면 則不同一成壞니
火災所壞는 唯初禪故라 故로 正理三十一에 云, 少光等天은 非小千
界攝이라 積小千爲中千일새 積中千爲大千일새 亦不攝彼라하니라

● 구사론이란 이 경문은 알기 쉬우니 총합하여 비유로 밝히겠다. 한 소
천(小千)세계는 1천의 돈과 같고, 한 중천(中千)세계는 1천 관의 돈과
같고, 대천(大千)세계는 1천 개의 천관의 돈과 같다. 그러나 단지 초선
천만 취하여 숫자로 헤아리고, 그 이상은 말하지 않았는데 만일 2선
천 이상을 거론하면 하나의 성겁, 괴겁과 같지 않나니 불의 재난으로
무너지는 것은 오직 초선천뿐인 까닭이다. 그러므로『순정리론』[134])제

31권 변본사품(辯本事品)에 이르되, "(이중에 소천은 오직 범천에 이르기까지를 들었기 때문에) 소광(少光) 따위 하늘은 소천세계에 포섭되지 않는다. 소천 따위를 쌓아서 중천・대천이 되었기 때문에 중・대천도 또한 그것을 포섭하지 않는다"라고 하였다.

ㄴ. 나머지 경론도 함께 유례하다[例同餘] (長阿 10上1)

[疏] 長阿含十八과 雜阿含十六과 正理三十一과 及瑜伽와 智論과 雜集과 顯揚에도 亦不殊此니라
■ 『장아함경』제18권과 『잡아함경』제16권과 『순정리론』제31권과 『유가사지론』, 『대지도론』, 『아비달마잡집론』, 『현양성교론』에도 또한 이 내용과 다르지 않다.

[鈔] 長阿含下는 二, 例同餘文이라 下引二經四論하니 並同俱舍니라 俱舍는 是十一이오 瑜伽第二오 智論은 第十一이오 雜集은 第六이오 顯揚은 第一이니라 然顯揚第一明三千世界三災所壞者[135)]는 卽刊定記意니 上卽論文이라 故로 彼論에 釋三千意云호대 如是三千이 三災所壞니 謂火水風이라하니 故知初禪已下는 卽刊定이 取意解釋이니 謂火災가 壞初禪하고 水災가 壞二禪하고 風災가 壞三禪이라 明知說小千은 但數初禪이로다 若數中千인대 卽數二禪이니 以二禪이 量等中千故라 若數大千인대 卽數三禪이니 三禪이 量等大千故라 是知有百億初禪과 有百萬二禪과 一千三禪과 唯一四禪이로다 然若語量인대

---

134) 순정리론은 阿毘達磨順正理論의 약칭이다. 전 80권으로 說一切有部의 논서이며 衆賢존자造 三藏法師 玄奘譯이다.
135) 上十五字는 南續金本作有云顯揚者.

卽是¹³⁶⁾向說이어니와 所引文證으로는 義則不成이니 以言三千을 皆許
三災壞故라 若中千으로 數於二禪하면 二禪은 卽火災不壞等이니 思
之어다 正義는 如前引俱舍와 正理에 已釋하니라

● ㄴ. 長阿舍 아래는 나머지 경론도 함께 유례함이다. 아래에 경전 두
가지와 논서 네 가지를 인용하였으니 또한 구사론의 내용과 같다.
『구사론』은 제11권, 『유가사지론』은 제2권, 『대지도론』은 제11권,
『아비달마잡집론』은 제6권, 『현양성교론』은 제1권이다. '그런데 『현
양성교론』 제1권에, 삼천대천세계가 삼재(三災)로 무너짐을 설명하였
다'는 것은 곧 간정기(刊定記)의 주장이니, 위는 현양론의 논문이다.
그러므로 저 현양론에 삼천세계의 의미를 해석하여 이르되, "그와 같
은 삼천세계는 삼재(三災)에 파괴를 당하나니 이른바 화재·수재·풍
재를 말한다"라고 하였고, 故知初禪已 아래는 곧 간정공이 의미를
취하여 해석함이다. 말하자면 화재가 초선천을 파괴하고, 수재가 2
선천을 파괴하고, 풍재가 3선천을 파괴한다. 분명히 알라. 소천계는
단지 초선천만 헤아린 것이다. 만일 중천계를 헤아린다면 곧 2선천을
헤아리나니, 2선천의 분량이 중천세계와 같기 때문이다. 만일 대천계
를 헤아린다면 곧 3선천을 헤아리나니, 3선천의 분량이 대천세계와
같기 때문이다. 이로써 알라. 백억 개의 초선천이 있고, 백만 개의 2선
천과 1천 개의 3선천과 오직 하나뿐인 4선천이 있음을. 그런데 만일
분량을 말한다면 곧 앞에서 말하였거니와 인용한 문장으로는 뜻이
성립되지 않나니, 삼천계를 모두 삼재가 파괴함을 허락함이라 말하
였기 때문이다. 만일 중천계로 2선천을 헤아린다면 2선천은 곧 화재
로 파괴되지 않는 따위이니 생각해 보라. 바른 뜻은 앞에서 인용한

---

136) 是는 南續金本作如.

『구사론』과 『순정리론』에서 해석한 바와 같다.

(나) 예전 해석의 잘못을 말하다[敍昔謬解] (有云 10上2)

[疏] 有云호대 然顯揚第一에 明三千世界가 三災所壞라하니 故知初禪은 小千이오 二禪은 中千이오 三禪은 大千이로다
■ 어떤 이가 말하되, "그런데 『현양성교론』 제1권에, '삼천대천세계가 삼재로 무너짐을 설명하였다'라고 하였으니, 그러므로 초선천은 소천세계요, 2선천은 중천세계요, 3선천은 대천세계인 줄 알겠다"라고 하였다.

(다) 지금에 의지한 해석을 보여 주다[示今所依] (若金 10上4)

[疏] 若金光明인대 直至非想하야 皆云百億이라하시니 意在徧諸天故라 此經文中에는 但至色頂하니 約無色無處故라 今依二經하노라
■ 만일 『금광명경』이라면 바로 비상비비상천에까지 이르러 모두 '백억세계'라 할 것이니, 의미로는 모든 하늘에 두루 하기 때문이다. 여기 경문에는 단지 '색계의 꼭대기까지'이니 무색계를 잡으면 처소가 없기 때문이다. 지금은 두 경전을 의지하였다.

[鈔] 若金光明者는 經에 云, 是諸人王이 手擎香爐하고 供養經時에 其香徧布하야 於一念頃에 徧至三千大千世界와 百億日月과 乃至百億非非想天이라하니 言今依二經者는 即金光明과 及此經文이라 約有所處인대 但至色頂이오 約該地法인대 徧於四空이라 四空은 無處코 隨處得果가 如在欲界하야 得無色定에 即於欲界에 而受果報일새 故無

別處코 攝在二界라 然이나 皆通於二十八天이니라 若爾인대 與諸經論으로 云何會釋고 意云호대 且如二禪은 直語其量이 等千初禪이니 以小千初禪으로 向上取之하면 則有千二禪이오 如是百億初禪을 向上取之하면 則有百億四禪이라 譬如夏雲이 普覆九州에 若以州取하면 則有九雲이오 若以郡取하면 則四百餘雲이오 若以縣取인대 千數未多라 或言一雲이 普覆萬國이라하며 或言萬國에 各有夏雲이라하니 思之可見이니라

● 만일 『금광명경』이란 경문에 이르되, "이 모든 인왕이 손으로 향로를 들고 경전에 공양할 때에 그 향기가 두루 퍼져서 한 생각 사이에 두루 삼천대천세계와 백억 개의 해와 달, 나아가 백억 개의 비상비비상천에까지 이른다"라고 하였으니, '지금 두 경전에 의지한다'고 말한 것은 곧 『금광명경』과 본 『화엄경』이다. '머무는 처소'를 잡으면 단지 색계의 꼭대기까지 이를 것이요, 지위와 법을 포괄함을 잡으면 네 가지 무색계 하늘에 두루 한다. 네 가지 하늘은 처소가 없고 곳을 따라 결과를 얻음이 마치 욕계 하늘에 있음과 같아서, 무색계의 선정을 얻을 적에 곧 욕계에서 과보를 받으므로 별도로 처소가 없고 두 세계에 포섭되는 것이다. 그러나 모두 28개의 하늘에 통한다. 만일 그렇다면 모든 경론으로 어떻게 모아서 해석하는가? 의미로 말하면 '우선 2선천은 바로 그 분량이 천 개의 초선천과 같다고 말하니 소천세계인 초선천으로 위로 향하여 취한다면 천 개의 2선천이 있는 것이요, 이와 같이 백억 개의 초선천을 위로 향하여 취하면 곧 백억 개의 4선천이 있는 것이 된다. 비유하면 여름철 구름이 널리 아홉 주를 덮을 적에 만일 주(州)로 취하면 곧 아홉 개의 구름이 있는 것과 같으며, 만일 군(郡)으로 취하면 4백여 개의 구름이 된다. 만일 현(縣)으로 취하면

천 개의 숫자도 많은 것이 아닌 것이다. 혹은 말하되, 하나의 구름이 널리 만 개의 나라를 덮는다'라고 하기도 하며, 혹은 "만 개의 나라에 각기 여름 구름이 있다"고 말하기도 하나니, 생각해 보면 알 수 있으리라.

나) 비출 대상을 개별로 밝히다[別顯所照] 3.
(가) 인간세계에 나타내다[現人中] 2.
ㄱ. 경문을 바로 해석하다[正釋經文] (二別 11下2)

百億閻浮提와 百億弗婆提와 百億瞿耶尼와 百億鬱單越과 百億大海와 百億輪圍山과
백억 염부제와 백억 불바제와 백억 구야니와 백억 울단월과 백억 대해와 백억 윤위산과

[疏] 二, 別顯所照中에 初, 現人中이오 二, 現八相이오 三, 現諸天이라 初中에 閻浮提者는 新云瞻部라 俱舍에 云, 阿耨達池岸에 有樹하니 名瞻部라 因以名洲라하니라 提者는 此云洲也라 東弗婆提者는 此云勝身이니 身勝餘洲故라 西瞿耶尼는 此云牛貨니 以牛로 貨易故라 北鬱單越은 此云勝生이니 以定壽千歲하야 衣食自然故라 大海者는 卽外鹹海也라

■ 나) 비출 대상을 개별로 밝힘 중에 (가) 인간세계에 나타냄이요, (나) 세존이 팔상을 나타냄이요, (다) 모든 천상을 나타냄이다. (가) 중에 염부제란 신역으로는 '섬부주(瞻部洲)'라 부른다. 『구사론』(제11권)에 이르되, "아누달 연못의 언덕에 나무가 있으니 섬부나무라 한다. 그

로 인해 섬부주라 이름한다"라고 하였다. 제(提)란 번역하면 '섬[洲]'이라 한다. 동불바제는 '훌륭한 몸'이라 번역하나니, 몸이 다른 주보다 훌륭한 까닭이다. 서구야니는 '소[牛]의 물화'라 번역하나니 소로써 물화를 삼아 교역하는 까닭이다. 북울단월은 '뛰어난 생'이라 번역하나니 선정으로 천 세를 누려서 옷과 음식이 자연히 오기 때문이다. '큰 바다'는 곧 외부의 '짠물 바다[鹹海]'이다.

[鈔] 俱舍云者는 卽第十一論이니 釋無熱池竟[137]하고 云於此池側에 有贍部林하니 其形高大하고 其果甘美하니 依此林故로 名贍部洲라하며 或依此果하야 以立洲號라하고 論更不釋하니라 有云호대 以此洲는 南狹北濶하니 樹葉頭大後小가 似此洲故라하니 未見有譯이로다 若立世阿毘曇云인대 樹在此洲之南이라하니라 西瞿耶尼는 亦云瞿陀尼니 瞿는 卽牛也오 陀尼는 貨也라 北洲는 新云俱盧니 餘文可知로다

● '구사론에 이르되'란 곧 제11권 분별세품이다. 아누달 연못을 해석하고 나서 이르되, "이 연못 옆으로 섬부의 나무숲이 있으니 그 형상이 높고 크며, 그 과실이 달고 맛있다. 이런 숲에 의지하므로 섬부주라 이름한다"라고 하였으며, 혹은 '이런 결과에 의지하여 주의 명칭을 세운다'고 하였고, 논에서는 다시 해석하지 않았다. 어떤 이는 말하되, "이 남섬부주는 남쪽이 좁고 북쪽은 넓으니 나뭇잎이 머리가 크고 뒤가 작은 것이 이 주를 닮은 까닭이다"라고 하였는데 아직 어떤 이의 해석인지 보지 못하였다. 만일 『입세아비담론(立世阿毘曇論)』에 이르되, "나무가 이 주의 남쪽에 있다"고 하였다. 서구야니는 또한 구타니(瞿陀尼)라 하기도 하나니, 구(瞿)는 곧 소[牛]를 뜻하고 타니(陀尼)

---

137) 竟은 原續本作意.

는 물화(物貨)를 뜻한다. 북구로주는 신역으로 구로주(俱盧洲)라 하나니 나머지 경문은 알 수 있으리라.

ㄴ. 백억 세계를 개별로 해석하다[別釋百億] 2.
ㄱ) 바로 해석하다[正釋] (百億 12上4)

[疏] 百億輪圍者는 一四天下에 一小鐵圍故라 中者는 有千이오 大者는 唯一이라 皆云百億者는 此方黃帝算法이 數有三等하니 謂上中下라 下等數法은 十十變之하고 中等은 百百變之하고 上等은 倍倍變之니 今此三千을 若以小數인대 計有萬億이오 今約中數니 從千已上은 百百變之니 則有百億이라

■ '백억 개의 윤위산'이란 하나의 사주세계 천하에 하나의 소천세계 철위산이 있기 때문이다. 중천세계는 천 개가 있고 대천세계는 오직 하나뿐이다. 모두에 '백억 가지'라 말한 것은 우리 중국 황제(黃帝)의 계산법이 숫자가 세 가지의 같음이 있으니 이른바 상등, 중등, 하등이다. 하등의 계산법은 10과 10으로 변하고, 중등은 백과 백으로 변하고, 상등은 배와 배로 변하나니, 지금 여기의 세 개의 천을 만일 소천세계의 숫자라면 계산하여 만억 개가 있을 것이요, 지금은 중천세계의 숫자를 잡았으니 천 개 이상부터는 백과 백으로 변하나니 백억 개가 있을 것이다.

[鈔] 若以小數者는 小數는 卽下等十十變也니 謂十小千爲萬이오 百小千爲億이오 千小千爲中千이라 已有十億하니 更千中千이 爲一大千이라 一千中千에 卽有¹³⁸⁾千箇十億일새 故爲萬億이니라 今約中數者

는 謂從千已上은 方百百變之니 謂百小千이 方爲一萬이오 千箇小千
이 爲中千이니 方是十萬이오 十箇中千이 始爲百萬이니 方是一億이라
旣十中千이 爲一億하니 今有千箇中千일새 故有百億耳니라

● 만일 소천세계의 숫자라는 것에서 소천세계의 숫자는 곧 하등으로 10과 10으로 변하나니 열 소천세계는 만 개가 되며, 백 소천세계는 억 개가 되며, 소천세계가 천 개면 중천세계가 된다. 이미 10억 개가 있으니 다시 중천세계가 천이면 하나의 대천세계가 된다. 1천 개의 중천세계에 곧 천 개의 10억이 있으므로 만 억 개가 된 것이다. '지금 중천세계의 숫자를 잡는다'는 것은 이른바 천 개 이상부터는 바야흐로 백과 백으로 변한다. 말하자면 소천세계가 백 개는 비로소 1만 개가 되고, 소천세계가 천 개면 중천세계가 되나니, 비로소 10만 개가 되고, 열 개의 중천세계는 비로소 백만 개가 되나니, 바야흐로 1억 개가 되었다. 이미 열 개의 중천세계가 1억 개가 되었으니 지금은 천 개의 중천세계가 있으므로 백억 개가 되었을 뿐이다.

ㄴ) 인용하여 증명하다[引證] 2.
(ㄱ) 경문을 인용하여 억이 구지가 됨을 증명하다[引經證億爲俱胝] 2.
a. 삼장을 인용하여 억이 구지임을 증명하다[引三藏億爲俱胝]

(故唐 12下6)

b. 원측법사가 세 가지 구지를 인용하다[引測公三種俱胝] (測公)

[疏] 故唐三藏이 譯爲百億俱胝라하니라 測公[139]深密記第六에 云, 俱胝

---

138) 有는 續金本作爲.
139) 원측(圓測, 613-696): 신라의 학승, 유식학의 大家 본래 왕족 名은 文雅. 일찌기 출가하여 진평왕49년(627) 중

는 相傳에 釋有三種하니 一者, 十萬이오 二者, 百萬이오 三者, 千萬이라 由此三千을 以俱胝數호대 或至百數하며 或至千數하며 或至百千하니라 唐三藏譯은 是千萬也라 故至百數니라

■ 그러므로 당대 현장(玄奘)법사가 '백 억 개의 구지(俱胝)'라 번역하였다. 원측(圓測)법사의『해심밀경기』제6권에 이르되, "구지(俱胝)는 법상종 전기[相傳]에 세 종류로 번역하였으니, (1) 십만이요, (2) 백만이요, (3) 천만이다. 이런 삼천세계를 구지의 숫자로 말미암으면 혹은 백 가지 숫자에 이르기도 하고, 혹은 천 가지 숫자에 이르기도 하고, 혹은 백천 가지 숫자에 이르기도 한다. 당대 삼장 현장법사는 천만으로 번역하였으니 그러므로 백 가지 숫자에 이른다.

[鈔] 故唐三藏下는 二, 引證이라 旣譯百億하야 爲百俱胝하고 俱胝에는 存其梵言하며 億是此語니 故二義同[140]이니라 次引測公의 三種俱胝하야 證百億이 爲百俱胝라 或至百數者는 卽三千에 有百億이 是也라 以千萬으로 爲俱胝故라 或至千數者는 以百萬으로 爲俱胝니 謂小數 數之中千에 有百萬箇小千이 方是一億이라 今大千에 有千中千일새 故爲千億이라 或至百千者는 卽以十萬으로 爲一俱胝故라 中千에 已

에 들어가 法常・僧辨에게 유식론을 배우고, 또 師는 6개국어에 능통하고 당태종대에 장안 元法寺에 주하며 비담론, 성실, 구사론 등을 연구하고 칙명으로 西明寺의 대덕이 되다. 현장이 귀국(645)한 후 護法계통의 유식학을 강의할 때 玄奘과 의기가 투합하였다. 그러나 [성유식론소] [해심밀경소] 등을 통하여 독자적인 입장을 취하였으니, 師는 空有의 두 집착을 벗어나 대승의 中道를 밝히고자 노력하였다. 따라서 현장의 法嗣 窺基를 비롯한 慈恩派와 師를 중심으로 하는 西明派가 대립하게 된다. 師는 또 역경사업에도 참여하여 676년 범승 地婆訶羅가 [大乘顯識경]을 번역할 때 證義를 맡았고 實叉難陀가 80권 화엄경을 역출할 때도 참여하였다. 師는 측천무후의 두터운 귀의를 받았으며 신라의 신문왕이 여러 번 귀국을 武后에게 청하였으나 끝내 허락하지 않았다. 新華嚴을 강설하기 위해 洛陽으로 초청되어 간 師는 그것을 미쳐 끝내지도 못하고 佛授記寺에서 효소왕5년(嗣聖 13년) 84세로 입적하다. 종남산 豊德寺에 탑을 세우고 貢士 宋復이 塔銘을 지었고 지금도 西安 興敎寺에 사리탑이 남아 있다. 그의 五十二位說은 窺基의 四十一位說과 함께 당대쌍벽을 이룸. 저서: [解深密經疏 10권]와 [인왕반야경소 6권] [반야심경찬 1권] 등이 현존하고 대개 19부 80여권의 저술이라 함.

140) 同下에 南續金本有也字.

有百俱胝하니 千箇中千이 方爲大千이오 大千에는 則有百千俱胝也니라 故로 疏云唐三藏譯은 是千萬으로 爲俱胝라 故로 三千에 有百俱胝니 俱胝가 卽億이니라

- ㄴ) 故唐三藏 아래는 인용하여 증명함이다. (ㄱ) 이미 백억을 번역하여 백 개의 구지라 하고, 구지에는 그 범어 말씀이 남고, 억은 우리말이므로 두 가지 뜻이 같은 것이다. (ㄴ) 원측법사의 '세 종류의 구지'를 인용하여 백억 개가 백 개의 구지임을 증명하였다. '혹은 백 가지 숫자에 이른다'는 것은 곧 '삼천세계에 백억 개가 있다'는 것이 이것이니, 천 개의 만으로 구지를 삼은 까닭이다. '혹은 천 가지 숫자에 이른다'는 것은 백 개의 만으로 구지를 삼았으니 이른바 소천세계의 숫자로 중천세계를 헤아릴 적에 백만 개의 소천세계가 있는 것이 비로소 1억인 것이다. 지금은 대천세계에 천 개의 중천세계가 있으므로 천억이 된 것이다. '혹은 백천의 숫자에 이른다'는 것은 10만으로 한 구지를 삼은 까닭이다. 중천세계에 이미 백 개의 구지가 있으니 천 개의 중천세계가 비로소 대천세계가 됨이요, 대천세계는 백천 개의 구지가 있는 것이다. 그러므로 소가가 이르되, "당대 현장법사의 번역은 천만으로 구지를 삼았으므로 삼천세계에 백 개의 구지가 있으니, 구지가 곧 억의 숫자이다"라고 하였다.

(ㄴ) 백억과 구지는 같지 않음을 해석하다[釋百億俱胝不同] (又依 13上9)

[疏] 又依俱舍컨대 譯洛叉爲億하며 此譯俱胝爲億하니 故로 下에 光照一億十億等이라 梵本에 皆云俱胝는 總由俱胝之數가 不同故也니라

- 또한 『구사론』에 의지하면 '낙차(洛叉)를 억'으로 번역하였으며 여기

서는 '구지를 억'이라고 번역하였다. 그러므로 아래에 광명이 1억 세계, 10억 세계에 비춘다는 따위이다. 범본에 모두 이르되, "구지는 총합하여 구지라는 숫자가 같지 않음을 말미암기 때문이다"라고 하였다.

[鈔] 又依俱舍下는 三, 會釋俱胝不同이라 言俱舍譯洛叉爲億者는 亦是 十一論이니 釋水輪云호대 次上에 水輪深이 十一億二萬이오 下八洛 叉水며 餘는 凝結成金하니라 初以唐言에 云十一億二萬由旬이오 下 句는 梵語니 云下八洛叉水라 則八億由旬爲水오 三億二萬由旬爲 金이라 故知洛叉가 爲億也로다 阿僧祇品에 云, 一百洛叉가 爲一俱 胝라하나니 則俱胝는 義當於兆라 良以俱胝가 有三等故라 則俱舍에 洛叉를 云億이라하니 當十萬云¹⁴¹⁾億이라 下云一百洛叉가 爲一俱胝 는 則當千萬之億也로다

● (ㄴ) 又依俱舍 아래는 백억과 구지는 같지 않음을 모아서 해석함이다. '『구사론』에는 낙차를 억이라 번역한다'라고 말한 것은 또한 『구사론』 제11권이니, 수륜(水輪)을 해석하여 말하되, "다음 위에 수륜의 길이가 11억 2만이요, 아래에 여덟 낙차의 물이 있고, 나머지는 응결하여 금륜(金輪)이 되었다"라고 하였다. 처음에는 당나라 말로 '11억 2만 유순이다'라고 말하였고, 아래 구절은 범어이니 '아래에 여덟 낙차의 물이 있다'라고 말한 것이다. 곧 8억 유순은 물이 되고 3억 2만 유순은 금륜이 된다는 뜻이다. 그러므로 알라, 낙차가 억이 되는 것을. 아승지품에 이르되, "1백 낙차가 한 구지가 된다"고 하였으니 구지는 뜻으로 조(兆)에 해당한다. 진실로 구지가 세 가지 등급이 있기

---

141) 云은 甲南績金本作之.

때문이다.『구사론』에는 낙차를 억이라 하였으니 10만을 억이라 한 것에 해당한다. 아래에 '1백 낙차가 1구지가 된다'고 말한 것은 천만 개의 억에 해당한다.

(나) 세존이 팔상을 나타내다[現八相] (二現 14上2)

百億菩薩受生과 百億菩薩出家와 百億如來成正覺과 百億如來轉法輪과 百億如來入涅槃과
백억 보살 태어남과 백억 보살 출가와 백억 여래의 정각을 이룸과 백억 여래의 법륜을 굴림과 백억 여래의 열반에 드심과

[疏] 二, 現八相中에 文有五相하니 受生에 舍三하고 佛成道後에 始放光明이라 却現初生과 及後涅槃者는 約微細門하야 融三世故라 亦非能照가 是報요 所照가 是化니 以放光身이 在摩竭故라 此經은 報化融故로 大菩薩等이 化處에 見報하고 下位之機는 報處에 見化하야 二不並故라 能照所照가 唯是一佛이니 顯佛自在超思議故니라

■ (나) 세존이 팔상을 나타냄 중에 경문에 다섯 모양이 있으니 태어남에 셋을 버리고, 부처님 성도 이룸 다음에 비로소 광명을 놓음이다. 도리어 처음 태어남과 뒤의 열반을 나툼은 미세한 문을 잡아서 삼세를 융합한 까닭이다. 또한 비추는 주체가 보신이 아니요, 비출 대상이 화신인 것이니 광명을 놓는 몸이 마갈제국에 있기 때문이다. 본경은 보신과 화신이 융섭하므로 큰보살 등이 화신의 도량에 보신을 보이고, 아래 지위의 근기는 보신의 도량에서 화신을 보아서 둘이 함께

하지 않는 까닭이다. 비추는 주체와 비출 대상이 오직 하나의 부처일 뿐이니, 부처님의 자재하심이 생각과 논의를 초월하기 때문이다.

[鈔] 約微細門者는 一中에 頓具一切諸法하야 炳然齊現이니 名微細門이라 故說一相之中에 具餘七相이니 如在母胎에 卽具餘七이라 今在成正覺相中하야 具餘七相也라 言融三世者는 亦卽十世隔法異成門이라 受生은 是過去오 涅槃은 是未來故라 亦非能照者는 揀濫釋也니 可知로다 言二不並故者는 報處에 見化하니 見化不見報오 非謂報化가 並現故也니라

● '미세한 문을 잡는다'는 것은 하나 속에 몰록 온갖 모든 법을 구족하여 환하게 똑같이 나타나는 것을 '미세한 문'이라 이름한다. 그러므로 하나의 모양 속에 나머지 일곱 모양을 구족하였으니 마치 어머니 태중에 있으면 나머지 일곱 모양을 구족함과 같다. 지금은 정각을 이루는 모양 중에 나머지 일곱 모양을 구족한 것이다. '삼세를 융섭한다'고 말한 것은 또한 '열 세계에 법을 격리하여 다르게 이루는 문[十世隔法異成門]'과 합치한다. 태어남은 과거요, 열반하심은 미래이기 때문이다. '또한 비추는 주체가 (보신이) 아니다'라는 것은 잘못을 구분한 해석이니 알 수 있으리라. '둘이 함께하지 않는 까닭'이라 말한 것은 보신의 처소에서 화신을 보나니 화신은 보아도 보신을 보지 못하는 것이요, 보신과 화신이 함께 나타남을 말한 것은 아니기 때문이다.

(다) 모든 천상을 나타내다[現諸天] (三百 14下7)

百億須彌山王과 百億四天王衆天과 百億三十三天과 百

億夜摩天과 百億兜率天과 百億化樂天과 百億他化自在天과 百億梵衆天과 百億光音天과 百億徧淨天과 百億廣果天과 百億色究竟天하사

백억 수미산왕과 백억 사천왕중천과 백억 33천과 백억 야마천과 백억 도솔천과 백억 화락천과 백억 타화자재천과 백억 범중천과 백억 광음과 백억 변정천과 백억 광과천과 백억 색구경천을 비추시니

[疏] 三, 百億須彌下는 現諸天中에 擧須彌者는 二天所依故라
- (다) 百億須彌 아래는 모든 천상을 나타냄 중에서 수미산을 거론한 것은 두 개 하늘의 의지처인 까닭이다.

다) 분명하게 나타남을 유례하여 결론하다[類結明顯] (其中 14下6)

其中所有가 悉皆明現하니라
그 가운데 있는 것들이 모두 다 분명하게 나타났다.

나. 법회로부터 널리 두루 한 모양을 나타내다[現自法會普徧之相] 2.
가) 본 법회를 나타내다[現本會] (二現 15上2)

如此處에 見佛世尊이 坐蓮華藏師子之座어시든 十佛刹微塵數菩薩의 所共圍遶하여 其百億閻浮提中에 百億如來도 亦如是坐하시니라
이곳에 부처님 세존이 연화장 사자좌에 앉으셨는데 열 불

찰 미진수의 보살이 함께 둘러싼 바를 봄과 같이 그 백억 염부제 가운데 백억 여래께서도 또한 이와 같이 앉으시었다.

[疏] 二, 現自法會中에 二니 先, 現本會라 此是一會가 徧一切處오 非是多處에 各別有會라 乃至法界에 亦如是徧이니 此圓融法은 非思之境이니라
- 나. 법회로부터 (널리 두루 한 모양을 나타냄) 중에 둘이니 가) 본 법회를 나타냄이다. 이 한 번의 법회가 온갖 처소에 두루 함이요, 여러 처소에 각기 따로 법회가 열린 것이 아니다. 나아가 법계에 역시 이와 같이 두루 하나니 이런 원융한 법은 사유의 경계가 아닌 것이다.

[鈔] 非是多處者는 亦是揀濫이니 恐人誤解호대 若多處有會인대 似如十人爲會에 十會가 在一室中하고 一燈照了에 令人으로 頓見十會百人이라할새 今不爾也라 一會徧一切處者는 如於一室에 懸百面鏡이어든 中有十人이 共爲一會니 則百鏡中에 有百會也라 思之어다
- '여러 처소에 (각기 따로 법회가 열린 것이) 아니다'라는 것은 또한 잘못을 구분함이니, 사람들이 잘못 알까 두려워 하되, 만일 여러 처소에서 법회가 있다면 마치 열 사람이 법회를 열 적에 열 번의 법회가 한 방 안에서 있으며, 한 등불이 비추고 나면 사람으로 하여금 몰록 열 번 법회에서 백 사람을 몰록 본다는 것과 같으므로 지금은 그런 것이 아니다. '한 법회가 온갖 처소에서 두루 하다'는 것은 마치 하나의 방에서 백 개의 면경을 매달았거든 그중에 열 사람이 함께 하나의 법회를 여는 것과 같나니, 백 개의 거울 속에 백 번의 법회가 있는 것이니 생각하여 보라.

나) 새로 모인 대중을 나타내다[現新集衆] (二悉 15下)

悉以佛神力故로 十方各有一大菩薩이 一一各與十佛刹微塵數諸菩薩로 俱하여 來詣佛所하시니 其名曰文殊師利菩薩과 覺首菩薩과 財首菩薩과 寶首菩薩과 功德首菩薩과 目首菩薩과 精進首菩薩과 法首菩薩과 智首菩薩과 賢首菩薩이요 是諸菩薩이 所從來國은 所謂金色世界와 妙色世界와 蓮華色世界와 薝蔔華色世界와 優鉢羅華色世界와 金色世界와 寶色世界와 金剛色世界와 玻瓈色世界와 平等色世界라 此諸菩薩이 各於佛所에 淨修梵行하시니 所謂不動智佛과 無礙智佛과 解脫智佛과 威儀智佛과 明相智佛과 究竟智佛과 最勝智佛과 自在智佛과 梵智佛과 觀察智佛이시니라

모두 부처님의 신통력으로 시방에 각각 한 큰보살이 있고 낱낱의 보살이 각각 열 불찰 미진수의 보살과 함께 부처님 계신 곳에 나아갔다. 그 이름은 이르되 문수사리보살과 각수보살과 재수보살과 보수보살과 공덕수보살과 목수보살과 정진수보살과 법수보살과 지수보살과 현수보살이며, 이 모든 보살들이 좇아온 바의 국토는 이른바 금색세계와 묘색세계와 연화색세계와 담부화색세계와 우바라화색세계와 금색세계와 보색세계와 금강색세계와 파리색세계와 평등색세계라. 이 모든 보살이 각기 부처님 계신 곳에서 범행을 깨끗이 닦았으니 이른바 부동지불과 무애지불과 해탈지불과 위의지불과 명상지불과 구경지불과 최승지불과 자재지

불과 법지불과 관찰지불이시다.

[疏] 二, 悉以佛神力下는 現新集衆이라 言佛神力者는 亦卽是前各隨其類現神通也라 文有四段하니 謂總顯과 列名과 刹號와 佛名이라 皆同名號品中이로대 但增百億이 爲異耳라

■ 나) 悉以佛神力 아래는 새로 모인 대중을 나타냄이다. '부처님의 신력'이라 말한 것은 또한 곧 앞에서 각기 그 부류를 따라 신통력을 나타낸 것이다. 경문에 네 문단이 있으니 이른바 (가) 총합하여 밝힘과 (나) 명칭을 열거함과 (다) 국토의 이름과 (라) 부처님의 명호이다. 모두 여래명호품의 내용과 같지만 단지 백억을 더한 것이 다를 뿐이다.

(2) 문수보살의 게송[偈頌] 2.
가. 설주를 밝히다[彰說人] 3.
가) 사람을 잡아서 밝히다[約人] (偈文 16上4)

爾時에 一切處文殊師利菩薩이 各於佛所에 同時發聲하사 說此頌言하시되,
그때 온갖 곳에 있는 문수사리보살이 각각 부처님 계신 곳에서 동시에 소리를 내어 이 게송을 말하였다.

[疏] 偈文을 分二니 先, 彰說人이오 後, 顯偈辭라 今初라 言一切處文殊者는 略申三義하니 一, 約當節이니 如初節中百億佛前에 有百億文殊가 爲一切也라 各各皆說當節之偈일새 故로 文皆云各於佛所니라

■ (2) 문수보살의 게송을 둘로 나누니 가. 설주를 밝힘이요, 나. 게송의 언사로 밝힘이다. 지금은 가. 이다. '온갖 곳에 있는 문수보살'이라 말한 것은 간략히 세 가지 뜻을 펼쳤으니, (1) 해당 구절을 잡았으니 마치 첫 구절 중 백억 부처님 전에 백억의 문수보살이 있는 것이 온갖 곳이 됨과 같다. 각각 모두에 해당 구절의 게송을 설한 연고로 경문에 모두 '각기 부처님 처소에서'라고 하였다.

[鈔] 一切處文殊略申三義者는 第一¹⁴²⁾은 約文이니 卽是以應就機에 令百川中에 一時見月이라 言各各皆說當節之偈者는 如百億內에 同說若有見正覺偈와 第二節內에 同說衆生無智慧偈라 然有四句하니 一, 一切處文殊가 同說一偈니 是一切가 卽一이오 二, 但一文殊가 十節說偈니 是一卽一切오 三, 各於佛所에 卽一唯是一이오 四, 諸處文殊가 各偈不同이니 卽是一切中一切니라

● 온갖 곳에 있는 문수보살에 세 가지 뜻을 펼친 것은 가) 경문의(사람)을 잡았으니 곧 응하기 위해 근기에 나아갈 적에 백 가지 강 속에서 동시에 달을 보게 한다는 것이다. '각각 모두에 해당 구절의 게송을 설한다'고 말한 것은 마치 백억 염부제 안에 똑같이 약유견정각(若有見正覺)의 게송과 둘째 구절에 있는 중생무지혜(衆生無智慧)의 게송을 똑같이 설함과 같다. 그런데 네 구절이 있으니 (1) 온갖 처소의 문수가 똑같이 한 게송을 설함이니 온갖 것이 곧 하나인 것이요, (2) 단지 한 문수가 열 구절로 게송을 설하였으니 하나가 곧 온갖 것이요. (3) 각각 부처님 처소에서 하나가 오직 하나뿐인 것이요, (4) 여러 처소의 문수가 각기 게송이 다른 것이니 곧 온갖 곳 가운

---

142) 一下에 南續金本有義字.

데 온갖 게송인 것이다.

나) 뜻을 잡아서 밝히다[約義] (二一 16下4)

[疏] 二, 一文殊가 從一處東來가 卽從一切處東來오 至一法會가 卽至一切法會라 故雖東來나 而卽一切處니 以是法界卽體之用身故니라

■ 나) 한 문수가 한 처소로부터 동쪽으로 온 것이 곧 온갖 처소로부터 동쪽으로 온 것이요, 한 법회에 이른 것이 곧 온갖 법회에 이른 것이다. 그러므로 비록 동쪽으로 왔지만 곧 온갖 처소인 것이니, 바로 법계가 본체와 합치하여 작용하는 몸이기 때문이다.

[鈔] 二, 一文殊下는 第二, 釋約義라 復語其實德인대 如前溪之月이 卽是後溪며 及千江百川之月이 全入前溪라 所以爾者는 一切處月이 不離本月故니 本月落溪에 則千處俱落이니라

● 나) 一文殊 아래는 뜻을 잡아서 밝힘이다. 다시 그 진실한 공덕을 말한다면 마치 앞 계곡의 달이 바로 뒤의 계곡에 있으며, 나아가 천 개의 강, 백 개의 하천의 달이 모두 앞 계곡에 들어감과 같다. 그렇게 된 이유는 온갖 처소의 달이 본래의 달을 떠나지 않기 때문이니, 본래의 달이 계곡에 떨어지면 천 개의 처소에서 모두 떨어지는 것이다.

다) 표하는 법을 잡아서 밝히다[約表] (三約 16下10)

[疏] 三, 約表法이니 文殊는 乃是不動智之妙用이라 觸境斯了일새 六根三業이 盡是文殊오 實相體周에 萬像森羅가 無非般若어니 何有一處가

非文殊哉아 下九節中에 皆有二段은 倣此可知니라

- 다) 표하는 법을 잡아 밝힘이다. 문수보살은 비로소 부동지 부처님의 묘한 작용인 것이다. 경계를 촉하여 이렇게 요달하므로 여섯 감관과 세 가지 업이 모두 문수보살이요, 실다운 모양의 체성이 두루 할 적에 만상삼라가 반야 아닌 것이 없을텐데, 어찌 한 처소라도 문수가 아니겠는가! 아래 아홉 구절 중에 모두 두 문단은 이것과 비슷하나니 알 수 있으리라.

[鈔] 三, 約表者인대 文殊는 主般若門이니 若約觀照般若인대 智了萬境에 無非般若가 若白日麗天에 無物不照矣오 若實相般若인대 無法非實相體故로 無非般若가 猶水全徧波에 無波非水라 大般若에 云, 般若波羅蜜多가 淸淨故로 色淸淨하며 色淸淨故로 一切智智淸淨이니 何以故오 若般若波羅蜜多淸淨과 若色淸淨과 若一切智智淸淨이 無二無二分이며 無別無斷故라하니 通於觀照와 及實相也니라

- 다) 표하는 법을 잡은 것은 문수보살은 반야문을 주재하는 문이니 만일 관조반야를 잡아 말하면 지혜가 만 가지 경계를 요달하면 반야 아님이 없는 것이 마치 밝은 해가 하늘에 오르면 비치지 않은 사물이 없는 것과 같음이요, 만일 실상반야를 잡아 말한다면 어떤 법도 실다운 모양의 체성이 아님이 없으므로 반야가 물의 전체가 파도가 될 적에 파도마다 물이 아닌 것이 없음과 같다. 『대반야경』에 이르되, "반야 바라밀다가 청정한 연고로 형색이 청정하며, 형색이 청정한 연고로 온갖 지혜의 지혜가 청정하나니, 왜냐하면 저 반야바라밀다가 청정함과 형색이 청정함과 온갖 지혜의 지혜가 청정함이 둘이 없고 둘로 나눌 수도 없으며, 다름도 없고 단절함도 없기 때문이다"라고 하

였으니, 관조반야와 실상반야에 통하는 설명이다.

나. 게송의 언사를 밝히다[顯偈辭] 2.
가) 총합하여 전체와 개별의 두 뜻으로 지적하다[總指通別二義]
(二正 17下1)

[疏] 二, 正顯偈辭라 然釋此偈에 有通有別하니 通者는 此明菩提超情이오 別은 謂顯前光中所見之事라 於中에 又二니 一, 約境이니 謂融前所照하야 顯理法故오 二, 約觀이니 謂令大衆으로 泯絶諸見하야 於所照事에 不生執取라

■ 나. 게송의 언사를 바로 밝힘이다. 그런데 이 게송을 해석할 적에 전체 모양과 개별 모양이 있으니 (가) 전체 모양이란 깨달음은 정식(情識)을 뛰어넘음을 설명함이요, (나) 개별 모양은 이른바 앞의 광명 속에서 본 현상을 설명함이다. 그중에 또 둘이니 ㄱ. 경계를 잡아 설명함이다. 말하자면 앞에서 비출 대상을 융합하여 이치의 법을 밝힌 것이요, ㄴ. 관법을 잡아 설명함이다. 말하자면 대중들로 하여금 모든 소견을 없애고 비출 대상인 현상에 대해 집착을 일으키지 않는다는 뜻이다.

나) 바로 뜻에 따름을 잡아 설명하다[正約隨義以釋] 2.
(가) 의미를 밝히고 과목 나누다[顯意分科] (然觀 17下4)

[疏] 然觀資理成하고 理由觀顯일새 故로 通而釋之하야 即明菩提超情이라 大分爲二니 初一은 反顯이오 餘九는 順釋이라

■ 그러나 관법은 이치를 도와 성립하고 이치는 관법으로 인해 드러나므로 통틀어 해석하여 바로 깨달음은 정식을 뛰어넘음을 설명하였다. 크게 둘로 나누었으니 ㄱ. 한 게송은 반대로 밝힘이요, ㄴ. 나머지 아홉 게송은 순리로 해석함이다.

(나) 경문을 따라 개별로 해석하다[隨文別釋] 2.
ㄱ. 한 게송은 반대로 밝히다[初一反顯] (今初 17下6)

若有見正覺이　　　解脫離諸漏하고
不著一切世하면　　彼非證道眼이니라
만약 어떤 이가 정각은
해탈하여 모든 번뇌를 떠나고
온갖 세간에 집착하지 않는 줄로 보면
그는 도안을 증득한 것이 아니니라.

[疏] 今初는 反顯違理之失이니 謂菩提體德은 超絶一切라 佛地論에 明佛은 非漏非無漏며 亦應於世에 非着非無着이라하니 今乃見佛에 內離諸漏하고 外不着世하니 則有漏可離며 有世不着하야 取捨를 未亡하니 此見은 違理일새 故非道眼이라 證道眼者는 無分別故니라

■ 지금은 ㄱ.이니 이치와 위배한 손해를 반대로 밝힘이다. 말하자면 깨달음의 체성과 공덕은 모든 것을 초월하고 탁월하다는 뜻이다. 『불지론(佛地論)』에서 설명하되, "부처님은 번뇌도 아니요 번뇌 없음도 아니며, 세상에 순응하여 집착함도 아니며 집착 없음도 아니다"라고 하였으며, 지금 비로소 부처님을 뵈올 적에 안으로 모든 번뇌를 여의고

밖으로 세상에 집착하지도 않은 것이다. 그러므로 번뇌가 있어도 여의 수 있으며, 세상에 살면서도 집착하지 않아서 취하고 버림을 잊지 않나니, 이런 소견은 이치에 위배되므로 도의 안목[道眼]이 아니다. '도안을 증득함'이란 분별이 없기 때문이다.

[鈔] 然觀資理成者는 以賢首가 有上二意하야 各別科文하니 初, 約境顯理라 中에 十偈를 爲三이니 初一, 法超情表요 次八, 會事歸理요 後一, 事如理融이니 成前一會가 卽一切會等하야 事無障礙也라 二, 約心이니 令泯絶諸見이라 依此釋經에 十偈爲六이니 初之二頌은 頌於放光이니 佛令離見이오 次, 一頌은 會前光所照處하야 以明離見이오 三, 有三頌은 會前所現本法會等하야 以明離見이오 四, 有二頌은 別會諸菩薩大衆하야 以明離見이오 五, 有一頌은 會前所照衆生이오 六, 末後一頌은 明前法會周徧所由라 今疏는 意明不爲兩般코 合成一釋이니 顯理離見이 二義相成일새 故總出所以하야 云觀資理成이니 若不見理하면 不成觀照故라 理由觀顯者는 不得觀照면 安能會理리오 理無廢興이나 弘之由人이라 故로 觀成契理에 諸見自亡이니 故合爲一釋하야 皆帶顯理破見之義라 一一具於通別二意니 故로 初偈143)는 反顯하야 明違理起見이 爲過失生이오 後九는 順明會理니 則理顯而見息也니라

● '그러나 관법은 이치를 도와 성립한다'는 것은 현수대사가 뒤의 두 가지 의미가 있어서 각기 과목의 문단을 구분하였으니, ㄱ) 경계를 잡아 이치를 드러냄이다. 그중에 열 게송을 셋으로 나누었으니 ① 한 게송은 법은 정식을 초월함을 표함이요, ② 다음의 여덟 게송은 현상을

---

143) 偈는 南續金本作一.

모아 이치에 돌아감이요, ③ 뒤의 한 게송은 현상은 이치대로 융합함이다. 앞의 한 번의 법회가 곧 온갖 법회와 같음을 이루어서 현상이 장애가 없는 것이다. ㄴ) 마음을 잡아 밝힘이니, 모든 소견을 없애고 끊게 함이다. 여기에 의지해 경전을 해석할 적에 열 게송을 여섯으로 나누었으니, ① 처음 두 게송은 방광함을 노래함이니, 부처님이 소견을 여의게 함이요, ② 한 게송은 앞의 광명이 비추는 처소를 모아서 소견 여읨을 밝힘이요, ③ 세 게송은 앞에서 나타낸 근본 법회 등을 모아서 소견 여읨을 밝힘이요, ④ 두 게송은 모든 보살대중을 개별로 모아서 소견 여읨을 밝힘이요, ⑤ 한 게송은 앞에서 비출 대상인 중생을 모음이요, ⑥ 마지막 한 게송은 앞의 법회가 두루 한 이유를 밝힘이다. 지금 소가는 의미로 두 가지를 나누지 않고 합하여 하나로 해석함을 설명하였으니 이치는 소견을 여의어서 두 가지 뜻이 서로 성립함을 밝혔으므로 총합하여 이유를 내보여서 이르되, "관법은 이치를 도와서 성립한다"고 하였다. 만일 이치를 보지 않으면 관법으로 비춤이 성립되지 않기 때문이다. '이치는 관법으로 인해 드러난다'는 것은 관법으로 비춤을 얻지 못하면 어찌 능히 이치를 알겠는가? 이치는 없어지고 일어남이 없지만 홍포는 사람으로 인하는 연고로 관법을 성취하고 이치에 계합할 적에 모든 소견이 자연히 없어지나니, 그러므로 합하여 한 가지로 해석하여 모두 이치를 드러내어 소견을 타파한다는 뜻을 수반한다. 하나하나에 전체와 개별의 의미를 구분한 연고로 첫 게송은 반대로 밝혀서 이치에 위배되게 소견이 생겨남이 과실이 생겨나게 됨이요, 뒤의 아홉 게송은 이치를 아는 것을 순리로 설명하였으니, 곧 이치가 드러나서 소견이 없어지게 된 것이다.

ㄴ. 나머지 아홉 게송은 순리로 해석하다[餘九順釋] 4.
ㄱ) 여섯 게송은 부처님을 관찰하다[初六頌觀佛] 6.
(ㄱ) 첫 게송은 부처님의 깨달음[初偈顯佛菩提] (餘偈 18下6)

若有知如來가　　　體相無所有하여
修習得明了하면　　此人疾作佛이로다

만일 여래가
체성과 모양이 없는 줄 알아서
닦고 익혀 명료함을 얻으면
이 사람은 빨리 부처를 지으리라.

[疏] 餘偈는 順顯見理之益이라 皆上三句는 觀相이오 下句는 觀益이라 於中九偈가 各是一義니 且分爲四하리라 初六은 觀佛이오 次一은 趣求오 次一은 觀生이오 後一은 了法이라 初中에 初偈는 正顯佛菩提性이 本來自空이니 稱此而知에 則無上失이라 體謂眞性이오 相謂德相이라 並性無所有어니 竟何所離리오 本無有着이어니 誰爲無着이리오 如是知者는 名爲正解오 修習明了가 斯爲正行이니라 下句는 觀益이라 言疾作佛者는 約文殊門에 情盡理現에 即名作佛이오 約普賢門에 信終圓收라 約行布說인대 則不見此理하면 成佛未期라 他皆倣此니라

■ ㄴ. 나머지 아홉 게송은 이치를 본 이익을 순리로 밝힘이다. 모두 위의 세 구절은 관법의 양상이요, 아래 넷째 구절은 관법의 이익이다. 그중에 아홉 게송이 각기 한 가지 뜻이니 우선 넷으로 나누리라. ㄱ) 여섯 게송은 부처님을 관찰함이요, ㄴ) 다음 한 게송은 나아가 구함이요, ㄷ) 한 게송은 중생을 관찰함이요, ㄹ) 한 게송은 법을 요달함

이다. ㄱ) 중에 (ㄱ) 첫 게송은 부처님의 깨달음이 본래 스스로 공함을 바로 밝혔으니 이것과 칭합하게 알면 위의 과실이 없는 것이다. 체성은 참된 성품을 말하고 모양은 덕스런 모양을 말한다. 아울러 체성이 있지 않은데 마침내 무엇이 여읠 것이겠는가? 본래로 집착이 없는데 누가 집착 없음이 되겠는가? 이렇게 아는 자는 바른 견해라고 이름하고, 수습하여 분명하게 깨닫는 것을 바른 행법이라 말한다. 아래 넷째 구절은 관법의 이익이다. '빨리 부처를 짓는다'라고 말한 것은 문수문을 잡으면 생각이 다하고 이치가 나타남을 이름하여 부처라 하고, 보현문을 잡으면 믿음이 다하고 원만히 거둠이다. 만일 항포문을 잡아 말한다면 이런 이치를 보지 못하니 성불을 기약하지 못하나니, 다른 것은 모두 이것과 비슷하다.

[鈔] 本無有着者는 如黐膠黏人에 則有着不着之者이어니와 虛空은 不黏이어니 誰爲不着空中膠者아 情盡理現者는 此順禪宗이니 卽事理無礙門也오 約普賢門은 正是華嚴이니 卽事事無礙門也라 約行布說은 此爲千里之初步也니라

● 본래로 집착이 없는 것은 마치 끈끈한 아교로 사람을 붙일 적에 붙는 것도 있고 붙지 않는 것도 있거니와 허공은 붙지 않는데, 누가 허공 중에 아교가 붙지 않는다고 하겠는가? '생각이 다하고 이치가 나타남'이란 이것은 선종을 따르는 것이니 곧 현상과 이치가 장애 없는 문[事理無礙門]이요, 보현문을 잡은 것은 바로 화엄경이니 곧 현상과 현상이 장애 없는 문[事事無礙門]이다. 항포문을 잡아 말한 것은 이것은 천리 길의 첫걸음이 된다.

(ㄴ) 한 게송은 의보와 정보를 평등하게 관찰하다[次偈依正等觀]

(次一 19下10)

能見此世界하되　　其心不搖動하고
於佛身亦然하면　　當成勝智者로다

능히 이 세계를 보되
그 마음이 움직이지 아니하고
부처님 몸에 대해서도 또한 그러하면
마땅히 훌륭한 지혜 있는 이가 되리라.

[疏] 次一偈, 依正等觀이니 佛菩提性은 依正無二故라 亦顯光所照處가 以明離見이니 謂上半은 於前所見世界에 令離妄動하야 知眞法界하야 不應動故오 次句는 例前八相佛身이 亦同平等하야 不動而了일새 故成勝智니라

■ (ㄴ) 한 게송은 의보와 정보를 평등하게 관찰함이니 부처님의 깨달음의 체성은 의보와 정보가 둘이 없기 때문이다. 또한 광명이 비치는 처소가 분명하게 소견을 여읨을 밝혔다. 말하자면 위의 반의 게송은 앞에서 보는 세계에서 하여금 허망한 동요를 여의어 진실한 법계를 알게 하여 응하여 동하지 않게 하는 까닭이며, 다음 구절은 앞의 여덟 모양의 부처님이 몸이 또한 똑같이 평등함과 유례하여 동요하지 않고 아는 연고로 뛰어난 지혜를 이룬 것이다.

[鈔] 亦顯光明等者는 上約通明이오 今約別說이라 令離妄動은 即是破見이오 知眞法界不應動故는 即是顯理라 此句는 全是大般若曼殊室

利分이니 經에 云, 若菩薩이 不動法界하고 知眞法界에 不應動搖며 不可思議며 不可戱論이라 如是能入一切相也라하시니라 不動而了故 成勝智者는 此句는 觀益이니 諸偈雖同이나 皆是佛果差別之德이나 而皆與觀相으로 相順일새 故稱144)不動而知하야 以釋當成勝智니라

- '또한 광명 등을 밝힘'이란 위는 전체를 잡아 설명함이요, 지금은 개별을 잡아 설명함이다. 하여금 허망한 동요를 여의게 함은 곧 소견을 타파함이요, 진실한 법계를 알아서 응하여 동요하지 않게 함은 곧 이치를 밝힘이다. 이 구절은 온전히『대반야경』만수실리분이니 경에 이르되, "만일 보살이 법계를 동요하지 않고 진실한 법계를 알면 응하여 따라 동요하지 않으며, 사유하고 의논할 수 없으며, 장난 말도 할 수 없는 것이다. 이와 같이 능히 온갖 모양에 들어간다"라고 하였다. '동요하지 않고 아는 연고로 뛰어난 지혜를 이룬다'는 이 구절은 관법의 이익이니 모든 게송이 비슷하긴 하지만 모두 부처님 과덕의 차별스런 덕이지만 모두 관법의 모양과 서로 수순하므로 동요하지 않고 아는 것과 칭합하게 당래에 뛰어난 지혜를 얻음으로 해석하였다.

(ㄷ) 부처님과 법을 평등하게 관찰하다[次偈佛法等觀] (次偈 20上1)

若於佛及法에　　　其心了平等하야
二念不現前하면　　當踐難思位로다
만약 부처님과 법에
그 마음이 평등함을 요달하여

---

144) 稱은 南金本作躡.

두 가지 생각이 나타나지 않으면
마땅히 생각하기 어려운 지위에 오르리라.

[疏] 次偈는 佛法等觀하야 了同體故니 二念豈生이리오 一亦不存일새 得
難思果니라
- (ㄷ) 다음 게송은 부처님과 법을 평등하게 관찰하여 동일한 체성임을
요달한 까닭이니 둘이라는 생각이 어찌 생겨나리오. 하나도 또한 두
지 않으므로 생각할 수 없는 과덕을 얻는 것이다.

(ㄹ) 부처님과 중생을 평등하게 관찰하다[次偈佛生等觀] 4.
a. 경문을 전체로 해석하다[通釋經文] (次偈 20上5)

若見佛及身이　　　　平等而安住하여
無住無所入하면　　　當成難遇者로다
만약 부처님과 몸이
평등하게 안주하여
머무름도 없고 들어감도 없음을 보면
마땅히 만나기 어려운 이를 이루리라.

[疏] 次偈는 生佛等觀이라 言身卽衆生이니 以梵本中에 云, 佛及我故라하
니 我는 卽行人之身이라 稱理普周일새 云平等住라 平等은 則無能所
일새 故曰無住라 我卽法性일새 更不證入이라 法性은 無性이어니 復何
所入이리오 如是知者는 曠世難逢이라
- (ㄹ) 다음 게송은 부처님과 중생을 평등하게 관찰함이다. 몸이 곧 중

생임을 말하였으니 범본 가운데 이르되, "부처님과 나인 까닭이다"라고 하였으니 〈나〉는 곧 수행하는 이의 몸이다. 이치와 칭합하게 널리 두루 하므로 '평등히 안주한다'고 말하였다. 평등함은 주체와 대상이 없으므로 '안주함이 없다'고 하였다. 법의 체성은 체성이 없는데 다시 어디가 들어갈 곳이리오. 이렇게 아는 이는 넓은 세상에서 만나기가 어려운 것이다.

[鈔] 我卽法性下는 釋上平等이 卽無能所니 故曰無住라 然有二意하니 一, 上二句는 明一性不分故로 無能所가 猶如一指가 不能自觸이오 二, 法性無性下는 明性空故로 無能所入이니 亦如虛空이 不住虛空이라 此亦大般若曼殊室利分意니 彼經에 云, 佛告文殊하시되 汝於佛法에 豈不趣求오 文殊言하시되 世尊하 我今不見有法非佛法者어니 何所[145)趣求리닛고하니라 釋曰, 此卽一性意也니라 次佛問云하시되 汝於佛法에 已成就耶아 文殊答言호대 我都不見法可名佛法이어니 何所成就리오하니라 釋曰, 卽性空意也니라 次佛이 又言하시되 汝豈不得無着性耶아 文殊答云호대 我卽無着이어니 豈無着性에 復得無着이닛고 釋曰, 卽今疏에 云, 我卽法性更不證入[146)이니라

● 我卽法性 아래는 위의 평등함이 곧 주체와 대상이 없음으로 해석한 연고로 '머무름이 없다'고 말하였다. 그런데 두 가지 의미가 있으니, (1) 위의 두 구절[若見佛及身 平等而安住]은 하나의 체성이 나누어지지 않으므로 주체와 대상이 없는 것이 마치 하나의 손가락이 능히 스스로 닿을 수 없는 것과 같음을 설명함이오, (2) 法性無性 아래는 체성

---

145) 所는 金本作以.
146) 入下에 南續金本有苦者誤.

이 공한 연고로 들어가는 주체와 대상이 없음을 설명하였으니 또한 허공이 허공에 머물지 않음과 같다. 이도 역시 『대반야경』 만수실리분의 주장이다. 저 경문에 이르되, "부처님이 문수보살에게 고하시되 '내가 불법에 어찌 나아가 구하지 않겠는가?' 문수보살이 말하되, '세존이시여, 제가 지금 법과 불법 아닌 것을 볼 수가 없는데 어느 곳에 나아가 구하겠습니까?'"라고 하였다. 해석하자면 이것은 한결같은 체성의 의미이다. "다음에 부처님이 물으시되 '네가 불법을 이미 성취하였는가?' 문수보살이 답하되, '제가 도무지 법을 불법이라 이름할 것을 보지 못하였는데 어느 곳에서 성취하겠습니까?'"라고 하였다. 해석하자면 체성이 공한 의미이다. "다음에 부처님이 또 말씀하시되, '네가 어찌 집착 없는 성품을 얻지 못하였느냐?' 문수보살이 대답하되, '제가 곧 집착이 없는데 어찌 집착 없는 성품에서 다시 집착 없음을 얻겠습니까?'" 해석하자면 지금의 소가가 말하되, "내가 곧 법성이니 다시 증득해 들어가지 않는다"라는 뜻이다.

b. 인용하여 증명하다[引證] (般若 20下10)

[疏] 故로 般若文殊分에 云, 若知我性하면 即知無法이오 若知無法하면 即無境界요 若無境界하면 即無所依요 若無所依하면 即無所住也라 하니라

■ 그러므로 『대반야경』 만수실리분에 이르되, "만일 나의 체성을 알면 바로 법이 없음을 알게 되고, 만일 법이 없음을 알면 곧 경계가 없을 것이요, 만일 경계가 없으면 의지할 곳도 없어지며, 만일 의지할 곳이 없으면 곧 머무를 곳도 없어진다"라고 하였다.

c. 셋째 구절을 따로 해석하다[別釋第三句] (又本 21上2)

[疏] 又本會가 卽住無所住오 新集이 則入無所入이니라
- 또한 본래 법회가 곧 머무를 곳 없음에 머무를 것이요, 새로 모인 대중은 들어갈 곳 없음에 들어가는 것이다.

[鈔] 故般若下는 引證이니 前卽闇用二意어니와 今卽顯證無住니 是彼는 次後經文이니라
- b. 故般若 아래는 인용하여 증명함이니, 앞에서는 가만히 두 가지 의미를 사용하였지만 지금은 드러내어 머무름 없음을 증명하였으니 저것은 다음의 뒤의 경문이다.

d. 묻고 답하다[問答] (問若 21上5)

[疏] 問이라 若皆平等인대 云何分別有三寶耶아 智論에 答云호대 平等은 卽是三寶이니 謂平等이 卽法寶요 法寶卽是佛이니 以未得法에 不名佛故라 得平等法에 分別有須菩提等이라하니라
- 묻는다. 만일 모두가 평등하다면 삼보가 있음을 어떻게 분별하겠는가? 『대지도론』에 대답하되, "평등함이 곧 삼보일 텐데 이른바 평등함이 곧 법보요, 법보가 바로 부처님이니 아직 법보에 부처님이라 이름함을 얻지 못한 까닭이다. 평등한 법을 얻을 적에 수보리 등이 있는 줄 분별한다"라고 하였다.

[鈔] 智論答云者는 卽八十五論이오 亦是經文이니 須菩提가 問佛호대 若

無差別인대 云何有三寶이닛고 佛答이 即今疏文이니라
- '대지도론에 대답하여 말한 것'은 곧 제85권이요, 또한 경문에, "수보리가 부처님께 여쭙되 '만일 차별이 없다면 어떻게 삼보가 있겠습니까?'" 부처님의 대답이 지금 소의 문장이다.

(ㅁ) 평등함을 회통하다[次偈會通平等] (次偈 21下1)

色受無有數며　　　想行識亦然하니
若能如是知하면　　當作大牟尼로다
색과 수가 수가 없으며
상과 행과 식도 또한 그러하니
만약 능히 이와 같이 알면
마땅히 대모니가 되리라.

[疏] 次偈, 會通平等이라 謂上來主伴依正이 不離五蘊이라 五蘊性空이 即是平等이오 有相差別은 總名爲數라 即同無爲일새 故非數法이오 離數超世일새 成寂靜果니라

■ (ㅁ) 다음 게송은 평등함을 회통함이다. 말하자면 여기까지 주인과 반중, 의보와 정보가 오온을 여의지 않는다는 뜻이다. 오온의 체성이 공한 것이 곧 평등함이요, 모양과 차별이 있음은 총합하여 헤아림이라 이름한다. 곧 무위법과 같아지므로 헤아리는 법이 하나요, 헤아림을 여의고 세상을 초월하므로 고요한 과덕을 성취하는 것이다.

(ㅂ) 위의 세간에 뛰어남을 털어 내다[次偈拂上出世] (次偈 21下5)

世及出世間에　　　一切皆超越하여
而能善知法이면　　當成大光耀로다
세간과 출세간에서
모든 것을 다 초월하여
능히 법을 잘 알면
마땅히 큰 빛을 이루리.

[疏] 次偈, 拂上出世니 謂眞出世者는 超越入出이라 不礙照知일새 故成光耀라 又上第三偈는 佛卽是法이오 第四偈는 法卽是衆이오 第五偈는 明是三寶가 皆無爲相이오 此偈는 如虛空等이니라

■ (ㅂ) 다음 게송은 위의 세간에서 뛰어남을 털어 냄이다. 말하자면 진실로 세간을 벗어난다는 것은 들어가고 나옴을 초월한 것이다. 비추어 아는 것에 장애되지 않는 연고로 광명이 밝음을 성취하였다. 또한 위의 셋째 게송[若於佛及法 其心了平等]은 법이 곧 중생이요, 다섯째 게송[色受無有數 想行識亦然]은 이런 삼보가 모두 무위법의 모양임을 설명하였고, 지금의 게송[世及出世間 一切皆超越]은 허공과 같이 평등함을 말하였다.

[鈔] 又上第三偈下는 收上四偈하야 成一不二法門이니 卽淨名經에 寂根菩薩이 曰, 佛法과 衆이 爲二나 佛卽是法이오 法卽是衆이라 是三寶가 皆無爲相이 與虛空等이오 一切法도 亦爾니 能隨此行者는 是爲入不二法門이라하니라

● 又上第三偈 아래는 위의 네 게송을 거두어서 하나의 둘이 아닌 법문을 이룬 것이다. 곧 『유마경』에서 적근(寂根)보살이 말하되, "부처님

과 법과 중생이 둘이 되지만 부처가 곧 법이요, 법이 곧 중생이다. 이런 삼보가 모두 무위법의 모양이라 허공과 같이 평등하며 온갖 법도 또한 그러하니 능히 여기에 따라 수행하는 이는 불이법문(不二法門)에 들어감이 된다"라고 하였다.

ㄴ) 한 게송은 나아가 구하다[次一頌趣求] (二有 22上3)

若於一切智에　　　發生廻向心하되
見心無所生하면　　當獲大名稱이로다
만약 온갖 지혜에
회향하는 마음을 내되
마음이 나는 바가 없음을 보면
마땅히 큰 명칭을 얻으리라.

[疏] 二, 有一偈는 趣求者가 以上에 雖離見而知나 猶恐滯寂일새 故로 上半에 勸求요 次句는 又觀性離니 謂了廻向心이 本自不生하면 是離相廻向也니 離相求佛하면 得名稱果니라

■ ㄴ) 한 게송은 나아가 구하는 이에서 비록 보는 것을 여의고 알았지만 아직도 고요함에 지체함을 두려워하는 연고로 위의 반의 게송은 구하기를 권함이요, 다음 구절[見心無所生]은 또한 체성이 여읨을 관찰함이다. 이른바 회향하는 마음이 본래로 자연히 생겨나지 않음을 요달하면 이것이 '모양을 여읜 회향[離相廻向]'인 것이니, 모양을 여의고 부처를 구하면 큰 명칭의 결과를 얻게 된다.

ㄷ) 중생을 무생(無生)으로 관찰하다[次一頌觀生] (三次 22上7)

衆生無有生이며　　亦復無有壞니
若得如是智하면　　當成無上道로다

중생은 생김도 없으며
또한 다시 무너짐도 없으니
만약 이와 같은 지혜를 얻으면
마땅히 위없는 도를 이루리라.

[疏] 三, 次一偈는 所見衆生이 亦皆稱眞일새 故無生壞니 知無衆生이 是 無上道라 故로 下經에 云, 無上摩訶薩이 遠離衆生相이라하니라

- ㄷ) 다음 한 게송은 볼 대상인 중생이 또한 모두 진여와 칭합한 연고로 태어나고 무너짐이 없으니, 중생이 없음을 아는 것이 위없는 도인 것이다. 그러므로 아래 경문에 이르되, "위없는 마하살이 중생이란 모양을 멀리 떠난다"라고 하였다.

[鈔] 故下經云無上摩訶薩遠離衆生相者는 卽第十六經에 無上慧菩薩 偈니 下半에 云, 無有能過者일새 故號爲無上이라하니라 今無生可壞 하니 卽離衆生想이니라

- '그러므로 아래 경문에 이르되, 위없는 마하살이 중생이란 모양을 멀리 떠난다'는 말은 본경 제16권의 무상혜보살의 게송이다. 아래 반의 게송에 이르되, "능히 지나가는 이가 없으므로 위없는 이라 부른다"라고 하였다. 지금은 중생은 무너뜨릴 수 없으니 곧 무생이란 생각을 여읜 것이다.

ㄹ) 법을 알다[後一頌知法] 3.
(ㄱ) 표방하여 가리키다[標指] (末後 22下3)

　　一中解無量하고　　　無量中解一하여
　　了彼互生起하면　　　當成無所畏로다
　　하나 가운데서 한량없음을 알고
　　한량없는 가운데서 하나를 알아
　　그것이 서로 함께 일어남을 알면
　　마땅히 두려울 바 없음을 이루리라.

[疏] 末後一偈는 知法이니 卽成前法會周徧所由라
■ ㄹ) 마지막 한 게송은 법을 앎이니, 곧 앞에서 법회가 두루 한 이유를 성취함이다.

(ㄴ) 바로 해석하다[正釋] 2.
a. 앞의 세 구절을 해석하다[釋前三句] 2.
a) 원인의 문을 표방하여 거론하다[標擧因門] (上半 22下3)
b) 원인을 지적하고 종지를 해석하다[指因釋宗] (謂一)

[疏] 上半은 標門이니 卽十玄門中의 一多相容不同門也라 次一句는 釋所由니 卽十種所由中의 緣起相由門也니 並如義分齊中하니라 謂一與多가 互相生起호대 且一依多起는 則一是所起而無力也오 多是能起일새 故有力也라 以多有力으로 能攝一하고 以一無力으로 入於多하니 是故로 此一이 恒在多中이라 多依一起도 準上知之니 是則此多

제9. 光明覺品 ① 339

가 恒在一中也니 以俱有力과 及俱無力이 各不並故로 無彼不相在
也오 以一有力과 一無力이 不相違故로 有此恒相在也라
- 위의 반의 게송은 문을 표방함이니 곧 십현문 중의 '하나와 여럿이 서
로 용납하되 같지 않은 문[一多相容不同門]'이다. 다음 한 구절[了彼互生
起]은 이유를 해석함이니, 곧 열 가지 이유 중의 '연기법이 서로 말미암
는 문[緣起相由門]'이니 아울러 뜻의 분제 중에 있는 내용과 같다. 말하
자면 하나와 여럿이 서로 함께 생겨나되, 우선 하나와 여럿을 의지하
여 일어남은 하나가 일어날 대상이지만 힘이 없는 것이요, 여럿은 일
으키는 주체인 연고로 힘이 있다. 여럿이 힘이 있으므로 능히 하나를
섭수하고 하나는 힘이 없으므로 여럿에 들어가나니, 이런 까닭에 이
하나가 항상 여럿 가운데에 있는 것이다. 여럿이 하나에 의지해 생겨
남도 위에 준하여 알 것이니, 이것은 여기의 여럿이 항상 하나 가운데
있는 것이니 모두 힘이 있음과 모두 힘이 없음이 각기 함께하지 않으
므로 저것이 서로 존재하지 않음이 없는 것이요, 하나가 힘이 있음과
하나가 힘이 없음이 서로 위배되지 않으므로 여럿으로 인해 항상 서
로 존재하게 된다.

b. 뒤의 한 구절을 해석하다[釋後一句] (緣起 22下1)

[疏] 緣起法界가 理數常爾하나니 稱斯而見이 何所畏哉아
- 연기하는 법계가 이치의 숫자로 항상 그러하나니 이것과 칭합하게 보
는 것이 무엇이 두려우리오.

(ㄷ) 결론하여 타파하다[結破] (由此 23上3)

[疏] 由此緣起하야 成前平等하고 由前平等하야 成此緣起라 文理가 昭然이어늘 不許[147]事事無礙는 恐未着深思로다

■ 이런 연기법으로 말미암아 앞의 평등함을 이루고 앞의 평등함으로 인해 이런 연기법이 성립한다. 경문과 이치가 밝아졌으니 현상과 현상이 장애 없음을 허용하지 않음은 집착하지 않고 깊이 사유할까를 두려워할 것이다.

[鈔] 謂一與多下는 上에 標擧二門하고 今正將緣起相由所以하야 釋一多相容之門이라 此中大意는 凡所知所起는 即無有力이오 若能知能起는 即是有力이니 廣如玄文하니라 由此緣起下는 結破靜法이니 彼云, 此偈는 了一多平等이니 謂解多由一起하며 解一由多生하면 無一不成多며 無多亦無一이니 了彼一多相由生起하야 一多之念息에 一多相平等하나니 此會差別하야 歸平等性이라 理事無礙오 非事事無礙니 應審思其文하야 勿謬解也라하니라 釋曰, 今疏는 即賢首意니 此公이 破師하야 言是謬解할새 故今結示니 即符昔大義中之一也라 此公意에 云, 是理事無礙者는 以例前諸偈가 多約會事歸理하야 一切平等하야 拂諸見故로 不合是事事無礙故라하니라 今先出此偈本意호리라

● b) 謂一與多 아래는 위에서 두 가지 문을 표방하여 거론하였고, 지금은 바로 연기가 서로 말미암는 이유를 가져서 하나와 여럿이 서로 용납하는 문[一多相容之門]을 해석한 부분이다. 이 가운데 큰 의미는 대개 아는 대상과 일으킬 대상은 곧 힘이 없고 저 아는 주체와 일으키는 주체는 힘이 있나니, 자세한 것은 현담의 문장에 밝힌 내용과 같다. (ㄷ) 由此緣起 아래는 정(靜)법사를 결론적으로 타파함이다. 저

---

[147] 許는 甲續本作信.

간정기에 이르되, "이 게송은 하나와 여럿이 평등함을 요달함이다. 말하자면 여럿은 하나로 인하여 일어남을 알며, 하나는 여럿으로 인해 생겨남을 알면 하나가 여럿을 성립하지 못함이 없으며, 여럿이 없음도 또한 하나도 없을 것이니, 저 하나와 여럿이 서로 말미암아 생겨남을 요달하여 하나와 여럿이란 생각이 쉬어질 적에 하나와 여럿의 모양이 평등해지나니, 이것은 차별함을 모아서 평등한 체성으로 돌아감이다. 이치와 현상이 장애 없음이요, 현상과 현상이 장애 없음은 아니다. 응당히 그 문장을 살피고 사유하여 잘못 알지 말지니라"라고 하였다. 해석하자면 지금의 소문은 현수대사의 주장이니, 이 정법사가 스승을 타파하여 '잘못 이해하였다'고 말했으므로 지금 결론하여 보인 것이다. 곧 예전의 큰 뜻과 부합함 가운데 하나이다. 이 정법사의 주장을 말하면, "이치와 현상이 장애 없음이란 앞의 모든 게송이 대부분 현상을 모아서 이치로 돌아감을 잡은 것을 유례하여 온갖 것이 평등해서 모든 소견을 털어 내는 연고로 현상과 현상이 장애 없음과는 합하지 않기 때문이다"라고 하는 것이다. 지금은 먼저 이 게송의 본래 의미를 내보이겠다.

言由此緣起成前平等者는 上文本會則住無所住오 新集則入無所入等이 皆平等義라 何以得此皆平等耶아 特由緣起互相由故라 且如本會가 與彼十方新集之會로 共成緣起호대 由因本會에 有十方故로 十是所起라 所起無體하야 卽是本會오 由因十方에 說本會故로 本是所起라 所起無力일새 故入十方이라 故由緣起하야 成前一切皆悉平等이니라 言由前平等成此緣起者는 謂一有定性이면 不由於多하고 多有定性이면 不由於一이어니와 今由一無定性하고 假多而起하

고 多無定性하야 由一而生일새 故由無性平等之義하야 方成緣起니라 若有一可一이면 此是自性一이오 若有多可多면 此是定性多니 多若是定性多면 多不因於一¹⁴⁸⁾이오 若是定性一이면 一不因於多어니와 今由多故로 一일새 此一이 不自一이오 今由一故多일새 此多가 不自多라 多不自多일새 此多가 則無力이오 此一이 不自一일새 此一이 則無力이니 無力이 隨有力하야 一多가 互相收라 故隨一佛會하야 卽一切佛會오 法界一切會가 卽是一法會故라 此一法會가 不動而常徧하고 不分而常多라 前後가 互相成이어늘 如何不信고 故로 賢首가 云, 緣起法界가 理數常爾하나니 應細深思하면 自當見耳라하니라 觀此疏文인대 似此弟子가 當聽之時에 早已不受일새 特令深思라 故로 疏에 結云, 不信事事無礙는 恐未着深思也라하노라

● '이런 연기법으로 말미암아 앞의 평등함을 이룬다'고 말한 것은 위의 경문은 본래 법회는 머물 곳 없음에 머무는 것이요, 새로 모인 대중은 들어갈 곳 없음에 들어감 등이 모두 평등하다는 뜻이다. 어떻게 이런 모두 평등함을 얻었는가? 특히 연기법이 서로서로 말미암기 때문이다. 우선 본래 법회가 저 시방에서 새로 모인 법회와 함께 연기를 이루되 본래 법회로 말미암아 시방이 있는 연고로 열 가지가 바로 일으킬 대상이다. 일으킬 대상이 체성이 없어서 곧 본래 법회인 것이요, 시방으로 말미암아 본래 법회를 말한 연고로 본이 곧 일으킬 대상이다. 일으킬 대상은 힘이 없으므로 시방에 들어가는 것이다. 연기를 말미암아서 앞의 온갖 것이 모두 다 평등함을 이룬 것이다. '앞의 평등함으로 인해 이런 연기법이 성립한다'고 말한 것은 말하자면 하나가 정한 성품이 있으면 여럿을 연유하지 못하고, 여럿이 정한 성품이 있으

---

148) 一下에 南續金本有一字.

면 하나를 연유하지 못하겠지만 지금은 하나가 정한 성품이 없음을 말미암았고, 여럿을 빌려와서 일으키고, 여럿도 정한 성품이 없어서 하나로 인해 생겨난 연고로 체성 없는 평등한 뜻으로 인하여 비로소 연기법을 이룬 것이다. 만일 하나가 하나만 될 수 있다면 이것은 자체 성품이 하나인 것이요, 만일 여럿이 여럿일 수만 있다면 이것은 정한 성품이 여럿인 것이니 여럿이 만일 정한 성품이 여럿이라면 여럿은 하나로 인한 것이 아니요, 만일 정한 성품이 하나라면 하나는 여럿으로 인연하지 않았겠지만 지금은 여럿으로 말미암은 연고로 하나인 것이니, 이 하나가 자체가 하나인 것이 아니요, 지금은 하나로 말미암아 여럿이므로 이런 여럿이 자체가 여럿인 것은 아니다. 여럿이 자체가 여럿이 아니므로 이 여럿은 힘이 없음이요, 이 하나가 자체가 하나인 것이 아니므로 이 하나는 힘이 없음이다. 힘 없는 것은 힘 있는 것을 따라서 하나와 여럿이 서로서로 거두는 것이다. 그러므로 하나의 부처님 법회를 따라서 온갖 부처님 법회와 합치한 것이요, 법계의 온갖 법회가 곧 한 가지 법회인 까닭이다. 이 하나의 법회가 동요하지 않고 항상 두루 하며, 구분하지 않고 항상 여럿인 것이다. 앞과 뒤가 서로서로 성립하는데 어찌하여 믿지 못하는가? 그러므로 현수대사가 이르되, "연기하는 법계가 이치의 숫자가 항상 그러하나니, 응당히 세심하게 생각하면 자연히 당래에 보게 될 뿐이다"라고 하였다. 이런 경문을 관찰하면 이 제자가 당래에 들을 적에 일찍부터 이미 받지 않으므로 특히 깊이 사유하게 한 것이다. 그러므로 소가가 결론해 말하되, "현상과 현상이 장애 없음을 믿지 않는 것은 아직 집착하여 깊이 사유하지 않을까 두려워하는 까닭이다.

2) 보리의 인과를 통틀어 밝히다[通顯菩提因果] 2.
(1) 광명이 시방을 비추다[長行] (第二 25上3)

爾時에 光明이 過此世界하여 徧照東方十佛國土하고 南西北方과 四維上下도 亦復如是하시니 彼一一世界中에 皆有百億閻浮提와 乃至百億色究竟天이라 其中所有가 悉皆明現하니라 如此處에 見佛世尊이 坐蓮華藏師子之座어시든 十佛刹微塵數菩薩의 所共圍遶하여 彼一一世界中에 各有百億閻浮提의 百億如來도 亦如是坐하시니라 悉以佛神力故로 十方各有一大菩薩이 一一各與十佛刹微塵數諸菩薩로 俱하여 來詣佛所하시니 其大菩薩은 謂文殊師利等이며 所從來國은 謂金色世界等이며 本所事佛은 謂不動智如來等이니라

저때 광명이 이 세계를 지나서 동방의 열 불국토를 두루 비추고 남, 서, 북방과 네 간방과 상방 하방도 또한 다시 이와 같이 하였다. 그 낱낱의 세계 가운데에 모두 백억의 염부제와 내지 백억의 색구경천이 있는데 그 가운데 있는 것들이 다 모두 분명하게 나타났다. 이곳에서 부처님 세존이 연화장 사자좌에 앉으셨는데 열 불찰 미진수의 보살들이 함께 둘러싸고 계신 것을 봄과 같이, 저 낱낱의 세계 가운데에도 각각 백억 염부제의 백억 여래도 또한 이와 같이 앉으셨다. 다 부처님의 위신력으로 시방에 각각 한 큰보살이 있고, 낱낱의 보살이 각각 열 불찰 미진수의 모든 보살들과 함께 부처님 계신 곳에 나아가니, 그 큰보살은 이르되 문수사리 등

이며, 좇아온 바의 국토는 이르되 금색세계 등이며, 본래 섬기던 부처님은 이르되 부동지여래 등이었다.

[疏] 第二重은 光照十方이라 各十佛土者는 是娑婆隣次之十刹也라
- 2) (보리의 인과를 통틀어 밝힘)은 광명이 시방을 비춤이다. '각기 열 불국토'라는 것은 사바세계에 가까운 열 개의 불국토를 말한다.

(2) 문수보살의 게송[偈頌] 2.
가. 과목 나누다[分科] (十偈 25上5)

爾時에 一切處文殊師利菩薩이 各於佛所에 同時發聲하사 說此頌言하시되,
그때 온갖 곳에 있는 문수사리보살이 각각 부처님 계신 곳에서 동시에 소리를 내어 이 게송을 말하였다.

[疏] 十偈가 通顯菩提因果라 分三이니 初偈는 菩提之因이오 次五는 菩提果用이오 後四는 令物思齊라
- 2) 열 게송은 보리의 인과를 통틀어 밝힘이다. 셋으로 나누리니 가) 첫 게송은 보리의 원인이요, 나) 다섯 게송은 보리의 결과와 작용이요, 다) 네 게송은 중생으로 하여금 생각을 같게 함이요,

나. 바로 게송을 해석하다[正釋偈] 3.
가) 한 게송은 보리의 원인을 노래하다[初一頌菩提之因] (今初 25上9)

衆生無智慧하여　　愛刺所傷毒일새
爲彼求菩提하시니　　諸佛法如是로다

중생이 지혜가 없어서
애착의 가시에 상한 바가 되었네.
그를 위해 보리를 구하시니
모든 부처님의 법이 이와 같도다.

[疏] 今初니 上半은 所爲니 謂無明으로 造業하고 愛能潤業일새 故로 生死無窮이 如泥中刺에 不覺其傷하며 如瘡中刺가 爲其所毒이라 下半은 能爲니 卽從癡有愛라 菩薩의 悲生이 非大菩提면 莫之能拔이니 無此悲智면 非佛法故니라

■ 지금은 가)이니 (가) 위의 반의 게송은 역할이니, 이른바 무명으로 업을 짓고 애정이 능히 업을 윤기 나게 한 연고로 나고 죽음이 끝이 없는 것이 마치 진흙 속의 가시에 그 상한 것을 생각하지 못함과 같고, 부스럼 속의 가시가 독에 상함이 되는 것과 같다. 아래 반의 게송[爲彼求菩提 諸佛法如是]은 행위의 주체이니 곧 어리석음으로부터 애착이 나온 것이다. 보살의 중생을 사랑함이 큰 보리가 아니면 능히 뺄 수 없나니, 이런 자비와 지혜가 없다면 부처와 법이 아닌 까닭이다.

[鈔] 如泥中者는 愛欲所覆가 猶如溺泥에 不知其傷이라 言如瘡中刺者는 卽是肉刺니 故로 涅槃中에 名爲息肉故라 彼十三經에 云, 深觀此愛가 凡有九種이니 一, 如債有餘오 二, 如羅刹婦女오 三, 如妙蓮華經에 下有毒蛇오 四, 如惡食하야 性所不便을 而强食之오 五, 如淫女오 六, 如摩樓迦子오 七, 如瘡中息肉이오 八, 如暴風이오 九, 如彗

星이라 初一, 卽聲聞과 緣覺의 餘習이오 二, 生子便食하고 後食其夫호대 愛食善子하고 後食衆生이라가 令入三惡道오 三, 五欲華下에 有愛毒蛇하야 令其命終이오 四, 强食患下하야 墮三惡道오 五, 與愛交通하야 奪其善法[149])이 被驅逐하야 墮三惡道요 六, 纏繞凡夫善法하야 令死오 七, 如人久患瘡에 中生息肉이니 其人이 要當勤心療治하야 莫生捨心이니 若生捨心하면 息肉增長하고 蟲疽復生이라 以是因緣으로 卽便命終이니라 凡夫愚人의 五陰瘡痍도 亦復如是하니 愛於其中에 而爲息肉이라 應當勤心으로 治愛息肉이니 若不治者는 命終에 卽墮三惡道中이오 唯除菩薩이라 是名瘡中息肉이니라 八, 暴風이 能偃山移岳하며 拔樹深根이니 愛於父母所에 而生惡心하야 拔菩提根이오 九, 愛之彗星이 能斷一切善根하야 令凡夫人으로 孤窮饑饉이니 今正用瘡中息肉一義耳니라

- '마치 진흙 속의 가시'란 애욕에 덮힌 것이 마치 진흙에 빠져서 그 상처를 알지 못함과 같다. '부스럼 속의 가시와 같다'고 말한 것은 곧 몸 속 가시이다. 그러므로『열반경』에서 몸을 잊는다고 이름한 것이다. 저『열반경』제13권에 이르되, "이 애착을 깊이 관찰함이 대개 아홉 종류가 있으니 (1) 부채가 남아 있음과 같고, (2) 나찰의 부녀와 같고, (3) 묘법연화경에서 아래에 독사가 있음과 같고, (4) 거친 음식과 같아서 성품에 편하지 않은 것을 억지로 먹음과 같고, (5) 음탕한 여인과 같고, (6) 마루가(摩樓迦)의 아들과 같고, (7) 부스럼 속에서 몸을 잊음과 같고, (8) 사나운 바람과 같고, (9) 혜성과 같음이다." 처음의 (1)은 곧 성문 연각의 남은 습기요, (2) 자식을 낳아서는 문득 먹고 뒤에 그 지아비를 먹되 애정으로 좋은 자식을 먹고 뒤에 중생

---

149) 法下에 南續金本有故字.

을 먹다가 하여금 삼악도에 들어가게 함이요, (3) 다섯 욕심의 꽃 아래에 애착의 독사가 있어서 그로 하여금 목숨을 마치게 함이요, (4) 억지로 먹고 아래가 병들어 삼악도에 떨어짐이요, (5) 애정을 주고 서로 간통하여 그 선법을 뺏을 적에 구축함을 입어 삼악도에 떨어짐이요, (6) 범부의 선법에 얽혀서 죽게 함이요, (7) 사람이 오랫동안 부스럼을 앓을 적에 중간에 몸을 쉬는 것이 생겨남과 같으니 그 사람이 중요한 것은 당연히 부지런한 마음으로 치료하여 버리는 마음을 내지 않으려 하는 것과 같나니, 만일 버리는 마음을 내면 몸을 쉬는 것이 늘어나고 벌레 먹은 흉터가 다시 생겨난다. 이런 인연으로 곧바로 목숨이 다하는 것이다. 범부나 어리석은 사람의 오음의 부스럼도 또한 마찬가지이니, 애착은 그 가운데에서 몸을 쉬게 된다. 응당히 부지런한 마음으로 애착을 다스리고 몸을 쉬는 것이니, 만일 치료하지 못한 이는 목숨이 다할 적에 곧 삼악도 중에 떨어지게 됨이요, 오직 보살은 제외하나니 이것을 이름하여 부스럼 가운데 몸을 쉬는 것이라 말한다. (8) 사나운 바람이 능히 산을 누르고 뫼를 옮기며 나무의 깊은 뿌리를 빼내나니, 애착은 아버지 어머니의 처소에서 나쁜 마음을 일으켜서 보리의 뿌리를 뽑아냄이요, (9) 애착의 혜성이 능히 온갖 선근을 단절하게 하여 범부인으로 하여금 외롭고 빈궁하며 굶주리게 하나니, 지금은 부스럼 속에서 몸을 쉬는 한 가지 뜻을 바로 사용했을 뿐이다.

나) 다섯 게송은 보리의 결과와 작용을 노래하다[次五頌菩提果用] 5.
(가) 자비와 지혜가 함께 원만하다[悲智雙滿] (次五 26下2)

普見於諸法하고　　二邊皆捨離일새
道成永不退하사　　轉此無等輪이로다
모든 법을 널리 보고
이변을 다 버리며
도를 이루어 길이 물러서지 않으사
짝이 없는 법륜을 굴리시도다.

[疏] 次五, 菩提果用이라 中에 初偈는 悲智雙滿이니 智見諸法하고 悲以 轉授라 普見은 通於性相이니 故離二邊이라 謂眞故로 無有며 俗故로 無無니 眞故로 無有하니 則雖無而有며 俗故로 無無하니 則雖有而無 라 雖有而無는 則不累於有오 雖無而有는 則不滯於無라 不滯於無 는 則斷滅見息이오 不存於有는 則常着氷消어니 俱不俱等이 何由而 有리오 諸邊都寂일새 故云皆離니라

■ 나) 다섯 게송은 보리의 결과와 작용을 노래함이다. 그중에 (가) 첫 게송은 자비와 지혜가 함께 원만함이니, 지혜로 모든 법을 보고, 대비 로써 뒤바꾸어 준다. '널리 봄'은 체성과 양상에 통하므로 이변(二邊) 을 여의는 것이다. 말하자면 진제인 연고로 있지 않으며, 속제인 연 고로 없는 것도 아니다. 진제인 연고로 있지 않나니 비록 없으면서도 있으며, 속제인 연고로 없는 것도 아니니 비록 있으면서도 없는 것은 유에 겹치지 않으며, 비록 없으면서도 있는 것은 아닌데 지체하지 않 는다는 뜻이다. 없는데 지체하지 않음은 단멸하다는 소견을 쉬는 것 이요, 있는데 두지 않음은 항상 집착해도 얼음처럼 녹아 버리나니, 함 께하고 함께하지 않는 등이 무슨 연유로 있겠는가? 모든 변두리 견 해가 다 고요하므로 '모두 여읜다'고 말한 것이다.

[鈔] 普見通於性相者는 此上은 總釋一偈오 此下는 別解上半이니 上半에 云, 普見於諸法二邊皆捨離라하니라 今應問云호대 普見諸法에 如何 卽能離得二邊고할새 故今答云호대 通性相故니 唯見相者는 卽是有 邊이오 唯見性者는 卽墮無邊이어니와 性相無礙일새 故離二邊이라 中 論에 云, 雖空而不斷이오 雖有而不常이라하니 卽由空有相卽하야 離 二邊也니라 從謂眞故下는 引影公中論序로 以釋之니 眞卽是性이오 俗卽是相이라 依二諦融일새 故離二邊이라하니라 然二諦之義는 玄中 已明하니라 欲釋此疏에 略申四150)義니 謂或說妄空眞有니 如涅槃에 云, 空者는 所謂生死오 不空者는 所謂大般涅槃이라하니라 二者, 妄 有眞空이니 卽是今文이오 三, 俱空이니 相待無性故오 四, 俱有니 性 相不壞故로 於諦에 常自二故라 今此는 正當第二俗有眞空義라 而 有四對하니 初對는 定有無所在니 我約眞諦上說空에 是無性空이오 不同無物空也라 我就俗諦하야 明其有에 此是緣有오 非定性之有 也라 二, 眞故無有則雖無而有下一對는 彰有無體相이니 是不壞有 之無가 不礙無之有일새 故成中道라 三, 雖有而無則不累於有下는 彰有無之德이니 若是定性之有인대 此有則唯是有코 不得卽無오 若 是定性之無인대 此無가 則唯是無코 不得卽有어니와 今二互相卽일새 故不偏滯라 四, 不滯於無下一對는 彰有無離過니 滯空則斷하고 累 有則常이나 旣不滯不累일새 故無斷常이니라

● '널리 봄은 체성과 양상에 통한다'에서 이 위는 총합하여 한 게송을 해석함이요, 이 아래는 위의 반의 게송을 따로 해석함이니, 위의 반의 게송에 이르되, "모든 법을 널리 보고 이변을 다 버리며"라고 하였다. 지금에 응당히 묻되 '모든 법을 널리 볼 적에 어찌하여 능히 이변을 버

---

150) 四는 南金本作一.

릴 수 있겠는가?'라고 하므로 지금에 대답하되, '체성과 양상에 통하기 때문이니, 오로지 양상만 보는 것은 곧 유의 쪽이요, 오로지 체성만 보는 것은 곧 무의 쪽에 떨어지는 것이지만 체성과 양상이 무애한 연고로 이변을 버리는 것이다.『중론』에 이르되, "공하다 하여도 아주 없음 아니요 있다 하여도 항상함이 아니니"라고 하였으니 곧 공함과 유가 서로 합치함으로 말미암아 이변(二邊)을 여의는 것이다.

謂眞故부터 아래는 영공(影公)법사의 중론 서문을 인용하여 해석한 부분이니, "진제는 곧 체성이요, 속제는 곧 양상이다. 두 가지 진리가 융섭함을 의지한 연고로 이변을 여읜다"라고 하였다. 그런데 두 가지 진리의 뜻은 현담에서 이미 설명한 내용이다. 이런 소문을 해석하려고 간략히 네 가지 뜻을 베푼 것이다. 말하자면 (1) 혹은 허망한 공과 진실한 유라 말한다. 마치『열반경』(제27권)에 이르되, "공함이란 이른바 나고 죽음이요, 공하지 않음이란 대열반을 말한다"라고 하였다. (2) 허망한 유와 진실한 공함이니 곧 지금의 본경이요, (3) 모두가 공함이니 양상은 체성 없음을 기다리는 까닭이요, (4) 모두가 있음이니 체성과 양상이 무너지지 않으므로 진리에서 항상 자연히 둘인 까닭이다. 지금 여기서는 (2) 속제인 유와 진제인 공의 뜻에 해당한다. 그러나 네 가지 대구가 있으니 ① 첫째 대구는 유와 무의 있는 곳이 정해짐이니 내가 진제 위에서 공을 설함을 잡으면 체성이 없는 공이요, 중생이 없는 공과는 같지 않다. 내가 속제에 입각하여 그 유를 밝히면 이것은 인연으로 있는 유가 됨이요, 체성으로 정해진 유가 아니다. ② 둘째 대구는 진제인 연고로 있지 않다면 비록 없으면서도 있다는 아래 한 대구는 유와 무의 체성과 양상을 밝힘이니 유를 무너뜨리지 않는 무가 무를 장애하지 않는 유이므로 중도를 이룬다. ③ 셋째 대구는 비록 있으면서도 없다면 유에 겹치지 않는다는 아래는 유와 무의 공덕을 밝힘이니, 만일 체성이 정해진 유라면 이런 유는 오로지 유일뿐이고 무와 합치함이 아닐 것이요, 만일 체성이 정해진 무라면 이런 무는 오로지 무일 뿐이고, 유와 합치함이 아닐 것이거니와 지금은 둘이 서로서로 합치하므로 치우쳐 지체하지 않는다. ④ 넷째 대구는 무에 지체하지 않는 아래 한 대구는 유와 무가 허물을 여의었음을 밝힘이니 공에 지체하면 단멸이고 유와 겹치면 상견이겠지만 이미 지체하지도 않고 겹치지도 않으므로 단견도 상견도 아닌 것이다.

又釋에 初對는 雙離有無일새 故云無有無無니 此成空觀이오 第二對는 不壞有無일새 故云雖有而無며 雖無而有니 此成假觀이오 第三對는 明二諦相卽일새 故로 不偏滯有無라 故로 不爲有邊所動하고 無邊所寂이니 成中道觀이라 肇公이 亦云, 涉有나 未始迷虛일새 故常處有而不染이라하니 此는 不累有也오 不厭有而觀虛[151]일새 故觀虛而不證이라하니 此는 不滯於無也니라 第四, 離過니 準前이니라 有[152]釋에 初對中初句에 云, 眞故無有는 無彼定性之有니 是眞空義오 次[153]句, 俗故無無는 無彼斷滅之無故니 是妙有義오 第二對는 亦有亦無義오 第三對는 非有非無義오 第四對는 離過니 則成具德四句也라하니라 又初對는 雙離二過니 一, 離有오 二, 離無오 第二對는 離非有非無오 第三對는 離亦有亦無오 第四對는 總明離過라 故로 起信에 云,[154] 眞如는 非有相이며 非無相이며 非非有相이며

---

151) 虛는 南續金本作空 下同.
152) 有는 南續金本作又.
153) 次는 南續金本作下.

非非無相이며 非有無俱相이라하니 卽斯義也라 是以로 結云, 俱不俱等이 何由而有하니라 謂第四對는 正離斷常이오 第三對는 不偏滯故로 離於俱句오 第二對는 不壞二故로 離於雙非일새 故俱寂也니라 又若有二인대 可得名俱어니와 今有卽無故로 則有外에 無無可與有俱오 今無卽有故로 則無外에 無有可與無俱니 故로 亦有亦無相違不立이니라

言不俱不立者는 若定有定[155]無인대 遮彼有無하야 有俱非句어니와 今有卽無어니 何有非無며 今無卽有어니 何有非有리오 故로 雙非亦寂이라 旣無有無하며 亦無一異斷常來去하야 靡不皆如일새 故云都寂이라 是以로 經言二邊皆捨離니 皆捨離者는 一切二邊이 非局有無니라 又言離者는 性自離故로 不取着故며 了眞性故니 非有諸邊을 可捨離也니라

● 또한 해석함에 ① 첫째 대구는 유와 무를 함께 여의는 연고로 유도 없고 무도 없으니 이것은 공관을 이루고, ② 둘째 대구는 유와 무를 무너뜨리지 않는 연고로 비록 있으면서도 없으며, 비록 없으면서도 있으니 이것은 가관을 이루고, ③ 셋째 대구는 두 가지 진리가 서로 합치함을 밝힌 연고로 유와 무에 치우쳐 지체하지 않는다. 그러므로 유 쪽에 동요하지 않고 무 쪽에 동요하지도 않나니, 중도관을 이룬다. 승조(僧肇)법사가 또한 이르되, "유를 건넜지만 아직 처음 텅 빈 것에 미하지는 않는 연고로 항상 유에 살면서도 물들지 않는다"라고 하였으니, 이것은 유에 허물되지 않음이요, "유를 싫어하지 않으면서

---

[154] 이는 起信論 解釋分 眞如條에 나온다. 論云, "當知하라, 眞如自性이 非有相非無相이며 非非有相, 非非無相이며 非一相, 非異相이며 非非一相, 非非異相이며 非一異俱相이며 乃至總說인대 依一切衆生이 以有妄念하야 念念分別하야 皆不相應일새 故說爲空이어니와 若離妄心이면 實無可空故니라."

[155] 定은 南金本作有.

빈 것을 관찰하는 연고로 빈 것을 관찰하면서도 증득하지 않는다"라고 하였으니 이것은 무에 지체하지 않는 것이다. ④ 넷째 대구는 허물을 여읨이니 앞에 준하여 보라. 어떤 이의 해석에는, "(1) 첫째 대구의 첫 구절에 진제인 연고로 있지 않음은 저 체성이 정해진 유가 없음이니 진실로 공하다는 뜻이요, 다음 구절에 속제인 연고로 무도 없음은 저 단멸하는 무가 없기 때문이니 묘하게 있다는 뜻이요, (2) 둘째 대구는 있기도 하고 없기도 하다는 뜻이요, (3) 셋째 대구는 있는 것도 아니요 없는 것도 아니라는 뜻이요, (4) 넷째 대구는 허물을 여읨이니 곧 공덕을 구족한 네 구절이 성취된 것이다"라고 하였다. 또한 (1) 첫째 대구는 동시에 두 가지 허물을 여읨이니, ① 유를 여읨이요, ② 무를 여읨이요, (2) 둘째 대구는 유도 아니요 무도 아님을 여읨이요, (3) 셋째 대구는 또한 유이기도 또한 무이기도 함을 여읨이요, (4) 넷째 대구는 총합하여 허물 여읨을 밝힘이다. 그러므로 『기신론』에 이르되, "진여는 있다는 상도 아니며, 없다는 상도 아니며, 있지 않은 상도 아니요 없지 않은 상도 아니며, 있고 없음을 함께하는 상도 아니다"라고 하였으니 곧 이런 뜻이다. 이런 까닭에 결론해 말하되, "함께하고 함께하지 않는 따위가 무엇으로 말미암아 있는가? 말하자면 넷째 대구는 단견과 상견을 여읨이요, 둘째 대구는 둘을 무너뜨리지 않는 연고로 함께 아님을 여의었으므로 모두가 고요한 것이다. 또한 만일 둘이 있다면 둘이라고 이름할 수 있겠지만 지금은 유가 곧 무인 연고로 곧 유의 밖에 무가 유와 함께함이 없음이요, 지금은 무가 곧 유인 연고로 곧 무의 밖에 유와 무와 함께함이 없는 것이다. 그러므로 있기도 하고 없기도 함이 서로 위배되어 성립하지 않는다.

'함께하지 않고 성립하지 않는다'고 말한 것은 만일 정해진 유와 정해진 무라면 저 유와 무를 막아서 모두 아니라는 구절이 있겠지만 지금은 유가 곧 무인데 어떻게 무 아닌 것이 있으며, 지금은 무가 곧 유인데 어떻게 유 아닌 것이 있겠는가? 그러므로 둘 다 아님도 또한 고요함이다. 이미 유와 무가 없으며, 또한 하나와 다름, 단견과 상견, 오고 감이 없어서 모두가 진여 아님이 없으므로 '모두가 고요하다'라고 하였다. 이런 까닭에 경에서 '이변을 다 버린다'고 하였으니 다 버리는 것은 온갖 이변이 유와 무에 국한된 것이 아님을 뜻한다. 또 '버린다'고 말한 것은 체성을 자연히 여읜 연고로 취착하지 않는 것이며, 참된 성품을 요달한 까닭이니 모든 이변을 버릴 수 있다는 뜻은 아니다.

(나) 예전 인행을 아름답게 찬탄하다[美往因行] (次一 29上3)

不可思議劫에　　　　精進修諸行은
爲度諸衆生이시니　　此是大仙力이로다
불가사의한 겁 동안
정진하여 온갖 행을 닦음은
모든 중생들을 제도하기 위함이시니
이것은 대선의 힘이로다.

[疏] 次一은 美往因行이라
- (나) 한 게송은 예전 인행을 아름답게 찬탄함이다.

(다) 자비한 힘으로 마군을 항복받다[慈力降魔] (次一 29上5)

導師降衆魔가　　　勇健無能勝이라
光中演妙義하시니　　慈悲故如是로다
도사께서 마군들을 항복받음이여
그 용맹 능히 이길 수 없어
광명 가운데서 미묘한 뜻 연설하시니
자비하신 연고로 이러하도다.

[疏] 次一은 慈力降魔라
■ (다) 한 게송은 자비한 힘으로 마군을 항복받음이다.

[鈔] 次一, 慈力者는 大乘方便經에 說호대 波旬兵衆이 滿三十六由旬하야 圍菩提樹하야 欲作留難이어늘 菩薩이 住慈悲智慧하사 以手指地하시며 八萬四千八部大衆이 皆發大菩提心이라하니 故云慈力降魔니라 經에 云, 導師降衆魔하고 慈悲故如是는 觀佛三昧海經第二에 說觀白毫功德中에 說慈悲降魔하시니 今取意引호리라 波旬이 召諸八部와 及曠野鬼神과 十八地獄閻羅王神하니 其阿鼻等諸大地獄이 全至佛所하며 及有無邊諸怖畏事로 一時에 逼迫菩薩이어늘 菩薩爾時에 徐擧右臂하시고 伸眉間毫下向하야 用擬阿鼻地獄하사 令諸罪人으로 見白毫中에 流出衆水호대 注澍156)如車軸하야 火滅苦息에 心得淸涼하며 獄卒이 見鐵叉頭가 如白銀山호대 龕室千萬이오 有白師子가 蟠身爲座하며 於其座上에 生白蓮華호대 有妙菩薩이 入勝意慈心三昧하고 獄主發心하며 衆多罪人이 諸苦休息하야 稱南無佛하야 皆得解脫하니 無邊惡事가 無由近佛이라 魔王이 憔悴懊惱하야 却臥

---

156) 澍는 南續金本作注.

牀上하니라 有三魔女하야 又懷惑亂이어늘 菩薩이 亦以白毫로 擬之에 諸女가 皆見三十六物과 九孔不淨호대 背負老母하고 抱死小兒하며 皆九孔流溢하야 匍匐而去라 魔王奮劒하야 向前한대 世尊이 又以白毫擬之하사 令魔眷屬으로 身心安樂이 如第三禪하며 餓鬼는 見白毫端에 皆有百千萬億諸大菩薩이 入勝意慈心三昧하니 皆是慈力降魔니라 經云, 光中演妙義者는 卽眉間光이니 謂時에 魔波旬이 旣不能壞佛하고 忽然還宮한대 白毫隨從하야 直至六天하니 於其中間에 無數天子天女가 見白毫孔호대 通中皆空하야 團圓可愛가 如梵王幢이라 於其空間에 有百千萬恒河沙微塵數諸寶蓮華호대 一一蓮華가 無量無邊諸妙白毫로 以爲其臺하고 臺上에 有化佛菩薩하야 放於白毫大人相光이 亦復如是하며 諸菩薩頂에 有妙蓮華하니 其華金色이라 過去七佛이 在於華上하신대 是諸化佛이 自說名字와 與修多羅로 等無差別이라하니 卽光中에 演妙義也라 然이나 是慈心三昧之力일새 是故로 總云, 慈力降魔니라

- (다) 한 게송은 '자비한 힘'이란 『대승방편경(大乘方便經)』에 설하되, "파순의 병사들이 36유순이 다하도록 보리수를 둘러싸고 머물기 어려움을 지었는데 보살이 자비와 지혜에 머무르사 손으로 땅을 가리키며, 팔만사천 팔부의 대중들이 모두 대보리의 마음을 발하였다"라고 하였으니 그래서 '자비한 힘으로 마군을 항복받았다'고 말하였다. 경에 이르되, "도사께서 여러 마군을 항복받았다"고 말하고, '자비한 연고로 이렇게 했다'는 것은 『관불삼매해경』 제2권에, 백호상 공덕을 말한 중에 '자비로 마군을 항복받음'을 설하였으니, 지금은 의미를 취하여 인용하겠다. 파순이 모든 팔부신중과 광야의 귀신과 18지옥의 염라왕신을 불러 모으니 아비지옥 따위의 모든 큰 지옥이 모두 부처

님 처소에 왔으며, 그지없는 모든 두려운 현상으로 동시에 보살을 핍박하였는데 보살이 그때에 오른쪽 어깨를 천천히 드시고 미간백호 아래로 향해 펼쳐서 아비지옥에 마음을 두고 써서 모든 죄인들로 하여금 백호상 중에 많은 물이 흘러나옴을 보되, 비를 내려 수레의 축과 같이 하여 불이 꺼지고 괴로움을 쉴 적에 마음이 시원함을 얻으며, 옥의 졸개들이 쇠칼[鐵叉]을 쓴 머리가 흰색 은산과 같음을 보되 감실이 천만 개요, 흰색 사자가 몸을 서려서 자리를 만드는 것이 있으며, 그 사자좌 위에서 흰 연꽃이 피어나되 묘한 보살이 뛰어난 생각과 자비한 마음의 삼매에 들었고, 옥주가 발심하였으며, 여러 많은 죄인들이 모든 괴로움이 쉬어서 '나무 붓다'라 칭하여 모두 해탈을 얻었으니 그 지없는 악한 일이 부처님 가까이로 갈 수가 없었다. 마왕이 초췌하게 깊이 괴로워하면서 도리어 평상 위에 눕게 되었다. 세 명의 마왕에게 딸이 있어서 또한 미혹하고 요란한 마음을 품었는데 보살이 역시 백호상으로 저지하니 모든 마녀가 모두 36가지 물건과 아홉 구멍에서 더러운 것을 보되 등에 늙은 어미를 업고 죽은 어린아이를 안았으며, 모두 아홉 구멍에서 흘러넘쳐서 기어서 갔다. 마왕이 칼을 빼앗아 앞으로 향하는데 세존이 또한 백호로 저지하여 모든 마군의 권속으로 하여금 몸과 마음을 편안하고 즐겁게 하기를 마치 3선천의 선정과 같이 하며, 아귀는 백호상 끝에 모두 백천만억의 모든 대보살이 뛰어난 생각과 자비한 마음의 삼매에 든 것을 보았으니, 모두 자비한 힘으로 마군을 항복받은 것이다. 경문에 이르되, "광명 속에 묘한 뜻을 연설함은 곧 미간의 광명이다. 이른바 그때에 마왕 파순이 이미 능히 부처님을 무너뜨리지 못하였고, 홀연히 궁으로 돌아갔는데, 백호가 따라가서 제6천에까지 이르렀으니, 그 중간에 헤아릴 수 없는 천자와 천녀가 백호의 구멍을 보되 가운데가 모두 공함을 통달하여 단란하고 원만하여 사랑스럽기가 마치 범천왕의 깃대와 같았다. 그 공한 사이에 백천만 항하의 모래 같은 티끌 수의 모든 보배 연꽃이 있으되, 낱낱 연꽃이 한량없고 그지없는 모든 미묘한 백호로 그 대[臺]가 되고 대 위에 화현한 부처님과 보살이 계셔서 백호상의 대인상의 광명을 방출함이 또한 다시 그러하며, 모든 보살의 정수리에 묘한 연꽃이 피었으니 그 꽃이 금색이더라. 과거의 일곱 부처님이 꽃 위에 계신데 그 모든 화현한 부처님이 스스로 명호와 경을 말씀하심이 똑같아 차별이 없었다"라고 하였으니, 곧 광명 속에 묘한 뜻을 연설하신 것이다. 그러나 이런 '자비한 마음 삼매의 능력[慈心三昧力]'인 연고로 총합하여, '자비한 힘으로 마군을 항복받았다'고 말한 것이다.

(라) 지혜로 단절하여 신묘한 작용에 이르다[智斷致用] (次一 30下5)

以彼智慧心으로　　　破諸煩惱障일새
一念見一切하시니　　此是佛神力이로다
저 지혜의 마음으로
모든 번뇌를 깨뜨릴새
한 생각에 일체를 다 보시니
이것은 부처님의 위신력이로다.

[疏] 次一, 智斷致用이라
■ (라) 한 게송은 지혜로 (번뇌를) 단절하여 (신묘한) 작용에 이름이다.

[鈔] 次一, 智斷者는 初句는 智요 次句는 斷이니 此卽精義入神일새 故能一念에 頓現157)一切니 是致用也라 易繫辭에 云, 尺蠖之屈은 以求伸也오 龍蛇之蟄은 以存身也오 精義入神은 以致用也일새 注云, 精義는 物理之微者也오 神은 寂然不動하야 感而遂通者也라 故로 能乘天下之微하야 會而通其用也라하니 今借此言하야 以智斷冥契로 爲精義入神耳니라

● (라) 한 게송에서 '지혜로 단절함'이란 첫 구절은 지혜요, 둘째 구절은 (번뇌를) 단절함의 뜻이다. 이것은 정미로운 이치로 신묘함에 들어갔으므로 능히 한 생각에 몰록 온갖 것을 나타내나니, 이것은 '(신묘한) 작용에 이름[致用]'의 뜻이다. 『주역(周易)』계사(繫辭)전에 이르되, "자벌레[尺蠖]가 몸을 구부리는 것은 다시 펴는 것을 구하려 함이요, 용이나 뱀이 겨울잠을 자는 것은 몸을 살리려는 것이요, 정미롭게 이치를 알아서 신묘함에 이르는 것은 (신묘한) 작용에 이르려는 것이다"라고 하였다.

주에 이르되, "정미로운 이치는 사물의 미세한 이치를 말하고, 신묘함은 고요하고 동요하지 않아서 감응하여 마침내 통한다는 뜻이다. 그러므로 능히 천하의 미세함을 타고서 알아서 그 (신묘한) 작용에 통하려고 하는 것이다"라고 하였다. 지금은 이 말씀을 빌려와서 지혜로 (번뇌를) 끊고서 그윽히 계합함으로써 정미로운 이치로 신묘함에 들어간다는 뜻을 삼은 것일 따름이다.

(마) 법고를 쳐서 (중생의) 근기를 깨우치다[法鼓警機] (後一 31上2)

---

157) 現은 南續金本作見. 蠖 진사 확. 蟄 숨을 칩.

擊于正法鼓하사　　覺悟十方刹하여
咸令向菩提케하시니　自在力能爾로다
정법의 북을 두드리사
시방세계를 깨닫게 하여
다 보리에 나아가게 하시니
자재하신 힘이 능히 이러하도다.

[疏] 後一, 法鼓警機라 文相並顯이로다
- (마) 뒤의 한 게송은 법고를 쳐서 (중생의) 근기를 깨우침이다. 경문의 양상은 함께하면 밝혀진다.

다) 네 게송은 중생으로 하여금 (부처님과) 똑같이 생각하게 하다
　　[後四頌令物思齊] 4.
(가) 이익에 집착 없이 노닐다[游利無着] (後四 31上4)

不壞無邊境하고　　而遊諸億刹하되
於有無所着이면　　彼自在如佛이로다
끝없는 경계를 무너뜨리지 않고
모든 억만 세계에 노닐되
유에 집착이 없으면
그의 자재함이 부처님과 같도다.

[疏] 後四, 令物思齊者는 斯卽佛因이니 能如是行에 得諸佛道라 四偈가
　　　顯四種行이니 一, 遊刹無着이니 謂不壞其相일새 故能普遊오 了刹性

空일새 故於有에 無着이라

■ 다) 네 게송은 중생으로 하여금 (부처님과) 똑같이 생각하게 함이란 이것은 곧 부처님 되는 인행이니 능히 이처럼 수행할 적에 모든 부처님의 도를 얻는다. 네 게송이 네 가지 수행을 밝혔으니 (가) 첫 게송은 이익에 집착 없음으로 노님이다. 이른바 그 양상을 무너뜨리지 않는 연고로 능히 널리 노님이요, 불국토의 체성이 공함을 깨닫는 연고로 유위에 집착이 없는 것이다.

(나) 부처님을 생각하니 기쁨이 생겨나다[念佛生喜] (二念 31上8)

諸佛如虛空하사　　究竟常淸淨하시니
憶念生歡喜하면　　彼諸願具足이로다
모든 부처님은 허공과 같으사
끝까지 항상 청정하시니
생각하고 기뻐하면
저 모든 원을 구족하도다.

[疏] 二, 念佛生喜니 上半은 所念이니 法身顯故로 如空永常이며 解脫累亡하야 如空淸淨이오 下半은 能念이니 憶持明記故로 喜生願足이라

■ (나) 부처님을 생각하니 기쁨이 생겨남이니 a. 위의 반의 게송은 생각할 대상이니 법신이 드러난 까닭에 허공처럼 영원히 항상하고 해탈하여 번뇌가 없어져서 하늘처럼 깨끗함이요, b. 아래의 반의 게송은 생각하는 주체이니 기억하여 가져서 분명하게 기록하는 연고로 기쁨이 생기고 원이 만족한 것이다.

(다) 괴로움을 잊고 중생을 제도하다[忘苦濟物] (三亡 31下2)

　　一一地獄中에　　　經於無量劫하시니
　　爲度衆生故로　　　而能忍是苦로다
　　낱낱 지옥 가운데서
　　한량없는 겁을 지내시니
　　중생들을 제도하기 위한 연고로
　　능히 이 고통을 견디도다.

[疏] 三, 忘¹⁵⁸⁾苦濟物이오
■ (다) 괴로움을 잊고 중생을 제도함의 뜻이요,

(라) 불법을 수호하려고 몸을 가벼이 여기다[護法輕身] (四護 31下4)

　　不惜於身命하고　　常護諸佛法하시니
　　無我心調柔하여　　能得如來道로다
　　몸과 목숨을 아끼지 않고
　　항상 모든 불법을 옹호하시니
　　아가 없어 마음 편안하여
　　능히 여래의 도를 얻었도다.

[疏] 四, 護法輕身이라 文並可知로다

---

158) 忘은 原南金本作亡. 續本作忘.

364 화엄경청량소 제5권

■ (라) 불법을 수호하려고 몸을 가벼이 여김이다. 경문과 함께하면 알 수 있으리라.

大方廣佛華嚴經疏鈔 제13권의 ② 往字卷下

제9. 광명을 비추어 깨달음을 주는 품[光明覺品] ②

3) 정각의 여덟 가지 양상[顯八相菩提] 2.

(1) 장항으로 밝히다[長行] (第三 1下3)

爾時에 光明이 過十世界하여 徧照東方百世界하고 南西北方과 四維上下도 亦復如是하시니 彼諸世界中에 皆有百億閻浮提와 乃至百億色究竟天이라 其中所有가 悉皆明現하니 彼一一閻浮提中에 悉見如來가 坐蓮華藏師子之座어시든 十佛刹微塵數菩薩의 所共圍遶라 悉以佛神力故로 十方各有一大菩薩이 一一各與十佛刹微塵數諸菩薩로 俱하여 來詣佛所하시니 其大菩薩은 謂文殊師利等이며 所從來國은 謂金色世界等이며 本所事佛은 謂不動智如來等이니라

저때에 광명이 열 세계를 지나서 동방의 백 세계를 두루 비추고 남, 서, 북방과 네 간방과 상방 하방도 또한 다시 이와 같이 하였다. 그 모든 세계 가운데에 모두 백억의 염부제와 내지 백억의 색구경천이 있는데 그 가운데 있는 것들이 다 모두 분명하게 나타났다. 그 낱낱의 염부제 가운데 다 여래가 연화장 사자좌에 앉으셨는데 열 불찰 미진수의 보살들

이 함께 둘러싸고 있었으며, 다 부처님의 위신력으로 시방에 각각 한 큰보살이 있고, 그 보살들이 낱낱이 각각 열 불찰 미진수의 모든 보살들과 함께 부처님 계신 곳에 나아가니, 그 큰보살은 이르되 문수사리 등이며, 좇아온 바의 국토는 이르되 금색세계 등이며, 본래 섬기던 부처님은 이르되 부동지여래 등이었다.

[疏] 第三重은 光照百界라
- 3) (정각의 여덟 가지 양상)이니 광명이 백 세계를 비춤이다.

(2) 문수보살의 게송[偈頌] 2.
가. 과목 나누기[分科] (偈中 1下7)

爾時에 一切處文殊師利菩薩이 各於佛所에 同時發聲하사 說此頌言하시되,
그때 온갖 곳에 있는 문수사리보살이 각각 부처님 계신 곳에서 동시에 소리를 내어 이 게송을 말하였다.

[疏] 偈中에 顯佛八相菩提라 十偈를 分二니 初偈는 標德充滿이오 後九는 別廣調生이라
- (2) 게송 중에 부처님 정각의 여덟 가지 양상을 밝힘이다. 열 게송을 둘로 나누리니 가) 한 게송은 덕이 충만함을 표방함이요, 나) 뒤의 아홉 게송은 중생을 조복함을 개별로 자세히 설명함이다.

나. 바로 해석하다[正釋] 2.
가) 한 게송은 덕이 충만함을 표방하다[初一頌標德充滿] (今初 1下9)

佛了法如幻하사　　通達無障礙하고
心淨離衆着하사　　調伏諸群生이로다
부처님은 법이 환술과 같음을 아시사
통달하여 장애가 없고
마음은 청정하여 온갖 집착 떠나사
모든 중생을 조복하시네.

[疏] 今初니 謂了俗卽眞故로 如幻本虛요 眞不礙俗故로 達諸法相이라 性相無礙가 是眞通達이니 無二礙着일새 則轉依心淨이오 大悲同體일새 故調伏衆生이니 則三德備矣라 故能攝化로다

■ 지금은 가)이니 이른바 속제가 곧 진제임을 아는 연고로 허깨비처럼 본래로 허망함이요, 진제는 속제를 장애하지 않는 연고로 모든 법의 양상을 통달한다. 체성과 양상에 장애 없음이 진정으로 통달함이니, 두 가지 장애나 집착이 없으면 전전히 마음에 의지해 깨끗함이요, 대비심으로 같은 몸인 연고로 중생을 조복하나니, 세 가지 덕을 갖추었으므로 능히 섭수하여 교화하는 것이다.

[鈔] 第三節이라 性相無礙者는 疏釋通達無礙가 有其二義하니 一, 所達之法에 性相無礙오 二, 能了之智가 無有二礙라 二, 礙卽二障이니 了相故로 無智障이오 了性故로 無惑障이라 故로 次句에 云, 無二礙着이라 則轉依心淨者는 謂轉無常雜染之依하야 唯以功德으로 依常法

身이니 故云心淨離衆着이라 通達은 是智오 無礙는 是斷이오 調生은 是恩일새 云三德備니라

- 3) 정각의 여덟 가지 양상이다. '체성과 양상에 장애 없다'는 것은 소가가 장애 없음을 통달함에 대해 해석하면서 두 가지 뜻이 있으니 (1) 통달할 법에서 체성과 양상이 걸림 없음이요, (2) 요달할 주체의 지혜가 두 가지 걸림이 없음이다. 두 가지 걸림은 곧 두 가지 장애이니 양상을 요달한 연고로 지혜의 장애가 없는 것이요, 체성을 요달한 연고로 번뇌의 장애가 없음이다. 그러므로 다음 구절에 이르되, '두 가지 장애와 집착이 없음'이라 하였다. '전의(轉依)의 마음이 깨끗하다'는 것은 말하자면 무상함과 잡염법의 의지처를 뒤바꾸어 오직 공덕만으로 항상한 법신에 의지함이니 그러므로 이르되, '마음이 청정하면 온갖 집착 떠난다'고 말하였다. 통달함은 지덕이요, 걸림 없음은 단덕이요, 중생을 조복함은 은덕이므로 '세 가지 덕을 구비한다'고 말하였다.

나) 아홉 게송은 중생 조복에 대해 개별로 밝히다[餘九頌別廣調生] 2.
(가) 총합 과목으로 해석하다[總科釋] (後九 2上8)

[疏] 後九中은 即悲願自在하야 調伏普周라 雖數越塵沙나 略論其九니라 皆言或見者는 然有多義하니 一, 或多機가 異處에 各感見一[159]이오 二, 或同處各見이오 三, 或異時에 別見이오 四, 或同時에 異見이오 五, 或同時異處見이오 六, 或同處異時見이오 七, 或異時異處見이오 八, 或同時同處見이오 九, 或一人이 於同異交互時處에 見多人所

---

159) 一은 原續金本無 南本有.

見이오 十, 或一人이 於同異俱時處에 見一切人所見이니 以是普眼機故라 然이나 佛不分身하고 無思普現也니라

■ 나) 아홉 게송 중에서 곧 대비와 원력이 자재하여 조복함이 두루 한 것이다. 비록 숫자가 미진수와 항하강의 모래보다 초월했지만 간략히 그 아홉 게송을 논하였다. 모두에 '혹은 보니'라 말한 것은 그러나 여러 뜻이 있으니 (1) 혹은 많은 근기가 처소가 달라질 적에 각기 느끼고 보는 것이 한결같음이요, (2) 혹은 같은 장소에서도 각기 보는 것이요, (3) 혹은 시간이 다를 적에 보는 것이 다름이요, (4) 혹은 같은 시간에 다르게 보는 것이요, (5) 혹은 같은 시간과 다른 장소에서 보는 것이요, (6) 혹은 같은 장소와 다른 시간에 보는 것이요, (7) 혹은 다른 시간에 다른 장소에서 보는 것이요, (8) 혹은 같은 시간과 같은 장소에서 보는 것이요, (9) 혹은 한 사람이 같고 다름이 서로 교차하는 시간과 장소에서 여러 사람이 본 것을 보는 것이요, (10) 혹은 한 사람이 같고 다른 모든 시간과 장소에서 온갖 사람이 본 것을 보는 것이니, 이것이 '넓은 눈의 근기[普眼機]'인 까닭이다. 그러나 부처님은 몸을 나누지도 않고 생각도 하지 않고 널리 나타난다.

[鈔] 皆言或見者는 此九別中에 有九或見을 在義易了나 而人尙迷일새 今寄淸凉五臺에 求見文殊하야 以況法界에 見佛差別하리라 總有十義하니 一, 或多機異處各感見一者는 如有五人은 名爲多機요 各在一臺는 名爲異處라 一人은 南臺에 見菩薩하고 一人西臺에 見師子하고 一人中臺에 見萬聖하고 一人東臺에 見化佛하고 一人北臺에 見聖僧이 是各感見一也니라 二, 或同處各見者는 五人이 同在中臺일새 故云同處오 一見菩薩하고 一見師子等일새 故云各見이니라 三, 或異時

別見者는 一人은 朝見菩薩하고 暮見化佛等이니라 四, 或同時異見者는 上의 異時別見은 不局一人多人이어니와 今此는 要是多人이니 謂二人이 同於晨朝에 一見化佛하고 一見菩薩이니라 五, 或同時異處見者는 亦約多人이 同於晨旦이니 一, 於東臺見하고 一, 於北臺見하야 所見之境이 或同或異하니 或同見菩薩은 亦是同時異處見이오 或則一見菩薩하고 一見化佛은 亦同時異處니라 六, 或同處異時見은 同於中臺에 朝見暮亦見이니 而能見은 亦通一人多人하고 所見도 亦通一境異境이니 但取處同時異耳니라 七, 或異時異處見은 時則朝暮不同이오 處卽160)東西臺別이라 而能見이 亦通一人多人이니 謂或一人이 朝於中臺에 見菩薩하고 暮於北臺에 見菩薩이라 異人可知로다 然多約一人은 其所見境이 亦通同異니라 同見菩薩은 如上已明이라 或一人은 朝於中臺에 見菩薩하고 暮於北臺에 見師子라 然이나 多分이 且約一境이니라 八, 或同時同處見은 亦約多人이 同在中臺하야 同於中時에 見菩薩이라 所見이 亦通同異나 且約同說이니라 九, 或一人이 於同異交互時處에 見多人所見者는 言同異交互時處者는 謂同時異處와 異時同處를 名交互時處라 然同時異處는 卽是第五, 而要是多人이오 異時同處는 卽是第六이니 通一人과 多人이라 今唯一人이 頓見前多人所見하면 此機는 亦是不思議人이니 能於同時異處見故라 謂有一人이 於晨朝時에 在於中臺하야 見中臺多人의 所見하며 亦在西臺하야 見多人所見하며 又於中臺에 於朝於暮에 皆見多人所見也니라 十, 或一人이 於同異俱時處에 見一切人所見者는 謂同時同處와 異時異處를 名同異俱時處니 旣是一人이 時該多時하고 處徧諸處하고 見通諸境일새 故是普眼機也니라 然佛不分身下는 不

---

160) 卽은 南續金本作則.

分而徧하고 無思普現하사 頓應前十也니라

- '모두에 혹은 보니'라 말한 것은 이 아홉 게송에서 '아홉 가지의 혹은 보니'가 있는 것을 뜻에 두고 쉽게 알았지만 사람이 오히려 미혹하므로 지금은 청량산의 오대(五臺)에서 문수보살을 구하여 봄에 의탁하여 법계와 견준다면 부처님을 만남이 차별할 것이다. 총합하여 열 가지 뜻이 있으니 (1) '혹은 많은 근기가 다른 장소에서 각기 느끼고 봄이 한결같음'은 마치 다섯 사람은 '많은 근기'라 이름하고, 각기 한 대에 있음은 다른 장소라 이름한다. 한 사람은 남대(南臺)에서 보살을 뵙고, 한 사람은 서대(西臺)에서 사자를 보고, 한 사람은 중대(中臺)에서 만 명의 성인을 뵙고, 한 사람은 동대(東臺)에서 화현한 부처님을 뵙고, 한 사람은 북대(北臺)에서 성스런 스님을 보는 것이 바로 '각기 느끼고 보는 것이 하나'인 것이다. (2) '혹은 같은 장소에서 각기 본다'는 것은 다섯 사람이 함께 중대에서 있는 연고로 같은 장소라 함이요, 한 사람은 보살을 보고 한 사람은 사자를 보는 연고로 '각기 본다'고 하였다. (3) '혹은 다른 시간에 따로이 본다'는 것은 한 사람은 아침에 보살을 보고 저녁에 화현한 부처님 등을 뵙는 것이다. (4) '혹은 같은 시간에 달리 본다'는 것은 위의 다른 시간에 따로이 보는 것은 한 사람과 여러 사람에 국한하지 않지만 지금 여기서는 여러 사람이 중요하나니 이른바 두 사람이 함께 새벽에 한 사람은 화현한 부처님을 뵙고, 한 사람은 보살을 보는 것이다. (5) '혹은 같은 시간에 다른 장소에서 본다'는 것은 또한 여러 사람이 함께 새벽을 잡았으니, 한 사람은 동대에서 보고 한 사람은 북대에서 보아서 보는 경계가 혹은 같고 혹은 다르니, 혹은 함께 본 보살은 또한 동시에 다른 장소에서 보는 것이요, 혹은 한 사람은 보살을 보고 한 사람은 화현한 부처

님을 뵙는 것도 또한 같은 시간과 다른 장소에 해당한다. (6) '혹은 같은 장소와 다른 시간에 본다'는 것은 함께 동대에서 아침에 보고 저녁에 또 보는 것이니, 보는 주체는 또한 한 사람과 여러 사람에 통하고, 보는 대상도 또한 한 가지 경계와 다른 경계에 통하나니, 단지 장소가 같고 시간이 다른 것만 취한 것이다. (7) '혹은 다른 시간과 다른 장소에서 본다'는 것은 시간으로 아침과 저녁이 같지 않음이요, 장소는 동대와 서대가 다른 것이다. 그러나 보는 주체가 또한 한 사람과 여러 사람에 통하나니, 이른바 혹은 한 사람이 아침에 동대에서 보살을 보고 저녁에 북대에서 보살을 보는 것이다. 사람이 다른 것은 알 수 있으리라. 그러나 대부분 한 사람을 잡은 것은 그 보는 대상인 경계가 또한 같고 다름에 통하기 때문이다. 함께 보는 보살은 위에서 이미 설명한 바와 같다. 혹은 한 사람은 아침에 중대에서 보살을 보고 저녁에 북대에서 사자를 보는 것이다. 그런데 많은 부분이 우선 한 경계를 잡은 것이다. (8) '혹은 같은 시간과 같은 장소에서 본다'는 것은 또한 여러 사람이 함께 중대에 있음을 잡아서 함께 중간 시간에 보살을 보는 것이다. 보는 대상이 또한 같고 다름에 통하지만 우선 똑같이 말함을 잡은 것이다. (9) '혹은 한 사람이 같고 다름이 서로 교차하는 시간과 장소에서 여러 사람이 본 것을 본다'는 것에서 '같고 다름이 서로 교차하는 시간과 장소'라고 말하는 것은 말하자면 같은 시간 다른 장소와 다른 시간 같은 장소를 이름하여 '시간과 장소가 서로 교차함'이라 말하였다. 그런데 같은 시간 다른 장소는 곧 (6)이니, 한 사람과 여러 사람에 통하는 개념이다. 지금은 오직 한 사람 앞의 여러 사람이 본 것을 몰록 보았다면 이런 근기는 또한 불가사의한 사람이니, 능히 같은 시간과 다른 장소에서 보는 까닭이다. 이른바 어떤 한 사람이 새벽에 중대에 있으면서 중대의 여러 사람이 본 것을 보았으며, 또한 서대에 있으면서 여러 사람이 본 것을 보았으며, 또한 중대에서 아침과 저녁에 여러 사람이 본 것을 모두가 본 것이다. (10) '혹은 한 사람이 같고 다른 모든 시간과 장소에서 온갖 사람이 본 것을 본다'는 것은 말하자면 같은 시간 같은 장소와 다른 시간 다른 장소를 '같고 다른 모든 시간과 장소'라 이름하였으니, 이미 한 사람이 시간적으로 여러 사람을 포함하고, 공간적으로 모든 장소에 두루 하고 보는 것이 모든 경계에 통하므로 '넓은 눈의 근기'인 것이다.

然佛不分身 아래는 나누지 않고 두루 하며, 생각함 없이 널리 나타나서 단박에 앞의 열 가지에 응하는 것이다.

(나) 개별 과목으로 해석하다[別隨釋] 9.
ㄱ. 처음 태어났을 때[初生時] (一初 4上9)

或有見初生에　　妙色如金山하사
住是最後身하여　　永作人中月이로다
혹은 보니 처음 태어날 때
미묘한 빛이 금산과 같으사
최후신에 머물러서
길이 사람 가운데 달을 지으셨네.

[疏] 一, 初生時에 身如夜月하야 皎[161]鏡可觀이오 智猶滿月하야 淸凉照

---

161) 皎는 甲南續金本作皢. 皎 밝을 교. 盻 흘겨볼 혜. 紺 감색 감. 眄 곁눈질할 면.

物일새 故云永作이라
- ㄱ. 처음 태어났을 때에 몸은 밤에 뜨는 달과 같아서 거울에 밝게 비춤이 볼 만함이요, 지혜는 보름달과 같아서 시원하게 중생을 비추는 연고로 '영원히 짓는다'고 말하였다.

ㄴ. 경행할 때[經行時] (二行 4下2)

或見經行時에　　　具無量功德하시며
念慧皆善巧하사　　丈夫師子步로다
혹은 보니 경행할 때에
한량없는 공덕을 갖추시며
생각과 지혜가 다 교묘하사
장부의 사자 걸음 걸으시도다.

[疏] 二, 行七步時에 顯其具德이오
- ㄴ. 일곱 걸음 걸을 때에 그 공덕 갖춤을 밝힘이요,

ㄷ. 돌아볼 때[顧盼時] (三顧 4下4)

或見紺靑目으로　　觀察於十方하고
有時現戲笑하사　　爲順衆生欲이로다
혹은 보니 검푸른 눈으로
시방을 관찰하고

어떤 때는 웃음을 나타내사
중생들의 욕망을 수순하도다.

[疏] 三, 顧眄[162]時에 觀方現笑오
  ■ ㄷ. 돌아볼 때에 시방을 관찰하면서 미소를 나타냄이요,

ㄹ. 사자후 할 때[師子吼時] (四師 4下6)

    或見師子吼와　　殊勝無比身으로
    示現最後生하사　所說無非實이로다
    혹은 보니 사자후와
    수승하여 비할 데 없는 몸으로
    최후생을 나타내 보이사
    하시는 말씀 모두 다 진실하도다.

[疏] 四, 師子吼時에 說我獨尊이오
  ■ ㄹ. 사자후 할 때에 내가 홀로 존귀하다고 설하심이요,

ㅁ. 출가할 때[出家時] (五出 4下8)

    或有見出家하사　　解脫一切縛하고
    修治諸佛行하사　　常樂觀寂滅이로다
    혹은 보니 출가하사

---

162) 眄은 金本作盻

온갖 속박에서 해탈하고
모든 부처님의 행을 닦으사
항상 즐거이 적멸을 관하도다.

[疏] 五, 出家時에 解縛修寂이오
  ■ ㅁ. 출가할 때에 속박을 풀고 적멸을 닦음이요,

ㅂ. 도량에 앉을 때[坐道場時] (六坐 4下10)

或見坐道場하사   覺知一切法하고
到功德彼岸하사   癡暗煩惱盡이로다
혹은 보니 도량에 앉으사
모든 법을 깨달아 알고
공덕의 저 언덕에 이르사
어리석고 어두운 번뇌를 다하였네.

[疏] 六, 坐道場時에 障盡德圓이오
  ■ ㅂ. 도량에 앉을 때에 장애가 다하고 공덕이 원만함이요,

ㅅ. 법륜을 굴릴 때[轉法輪時] (七轉 5上2)

或見勝丈夫가   具足大悲心하사
轉於妙法輪하여   度無量衆生이로다
혹은 보니 훌륭한 장부가

제9. 光明覺品 ② 377

큰 자비의 마음을 구족하사
묘한 법륜을 굴려서
한량없는 중생을 제도하도다.

[疏] 七, 轉法輪時에 因悲度物이요
■ ㅅ. 법륜을 굴릴 때에 자비심으로 인하여 중생을 제도함이요,

ㅇ. 신통을 나툴 때[現神通時] (八現 5上4)

或見師子吼가   威光最殊特하사
超一切世間하여   神通力無等이로다
혹은 보니 사자후하심이
위엄과 광명이 가장 수승하사
모든 세간에서 뛰어나서
신통력이 같을 이 없도다.

[疏] 八, 顯神通時[163]에 調彼難調오
■ ㅇ. 신통을 나툴 때에 저 조복하기 어려움을 조복함이요,

ㅈ. 열반에 들어감을 보여 줄 때[示入涅槃時] (九示 5上6)

或見心寂靜이   如世燈永滅하되
種種現神通하시니   十力能如是로다

---

163) 顯은 甲南續金本作現, 通은 大作道誤.

혹은 보니 마음이 고요함이
세간의 등불이 길이 소멸한 것과 같되
가지가지로 신통을 나타내시니
열 가지 힘이 능히 이와 같도다.

[疏] 九, 示入涅槃에 不妨神用이라 又下二句는 亦總結前九가 皆是神通이라 並有深意니 如第八會니라
- ㅈ. 열반에 들어감을 보여 줄 때에 신통한 작용에 방해되지 않음이다. 또한 아래 두 구절은 또한 앞의 아홉 게송이 모두 신통임을 총합하여 결론함이다. 아울러 깊은 의미가 있으니 제8 세 번째 보광명전법회와 같다.

[鈔] 如第八會者는 卽五十九經이라 各有十意하니 說者應引이니라
- '제8 세 번째 보광명전법회와 같다'는 것은 곧 제59권 경문인데 각기 열 가지 의미가 있으니 설법하는 이는 응당히 인용하리라.

4) 불보리의 체성을 밝히다[顯菩提體性] 2.

(1) 장항으로 밝히다[長行] (第四 5下7)

爾時에 光明이 過百世界하여 徧照東方千世界하고 南西北方과 四維上下도 亦復如是하시니 彼一一世界中에 皆有百億閻浮提와 乃至百億色究竟天이라 其中所有가 悉皆明現하니 彼一一閻浮提中에 悉見如來가 坐蓮華藏師

子之座어시든 十佛刹微塵數菩薩의 所共圍遶라 悉以佛神力故로 十方各有一大菩薩이 一一各與十佛刹微塵數諸菩薩로 俱하야 來詣佛所하시니 其大菩薩은 謂文殊師利等이며 所從來國은 謂金色世界等이며 本所事佛은 謂不動智如來等이니라

저 때 광명이 백 세계를 지나서 동방의 천 세계를 두루 비추고 남, 서, 북방과 네 간방과 상방 하방도 또한 다시 이와 같이 하였다. 그 낱낱의 세계 가운데 모두 백억 염부제와 내지 백억 색구경천이 있는데 그 가운데 있는 것이 다 모두 분명하게 나타났다. 그 낱낱의 염부제 가운데 다 여래께서 연화장 사자좌에 앉으셨는데, 열 불찰 미진수의 보살들이 함께 들러싸고 있었으며, 다 부처님의 위신력으로 시방에 각각 한 큰보살이 있고, 그 보살들이 낱낱이 각각 열 불찰미진수의 모든 보살들과 함께 부처님 계신 곳에 나아가니, 그 큰보살은 이르되 문수사리 등이며, 좇아온 바의 국토는 이르되 금색세계 등이며, 본래 섬기던 부처님은 이르되 부동지 여래 등이었다.

[疏] 第四重은 光照千界라

■ 4) (불보리의 체성을 밝힘)은 광명이 천 세계를 비춤이다.

(2) 문수보살의 게송[偈頌] 2.
가. 과목 나누기[分科] (頌中 6上1)

爾時에 一切處文殊師利菩薩이 各於佛所에 同時發聲하
사 說此頌言하시되,
그때 온갖 곳에서 문수사리보살이 각각 부처님 계신 곳에
서 동시에 소리를 내어 이 게송을 말하였다.

[疏] 頌中에 顯菩提體性이라 十頌을 分三이니 初偈는 雙具悲智하야 爲菩
提體오 次四는 三德內圓이오 後五는 卽體悲用이라
- (2) 문수보살의 게송 중에 불보리의 체성을 밝힘이다. 열 게송을 셋
으로 나누리니 가) 한 게송은 자비와 지혜를 함께 구족하여 보리의
체성이 됨이요, 나) 네 게송은 세 가지 공덕이 안으로 원만함이요, 다)
다섯 게송은 체성과 합치한 자비의 작용이다.

나. 바로 해석하다[正釋] 3.
가) 한 게송은 자비와 지혜를 함께 구족하다[初一頌雙具悲智]

(今初 6上2)

佛於甚深法에　　　通達無與等이라
衆生不能了일새　　次第爲開示로다
부처님이 심히 깊은 법에
통달하여 같을 이 없네.
중생들이 알 수 없어
차례대로 열어 보이도다.

[疏] 今初니 上半은 智深이오 下半은 悲濟라

■ 지금은 가)이니 (가) 위의 반의 게송은 지혜가 깊음이요, (나) 아래 반의 게송은 자비로 구제함이다.

나) 네 게송은 세 가지 공덕이 안으로 원만하다[次四頌三德內圓] 4.

(가) 보리는 두 가지 <나>를 영원히 끊은 덕임을 찬탄하다
[歎菩提永絶二我德] (次四 6上5)

我性未曾有며　　　我所亦空寂이어니
云何諸如來가　　　而得有其身이리오
<나>의 본성 있지 않으며
<나>의 소유도 또한 공적한데
어찌하여 모든 여래께서는
그의 몸이 있으리오.

[疏] 次四偈中에 一, 歎菩提永絶二我德이니 謂二我之見은 必因於身이라 今觀於[164]身에 若我卽陰인대 我卽生滅이오 若我異陰인대 以何相知리오 故但妄情이오 曾未暫有라 旣無有我어니 誰是我所리오 我我所空에 身從何有아 無身之身이 顯法身德이니라

■ 나) 다음의 네 게송은 (가) 보리는 두 가지 <나>를 영원히 끊은 덕임을 찬탄함이다. 말하자면 두 가지 <나>라는 소견은 반드시 몸으로 말미암는다. 지금 나를 관찰할 적에 만일 내가 곧 오음이라면 나는 곧 나고 멸할 것이리오. 만일 내가 오음(五陰)과 다르다면 어떤 모

---

164) 於는 甲南續金本作我.

양으로 알리오. 그러므로 단지 허망한 생각뿐이요, 일찍이 잠시 있을 것이 아니다. 이미 내가 없는데 무엇이 〈내 것〉이리오. 〈나〉와 〈내 것〉이 공하다면 몸은 어디에서 생겼는가? 몸이 없는 몸이 법신의 덕을 밝힘이다.

[鈔] 第四節이라 今觀於身者는 卽中論法品中意니 論에 云, 若我가 卽五陰인대 我卽爲生滅이오 若我가 異五陰인대 則非五陰相이라 若無有我者인대 何得有我所리오 內外我我所가 盡滅無有故로 諸受가 卽爲滅이니 受滅則身滅하고 業煩惱와 滅故로 名之爲解脫이오 業煩惱非實에 入空戲論滅이라하니라 釋曰, 上中論意는 正觀於身五陰之法이라 而如來品에는 五蘊上에 求如來호대 亦就於我及我所說하니 卽[165]如自觀身實相하야 觀佛亦然이라 若了二我가 本自空寂하면 則見法身湛然常住니라 疏中에 初二句는 卽論初兩句에 明卽陰無我니 陰是有爲生滅之法이니 我卽是陰일새 故同生滅이라 次兩句는 是論第二兩句에 異陰無我라 而論主但云, 則非五陰相이니라 今云以何相知者는 是長行釋語니 謂凡一切法이 皆以相으로 知有니 離陰有我인대 卽[166]不以五陰으로 爲相이어니 爲用何相하야 知有我耶아 故但妄情은 結成論意니 妄情計有나 我性實無일새 故云我性未曾有니라

既無有我下는 以我破所하야 釋經의 我所亦空寂이니 卽論에 云若無有我者인대 何得有我所니라 我我所空身從何有[167]는 以無我로 遣身하야 釋經下半에 云何諸如來가 而得有其身이니 卽論의 內外我我所下의 一偈半文이니라 無身之身下는 結歸疏意니 三德內圓에 法身

---

165) 卽은 南續金本作則.
166) 卽은 南續金本作則.
167) 上四字는 南續金本作下.

이 爲一耳라 故로 經에 云, 佛以法爲身하사 淸淨如虛空矣라하니라
- 4) 불보리의 체성을 밝힘이다. '지금 몸을 관찰한다'는 것은 곧 『중론』 관법품 중의 주장이니, 중론에 이르되, "만일 <내>가 오음이라면 <나>는 생멸해야 하리라. 만일 <내>가 오음이 아니라면 오음의 형상이 아닐 것이다. 만일에 내가 없다면 어디에 <내 것>이 있으랴! 안팎으로 <나>와 <내 것>이 모두가 멸하여 있지 않기에 모든 느낌 모두가 소멸해지고 느낌이 소멸하매 몸도 멸한다. 업과 번뇌가 멸하면 해탈이라 부르나니 업과 번뇌는 진실치 않은 것 <공>에 들어가면 희론이 없어져"라고 하였다. 해석하자면 위는 중론의 주장은 몸과 오음(五陰)의 법을 바로 관찰함이다. 그러나 관여래품에는 오온 위에 여래를 구하되 또한 나와 <내 것>에 입각하여 설하였으니, 곧 몸의 실상을 스스로 관찰함과 같아서 부처님을 관찰함도 마찬가지이다. 만일 두 가지 <내>가 본래 스스로 공적함을 요달하면 법신이 담연하게 항상 머무름을 보게 된다. 소문 중에 둘째 구절은 곧 논의 처음 두 구절에 오음과 합치한 무아(無我)임을 밝혔으니 오음이 곧 유위의 생멸하는 법이니 내가 곧 오음이므로 생멸함과 같다. 다음 두 구절은 논의 둘째 구절에서 오음이 내가 없음과 다르다. 그러나 논주는 단지 '곧 오음의 형상이 아니다'라고만 말하였다. 지금 '어떤 모양으로 아는가?'라고 말하는 것은 장항을 해석한 말씀이다. 말하자면 대개 온갖 법이 모두 모양으로 있음을 아나니 오음을 떠나 내가 있다면 곧 오음으로 모양을 삼지 않을 텐데 어떤 모양을 사용하여 내가 있음을 알겠는가? 그러므로 단지 허망한 생각은 논의 주장을 결론함이니 허망한 생각으로 나라고 계탁하지만 나의 체성이 진실로 없으므로 '나의 체성은 일찍부터 있지 않았다'고 말하였다.

旣無有我 아래는 〈나〉로써 〈내 것〉을 타파하여 경문의 '내 것도 역시 공적함'을 해석하였으니 곧 논에 이르되, "만일에 내가 없다면 어디에 〈내 것〉이 있으랴! 〈나〉와 〈내 것〉이 공한 몸은 어디로부터 생겼는가?"라고 말함은 내가 없음으로 몸을 보내어 본경의 아래 반의 게송에 이르되, "어찌하여 모든 여래께서는 그의 몸이 있으리오"이니 곧 중론의 '안팎으로 〈나〉와 〈내 것〉이[內外我我所]' 아래의 한 개 반의 게송이다. 無身之身 아래는 소가의 주장으로 결론하여 돌아감이니, 세 가지 덕이 안으로 원만할 적에 법신이 그 하나가 되었을 뿐이다. 그러므로 경에 이르되, "부처님은 법으로써 몸을 삼아 청정하기 허공과 같다"라고 하였다.

(나) 해탈덕과 반야덕을 밝히다[顯解脫般若德] 2.

ㄱ. 첫 구절은 공덕을 밝히다[釋初一句顯德] 2.

ㄱ) 해탈덕을 해석하다[釋解脫德] (二顯 7上9)

解脫明行者가　　無數無等倫하시니
世間諸因量으로　　求過不可得이로다
해탈과 밝은 행이
수도 없고 짝도 없으시니
세간의 모든 인과 양으로
허물을 구하여도 구할 수 없네.

[疏] 二, 顯解脫般若德이라 涅槃二十五에 云, 貪瞋癡心을 永斷滅故로 心善解脫이오 於一切法에 知無障礙故로 慧善解脫이라하니 涅槃에

略有一百八句하야 以顯深廣하니라

- (나) 해탈덕과 반야덕을 밝힘이다.『열반경』제25권에 이르되, "탐욕과 진에와 우치의 마음을 영원히 단멸한 연고로 마음으로 잘 해탈함이요, 온갖 법에서 장애 없음을 아는 연고로 지혜로 잘 해탈함이다" 라고 하였으니『열반경』에는 대략 108구절이 있어서 깊고 광대함을 밝혔기 때문이다.

[鈔] 二顯解脫般若者는 卽三德之二也라 先, 釋解脫德하리라 引於涅槃이 略有二種하니 卽二十五經에 高貴德王菩薩品의 第八功德中一義니 經에 云, 云何菩薩이 心善解脫고 貪瞋癡心을 永斷滅故니 是名菩薩心善解脫이니라 若瑜伽八十五云인대 由三種相하야 當知心善解脫이니 一, 於諸行에 徧了知故오 二, 於彼相應煩惱에 斷得作證故오 三, 煩惱斷已에 於一切處에 離愛住故라하니라 經에 云, 云何菩薩慧善解脫고 菩薩摩訶薩이 於一切法에 知無障礙니 是名菩薩慧善解脫이라 因慧解脫하야 昔所不聞을 而今得聞하며 昔所不見을 而今得見하며 昔所不至를 而今得至라하니라 釋曰, 心善解脫은 卽滅定障이오 慧善解脫은 卽脫智障이니 二障旣除에 倏然無繫일새 故名解脫이니라 涅槃下經에 重復問起하사 以顯前義하나니 謂心定有貪等인대 則不可脫이오 定無貪等인대 卽不須脫이라 欲明相有性無니 此二無礙하야사 方名解脫이니라

- '(나) 해탈덕과 반야덕을 밝힘'이란 곧 세 가지 덕 중의 둘이다. ㄱ) 해탈덕을 해석하겠다.『열반경』을 인용하면 대략 두 가지가 있으니『열반경』제25권에 고귀덕왕보살품의 제8공덕 중의 한 가지 뜻이니 경에 이르되, "어떠한 것이 보살이 마음으로 잘 해탈하는 것인가? 탐

욕과 성냄과 어리석은 마음을 영원히 단절하기 때문이니, 이것을 보살이 마음으로 잘 해탈하는 것이라고 이름한다"라고 하였다. 저『유가사지론』제85권에는 이르되, "세 가지 양상으로 인해 마음으로 잘 해탈하는 줄 알아야 하나니 (1) 모든 지어감에서 두루 요달하여 알기 때문이요, (2) 저 번뇌와 상응하는 것을 단절하여 증명을 짓기 때문이요, (3) 번뇌를 단절하고 나서 온갖 처소에서 애욕으로 머무는 것을 여의기 때문이다"라고 하였다.『열반경』에 또 이르되, "어떠한 것이 보살이 지혜로 잘 해탈하는 것인가? 보살마하살은 일체 법을 아는 데에 장애가 없나니, 이것을 보살이 지혜로 잘 해탈하는 것이라고 이름하느니라. 지혜로 해탈함으로 인하여 예전에 듣지 못한 것을 이제 듣게 되고, 예전에 보지 못한 것을 이제 보게 되며, 예전에 도달하지 못한 데를 이제 도달하게 되느니라"라고 하였다. 해석하자면 마음으로 잘 해탈하는 것은 곧 삼매의 장애를 벗어남이니 두 가지 장애가 이미 없어질 적에 어느덧 속박이 없어지므로 해탈이라 이름한다. 열반경의 아래에 거듭하여 다시 질문하여 앞의 뜻을 드러내었으니 이른바 마음에 탐욕 따위가 정해져 있다면 벗어날 수 없을 것이요, 탐욕 따위가 정해진 것이 없다면 해탈을 구하지도 않을 것이다. 양상은 있는데 체성은 없음을 설명하려는 것이니 이 두 가지에 걸림이 없어야 비로소 해탈이라 이름한다.

言涅槃略有一百八句者는 卽第五經의 廣釋三德中에 解脫之德이니 迦葉問言호대 世尊하 何等名爲涅槃이닛고 善男子야 夫涅槃者는 名爲解脫이라하사 先示其體가 亦色非色하나니 下에 迦葉重請하야 明解脫相하니라 爾時에 迦葉菩薩이 復白佛言호대 世尊하 唯願哀愍하사

重垂廣說大般涅槃解脫之義하시니 佛讚迦葉하시되 善哉善哉라 善男子야 眞解脫者는 名曰遠離一切繫縛이니 若眞解脫인대 離諸繫縛이라 則無有生이며 亦無和合이라 譬如父母가 和合生子어니와 眞解脫者는 則不如是니 是故로 解脫을 名曰不生이니라 迦葉아 譬如醍醐가 其性淸淨인달하야 如來亦爾하사 非因父母和合而生이오 其性淸淨이라 所以示現有父母者는 爲欲化度諸衆生故라 眞解脫者는 卽是如來니 如來解脫은 無二無別이라 譬如春月에 下諸種子하야 得暖潤氣에 尋便出生인달하야 眞解脫者는 則[168]不如是라하니 此是一句오 餘如彼經이니라 …〈아래 생략〉…

- 열반경에는 '대략 108구절이 있다'는 것은 곧 제5권에 열반의 세 가지 덕을 자세히 해석한 중에 '해탈의 덕'을 해석한 부분이니 가섭보살이 묻되, "세존이시여, 어떤 것을 이름하여 열반이라 합니까?" "선남자야, 열반이란 해탈을 이름한 것이다"라고 하여서 먼저 그 체성이 색도 비색도 아님을 보였으니, 아래에 가섭보살이 거듭 청법하여 해탈의 양상을 밝혔다. "그때 가섭보살이 다시 부처님께 말씀드렸다. '세존이시여, 원하나니 저희를 불쌍하고 어여삐 여기시어 대반열반의 행(行)과 해탈의 의미를 거듭 자세히 드러내고 설해 주십시오' 부처님께서 가섭보살을 찬탄하셨다. '훌륭하고 훌륭하다. 선남자여, 참된 해탈은 모든 속박을 멀리 떠난 것을 이름하니, 참으로 해탈하여 모든 속박을 떠났으면 나는 것도 없고 화합하는 것도 없다. 비유하면 부모가 화합하여 자식을 낳지만 참된 해탈은 그렇지 아니한 것과 같다. 그러므로 해탈을 이름하여 나는 것이 아니라고 한다. 가섭아, 비유하면 제호(醍醐)의 성품이 청정한 것과 같이 여래도 역시 그러하다. 부

---

168) 則은 南續金本作卽.

모의 화합을 원인으로 하여 태어난 것이 아니기에 성품이 청정하다. 하지만 부모가 있는 것을 드러내 보였음은 모든 중생들을 교화하고 제도하기 위한 까닭이다. 참된 해탈은 곧 여래이니 여래와 해탈은 둘이 아니요, 차별도 없다. 비유하면 봄철의 어떤 달에 여러 종자를 심으면 따뜻한 기운을 얻어서야 나오게 되지만 참된 해탈은 그렇지 아니하다' "라고 하였다. 이것은 한 구절이요, 나머지는 저 경전의 내용과 같다. …〈아래 생략〉…

ㄴ) 반야덕을 해석하다[釋般若德] (言明 9下1)

[疏] 言明行者는 卽般若德이라 若作明行足釋인대 卽禪慧德이라 瑜伽三十八에 云, 明謂三明이오 行謂止觀二品이라하며 涅槃十六에 又云, 明者는 三明이니 一, 菩薩明이오 二, 佛明이오 三, 無明明이라 菩薩明者는 卽是般若波羅密이오 佛明者는 卽是佛眼이오 無明明者는 卽畢竟空이라하니라 然皆般若因果와 理智異耳라 足有二義하니 一, 脚足義니 約因이오 二, 圓足義니 約果라 此文略無하니라

■ 밝은 행이라 말한 것은 곧 반야덕이다. 만일 명행족(明行足)으로 지어 해석한다면 곧 선정과 지혜의 덕이다.『유가사지론』제38권 (지유가처보리품)에 이르되, "지혜[明]는 세 가지 지혜[三明]요, 행은 (경전에서 말씀한 바와 같이) 지관의 두 가지가 극히 잘 원만하다"라고 하였으며,『열반경』제16권[북본은 제18권]에 이르되, "또 명은 삼명(三明)으로 첫째는 보살의 명이며, 둘째는 여러 부처님의 명이며, 셋째는 무명(無明)의 명이다. 곧 보살의 명은 반야바라밀이며, 여러 부처님의 명은 곧 부처님의 눈이며, 무명의 명은 곧 필경공(畢竟空)이다"라고 하였다. 그러나

모두가 반야바라밀의 원인과 결과, 이치와 지혜가 다를 뿐이다. 발에 두 가지 뜻이 있으니 (1) 다리의 발이요, 원인을 잡은 해석이요 (2) 원만하고 만족함의 뜻이니 결과를 잡은 해석이다. 지금 이 경문에는 생략되어 없다.

[鈔] 言明行者卽般若德은 朗照萬法故라 稱明行者는 卽如來니 具三德人이니라 若作明行足釋者는 重釋明行二字니 卽十號之一이라 先引瑜伽는 由有止觀일새 云禪慧德이라 彼後更有[169]極善圓滿하야 以釋足義하니 約[170]滿足義오 無脚足義일새 故疏不引하니라 涅槃十六下는 北經十八이니 先, 釋明하고 後, 釋行이라 前中에 先, 引經이라 彼有四釋하니 今當第四니 就行修證入釋이라 明은 卽證入之體라 後, 然皆下는 是疏釋經이라 菩薩明者는 因中證智오 佛明者는 果中證智니 上二는 皆智라 無明明者는 是所證理라 智卽觀照오 理卽實相이니 智度論에 云, 說智及智處를 俱名爲般若라하니 卽斯義也니라

• '밝은 행이라 말한 것은 곧 반야덕'이라 말한 것은 만 가지 법을 밝게 비추기 때문이다. 밝은 행과 칭합한 이는 곧 여래이니 세 가지 덕을 갖춘 사람인 것이다. '만일 명행족을 지어서 해석한다'는 것은 명(明)과 행(行) 두 글자를 거듭 해석한 것이니 곧 부처님의 열 가지 명호 중 하나이다. 먼저 『유가사지론』을 인용함은 사마타와 위빠사나가 있음으로 말미암아 '선정과 지혜의 덕'이라 말하였다. 저 다음에 다시 지극히 착하고 원만함이 있어서 만족함의 뜻으로 해석하였으니, 만족의 뜻을 잡았고 다리와 발의 뜻은 없으므로 소가가 인용하지 않은 것이다. 涅槃十六 아래는 북본경으로는 제18권이니 (1) 먼저 밝음을

---

169) 有下에 南續金本有釋字.
170) 約은 甲南續金本作得.

해석하고, (2) 다음에 행을 해석하였다. (1) 중에 가. 먼저 경문을 인용함이다. 저기에 네 가지 해석이 있으니 지금은 넷째에 해당하나니 행에 나아가 닦고 증득하고 들어감을 해석하였다. 밝음은 곧 증득해 들어갈 본체이다. 나. 然皆 아래는 소가가 경문을 해석함이다. (1) 보살의 밝음은 인행 중에 증득한 지혜이고, (2) 부처님의 밝음은 과덕 중에 증득한 지혜이니 위의 둘은 모두 지혜이다. (3) 무명의 밝음은 증득할 지혜이다. 지혜는 곧 관조반야요, 이치는 곧 실상반야이다. 『대지도론』에 이르되, "지혜와 지혜의 처소를 함께 이름하여 반야라 설한다"라고 하였으니 바로 이런 뜻이다.

足有二義者는 卽釋行字니 此中에 略無足字하고 行字에 所攝이라 然經四釋이 不出二義하니 第一釋에 云, 明者는 名得無量善果오 行名脚足이라 善果者는 名無上菩提오 脚足者는 名爲戒慧니 乘戒慧足하야 得大菩提를 名明行足이라하니라 釋曰, 此則據果尋因釋이니 以明으로 爲果하고 以行爲足이라 行卽是足이며 脚足義也니 行足不分이 是今經意니라 二者, 經에 云, 又復明者는 名呪오 行者는 名吉이오 足者는 名果니라 善男子야 是名世間義라 呪者는 名爲解脫이오 吉者는 名無上菩提오 果者는 名大涅槃이라하니라 釋曰, 此는 偏就果德釋이라 然以世間으로 況於出世하고 此以涅槃으로 爲足하니 是滿足義며 亦智斷總別耳라 三者, 經에 云, 又復明者는 名光이오 行者는 名業이오 足者는 名果라 善男子야 是名世間義니라 光者는 名不放逸이오 業者는 名六波羅密이오 果者는 名無上菩提라하니라 釋曰, 此卽從因趣果釋이니 謂明行은 皆因이오 以足爲果라 前釋三이 皆是果오 此獨菩提가 是果耳니라 今疏所引은 卽當第四니 但引釋明호리라 彼釋行足

云호대 行者는 於無量劫에 爲衆生故로 修諸善業이오 足者는 明見佛性이라하니라 釋曰, 此亦滿足으로 釋足이오 以足爲果오 以行爲因하야 行足義開어니와 今經에 無足일새 故取初釋이오 行足合義는 不引此文하니라

- '발에 두 가지 뜻이 있다'는 것은 곧 행이란 글자를 해석한 부분이니 이 가운데 족(足)이란 글자는 생략되어 없고 행(行)이란 글자에 포함되었다. 그러나 경전의 네 가지 해석이 두 가지 뜻을 벗어나지 않나니, 첫째 해석에 이르되, "밝음이란 한량없는 좋은 결과를 얻음을 말하고, 행은 다리와 발을 지칭한다. 좋은 결과는 위없는 보리를 말하고, 다리와 발은 계율과 지계를 말하나니, 계율을 타고 지혜가 만족해서 큰 깨달음을 얻는 것을 '밝은 행이 만족함'이라 이름한다"라고 하였다. 해석하자면 이것은 결과에 의거해서 원인을 찾는 해석이니, 밝음으로 결과를 삼고, 행으로 만족을 삼았다. 행이 곧 만족함이며, 다리와 발의 뜻이니 행과 발을 구분하지 못함이 본경의 의미이다. 둘째 해석은 경에 이르되, "또 명(明)은 주문이며, 행(行)은 길하다는 말이며, 족(足)은 과보이다. 선남자야, 이것을 이름하여 세간의 뜻이라고 한다. 또 주문은 해탈이라 이름하며, 길한 것은 '위없는 보리'라 이름하고, 과보는 대반열반이라고 이름한다"라고 하였다. 해석하자면 이것은 과보에 치우쳐 입각한 해석이다. 그러나 세간법으로 출세간법과 견주고 여기서 열반으로 만족함을 삼았으니 만족함의 뜻이며, 또한 지덕으로 총상과 별상을 단절했을 뿐이다. 셋째 해석은 경에 이르되, "또 명(明)은 광명이며, 행(行)은 업이며, 족(足)은 과보이다. 선남자야, 이것을 이름하여 세간의 뜻이라고 한다. 또 광명은 방일하지 않음이며, 업은 육바라밀이며, 과보는 위없는 보리를 이름한다"라고 하였다. 해석하

자면 이것은 원인에서 결과에 나아간 해석이다. 말하자면 명과 행은 모두 원인이요, 만족으로 과보를 삼았다. 앞의 세 가지로 해석함은 모두 과보이고, 여기서는 유독 보리만 과보일 뿐이다. 지금 소가 인용한 것은 곧 넷째 해석에 해당하나니, 다만 인용하여 밝음만 해석하였다. 저기서는 행과 만족을 해석하여 말하되, "또 행은 무량한 겁 동안에 중생을 위하여 선한 업을 닦는 것이며, 족은 불성을 분명히 보는 것이다"라고 하였다. 해석하자면 이것은 또한 만족함으로 발을 해석함이요, 만족으로 과보를 삼고 행으로 원인을 삼아 행이 만족한 뜻을 열었지만 지금 본경은 만족함이 없으므로 첫째 해석을 취하였고, 행과 만족을 합한 뜻은 이 경문에는 인용하지 않았다.

ㄴ. 뒤의 세 구절은 허물을 여읨으로 해석하다[釋後三句離過]

(無數 11上4)

[疏] 無數下는 顯其離過니 非有爲故로 無數오 超下位故로 無等이라 豈是因明으로 能求其過리오 因明에 立量은 依世俗分別하야 定有定無일새 故曰世間이니 今體絕有無일새 故彼莫能過也니라 如說佛聲에 非定有故로 不同外道의 立常이오 從法性生하고 離造作故로 不同菩薩 所立無常이라 三科皆爾어니 豈將佛德하야 判屬無常이리오 諸因量者는 謂諸因諸量과 及自他共等인 三種比量이라 比量에 雖有三支五分이나 因是量主일새 故曰因量이니라

■ ㄴ. 無數 아래(뒤의 세 구절)는 허물 여읨으로 해석함이니, 유위법이 아닌 연고로 '수가 없음'이요, 아래 지위를 초과한 연고로 '짝할 것도 없음'이다. 어찌 인명(因明)으로 능히 그 허물을 찾겠는가? 인명에 헤아

림을 세운 것은 세간의 분별에 의지하여 있음을 정하고 없음을 정했으므로 세간이라 말하나니 지금 체성은 유와 무가 끊어졌으므로 저것이 능히 초과할 수가 없다. 마치 부처님의 음성에는 정해진 유가 아닌 연고로 외도가 세운 항상함과는 같지 않으며, 법성으로부터 태어나고 조작함을 여읜 연고로 보살이 세운 무상함과는 같지 않다. 세 가지 과목이 모두 그러하니 어찌 부처님 공덕을 가져서 무상함에 속한다고 판석(判釋)하겠는가? 모든 원인의 분량은 말하자면 모든 원인과 모든 분량과 나와 남이 함께 평등한 세 가지 분량이다. 분량에 비록 세 가지와 다섯 가지 분량이 있지만 원인은 곧 헤아리는 주체이므로 '원인의 분량'이라 말한다.

[鈔] 無數下는 顯其離過니 卽下三句라 於中有四하니 一, 總明이오 二, 因明立量下는 釋世間義오 三, 如說佛聲下는 指事以明求過不得이라 定有則常이어니와 今非定有일새 不同外常이오 因緣造作은 卽是無常이어니와 今從法性하야 故離造作일새 不同無常이어니 何可求過리오 四, 諸因量下는 隨難牒釋이라 言諸因者는 卽生因과 了因이오 言諸量者는 謂現量比量과 及聖言量이라 所言因者는 所由所以와 順益待藉之義相也라 爲由有此所由所以와 順益待藉하야 宗果方明일새 故說此等하야 名爲因也라 此卽要是宗之所由며 亦是宗之所以等이라 由此하야 卽顯與所立宗으로 一向一味하야 能建立宗일새 故名因也니라 又因有三相하니 一, 徧是宗法性이오 二, 同品定有性이오 三, 異品徧無性이니 如立聲是無常에 瓶等은 爲同品이오 虛空等은 爲異品이라 於同品定有와 異品徧無는 是無常等因이오 同喩異喩는 皆名喩也라 …〈아래 생략〉…

● ㄴ. 無數 아래는 그 허물 여읨을 밝힘이니 곧 아래 세 구절이다. 그중에 넷이 있으니 ㄱ) 총상으로 설명함이요, ㄴ) 因明無量 아래는 세간의 뜻으로 해석함이요, ㄷ) 如說佛聲 아래는 현상을 가리켜 허물을 찾아도 얻지 못함을 설명함이다. 정해진 유는 항상함이지만 지금은 정해진 유가 아니므로 외도의 항상함과 다르고, 인연으로 짓는 것은 곧 무상함이지만 지금은 법성에서부터 일부러 조작함을 여의었으므로 무상함과 같지 않은데 어떻게 허물을 찾을 수 있겠는가? ㄹ. 諸因量 아래는 힐난을 따라 따와서 해석함이다. '모든 원인'이라 말한 것은 곧 생겨나는 원인과 요달하는 원인이요, '모든 분량'이라 말한 것은 이른바 현량(現量)과 비량(比量)과 성언량(聖言量)이다. '말한 바 원인'이란 원인이 된 까닭과 따르는 이익이 기다리고 도와주는 뜻의 양상이다. 이것이 있음으로 원인이 된 까닭과 따르는 이익이 기다리고 도와주어서 근본적인 결과를 비로소 밝혔으므로 이런 따위를 말하여 원인이라 이름한 것이다. 이것은 곧 중요함이 근본이 되는 원인이며, 또한 근본되는 까닭 등이기도 하다. 이로 말미암아 곧 세운 종지와 한결같이 한 맛임과 더불어 능히 종지를 건립함을 밝혔으므로 원인이라 이름한다. 또한 원인에 세 가지 양상이 있으니 (1) 변만함이 근본되는 법의 성품이요, (2) 동일한 품의 선정에 성품이 있음이요, (3) 다른 품은 두루 성품이 없음이니, 마치 건립한 음성이 항상함 없을 적에 병 따위는 동일한 품이 됨이요, 허공 등은 다른 품이 됨과 같다. 동일한 품이 정히 있음과 다른 품은 두루 없음은 항상함 없는 따위의 원인이요, 동일한 비유와 다른 비유는 모두 비유라 이름한다. …〈아래 생략〉…

(다) 부처님은 세 가지 덕을 초월함을 찬탄하다[歎佛超絶三科德]

(三一 12下9)

佛非世間蘊과　　　界處生死法이라
數法不能成일새　　故號人師子로다
부처님은 세간의 온과
계와 처와 생사의 법이 아니라
숫자의 법으로 이룰 수 없을새
그러므로 사람 가운데서 사자라 하네.

[疏] 三, 一偈는 歎佛超絶三科德이라 蘊者는 聚義니 謂是有爲生死果相이오 界者는 種族義니 謂是愛着生死因相이오 處者는 生門義니 謂諸識內外緣相이라 然不離色心이니라 俱舍論에 云, 愚根이 樂三故로 說蘊處界三이라하니라 蘊等有二하니 一者, 有漏니 是世數法이니 佛非此成이오 二, 是無漏니 則佛非無라 因滅無常色等하야 獲常色等故며 如來妙色이 常安隱故니라

■ (다) 한 게송은 부처님은 세 가지 덕을 초월함을 찬탄함이다. 온(蘊)은 모은다는 뜻이니, 이른바 유위법과 나고 죽음의 결과의 모양이요, 계(界)는 종족의 뜻이니 이른바 나고 죽음을 애착하는 원인의 모양이요, 처(處)란 생겨나는 문의 뜻이니, 이른바 안과 밖의 인연을 인식하는 모든 모양이다. 그러나 형색과 마음을 여의지 않는다.『구사론』 제1권(분별계품)에 이르되, "어리석은 근기는 셋을 좋아하기에 쌓임·부문·한계 세 가지를 말씀하셨네"라고 하였다. 쌓임[蘊] 등은 둘이 있으니 (1) 유루니 세간의 헤아리는 법이니 부처님은 이것으로 성립

하지 않으며, (2) 무루이니 부처님에게 없는 것도 아니다. 무상한 형색을 소멸함 등으로 인하여 항상한 형색 따위를 얻게 되는 것이며, 여래의 묘한 형색은 항상 편안하기 때문이다.

[鈔] 蘊者聚義等者는 俱舍界品에 云, 彼論에 問云호대 蘊處界等別義云何오 頌曰, 聚와 生門과 種族이 是蘊處界義라하니라 釋曰, 初句는 釋義오 次句는 結成이라 聚는 謂積聚니 卽是蘊義라 諸有爲[171]色의 若過去와 若未來와 若現在와 若內若外와 若麤若細와 若劣若勝과 若近若遠인 如是一切를 略爲一聚하야 說名色蘊이라 言麤細者는 可見有對가 爲麤오 餘二爲細라 又不可見有對를 望上爲細오 望不可見無對에 爲麤오 三은 唯是細라 染汚는 名劣이오 不染汚는 名勝이라 現在는 名近이오 過未는 名遠이라 餘蘊도 例然하니라 但麤細一門有異하니 謂意識相應四蘊이 爲細오 五識相應인 四蘊爲麤니 依五根故라 或約九地하니 下地爲麤오 上地爲細니라 言生門者는 處義니 謂六根六境이 是心心所의 生長門處라 言種族者는 界義니 論有兩釋하니 一, 族者는 謂種族也니 是生本義라 謂十八界가 爲同類因하야 各生自類等流果故니 是法生本이라 二, 族類義니 十八種法의 種類自性이 各別不同也니라 俱舍論下는 此之半偈는 論明教起不同이라 謂愚有三하니 一, 愚心所하야 爲我오 二, 愚色이오 三, 雙愚心色이니 如次配三이라

言根有三者는 謂上根은 聞略得悟일새 故說五蘊이오 中根은 聞中일새 說十二處오 下根은 聞廣方了일새 說十八界라 言樂三者는 謂樂略에 說蘊하고 樂中에 說處하고 樂廣에 說界니라 因滅無常色은 卽涅

---

[171] 有爲는 論作所有, 南金本作有於.

槃三十八이니 如下當引이니라 如來妙色常安隱故는 但要此句에 具有一偈하니 偈에 云, 妙色이 湛然常安隱하사 不爲時節劫數遷이라 大聖이 曠劫行慈悲일새 獲得金剛不壞體라하니라

● '온(蘊)은 모은다는 뜻'이란『구사론』분별계품에 이르되, "저 논에서 묻되, '이 쌓임과 그 부문과 한계의 뜻은 어떠한가?' 다음 게송으로 말한다. '모임과 생장하는 문과 종족인 이것이 쌓임・부문・한계의 뜻이네'"라고 하였다. 해석하자면 첫 구절은 뜻을 해석함이요, 다음 구절은 결론함이다. 모임은 쌓고 모음을 말하나니, 곧 온의 뜻이다. 모든 유위의 형색이 과거와 미래, 현재와 안과 밖, 거친 것과 미세한 것, 하열함과 뛰어남, 가깝고 먼 이러한 온갖 것을 간략히 한 무더기로 만들어 형색의 온이라 이름하였다. '거칠고 미세하다'고 말한 것은 볼 수 있는 유대색[可見有對色]은 거친 것이요, 나머지 둘[界와 處]은 미세한 것이다. 또한 볼 수 없는 유대색[不可見有對色]을 위와 견주어 미세함이 되고, 볼 수 없는 무대색[不可見無對色]을 견주어 거침이 되고, 셋째[處]만이 오직 미세함뿐이다. 물든 것은 하열함이요, 물들지 않음은 뛰어남이다. 현재는 가까움이라 이름하고 과거는 먼 것이라 이름하나니 나머지 쌓음도 유례하면 그러하다. 단지 거칠고 미세한 한 문에 다른 것이 있으니, 말하자면 의식과 서로 응하는 네 가지 쌓임이 미세함이 되고, 전5식과 서로 응하는 네 가지 쌓임은 거친 것이니 다섯 가지 감관에 의지하기 때문이다. 혹은 제9지를 잡았으니 아래 지위는 거친 것이요, 제10지는 미세함이 된다. '생장하는 문'이라 말한 것은 한계(處)의 뜻이니 이른바 여섯 감관과 여섯 경계가 심왕과 심소의 생장하는 문인 한계이다. '종족'이라 말한 것은 부문의 뜻이니『구사론』에는 두 가지 해석이 있다. (1) 족(族)이란 종족을 말하나니 생

겨나는 근본의 뜻이다. 말하자면 18계가 동류인(同類因)이 되어서 각기 자기 종류인 등류과(等流果)를 생기게 하기 때문이니 법이 생기는 근본이다. (2) 종족과 유례하는 뜻이니 18가지 법의 종류의 자체 성품이 각기 달라서 같지 않은 것이다. 俱舍論 아래는 여기의 반의 게송은 눈에서 교법이 일어남과 같지 않음을 설명하였다. 이른바 어리석음에 세 가지가 있으니 (1) 어리석은 심소를 〈나〉로 삼음이요, (2) 어리석은 형색이요, (3) 마음과 형색이 함께 어리석음이니 순서대로 셋과 배대함이다.

'근기에 셋이 있다'고 말한 것은 이른바 상근기는 대략 듣고 깨달음을 얻는 연고로 오온을 말함이요, 중근기는 중간을 들었으므로 12처를 말함이요, 하근기는 자세하게 들어야 비로소 알게 되므로 18계를 말한다. '셋을 좋아한다'고 말한 것은 이른바 즐거움이 간략하면 쌓임을 말하고 즐거움이 중간이면 한계를 말하고 즐거움이 광대하면 부문을 말한다. '무상한 색을 소멸함으로 인한 것'은 곧 『열반경』 제38권이니 아래에 가서 인용한 내용과 같다. '여래의 묘한 형색은 항상 편안한 까닭'이란 단지 중요한 것은 이 구절에서 한 게송을 갖추었으니 게송에 이르되, "묘한 형색이 담연하게 항상 안온해서 시절이나 겁수의 변천이 되지 않는다. 큰 성인이 광겁(曠劫)에 자비를 행하였으므로 금강처럼 무너뜨릴 수 없는 몸을 획득하였네"라고 하였다.

(라) 부처님은 육근과 육경을 초월한 덕에 대해 찬탄하다
　　[歎佛超離根境德] (四歎 14上8)

其性本空寂하고　　　內外俱解脫하사

離一切妄念하시니　　無等法如是로다
그 체성은 본래 공적하고
안과 밖이 함께 해탈하사
모든 망념을 다 떠나시니
짝 없는 법이 이와 같도다.

[疏] 四, 歎佛超離根境德이라 境智雙寂하사 契彼性空이오 根塵兩亡[172]하사 內外解脫이라 亦常照內外하신대 脫於無知오 空尙不存이어니 妄從何起리오

■ (라) 부처님은 육근과 육경을 초월한 덕에 대해 찬탄함이다. 경계와 지혜가 함께 고요하여 저 성품이 공함과 계합함이요, 육근과 육진 두 가지가 없어져서 안과 밖이 해탈함이다. 또한 안과 밖을 항상 비추었는데 무지에서 벗어남이요, 허공도 오히려 두지 않는데 망념이 어디서 생겨나리오!

[鈔] 四歎佛者는 卽其性本空寂偈初句라 何法不寂이리오 獨歎如來라 故로 疏答云境智雙寂契彼性空하니 故爲佛德이라 所以無心於物에 境則未亡[173]이며 攝境歸心에 心又未寂이어니와 今佛은 雙亡寂照하사 方契性空하시니 此以第二句로 成上第一句라 次言根塵兩亡內外解脫은 卽上句로 釋下句니 由契性空하야 故亡根塵이니 心所知法이 一切皆空일새 故亡塵也오 能知之心도 亦不可得일새 故亡根也라 由內亡故로 根不能繫오 由外亡故로 境豈能牽이리오 眞解脫也니 斯乃解

---

172) 亡은 纂續金本作忘.
173) 亡은 南續金本作忘.

脫惑障이니라 次云亦常照者는 此智障解脫이라 上寂此照니 寂照無二가 眞佛心也라 次空尙不存者는 擧況이니 釋第三句라 空爲所契라도 尙不當心이어든 妄念空華가 豈當佛意리오

- (라) 부처님을 찬탄한 것은 곧 '그 체성은 본래 공적하고'라는 첫 구절이니, 어떤 법이 공적하지 않으리오. 오직 여래만 찬탄하였다. 그러므로 소가가 답하되, "경계와 지혜가 함께 고요하여 저 성품이 공함과 계합한다"고 하였으므로 부처님 공덕이 되었다. 만물에 무심이 되는 이유에서 경계는 없어지지 않으며 경계를 섭수하여 마음으로 돌아감에 마음이 또한 고요하지 않겠지만 지금의 부처님은 고요함과 비춤을 함께 없애야만 비로소 체성이 공함과 계합하나니 이것은 둘째 구절로 위의 첫째 구절을 이루는 것이다. 다음에 "육근과 육진 두 가지가 없어져서 안과 밖이 해탈한다"고 말함은 곧 위 구절로 아래 구절을 해석하였다. 체성이 공함과 계합함으로 인하여 육근과 육진이 없는 것이니 마음으로 아는 법이 온갖 것이 모두 공한 연고로 육진을 없앤 것이다. 아는 주체인 마음도 또한 얻을 수 없었으므로 육근이 없는 것이다. 안으로 없음으로 말미암아 육근은 능히 속박할 수 없고, 밖으로 없음으로 인해 육경이 어찌 능히 끌고 가겠는가? (이렇게 되어야) 참된 해탈이니 이것이 비로소 번뇌와 장애를 해탈하는 것이다. 다음에 이르되, '또한 항상 비춘다'고 말한 것은 지혜의 장애에서 해탈함이다. 위는 고요하고 이것은 비추는 것이니 고요함과 비춤이 둘이 없는 것이 진정한 불심이다. 다음에 '공함도 오히려 두지 않는다'는 것은 거론하여 견줌이니, 셋째 구절을 해석함이다. 공하여 계합할 대상이 되더라도 오히려 마음에 알맞지 않는데 망념과 허공꽃이 어찌 부처님 뜻에 맞겠는가?

[疏] 又上四偈는 初一, 法身故로 常이오 二, 無過故로 樂이오 三, 數不能成일새 故自在稱我오 四, 解脫故로 淨이니라
■ 또한 위의 네 게송에서 (1) 처음 한 게송은 법신인 연고로 항상함이요, (2) 과실이 없는 연고로 즐거움이요, (3) 헤아려서 능히 이루지 못하므로 자재함으로 나를 지칭함이요, (4) 해탈한 연고로 깨끗함이다.

다) 다섯 게송은 체성과 합치한 자비의 작용[後五頌卽體悲用] 5.
(가) 동요하지 않고 널리 응하는 공덕[不動普應德] (後五 15上4)

體性常不動하여　　無我無來去하시되
而能悟世間하여　　無邊悉調伏[174]이로다
체성은 항상 움직이지 아니하여
아도 없고 거래도 없어
능히 세간을 깨우쳐서
끝없이 다 조복하네.

[疏] 後五, 卽體悲用中에 初偈는 不動普應德이니 上半은 不動이오 下半은 普應이라 二我永亡하야 稱性不動하고 智周法界어니 何有去來리오
■ 다) 다섯 게송은 체성과 합치한 자비의 작용 중에 (가) 첫 게송은 동요하지 않고 널리 응하는 공덕이니 ㄱ. 위의 반의 게송은 동요하지 않음이요, ㄴ. 아래 반의 게송은 널리 응함이다. 두 가지 <내>가 영원히 없어서 체성과 걸맞게 동요하지 않고, 지혜가 법계에 두루 한데

---
174) 悟는 麗宋本作寤, 元明宮淸本作悟. 殷 성할 은. 많을 은. 重 소중할 중.

어찌 오고 감이 있겠는가?

(나) 둘이 없음을 고요하게 비추는 덕[寂照無二德] (次偈 15上8)

常樂觀寂滅이　　　一相無有二하사
其心不增減하시되　現無量神力이로다

항상 즐거이 적멸을 관하되
한 가지 모양이요 둘이 없으사
그 마음 더하거나 덜하지 않고
한량없는 위신력을 나타내도다.

[疏] 次偈, 動寂無二德이니 三句는 入寂이오 一句는 起用이라 一相은 是表니 所謂無相이오 無二는 是遮니 體不可分이라 又無二者는 非對有說無也라 觀無始終일새 故心不增減이오 三輪之化를 云無量神力이라

(나) 둘이 없음을 고요하게 비추는 덕이니 ㄱ. 세 구절은 고요함에 들어감이요, ㄴ. 한 구절은 작용을 일으킴이다. '한 가지 모양'은 표함이니 이른바 모양 없음이요, '둘이 없음'은 막음이니 체성을 구분할 수 없다는 뜻이다. 또한 둘이 없음이란 유와 상대하여 없음을 설한 것이 아니라는 뜻이다. 시작과 끝이 없음을 관찰하는 연고로 늘고 줄어들지 않음이요, 삼륜으로 교화하는 것을 '한량없는 위신력'이라 말하였다.

(다) 물듦 없이 근기를 아는 공덕[無染知機德] (次偈 15下3)

不作諸衆生의　　　業報因緣行하고

而能了無礙하시니　　善逝法如是로다
모든 중생들의
업보와 인연행을 짓지 않고
능히 걸림 없음을 아시니
선서의 법이 이와 같도다.

[疏] 次偈, 無染了機오
- (다) 다음 게송은 물듦이 없이 근기를 아는 공덕이요,

(라) 평등한 마음으로 제도하는 공덕[度心平等德] (次偈 15下6)

種種諸衆生이　　流轉於十方이어든
如來不分別하사　　度脫無邊類로다
갖가지 모든 중생들이
시방에 흘러 다니는데
여래가 분별하지 않으시고
그지없는 무리들을 제도하도다.

[疏] 次偈, 度心平等이오
- (라) 다음 게송은 평등한 마음으로 제도하는 공덕이요,

(마) 태어남 없이 태어나는 공덕[無生現生德] (後偈 15下7)

諸佛眞金色이　　非有徧諸有하사

隨衆生心樂하여　　　爲說寂滅法이로다
모든 부처님의 진금빛이
있는 것 아니나 모든 세간에 두루 하사
중생들의 마음에 즐겨함을 따라서
적멸한 법을 설하시도다.

[疏] 後偈, 無生現生이니 智契非有하며 悲心徧生하사 隨機引之하야 令歸
常寂케하나니라
■ (마) 뒤 게송은 태어남 없이 태어나는 공덕이니 지혜로 있지 않음과
계합하며 대비심으로 두루 태어나서 근기를 따라 중생을 인도하여
항상 고요함에 돌아가게 한다.

5) 보리의 원인을 밝히다[顯菩提之因] 2.
(1) 장항으로 밝히다[長行] (第五 16上7)

爾時에 光明이 過千世界하여 徧照東方十千世界하고 南
西北方과 四維上下도 亦復如是하시니 彼一一世界中에
皆有百億閻浮提와 乃至百億色究竟天이라 其中所有가
悉皆明現하니 彼一一閻浮提中에 悉見如來가 坐蓮華藏
師子之座어시든 十佛刹微塵數菩薩의 所共圍遶라 悉以
佛神力故로 十方各有一大菩薩이 一一各與十佛刹微塵
數諸菩薩로 俱하여 來詣佛所하시니 其大菩薩은 謂文殊
師利等이며 所從來國은 謂金色世界等이며 本所事佛은
謂不動智如來等이니라

저 때에 광명이 천 세계를 지나서 동방의 10천 세계를 두루 비추고 남, 서, 북방과 네 간방과 상방 하방도 또한 다시 이와 같이 하였다. 그 낱낱의 세계 가운데 모두 백억의 염부제와 내지 백억의 색구경천이 있는데 그 가운데 있는 것들이 다 모두 분명하게 나타났다. 그 낱낱의 염부제 가운데 다 여래께서 연화장 사자좌에 앉으셨는데 열 불찰 미진수의 보살들이 함께 둘러싸고 있었으며, 다 부처님의 위신력으로 시방에 각각 한 큰보살이 있어, 그 보살들이 낱낱이 각각 열 불찰 미진수의 모든 보살들과 함께 부처님 계신 곳에 나아가니, 그 큰보살은 이르되 문수사리 등이며, 좇아온 바의 국토는 이르되 금색세계 등이며, 본래 섬기던 부처님은 이르되 부동지여래 등이었다.

[疏] 第五重은 照十千界라
■ 5) 보리의 원인을 밝힘이니, 십천 세계를 비춘다.

(2) 문수보살의 게송[偈頌] 2.
가. 과목 나누기[分科] (頌中 16下1)

爾時에 **一切處文殊師利菩薩**이 **各於佛所**에 **同時發聲**하사 **說此頌言**하시되,
그때 온갖 곳에서 문수사리보살이 각각 부처님 계신 곳에서 동시에 소리를 내어 이 게송을 말하였다.

[疏] 頌中에 明等菩提因行이라 文有十行하니 皆三句는 辨相이오 一句는 勸修라 雖皆作業이나 而展轉深細라 略分爲五니

- (2) 문수보살의 게송 중에 평등한 보리의 인행을 밝힘이다. 경문에 열 가지 행이 있으니 모두 가. 세 구절은 양상을 밝힘이요, 나. 한 구절은 수행하기를 권함이다. 비록 모두 업을 지었지만 전전히 깊고 미세하여진다. 대략 다섯으로 나누었으니,

나. 바로 해석하다[正釋] 5.
가) 대비심으로 아래로 구제하는 업[初一大悲下救業] (初一 16下2)

發起大悲心하사　　救護諸衆生하여
永出人天衆하시니　　如是業應作이어다
큰 자비심을 일으키사
모든 중생들을 구호하여
길이 인간과 천상의 무리에서 벗어나게 하시니
이와 같은 업을 응당 지을지어다.

[疏] 初一은 大悲下救業이니 不求自利일새 故云永出人天이니라

- 가) 한 게송은 대비심으로 아래로 구제하는 업이니, 자리행을 구하지 않는 연고로 '길이 인간과 천상에서 벗어난다'고 말하였다.

나) 네 게송은 지혜를 닦아서 위로 반연하는 업[次四修智上攀業] 4.
(가) 오랫동안 수행함을 노래하다[頌長時修] (次四 16下5)

意常信樂佛하사　　其心不退轉하여
親近諸如來하시니　如是業應作이어다
마음에 항상 부처님을 믿어
그 마음 물러나지 아니하고
모든 여래를 친근하시니
이와 같은 업을 응당 지을지어다.

[疏] 次四, 修智上攀業이니 一, 信이오 二, 樂이오 三, 念이오 四, 學이라 又
初一은 長時修니 常信不轉故오

- 나) 네 게송은 지혜를 닦아서 위로 반연하는 업이니 (1) 첫 게송은 믿음이요, (2) 둘째는 즐거움이요, (3) 셋째는 생각함이요, (4) 넷째는 배움이다. 또한 (가) 처음 한 게송은 오랫동안 수행함이요, 항상 믿음으로 뒤바뀌지 않기 때문이요,

[鈔] 第五節이라 次四修智下는 疏釋이 有二意하니 前意는 各別一行이오 後意는 通修諸行이라 文雖局一이나 義乃兼通하니 如長時修에 謂長時信과 長時樂과 長時念과 長時學이라 下三도 亦然이라 若約所信念等하면 皆佛功德이니라

- 5) (보리의 원인을 밝힘이다) (나) 次四修智 아래는 소가의 해석이 두 가지 의미가 있으니 (1) 앞의 의미는 각기 다른 한 가지 행이요, (2) 뒤의 의미는 모든 행을 통틀어 닦음이다. 소문이 비록 하나에 국한되지만 뜻은 드디어 겸하여 통하나니, 마치 오랫 동안 기억함과 배움과 같다. 아래 세 게송도 또한 그러하다. 만일 믿음과 생각함 등을 잡으면 모두 부처님의 공덕이 된다.

(나) 성하고 소중하게 닦음을 노래하다[頌殷重修] (次一 17上1)

  志樂佛功德하사 其心永不退하여
  住於淸凉慧하시니 如是業應作이어다
  마음에 부처님의 공덕을 좋아하사
  그 마음 길이 물러나지 아니하여
  청량한 지혜에 머무시니
  이와 같은 업을 응당 지을지어다.

[疏] 次一, 殷重修니 志樂不退故라 淸凉慧者는 無惑熱故라
- (나) 성하고 소중하게 닦음을 노래함이니 의지와 즐거움에서 물러나지 않는 까닭이다. '청량한 지혜'는 번뇌의 뜨거움이 없기 때문이다.

(다) 끊어짐 없는 수행을 노래하다[頌無間修] (次偈 17上3)

  一切威儀中에 常念佛功德하사
  晝夜無暫斷하시니 如是業應作이어다
  온갖 위의 가운데
  항상 부처님의 공덕을 생각하사
  주야에 잠깐도 끊어짐이 없으시니
  이와 같은 업을 응당 지을지어다.

[疏] 次偈, 無間修니 不暫斷故라
- (다) 끊어짐 없는 수행을 노래함이니 잠시도 끊어지지 않기 때문

이다.

(라) 남김 없는 수행을 노래하다[頌無餘修] (後偈 17上5)

觀無邊三世하고　　　學彼佛功德하시되
常無厭倦心하시니　　如是業應作이어다
끝없는 삼세를 관하고
저 부처님의 공덕을 배워
항상 싫거나 게으른 마음이 없으시니
이와 같은 업을 응당 지을지어다.

[疏] 後偈, 無餘修니 常徧學故니라
■　(라) 남김 없는 수행을 노래함이니 항상 두루 배우는 까닭이다.

다) 한 게송은 안으로 비추는 업[次一內照業] 3.
(가) 경문을 인용하여 첫 구절을 해석하다[引經釋初句] (三有 17上7)

觀身如實相하사　　　一切皆寂滅하여
離我無我着하시니　　如是業應作이어다
몸의 여실한 모양을 관하사
모두가 다 적멸하여
나를 떠나 나에 대한 집착이 없으시니
이와 같은 업을 응당 지을지어다.

[疏] 三, 有一偈는 內照業이라 觀身實相者는 如淨名觀佛前際不來等이라 又如法華의 不顚倒等이니라
- 다) 한 게송은 안으로 비추는 업이다. 몸의 여실한 모양을 관찰함은 『유마경』의 부처님이 과거에 오지 않는 등을 관찰함이다. 또한 『법화경』의 (여실한 모양은) 뒤바뀌지 않음을 관찰하는 등이다.

[鈔] 如淨名者는 卽見阿閦佛品이니 佛問維摩詰하시되 汝欲見如來가 爲以何等觀如來乎아 維摩詰言호대 如自觀身實相하야 觀佛亦然이니 我觀如來가 前際不來며 後際不去며 今則不住니 不觀色하고 不觀色如하며 不觀色性하고 不觀受想行識하며 不觀受想行識如하고 不觀受想行識性하며 非四大起라 同於虛空이오 六入無積이라 眼耳鼻舌身心이 已過오 不在三界며 三垢已離며 順三脫門이오 三明이 與無明等으로 不一相이며 不異相이며 不自相이며 不他相이며 非無相이며 非取相이오 不此岸이며 不彼岸이며 不中流라 而化衆生하며 觀於寂滅이나 而不永滅等이라하니 彼以觀身實相으로 用觀如來오 今但自觀이 爲小異耳언정 眞實觀同이니라
- '『유마경』과 같다'는 것은 곧 아촉불국품이니 "세존께서 유마힐에게 말씀하였다. '그대가 여래를 보고자 하니 무엇으로서 여래를 관찰하는 것을 삼는가?' 유마힐이 말하였다. '스스로 몸의 실상을 관찰하는 것과 같이 부처를 관찰하는 것도 또한 그러합니다. 제가 여래를 관찰하니 앞에도 오지 않았고 뒤에도 가지 않으며 지금도 머물지 아니합니다. 여래를 형색으로도 관찰하지 아니하고 색의 여여함[色如]으로도 관찰하지 아니하며 색의 본성[色性]으로도 관찰하지 아니합니다. 여래를 수상행식으로도 관찰하지 아니하며, 수상행식의 여여함

[識如]으로도 관찰하지 아니하며 수상행식의 본성[識性]으로도 관찰하지 아니합니다. 사대에서 일어난 것도 아니어서 허공과 같으며 육입(六入)이 쌓임도 아닙니다. 안이비설신심은 이미 지나갔으므로 삼계에도 있지 아니하고 세 가지 번뇌[三垢]를 이미 떠났습니다. 삼해탈문을 수순하며 삼명(三明)을 구족하며 무명과 평등하여 하나의 상(相)도 아니고 다른 상도 아니며, 자신의 상도 아니고 다른 상도 아니며 상이 없음도 아니고 상을 취함도 아니며 이 언덕도 아니고 저 언덕도 아니고 중간의 흐름도 아니지만, 중생을 교화합니다. 적멸함을 관찰하지만 또한 영원히 적멸하지도 아니하며,'"라고 하였다. 저기는 몸의 실상을 관찰함으로 여래를 관찰함을 사용하였고, 지금은 단지 스스로 관찰함이 조금 다른 점이 될지언정 진실한 관찰은 같은 것이다.

又如法華者는 卽安樂行品의 第二親近處니 經에 云, 文殊師利야 又菩薩摩訶薩이 觀一切法空如實相은 不顚倒며 不動不退不轉이며 如虛空하야 無所有性이며 一切語言道斷이라 不生不出不起며 無名無相하야 實無所有며 無量無邊하고 無礙無障이오 但以因緣有며 從顚倒生일새 故說하야 常樂觀如是法相이니 是名菩薩摩訶薩의 第二親近處라하니라 釋曰, 上經에 皆觀實相이 卽理實相也니 云皆寂滅이니라

● '또한 법화경과 같다'는 것은 곧 안락행품의 둘째 친근처의 내용이다. 『법화경』에 이르되, "문수사리야, 또 보살마하살은 일체 법이 빈[空] 것을 실상과 같이 관찰하여 뒤바뀌지 말고, 흔들리지도 말고, 물러나지도 말지니라. 빈 허공과 같아 성품이 있는 것이 아니니, 모든 말의 길이 끊어져 나지도 않고 나오지[出]도 않고 일어나지 아니하며, 이름도 없고 모양도 소유도 헤아림도 끝도 없으며, 걸림도 없고 막힐 것

도 없으나, 다만 인연으로 있어 전도를 따라 나는[生] 것을 설하나니, 항상 이와 같이 법의 진실한 모양을 관찰하면 이것이 곧 보살마하살이 둘째 친근할 곳이니라"라고 하였다. 해석하자면 위의 경문에 모두 실상을 관찰함은 곧 이치의 실상이니 (그래서) '모두가 고요하다'고 말한 것이다.

(나) 논문을 인용하여 게송 전체를 해석하다[引論釋全偈] (中論 18上6)

[疏] 中論法品에 云,[175] 諸法實相者는 心行言語斷이라 無生亦無滅이오 寂滅如涅槃이라하니 卽上半也라 又云, 諸佛或說我하며 或說於無我나 諸法實相中에 無我無非我라하니 卽下半也니라

■ 『중론』관법품에 이르되, "모든 법의 실상이라 함은 마음과 언어로 따질 길 없고 남도 없고 멸함도 없으며 적멸함이 열반과 같다"라고 하였으니 곧 위의 반의 게송이다. 또 이르되, "부처님들이 〈나〉를 말씀하기도 하고 혹은 〈나〉 없음을 말씀하시나 모든 법이 실상 안에는 〈나〉도 없고 〈나〉 아님도 아니다"라 하였으니 곧 아래 반의 게송에 해당한다.

[鈔] 中論法品下는 引論하야 全釋一偈라 然順今經하야 引論이 乃倒하니 今先具引論文하고 然後釋義호리라 論에 云, 諸佛或說我하시며 或說於無我나 諸法實相中에는 無我無非我니라 諸法實相者는 心行言語斷이라 無生亦無滅이오 寂滅如涅槃이니라 一切實非實과 亦實亦非實과 非實非非實을 是名諸佛法이니 自知不隨他하고 寂滅無戲論하

---

175) 대정장 권30 p. 24 a-.

야 無異無分別하면 是則名實相이니라 若法從緣生인대 不卽不異因이니 是故로 名實相이라 不斷亦不常이며 不一亦不異며 不常亦不斷이 是名諸世尊의 敎化甘露味하시니라 釋曰, 此有六偈를 大分爲四니 初三은 明實相之體요 次一은 智契實相이오 三, 有一偈는 明實相之由오 四, 有一偈는 明實相之敎라 初三中에 初一은 明實相雙非오 次一은 明其深寂이오 後一은 語其體圓이라 又三是橫廣이오 二是竪深이오 初一은 非深非廣이라 又初一은 對我說實相이오 二는 約性顯實相이오 三은 該通性相하야 明實相이니 以實是性이며 非實是相故라 略知大旨어니와 今之所用은 但用二偈니 初以竪深으로 釋經上半이라 以心絶動搖하고 言亡四句일새 故云心行言語斷이니라 理圓言偏이라 理與言絶일새 故云言語道斷이니 以欲言其有나 無狀無形이오 欲言其無나 聖以之靈이라 故로 口欲辯而辭喪이오 心以取相으로 爲行이라 實相은 無相일새 故絶心行之處니 是則心將緣而慮息이라 以起心動念하면 不會理故라 故體無生이니라 旣法本不生이어니 今何有滅이리오 無生無滅은 卽是寂滅이니라 言如涅槃者는 擧喩以顯이라 然實相之體는 卽性淨涅槃이니 而人이 知涅槃寂滅不生하고 不知實相寂滅일새 故以涅槃으로 爲喩니 若了實相이 卽是涅槃하면 涅槃之相을 亦叵得也니라 次以雙非實相으로 釋經下半의 離我無我着이니 實相은 無我니 不可着我오 亦無無我니 亦不着無我라 若着二無我理하면 未免於着이니라

- (나) 中論法品 아래는 논문을 인용하여 게송 전체를 해석함이다. 그런데 본경을 따라 논문을 인용함이 뒤바뀌었으니 지금은 먼저 논문을 갖추어 인용하고 연후에 뜻을 해석하겠다. 『중론』에 이르되, "부처님들이 〈나〉를 말씀하기도 하고 혹은 〈나〉 없음을 말씀하시나

모든 법이 실상 안에는 〈나〉도 없고 〈나〉 아님도 아니다. / 모든 법의 실상이라 함은 마음과 언어로 따질 길 없고 남도 없고 멸함도 없으며 적멸함이 열반과 같다. / 온갖 법이 진실이며 진실 아니며, 또한 진실이며 또한 진실 아니며, 진실 아니며 진실 아님도 아니니, 이것이 부처님의 설법이라네. 스스로가 알아서 남을 따르지 않고 적멸하여 희론이 없으며 다름도 없고 분별도 없으면 이것이 실상이라네. / 법이 만일 인연에서 생겼다면 원인과 같지도 다르지도 않을 것이니 그러므로 실상이라 불리우며 없어짐도 항상함도 모두 아니다. / 동일하지도 않고 다르지도 않고 항상하지도 않고 없어지지도 않나니 이것이 부처님들이 교화하시는 감로 법문일세"라고 하였다. 해석하자면 여기에 있는 여섯 게송을 크게 넷으로 나누었으니 (1) 처음 세 게송은 실상의 체성을 밝힘이요, (2) 다음 한 게송[自知不隨他 -是則名實相]은 지혜로 실상에 계합함이요, (3) 한 게송은 실상이 되는 이유를 밝힘이요, (4) 한 게송[不一亦不異- 敎化甘露法]은 실상의 가르침을 밝힘이다. (1) 세 게송 중에서 가. 처음 한 게송은 실상을 함께 부정함을 설명함이요, 나. 다음 한 게송은 그 깊고 고요함을 설명함이요, 다. 그 체성이 원만함을 말함이다. 또한 셋은 가로로 광대함이요, 두 게송[自知不隨他, 若法從緣生]은 깊음도 아니고 광대함도 아니다. 또한 이 한 게송은 나를 상대하여 실상을 말함이요, 둘째 게송[諸法實相者--]은 체성을 잡아 실상을 밝힘이요, 셋째 게송[一切實非實--]은 체성과 양상을 모두 통틀어 실상을 밝힘이니, 실법은 체성이며 실법 아님은 양상인 까닭이다. 간략히 대지(大旨)를 알았지만 지금의 쓰일 곳은 다만 두 게송만 쓸 것이니 처음의 종으로 깊음으로 위의 반의 게송을 해석하였다. 마음에서 동요함을 끊고 네 구절이 없다고 말한 연고로 '마음으로 행함과 말이 끊어졌다'고 하였다. 이치는 원만한데 말이 치우쳤으며, 이치와 말이 끊어졌으므로 '말의 길이 끊어졌다'고 하였다. 그것을 있다고 말하려 하지만 모양과 형상이 없으며, 그것을 없다고 말하려 하지만 성인이 신령함으로 삼았다. 그러므로 입으로 말하고 싶지만 언사를 잃어버리고, 마음은 모양을 취함으로 행법을 삼는다. 실상은 모양이 없으므로 마음이 가는 처소가 끊어졌으니 이것은 마음은 인연을 가져서 생각을 쉬게 된다. 마음을 일으키고 생각을 움직이면 이치를 알지 못하기 때문이다. 그러므로 체성은 나고 죽음이 없는 것이다. 이미 법이 본래로 생기지 않는데 지금 어디에 멸함이 있겠는가? 생함도 없고 멸함도 없는 것이 곧 적멸함이다. '열반과 같다'고 말한 것은 비유를 들어서 밝힘이다. 그런데 실다운 모양의 체성은 곧 '성품이 청정한 열반'이니 하지만 사람이 열반이 적멸하여 태어나지 않음은 알고 실다운 모양이 적멸함을 알지 못하므로 열반으로 비유를 하였으니, 만약 실다운 모양이 곧 열반임을 깨달으면 열반의 모양을 또한 얻을 수 없기도 하다. 다음으로 동시에 실상이 아님으로 경문의 아래 반의 '나를 떠나 나에 대한 집착이 없으시니'라고 해석하였으니, 실상은 내가 없나니 나를 집착할 수 없으며, 또한 내가 없음도 아니니 또한 무아에 집착하지도 않는다. 만약 둘에 내가 없는 이치에 집착하면 집착을 면하지 못한다.

(다) 사람을 상대하여 셋째 구절을 다시 해석하다[對人重釋第三句] 2.
ㄱ. 바로 해석하다[正釋] (又離 19下5)

[疏] 又離我者는 超凡夫요 離無我者는 超二乘이니 故能悲濟니라

■ 또한 '나를 떠남'은 범부를 초월한 것이요, '내가 없음을 떠남'은 이승을 초월한 것이니 그러므로 능히 자비로 구제하는 것이다.

[鈔] 又離我者下는 上來에 直就體明이어니와 此下는 對人以顯이라 不着無我則不趣證일새 故能悲濟니라
● 又離我者 아래 여기까지는 바로 체성에 입각하여 설명하였지만, 이 아래는 사람을 상대하여 밝히리라. 내가 없음도 집착하지 않으면 증득으로 나아가지 못하는 연고로 능히 자비로 구제할 수 있는 것이다.

ㄴ. 네 구절을 모아서 융통하다[四句會融] (然我 19下8)

[疏] 然我無我가 通有四句하니 一, 唯有我요 二, 唯無我요 三者, 雙辨이니 即生死無我와 涅槃有我라 四, 雙非니 上二를 互形奪故니라
■ 그러나 <나>와 <나> 없음이 네 구절에 통하나니, (1) 오직 나만 있음이요, (2) 오직 내가 없음이요, (3) 함께 밝힘이니 곧 생사 속에 내가 없음과 열반 속에 내가 있음이다. (4) 함께 부정함이니 위의 둘을 번갈아 형상을 뺏기 때문이다.

[鈔] 然我無我下는 復以四句會融이라 釋此四句가 略有三意하니 一, 對人以顯하야 成前對人이니 謂唯我即凡夫오 無我即二乘이라 雙辨은 對小說大니 涅槃에 云, 無我者는 所謂生死오 我者는 謂大涅槃이라 二乘之人은 但見無我하고 不見於我라하니 雙非는 即泯絶大小니라 二者, 直就大乘性相[176]이라 亦有此四하니 初句는 唯一眞我가 迥然

[176) 相下에 南續金本有說字.

獨立이오 次句는 對病顯實이니 我法皆空이오 雙辨句는 眞妄雙觀하야 不壞性相이오 雙非句는 性相融卽故로 互奪兩亡이니라 三者, 但約觀照니 第一句는 知諸衆生의 妄執有我오 二는 稱理而觀하야 離於二我오 三은 亦雙照性相이오 四는 卽眞妄形奪이라 與第二釋으로 異者는 此初句의 有我는 此是妄我오 第二初의 我는 乃無我法中에 有眞我耳니라

● ㄴ. 然我無我 아래는 다시 네 구절을 모아서 융통함이다. 이 네 구절에 간략히 세 가지 의미가 있다고 해석하였으니, (1) 사람을 상대하여 밝혀서 앞의 사람을 상대함을 완성하였으니, 이른바 나뿐인 것은 범부요, 내가 없음은 이승이요, 함께 밝힌 것은 소승에 상대하여 대승을 말함이다. 『열반경』에 이르되, "자아가 없다는 것은 곧 태어나고 죽음이며, 자아라는 것은 대열반을 말한다. 이승의 사람은 단지 내가 없음만 보고 〈나〉를 보지 못한 것이다"라고 하였다. 함께 부정함은 곧 대승과 소승을 없애고 단절함이다. (2) 바로 대승의 체성과 양상에 나아감이다. 또한 이런 네 구절이 있으니 ㄱ) 첫 구절[觀身如實相]은 오직 하나뿐인 자아가 멀리 홀로 성립함이요, ㄴ) 다음 구절[一切皆寂滅]은 병을 상대하여 실법을 밝힘이니, 나와 법이 모두 공한 것이요, 함께 밝힌 구절은 진여와 망념을 함께 관찰하여 체성과 양상을 무너뜨리지 않는 것이요, 함께 부정하는 구절은 체성과 양상이 융통하고 합치한 연고로 서로 빼앗아서 둘 다 없게 된다. ㄷ) 단지 관조함만 잡았으니 첫째 구절은 모든 중생의 망념되게 집착하여 내가 있음을 아는 것이요, 둘째는 이치와 칭합하게 관찰하여 두 가지 나[나와 내것]를 여의는 것이요, 셋째 구절은 또한 체성과 양상을 함께 비추는 것이요, 넷째 구절은 진여와 망념의 형상을 빼앗음이다. 두 번

째 해석과 다른 것은 여기서 첫 구절의 내가 있음은 바로 망녕된 〈나〉요, 두 번째 해석의 첫째, 나는 내가 없는 법 중에 진실한 〈나〉가 있다는 것일 뿐이다.

라) 평등하게 관찰하는 업[次一等觀業] (四一 20下1)

等觀衆生心하고　　　不起諸分別하사
入於眞實境하시니　　如是業應作이어다
중생의 마음을 평등하게 관하고
모든 분별을 일으키지 않으사
진실한 경계에 들어가시니
이와 같은 업을 응당 지을지어다.

[疏] 四, 一偈는 等觀業이니 大悲同體일새 所以等觀이라 見眞息妄이 不起分別이오 妄盡契如가 名入眞實이니라

■ 라) 한 게송은 평등하게 관찰하는 업이니 대비심으로 같은 몸이기 때문에 평등하게 관찰함이다. 진여를 보고 망념을 잊는 것이 분별을 일으키지 않음이요, 망념이 다하여 진여와 계합함을 '진실법에 들어간다'고 말한다.

마) 세 게송은 크게 작용하는 업[後三大用業] (五後 20下7)

悉擧無邊界하고　　　普飮一切海가
此神通智力이시니　　如是業應作[177]이어다

끝없는 경계를 다 듣고
모든 바다를 다 마시는 것은
신통과 큰 지혜의 힘이시니
이와 같은 업을 응당 지을지어다.

思惟諸國土의　　　色與非色相하사
一切悉能知하시니　如是業應作이어다
모든 국토의
색과 색상 아님을 사유하사
일체를 다 능히 아시니
이와 같은 업을 응당 지을지어다.

十方國土塵을　　　一塵爲一佛하여
悉能知其數하시니　如是業應作이어다
시방 국토의 티끌을
한 티끌을 한 부처님으로 삼아
그 수를 다 능히 아시니
이와 같은 업을 응당 지을지어다.

[疏] 五, 後三偈는 大用業이니 初偈는 神足通이오 後二는 法智通이라 於
中初一은 知土니 法性土가 爲非色이오 餘皆爲色이라 此二融卽을 皆
悉委知라 後一은 知佛이라 又十展轉者는 初, 悲欲救生이니 當云何

---

177) 此神通은 明宮淸合綱杭鼓纂本作神通大, 麗宋元思南續金本作此神通; 杭注云 北藏作神通大 南藏作此神通.

救오 信樂近佛이니라 樂其何法고 樂佛功德이니라 佛以功德으로 成其身故라 空樂에 何益이리오 當念念에 修學이니라 學他가 不如自觀이오 自觀이 不及物我齊致니라 入眞滯寂이니 當起大用이니라 用何所爲오 當擬窮十方界며 入諸佛海니라

■ 마) 뒤의 세 게송은 크게 작용하는 업이니 (가) 첫 게송은 신족통이요, (나) 뒤의 두 게송은 법과 지혜의 신통이다. 그중에 ㄱ. 처음 한 게송은 국토를 아는 것이니 법성의 국토가 형색이 아님이요, ㄴ. 나머지는 모두 형색이다. 이 둘이 융섭하고 합치함을 '모두 다 자세히 아는 것'이다. ㄷ. 뒤의 한 게송은 '부처님을 아는 것'이다. 또한 '열 가지 전전히'란 처음에 자비심으로 중생을 구제하려는 것이니 마땅히 어떻게 구제해야 할까? 믿음으로 부처님 친근하기를 좋아함이다. 그 어떤 법을 좋아하는가? 부처님의 공덕을 좋아함이다. 부처님이 공덕으로 그 몸을 이룬 까닭이다. 공을 좋아하면 무슨 이익이 생기는가? 당연히 생각 생각에 닦고 배우는 것이다. 저것을 배우는 것이 스스로 관찰함만 같지 않으며, 스스로 관찰함이 중생과 〈내〉가 함께 도착함에 미치지 못한다. 진여에 들어가 적멸 속에 지체하나니 당래에 큰 작용을 일으키기 위함이다. 무엇을 사용하여 역할하게 할 것인가? 마땅히 시방세계를 다 찾아다니며 모든 부처님 바다에 들어가는 것이다.

2. 한 문단은 부처님의 위덕에 대한 질문에 대답하다[次一段答佛威德問] 2.

1) 장항으로 밝히다[長行] (第六 21下2)

爾時에 光明이 過十千世界하여 徧照東方百千世界하고 南西北方과 四維上下도 亦復如是하시니 彼一一世界中에 皆有百億閻浮提와 乃至百億色究竟天이라 其中所有가 悉皆明現하니 彼一一閻浮提中에 悉見如來가 坐蓮華藏師子之座어시든 十佛刹微塵數菩薩의 所共圍遶라 悉以佛神力故로 十方各有一大菩薩이 一一各與十佛刹微塵數諸菩薩로 俱하야 來詣佛所하시니 其大菩薩은 謂文殊師利等이며 所從來國은 謂金色世界等이며 本所事佛은 謂不動智如來等이니라

저 때에 광명이 10천 세계를 지나서 동방의 백천 세계를 두루 비추니 남, 서, 북방과 네 간방과 상방 하방도 또한 다시 이와 같이 하였다. 그 낱낱의 세계 가운데 모두 백억의 염부제와 내지 백억의 색구경천이 있는데 그 가운데 있는 것이 다 모두 분명하게 나타났다. 그 낱낱의 염부제 가운데 다 여래께서 연화장 사자좌에 앉으셨는데 열 불찰 미진수의 보살들이 함께 둘러싸고 있었으며, 다 부처님의 위신력으로 시방에 각각 한 큰보살이 있고, 그 보살들이 낱낱이 각각 열 불찰 미진수의 모든 보살들과 함께 부처님 계신 곳에 나아가니, 그 큰보살은 이르되 문수사리 등이며, 좇아온 바의 국토는 이르되 금색세계 등이며, 본래 섬기던 부처님은 이르되 부동지여래 등이었다.

[疏] 第六重은 光照百千界라 卽第二, 答佛威德問이니 威德은 約身故니라
■ 여섯째는 광명이 백천 세계를 비춤이다. 곧 2. 부처님의 위신력에 대

한 질문에 대답함이니 위덕은 몸을 의지한 부분이기 때문이다.

2) 문수보살의 게송[偈頌] 2.
(1) 과목 나누기[分科] (前五 21下8)

爾時에 一切處文殊師利菩薩이 各於佛所에 同時發聲하사 說此頌言하시되,
그때 온갖 곳에서 문수사리보살이 각각 부처님 계신 곳에서 동시에 소리를 내어 이 게송을 말하였다.

[疏] 前五는 法身이오 後五는 智身이라 前中에 分二니
- 2) 게송 중의 가. 다섯 게송은 법신을 노래함이요, 나. 뒤의 다섯 게송은 지혜의 몸을 노래함이다. 가. 중에 둘로 나누리니,

(2) 바로 해석하다[正釋] 2.
가. 다섯 게송은 법신을 노래하다[前五頌法身] 2.
가) 한 게송은 미혹의 원인을 구분하다[初一揀迷] (初一 21下8)

若以威德色種族으로　　而見人中調御師인댄
是爲病眼顚倒見이라　　彼不能知最勝法이로다
만약 위덕과 몸과 종족으로
사람 가운데 조어사를 보려 한다면
이것은 병든 눈이요 전도된 소견이라
그는 가장 수승한 법을 알지 못하리라.

[疏] 初一, 揀迷니 謂以威德則自在熾盛이오 色相則端嚴吉祥이오 種族則名稱尊貴라 雖是薄伽나 而見從外來하야 取相하면 乖於最勝일새 故爲倒見이 猶眼有病에 故見外空華하야 執內爲外하며 謂空爲有니라

- 가) 한 게송은 미혹의 원인을 구분함이니 이른바 (1) 위덕은 자재함이 치성함이요, (2) 형색 모습은 단정하고 길상한 모습이요, (3) 종족은 이름과 명성이 존귀함이다. 비록 박가(薄伽)이지만 소견은 밖으로부터 와서 모양을 취하면 가장 훌륭함과 어그러지므로 뒤바뀐 소견이 되는 것이 마치 눈에 병이 들었으므로 밖으로 허공꽃을 보아서 안을 밖이라 고집하거나 공을 유라고 말하기도 함과 같다.

[鈔] 初一, 揀迷此下는 以經[178] 初句下五字로 爲三節하야 攝佛地論歎佛偈하니 偈云, 自在가 熾盛與端嚴이며 名稱吉祥及尊貴니 如是六種義差別을 應知總名薄伽梵이라 今文具用호대 翻此六義하야 以顯眞佛最勝之法이라 初, 以自在熾盛二德으로 釋其威德字[179]니 論에 云, 自在者는 永不繫屬諸煩惱故오 熾盛者는 猛焰智光으로 所燒鍊故라하니 此는 內威德이니 由內具此智斷二德하야 外憚群魔하고 制諸外道하시니라 二, 以端嚴吉祥으로 釋於色字니 色卽色相이라 論에 云, 端嚴者는 三十二相으로 所莊嚴故오 吉祥者는 一切世間이 親近供養하야 咸稱歎故라하니라 三, 以名稱尊貴로 釋種族字니 論에 云, 名稱者는 一切殊勝功德圓滿하야 無不知故오 尊貴者는 具一切功德하야 常起方便하야 利益世間하고 安樂一切호대 無懈廢故라하니라 此上

---

178) 上鈔는 南續金本作初一揀迷以.
179) 上三字는 南續金本作其威德.

二德은 前是功德이오 後是大悲니 悲智功德이 爲佛種族이니 謂佛이 以功德으로 爲種性故며 佛以大悲로 爲根本故며 爲出生故니 卽內種族故라 能悲現刹帝利種이니라

雖是薄伽下가 釋後半에 躡上而釋이니 謂上之六義로 號爲薄伽라하야 依此而取하면 未免顚倒라 見從外來卽不了唯心은 是起信文에 云,180) 見從外來하야 取色分齊라하니라 取相二字는 向上에 成心外取相이오 若就當句하면 設取心佛이라도 亦爲取相이니 不了眞佛의 無相相故라 言顚倒者는 顚者는 頂也니 頂合在上이어늘 向下卽倒니 如是合無爲有하며 合內爲外가 皆名顚倒라 故擧空華가 喩通二義니 思之니라

● 가) 一揀迷此 아래는 경문의 첫 구절 아래 다섯 글자로 세 구절을 삼아서『불지론』의 부처님을 찬탄한 게송에 포함하였으니, 게송에 이르되, "자재가 치성하고 단정하게 장엄되었으며, 이름과 명성이 길상하고 존귀하나니 이러한 여섯 가지 뜻으로 차별한 것을 총합하여 박가범(薄伽梵)이라 이름하는 줄 응당히 알아야 한다." 지금 경문에 갖추어 쓰되 이런 여섯 가지 뜻을 뒤바꾸어 진정한 부처님의 가장 훌륭한 법을 밝혔다. (1) 자재하고 왕성한 두 가지 덕으로 위덕이란 글자를 해석하였으니 논에 이르되, "자재함이란 길이 모든 번뇌에 얽히거나 속하지 않는 까닭이요, 치성함이란 맹렬한 불꽃 같은 지혜광명으로 태우고 단련한 결과인 까닭이다"라고 하였으니, 이것은 내적인 위덕

---

180) 이는 起信論 解釋分 眞如用條에 보인다. 論云, "此用有二種하니 云何爲二오 一者는 依分別事識하야 凡夫二乘心所見者는 名爲應身이니 以不知轉識現故로 見從外來하야 取色分齊하야 不能盡知故요 二者는 依於業識이니 謂諸菩薩이 從初發意로 乃至菩薩究竟地히 心所見者가 名爲報身이니 身有無量色하고 色有無量相하고 相有無量好하며 所住依果도 亦有無量種種莊嚴하야 隨所示現하야 卽無有邊하야 不可窮盡이라 離分齊相하야 隨其所應하야 常能住持하야 不毁不失이니 如是功德이 皆因諸波羅蜜等의 無漏行熏과 及不思議熏之所成就하야 具足無量樂相일새 故說爲報身이니라."

이니 안으로 이런 지덕과 단덕 두 가지를 갖춤으로 인해 밖으로 여러 마군을 떨게 하고 모든 외도를 통제하는 것이다. (2) 단정하고 길상한 공덕으로 색이란 글자를 해석하였으니, 색은 곧 형색의 모양이다. 논에 이르되, "단정함이란 32가지 모양으로 장엄한 까닭이요, 길상함이란 온갖 세간이 친근하고 공양 올려서 모두 칭찬하고 찬탄하는 까닭이다"라고 하였다. (3) 명성과 존귀한 공덕으로 종족이란 글자를 해석하였다. 논에 이르되, "명칭이란 온갖 훌륭한 공덕이 원만하여 알지 못함이 없기 때문이요, 존귀함이란 온갖 공덕을 구족하여 항상 방편을 일으켜서 세간을 이익하고 모두를 안락하게 하되 게으르거나 그만두지 않기 때문이다"라고 하였다. 이 위의 두 가지 공덕에서 앞은 공덕이요, 뒤는 대비심이니 자비와 지혜의 공덕이 부처님의 종족을 삼았으니, 이른바 부처님은 공덕으로 종성을 삼은 까닭이며, 부처님은 대비로 근본을 삼은 까닭이며, 출생하였기 때문이니 곧 내적인 종족이 되었다. 능히 대비로 찰제리 종족을 나타내었다.

雖是薄伽 아래는 뒤의 반의 게송을 해석할 적에 위를 토대로 해석한 것이다. '이른바 위의 여섯 가지 뜻으로 박가범이라 이름한다'고 하여 이것을 의지하여 취하면 뒤바꿈을 면하지 못한다. '소견은 밖에서 와서 모양을 취하면 곧 오직 마음뿐임을 알지 못함'은 『기신론』의 문장에 이르되, "소견은 밖에서 와서 형색의 영역을 취한다"라고 하였다. 취상[取相]이란 두 글자는 위로 향하면 마음 밖으로 모양을 취함을 이루고, 만일 해당 구절에 입각하면 설사 마음의 부처를 취하더라도 역시 모양을 취함이 될 것이니 진실한 부처님은 모양 없는 모양인 줄 알지 못한 까닭이다. '뒤바꿈'이라 말한 것에서 전(顚)은 정수리의 뜻이니, 정수리는 위에 있음과 합하는데 아래로 향하면 뒤바뀐 것이니 이

처럼 무를 유와 합하는 것이며, 안을 밖이라 합하는 것을 모두 일컬어 전도라 말한다. 그러므로 허공꽃을 거론한 것이 비유로 두 가지 뜻과 통하나니 생각하여 보라.

나) 네 게송은 깨달음을 보이다[後四示悟] 4.
(가) 여래의 색상이 끝이 없다[如來色相無邊] (後四 23上5)

如來色形諸相等을　　　一切世間莫能測이라
億那由劫共思量하여도　　色相威德轉無邊이로다
여래의 몸의 모습과 모든 상호들을
모든 세간은 측량할 수 없음이라
억만 나유타 겁을 함께 생각해도
몸과 상호와 위덕은 더욱 끝이 없네.

[疏] 後四는 示悟라 顯最勝法이니 初偈는 明如來色相無邊일새 故로 超情莫測이라 無邊有二하니 一, 深故니 隨一一相하야 稱眞無邊이오 二, 廣故니 謂具十蓮華藏塵數之相이라

■ 나) 네 게송은 깨달음을 보임이다. 가장 훌륭한 법을 밝힘이니, (가) 첫 게송은 여래의 몸의 상호가 끝이 없음을 설명하였으므로 생각을 초월하여 측량하지 못하는 것이다. 끝이 없음에 두 가지 뜻이 있으니 (1) 깊은 까닭이니 낱낱의 모양을 따라서 진실과 칭합함이 끝이 없음이요, (2) 광대한 까닭이니, 이른바 열 개의 연화장 미진수의 모양을 갖추었기 때문이다.

(나) 위의 깊고 광대한 뜻으로 해석하다[釋上二義] (次偈 23上10)

如來非以相爲體라   但是無相寂滅法이로다
身相威儀悉具足하시니   世間隨樂皆得見이로다
여래는 색상으로 몸을 삼지 않고
다만 상 없는 적멸한 법이지만
신상과 위의를 다 구족하시니
세간이 좋아함을 따라 다 보도다.

[疏] 次偈는 釋上二義니 前半은 釋深이니 相卽無相故오 後半은 釋廣이니 無相之相故라 廣復有二하니 一, 無限因成이오 二, 應機普現이라 謂色無定色은 若金剛之合朱紫오 形無定形은 猶光影之任修短이오 相無定相은 似明鏡之對姸嬿라 故로 隨樂皆見이니라

- (나) 다음 게송은 위의 두 가지 뜻으로 해석함이니, ㄱ. 앞의 반의 게송은 깊음을 해석함이니 모양이 모양 없음과 합치한 까닭이요, ㄴ. 뒤의 반의 게송은 광대함을 해석하였으니, 모양 없는 모양인 까닭이다. 광대함이 다시 둘이 있으니 (1) 제한 없는 인행으로 이룸이요, (2) 근기에 응하여 널리 나타남이다. 이른바 정한 형색 없는 형색은 금강석이 붉은 자색과 합함과 같고, 정해진 형상 없는 형상은 빛과 그림자가 길고 짧음에 맡김과 같고, 정해진 모양 없는 모양은 마치 밝은 거울이 예쁜 것을 대함과 같다. 그러므로 좋아함을 따라 다 보는 것이다.

[鈔] 一, 無限因成者는 此中無文하니 含在隨樂見中이라 上普興雲幢主

水神偈에 云,[181] 淸淨慈門刹塵數가 共生如來一妙相이라 一一諸相 莫不然하니 是故見者無厭足이라하니 此慈一[182]門이 已無量矣라 況 於諸門가 出現寶光主海神이 云,[183] 不可思議大劫海에 供養一切 諸如來하며 普以功德示群生이라 是故端嚴最無比라하니 卽施門無 量也오 普發迅流主河神이 云,[184] 如來往昔爲衆生하사 修治法海無 邊行이라하니 卽無限因也라 如是等을 或一切因으로 共成一相하며 或 一切因으로 成一切相等일새 故云無限이니라 二, 應機普現者는 下擧 三喩하야 別喩色形諸相이라[185]

● (1) '제한 없는 인행으로 이룸'이란 여기에는 경문이 없으니, '좋아함 을 따라 본다'에 포함되었다. 위는 보흥운당(普興雲幢)주수신 게송에 이르되, "청정한 자비의 문이 세계 티끌 수라 여래의 한 묘한 상을 함 께 내는데 낱낱 모양 모두 다 그러하시니 그러므로 보는 이가 싫어할 줄 모르네"라고 하였다. 이런 자비의 한 문이 이미 한량없는 것인데, 하물며 여러 몸이겠는가? 출현보광(出現寶光)주해신의 게송에도 이르 되, "헤아릴 수 없는 대겁 동안 한량없는 여래에게 공양하오며 많은 공덕 중생에게 베푸실새 그러므로 단정하고 엄숙하기 비길 데 없네" 라고 하였으니, 곧 보시하는 문이 한량없다는 뜻이다. 보발신류(普發 迅流)주하신이 이르되, "여래가 옛적에 중생을 위하사 법의 바다 끝없 는 행을 닦고 다스린다"고 하였으니 곧 제한 없는 인행의 뜻이다. 이 러한 따위를 혹은 온갖 인행으로 함께 한 가지 모양을 이루며, 혹은

---

[181] 교재 권1 p.69- 에 보인다.
[182] 慈一은 南續金本作一慈.
[183] 교재 권1 p.71- 에 보인다.
[184] 偈云, "如來往昔爲衆生하사 修治法海無邊行하시니 譬如霈澤淸炎暑하야 普滅衆生煩惱熱이로다."(교재 권1 p.73-)
[185] 相下에 南續金本有三法二字.

온갖 인행으로 온갖 모양을 이루는 등이므로 '한계가 없다'고 말한 것이다. (2) 근기에 응하여 널리 나타남이란 아래에 세 가지 비유를 들어서 개별로 색상과 형상의 모든 모양을 비유하였다.

(다) 증득한 바가 생각을 초월함을 밝히다[明所證超情] (三一 24上6)

佛法微妙難可量이라　　一切言說莫能及이니
非是和合非不合일새　　體性寂滅無諸相이로다
부처님의 법은 미묘하여 헤아리기 어려워
온갖 말로써는 미칠 수 없어
화합도 아니요 화합 아님도 아니라
체성이 적멸하여 모든 형상 없도다.

[疏] 三, 一偈는 明所證超情하야 以成前義니 前半은 正顯이니 謂欲言其有나 體相寂滅이오 欲言其無나 色相無邊일새 故止言顯妙라 唯智方契일새 故心慮叵量이오 理圓言偏일새 故言說莫及이라 後半은 重釋이니 謂應緣에 非不合이오 住體非和合이라 又緣起修成에 非不合이오 契眞相盡에 非和合이라 又緣卽非緣일새 故非和合이오 非緣卽緣일새 故非不合이라 合相을 離故로 無諸相이오 非合도 亦離일새 體寂滅也니라

■ (다) 한 게송은 증득한 법이 생각을 초월함을 밝혀서 앞의 뜻을 이루었으니, ㄱ. 앞의 반의 게송은 바로 밝힘이다. 이른바 있다고 말하고 싶지만 체성과 양상이 적멸함이요, 없다고 말하고 싶지만 형색과 모양이 끝이 없는 연고로 말을 그치고 미묘하다고 밝혔다. 오직 지혜라

야 비로소 계합하는 연고로 마음으로 생각하여 헤아리지 못하고, 이 치가 원만하지만 언사가 치우쳤으므로 언설로 미치지 못하는 것이 다. ㄴ. 뒤의 반의 게송은 거듭 해석함이니 이른바 인연에 응하면 합 하지 못할 것이 없고, 체성에 머무르면 화합함이 아니다. 또한 연기법 을 닦아서 성취할 적에 합하지 못함이 아니요, 진여와 계합하여 모양 을 다할 적에 화합이 아니다. 또한 인연이 인연 아님과 합치하므로 화합이 아니요, 인연 아님이 인연과 합치하므로 화합하지 않음도 아 니다. 화합한 모양을 떠났으므로 모든 모양이 없고, 화합이 아님도 또한 떠났으므로 체성이 적멸함이다.

[鈔] 後半, 重釋等者는 前半에 云難可量은 則心行處滅이오 言說莫及은 則言語道斷이라 今重釋者인대 何以寂滅諸相은 心言罔及耶아 釋意 에 云, 寂滅은 是不和合義요 隨樂皆見은 是和合義라 今亦不可作合 與不合이나 而知而說일새 故重釋之니라 於中에 寄三身說이니 初, 約 法身住體徧應釋이니 則前無相寂滅은 卽是住體오 隨樂皆見은 卽是 徧應이라 故今以二義相奪일새 故非合不合이니 其住體徧應이 猶如 虛空이 隨其竅隙하야 方圓大小라 二, 又緣起修成下는 約報身修成 契實說이니 如鑄金成像에 像全同金하야 亦互奪叵說이라 三, 又緣卽 非緣下는 約化身應緣說이니 猶如影像이 有而卽虛하야 亦二相奪하 야 不可得說이라 已釋上句오 從合相離故下는 釋下句를 可知로다

● ㄴ. '뒤의 반의 게송은 거듭 해석함'이라 한 등은 앞의 반의 게송에서 '헤아리기 어렵다'고 말함은 마음으로 행할 처소가 없다는 뜻이요, 언 설로 미칠 수 없음은 말과 말의 길이 끊어졌다는 뜻이다. 지금 거듭 해석한다면 어떤 것을 적멸하여 형상 없는 것은 마음과 말로써 미칠

수 없음이라 하는가? 의미를 해석하여 이르되, "적멸함은 화합이 아니라는 뜻이요, '즐거움을 따라 모두 본다'는 것은 화합이란 뜻이다. 지금 또한 화합과 화합 아님을 지을 수 없지만 알고 말한 연고로 거듭 해석한 것이다. 그중에 세 가지 몸에 의탁하여 말하였으니 (1) 법신이 체성에 머물지만 두루 응함을 잡아 해석함이니 곧 앞의 모양 없는 적멸은 곧 체성에 머무름이요, 즐거움을 따라 모두 보는 것은 곧 두루 응함이다. 그러므로 지금 두 가지 뜻을 서로 빼앗는 연고로 화합과 화합 아님도 아니니 그 체성에 머무름과 두루 응함이 마치 허공이 그 막힘과 간격을 따라서 방정하고 원만하며, 크고 작게 됨과 같다. (2) 又緣起修成 아래는 보신이 수행으로 실법에 계합을 성취함을 잡아서 설명함이니 마치 쇠를 녹여 부어서 상을 만들 적에 형상 전체가 금인 것과 같아서 또한 서로 빼앗아서 말할 수가 없는 것이다. (3) 又緣卽非緣 아래는 화신은 인연에 응함을 잡아 설명함이니, 마치 그림자의 형상이 있다가 곧 없어짐과 같아서 또한 둘이 서로 빼앗아서 말로 할 수가 없다. 이미 위 구절을 해석하였고, 合相離故 아래는 아래 구절에 대한 해석이니 알 수 있으리라.

(라) 증득한 부처님은 훌륭함을 설명하다[明能證超絶] (四有 25上6)

佛身無生超戲論하사　　非是蘊聚差別法이라
得自在力決定見하시니　　所行無畏離言道로다
부처님의 몸은 생멸이 없으며 희론을 뛰어나사
오온의 차별한 법이 아님이라
자재한 힘을 얻어야 결정코 보리니

가는 곳 마다 두려움 없어 말을 떠났네.

[疏] 四, 有一偈는 明能證超絶하야 結歸佛身이라 上來에 體性寂滅로 遣有하고 身相具足으로 遣無하고 非合不合으로 遣俱有無어늘 而復謂佛是非有非無라하면 還成戲論이니라 中論에 云, 戲論破慧眼하면 是皆不見佛일새 故次遣之라 謂妄惑不生일새 故非蘊聚오 起心則生일새 便成戲論이라

■ (라) 한 게송은 증득한 부처님이 훌륭하여 결론하여 부처님 몸으로 돌아옴을 밝혔다. 여기까지 체성이 적멸함으로 유를 보내고, 몸의 형상이 구족함으로 무를 보내고, 화합도 화합 아님도 아닌 것으로 유와 무가 함께함을 보내었는데, 그러나 다시 부처님은 유도 아니고 무도 아니라고 말하면 도리어 희론(戲論)이 될 것이다. 『중론』에 이르되, "희론은 지혜의 눈을 부수니 이들은 모두가 부처를 보지 못한다"라고 하였으므로 다음에 보낸 것이다. 말하자면 망념과 미혹으로 생겨나지 않은 연고로 오온의 무더기가 아니요, 마음을 일으키면 (망념과 미혹이) 생겨나므로 문득 희론을 이루게 된다.

[鈔] 中論云者는 卽如來品이라 此前에 更有一偈하니 云, 如是性空中에 思惟亦不可이니 如來滅度後에 分別於有無로다 靑目이 釋云호대 諸法實相은 性空故로 不應於如來滅後에 思惟若有若無와 若有無俱니 如來는 從本已來로 畢竟空이어든 何況滅後아하니라 釋曰, 此偈는 總遣三句니라 次偈에 云, 如來過戲論이어늘 而人이 生戲論이라 戲論은 破慧眼하면 是皆不見佛이라하니라 此偈는 二意니 一者, 仍前破第

三이오 此破第四非有非無戱論謗句니 卽今疏文이니라 二者, 總遣四句百非니 謂起心動念하면 皆成戱論이니 非局第四라 故로 次疏에 云, 妄惑不生일새 故非蘊聚오 起心則生일새 便成戱論이니라 彼靑目이 釋云호대 戱論은 名憶念取相하야 分別此彼니 言佛滅不滅等이라하면 是人은 爲戱論이라 覆慧眼故로 不能見如來法身이라하니라

● '중론에 이르되'는 곧 관여래품(觀如來品)이다. 이 앞에 다시 한 게송이 있으니 이르되, "이와 같이 성품이 공한 가운데에서 생각커나 따지면 옳지 못하거늘 여래가 열반에 든 뒤에 있는지 없는지를 분별하는구나." 청목(靑目)논사[186]가 해석하되, "모든 법의 실다운 모양은 체성이 공한 연고로 응당히 여래께서 멸도하신 뒤에 있고 없음을 사유하고 있고 없음이 함께한다고 사유하나니 여래는 본래로부터 끝까지 공하거든 어찌 하물며 멸도하신 뒤이겠는가?"라고 하였다. 해석하자면 이 게송은 총합하여 세 구절을 보내었다. 다음 게송에 이르되, "여래는 희론을 초과했거늘 사람이 희론을 낼 뿐이다. 희론은 지혜의 눈을 부수니 이들은 모두가 부처를 못 본다"라고 하였다. 이 게송은 두 가지 의미가 있으니 첫째, 앞의 셋째 구절을 타파함으로 인한 것이요, 여기서는 넷째, 있지도 않고 없지도 않은 희론 비슷한 구절을 타파한 것이니 곧 지금의 소의 문장이다. 둘째, 총합하여 네 구절과 백 가지의 부정함을 보내었다. 말하자면 마음을 내어 생각을 움직이면 모두 희론을 이루는 것이니, 비단 넷째 구절에만 국한되겠는가? 그러므로 다음 소문에 이르되, "망념과 미혹이 생겨나지 않음이요, 마음을 일으키면 생겨나므로 문득 희론을 이루는 것이다." 저 청목논사가 해석하되, "희론은 기억하여 모양을 취하여 이것과 저것을 분별함을 이름

---

[186] 청목(靑目,): 범 Nīlanetra 인도스님 불기 1천년경, 三論宗. 龍樹의 中觀論에 해석을 붙여 유명하다.

한 것이니, '부처님이 멸도했다거나 멸도하지 않았다'는 등으로 말하면 이 사람은 희론을 한 것이다. 혜안(慧眼)을 덮어 버리므로 능히 여래의 법신을 볼 수 없다"라고 하였다.

[疏] 決定見者는 不隨境相이니 名自在力이오 有無가 不能累其神일새 故無畏也오 非言行處일새 爲絶言道니라
- '결정코 본다'는 것은 경계의 모습을 따르지 않음의 뜻이니 이름을 '자재한 능력'이라 하였고, 유와 무가 능히 그 신통을 나무라지 않는 연고로 두려움이 없는 것이요, 말로 행할 곳이 아닌 것은 '말의 길이 끊어졌다'가 되었다.

[鈔] 決定見下는 釋下半이니 謂決定見者는 則見法身이라 如來法身은 其相云何오 論에 云, 如來所有性이라하면 卽是世間性이라 如來無有性이니 世間亦無性이라하니라 眞妄無性이 卽佛法身이니 如是見者는 不隨相轉이라 若隨相轉하면 則187)不自在니 不隨相轉이 卽決定見이라 見同無性하야 能所雙寂이어니 何有有無가 能累其神이리오 則不畏有無等也로다
- ㄴ. 決定見 아래는 아래 반의 게송을 해석함이니, 이른바 결정코 보는 것은 '법신을 본다'는 뜻이다. 여래의 법신은 모양이 어떠한가? 논에 이르되, "여래의 성품이 곧 세간의 성품이니 여래가 성품이 없으므로 세간에도 성품이 없다"라고 하였다. 진여와 망념이 체성이 없음은 곧 부처님의 법신이니 이렇게 보는 것은 모양을 따라 뒤바뀌지 않는 것이다. 모양을 따라 뒤바뀌지 않는다면 자재하지 않음이니, 모양을

---

187) 則은 南續金本作卽.

따라 바뀌지 않는 것이 곧 결정코 보는 것이다. 보는 것이 체성이 없음과 같아서 주체와 대상이 함께 고요한데 어찌 있고 없음이 있겠는가? 그 신통함이 잘못한 것이겠는가? 있고 없음 따위를 두려워하지 않는 것이로다.

나. 다섯 게송은 지혜의 몸을 노래하다[後五頌智身] 2.
가) 한 게송은 해탈을 아는 지혜[初一知解脫智] (後五 26下1)

身心悉平等하고　　內外皆解脫일새
永劫住正念하사　　無着無所繫로다
몸과 마음 다 평등하고
안과 밖이 다 해탈이라
영겁 동안 바른 생각에 머무사
집착도 없고 매임도 없네.

[疏] 後五, 智身中이라 初, 知解脫智니 謂外身非業繫며 內心無取着이 爲皆解脫이오 常契等理일새 故云正念이라 又內脫二障하고 外用無覊니 此明自在니라

■ 나. 다섯 게송은 지혜의 몸을 노래함 가운데, 가) (한 게송은) 해탈을 아는 지혜이니 이른바 바깥 몸이 업에 얽히지 않으며 안의 마음이 취착도 없음이 모두 해탈함이 되고, 평등한 이치와 항상 계합한 연고로 '바른 생각'이라 말한다. 또한 안으로 두 가지 장애를 벗어나고 밖으로 얽매임 없음을 쓰나니, 이것은 자재함을 설명한 것이다.

[鈔] 初, 知解脫智者는 標也[188]라 此偈第四句는 結歎이니 疏總不別釋이라 四句를 交絡相合而釋이라 謂初句身字가 合次句外字오 初句心字가 合次句內字니 應云外身內心이라 平等二字는 是身心理오 解脫二字는 通上身心內外라 而解脫이 不同하니 外身이 脫業繫苦相은 即以解脫字로 上取外身하고 下取第四句中無所繫字오 內心이 脫執取等相은 即以解脫字로 上取內心하고 下取第四句中의 無着二字라 心無取着이 即爲能證이오 契上平等이 名爲正念이니 是第三句라 四句圓矣로다 從又內脫二障을 更爲異解니 上解脫字를 別配身心에 皆離障解脫이어니와 今釋內解脫者는 離障解脫이오 外解脫者는 作用解脫이니 如淨名에 有解脫하니 名不可思議等이니라

● 가) '해탈을 아는 지혜'란 표방함이다. (가) 이 게송의 넷째 구절[無着無所繫]은 결론하여 찬탄함이니 소가가 총상을 개별로 해석하지 않았다. 네 구절을 서로 연결하고 서로 합쳐서 해석하리라. 말하자면 첫 구절의 '신(身)'이란 글자가 다음 구절의 '외(外)' 자와 합하고, 첫 구절의 '심(心)' 자는 다음 구절의 '내(內)' 자와 합하나니, 응당히 바깥 몸과 안의 마음이라 해야 한다. 평등이란 두 글자는 몸과 마음의 이치이고, 해탈이란 두 글자는 위의 몸과 마음, 안과 밖에 통한다. 그러나 해탈함은 같지 않나니 바깥 몸은 업에 얽혀 괴로운 모양을 해탈하였으니 곧 해탈이란 글자로 위로는 바깥 몸을 취하고 아래로 넷째 구절의 '매임도 없다'는 글자를 취한 것이요, 안의 마음이 고집하여 취하는 따위의 모양을 해탈한 것은 곧 해탈이란 글자로 위로 안의 마음을 취하고 아래로 넷째 구절의 집착 없다는 두 글자를 취하였다. '마음에 취착함이 없음'은 곧 증득하는 주체가 되고 위의 평등과 계합함

---

188) 初는 南續金本作初一, 者標也는 南續金本無.

을 바른 생각이라 이름하나니, 곧 셋째 구절이다. (이제) 네 구절이 원만함이 되었다. 又內脫二障 부터는 다시 다르게 해석함이니 위의 해탈이란 글자를 몸과 마음에 따라 배대할 때에는 모두 장애를 여읜 해탈이 되겠지만 지금 '안으로 해탈했다'고 해석한 것은 장애를 여읜 해탈이 되고, '밖으로 해탈함'이란 작용으로 해탈함이니 마치 『유마경』에서 "해탈이 있으니 이름하여 불가사의라 한다"는 등과 같다.

나) 네 게송은 크게 작용함이 자재하다[後四大用自在] 4.
(가) 고요하게 비추는 지혜로 중생을 이익되게 하다[以寂照智利生]

(下四 27上9)

意淨光明者의　　　所行無染着이라
智眼靡不周하사　　廣大利衆生이로다
뜻이 깨끗하여 광명한 이는
행하는 것이 집착이 없으며
지혜의 눈이 두루 하사
넓고 크게 중생을 이롭게 하네.

[疏] 下四, 大用自在로 展轉相釋이라 初一은 以寂照智로 利生이니 意淨은 寂也오 光明은 照也라 淨故로 無着이오 明故로 智周니 故로 能大作佛事니라

■ 나) 네 게송은 크게 작용함이 자재함으로 바뀌는 모양을 해석하였다.
(가) 한 게송은 고요히 비추는 지혜로 중생을 이롭게 함이니, 뜻이 깨끗함은 고요함이요, 광명은 비추는 것이다. 깨끗한 연고로 집착이 없

고, 밝은 연고로 지혜가 두루 함이니 그러므로 능히 대작불사를 한다.

(나) 어떻게 중생을 이롭게 하는가?[云何利生] (次一 27下1)

  一身爲無量이요　　　無量復爲一이라
  了知諸世間하사　　　現形徧一切로다
  한 몸이 한량없는 몸이 되고
  한량없는 몸이 다시 한 몸이 되며
  모든 세간을 밝게 알아
  형상을 모든 것에 두루 나타내도다.

[疏] 次一은 云何利生고 謂變化智自在라 上半은 一多無礙오 下半은 隨器普現이니라

■ (나) 한 게송은 어떻게 중생을 이롭게 하는가? 이른바 변화하는 지혜가 자재함이다. ㄱ. 위의 반의 게송은 하나와 여럿이 무애함이요, ㄴ. 아래의 반의 게송은 그릇을 따라 널리 나타남이다.

(다) 하나와 여럿이 나온 곳을 밝히다[明一多所從] (次偈 27下2)

  此身無所從이며　　　亦無所積聚어늘
  衆生分別故로　　　　見佛種種身[189]이로다
  이 몸은 온 곳도 없으며
  또 쌓이고 모여서 된 것이 아니나

---

189) 積聚는 卍綱本作積集, 杭注云 藏本積聚 流通本作積集.

중생들이 분별하는 연고로
부처님의 가지가지 몸을 보도다.

[疏] 次偈는 明一多所從이니 以無生智로 隨物而感이라 謂一身多身은 但 由衆生分別心起라 故로 無積無從이 其猶並安千器에 數步而千月 不同이요 一道澄江이 萬里而一月孤映이라 情隔則法身成異요 心通 而玄旨必均이라 云云自他가 於佛에 何預리오

- (다) 다음 게송은 하나와 여럿이 나온 곳을 밝힘이니 남이 없는 지혜로 중생을 따라 감응함이다. 말하자면 한 몸과 여러 몸은 단지 중생의 분별하는 마음으로 인해 생긴 것이다. 그러므로 쌓고 모은 것도 없고 온 곳도 없는 것이 마치 아울러 천 개의 그릇을 둘 적에 걸음을 헤아려 천 개의 달이 같지 않으며, 한 길로 맑은 강물이 만 리를 가도 하나의 달이 외로이 비치는 것과 같음이요, 생각에 떨어져 있으면 법신이 성취됨이 다르고 마음으로 통하면 현묘한 지혜로 반드시 고르게 되는 것이라고 운운하며, 나와 남이 저 부처님에게 어찌 예비하리오.

(라) 마지막 게송은 다시 앞의 자취를 털어 내다[復拂前跡] (後偈 27下6)

心分別世間하되　　是心無所有라
如來知此法이시니　如是見佛身이니라
마음으로 세간을 분별하나
이 마음은 있는 바가 아니라
여래가 이 법을 아시니

이와 같이 부처님의 몸을 볼지니라.

[疏] 後偈는 復拂前迹이니 謂卽前分別之器가 亦無所有이어니 妄見之身이 豈當可得이리오 此法은 是佛所知니 當依此理하야 見佛이니라 此後二句는 兼通結上이니라

■ (라) 마지막 게송은 다시 앞의 자취를 털어 냄이다. 말하자면 앞의 분별하는 그릇을 또한 가진 적이 없는데 망녕된 소견을 가진 몸이 어찌 얻을 수 있겠는가? 이 법은 부처님이 아시는 것이니 마땅히 이런 이치에 의지하여야 부처님을 보게 된다. 이 뒤의 두 구절은 함께 통하고 위를 결론함이다.

[鈔] 謂卽前等者는 上云月之一多는 由器有異오 佛之一多는 由感不同이라 今云心分別世間호대 是心은 無所有라하니 則分別之器도 亦忘也라 其猶夢中에 見器中之月에 豈唯月之不實이리오 實亦器本自無라 能現之器가 旣無에 所現之月이 安有리오 約法可思니라 此法是佛下는 釋下半이니 依此見佛하야 則如佛身이니라

● 이른바 앞의 분별하는 등이란 위에서 이르되, "달이 하나이고 여럿인 것은 그릇으로 인해 달라짐이 있고, 부처님이 한 분이고 여러 분인 것은 감응함으로 인해 같지 않은 것이다"라 하였고, 지금 말하되, "마음으로 세간을 분별하나 이 마음은 있는 바가 아니다"라고 하였으니, 분별하는 그릇도 또한 잊은 것이다. 그것은 마치 꿈속에서 그릇 속의 달을 볼 적에 어찌 달이 실법이 아님 뿐이겠는가? 실법으로는 또한 그릇도 본래 없는 것이다. 나타내는 주체의 그릇이 이미 없으면 나타날 대상인 달이 어찌 있으리오. 법을 잡으면 생각할 수 있으리

라. 此法是佛 아래는 아래 반의 게송을 해석함이니 이것에 의지하여 부처님을 보면 부처님의 몸과 같게 된다.

3. 부처님 법성에 대한 질문에 대답하다[後四段答佛法性問] 4.

1) 안과 밖으로 포섭하는 공덕을 총합하여 밝히다[總顯內外包攝德] 2.
(1) 장항으로 밝히다[長行] (第七 28下3)

爾時에 光明이 過百千世界하여 徧照東方百萬世界하고 南西北方과 四維上下도 亦復如是하시니 彼一一世界中에 皆有百億閻浮提와 乃至百億色究竟天이라 其中所有가 悉皆明現하니 彼一一閻浮提中에 悉見如來가 坐蓮華藏師子之座어시든 十佛刹微塵數菩薩의 所共圍遶라 悉以佛神力故로 十方各有一大菩薩이 一一各與十佛刹微塵數諸菩薩로 俱하여 來詣佛所하시니 其大菩薩은 謂文殊師利等이며 所從來國은 謂金色世界等이며 本所事佛은 謂不動智如來等이니라

저 때에 광명이 백천 세계를 지나서 동방의 백만 세계를 두루 비추니 남, 서, 북방과 네 간방과 상방 하방도 또한 다시 이와 같이 하였다. 그 낱낱의 세계 가운데 모두 백억의 염부제와 내지 백억의 색구경천이 있는데 그 가운데 있는 것이 다 모두 분명하게 나타났다. 그 낱낱의 염부제 가운데 다 여래께서 연화장 사자좌에 앉으셨는데 열 불찰 미진수의 보살들이 함께 둘러싸고 있었으며, 다 부처님의 위신력으로

시방에 각각 한 큰보살이 있고, 그 보살들이 각각 낱낱이 열 불찰 미진수의 모든 보살들과 함께 부처님 계신 곳에 나아가니, 그 큰보살은 이르되 문수사리 등이며, 좇아온 바의 국토는 이르되 금색세계 등이며, 본래 섬기던 부처님은 이르되 부동지여래 등이었다.

[疏] 第七重은 光照十方百萬世界라 此下四段이 答法性問이니 佛以功德으로 爲法性故라 卽分爲四니 初一은 總顯內外包攝德이오 二는 方便乾能德이오 三은 大悲救攝德이오 四는 因果圓徧德이라

■ 제7중(重)은 광명이 시방의 백만 세계를 비춤이다. 여기부터 아래의 네 문단은 3. 부처님의 법성에 대한 질문에 대답함이니, 부처님은 공덕으로 법성을 삼기 때문이다. 곧 넷으로 나누었으니 1) 안과 밖으로 포섭하는 공덕을 밝힘이요, 2) 방편을 잘 쓰는 공덕을 밝힘이요, 3) 대비심으로 구제하고 섭수하는 공덕이요, 4) 인행과 과덕이 원만한 공덕이다.

(2) 문수보살의 게송[偈頌] 2.
가. 다섯 게송은 불가사의한 불법을 찬탄하다[初五歎佛法難思] 3.
가) 바로 부처님에 나아가 설명하다[初三直就佛明] (今初 29上4)

爾時에 一切處文殊師利菩薩이 各於佛所에 同時發聲하사 說此頌言하시되,
그때 온갖 곳에서 문수사리보살이 각각 부처님 계신 곳에서 동시에 소리를 내어 이 게송을 말하였다.

如來最自在하사　　超世無所依하시며
具一切功德하사　　度脫於諸有로다
여래께서 가장 자재하사
세상을 뛰어넘어 의지함이 없으시며
온갖 공덕을 갖추사
모든 세간을 제도하시네.

無染無所着하시며　　無想無依止하사
體性不可量이나　　見者咸稱歎이로다
때도 없고 집착도 없으시며
생각도 없고 의지함도 없으사
체성이 한량없으나
보는 이가 다 칭탄하도다.

光明徧淸淨하시며　　塵累悉蠲滌하사
不動離二邊하시니　　此是如來智로다
광명이 두루 청정하시며
번뇌를 다 씻어 제하사
움직이지 않은 채 이변을 떠나시니
이것이 여래의 지혜로다.

[疏] 今初190)라 偈中에 分二니 前五는 歎佛法難思오 後五는 示入方便이라 今初를 分三이니 初三은 直就佛明이오 次一은 對機以辨이오 後一

---

190) 初下에 金本有段字.

은 約法以明이라 今初니 初一句는 所緣과 及一切種智淸淨이니 於所緣所知中에 無礙智가 自在轉故라 次句는 所依淸淨이니 煩惱習氣가 永無餘故라 三은 一切種心淸淨이니 一切善根을 皆積集故라 四는 具大悲故오

■ 지금은 1) (안과 밖으로 포섭하는 공덕을 밝힘)이다. (2) 문수보살의 게송을 둘로 나누리니 가. 다섯 게송은 불가사의한 불법을 찬탄함이요, 나. 뒤의 다섯 게송은 들어가는 방편을 보여 줌이다. 지금은 가.를 셋으로 나누었으니 가) 세 게송은 바로 부처님에 나아가 설명함이요, 나) 한 게송은 근기를 상대하여 밝힘이요, 다) 한 게송은 법을 잡아서 설명함이다. 지금은 가)이니 (가) 처음 한 구절은 반연할 대상과 일체 종지가 청정함이니 반연할 대상과 알아야 할 것 중에 걸림 없는 지혜가 자재하게 바뀌는 까닭이다. (나) 다음 구절[超世無所依]은 의지할 대상이 청정함이니 번뇌와 습기가 길이 남음이 없기 때문이다. (다) 셋째 구절[具一切功德]은 온갖 종류의 마음이 청정함이니 온갖 선근을 모두 쌓고 모은 까닭이다. (라) 넷째 구절[度脫於諸有]은 대비심을 갖춘 까닭이다.

[鈔] 初句, 所緣者는 契經과 諸論에 皆說如來一百四十不共功德이라 今依瑜伽四十九說인대 論에 云, 依如來住하며 及依如來到究竟地하야 諸佛世尊이 有百四十不共佛法하시니 謂諸如來三十二大人相과 八十種隨形好와 四一切種淸淨과 十力과 四無所畏와 三念住와 三不護와 大悲와 無忘失法과 永害習氣와 及一切種妙智라하나니 今經에 略具라 初三句中에 具四一切種淸淨하니 言四種[191]者는 一, 一切種

---

[191] 種은 南金本作淨.

所依淸淨이니 謂煩惱麤重과 幷諸習氣가 於自所依에 無餘永滅故라 又於自體에 如自所欲取住捨中하야 自在而轉이라 二, 一切種所緣淸淨이니 謂於種種若化若變과 若所顯現과 一切所緣에 皆自在轉故라 三, 一切種心淸淨이니 謂如前說하야 一切心麤重을 永滅離故라 又於心中에 一切種善根을 皆積集故라 四, 一切種智淸淨이니 謂如前所說하야 一切無明品麤重을 永滅離故라 又徧一切所知境中하야 知無障礙智가 自在轉故라 上四中에 除第二코 皆有二釋이라 今疏之中에 皆具四淨이나 而文少略하니 取順經耳니라 …〈 아래 생략 〉…

● '첫 구절은 반연할 대상'이란 계경과 모든 논서에서 모두 여래는 140가지 함께하지 않는 공덕을 설하였다. 지금은 『유가사지론』 제49권에 설한 것을 의지하였다. 논에 이르되, "여래를 의지하여 머무르며 여래를 의지하여 구경의 지위에 도달하여 모든 부처님 세존이 140가지 함께하지 않는 불법이 있으시니, 말하자면 모든 여래는 32가지 대인상과 80가지 상을 따르는 좋은 모습과 네 가지 일체 종류가 청정함과 십력과 네 가지 두려움 없음과 세 가지 생각에 머무름과 세 가지 막지 않음과 대비심과 없어지지 않는 법과 길이 해치는 습기와 온갖 종류의 미묘한 지혜이다"라고 하였으니 지금 본경에는 대략 갖추었다. 처음 세 구절 중에 네 가지 일체 종류가 청정함을 갖추었다. '네 종류'라 말한 것은 (1) 일체 종류의 의지할 대상이 청정함이니 이른바 무겁고 거친 번뇌와 모든 습기가 자체로 의지할 대상에서 남김 없이 길이 소멸한 까닭이다. 또한 자체에서 자체의 취하거나 머물고 버리려는 것 중에서 자재롭게 바뀌는 것이다. (2) 일체 종류의 반연할 대상이 청정함이니 이른바 갖가지 변하거나 변화한 것과 드러날 대상과 온갖 반연할 대상에서 모두 자재롭게 바뀌는 까닭이다. (3) 온갖

종류의 마음이 청정함이니 이른바 앞에 설명함과 같아서 온갖 마음의 거칠고 무거운 번뇌를 길이 없애고 여읜 까닭이다. 저 마음 가운데 온갖 종류의 선근을 다 쌓고 모은 까닭이다. (4) 온갖 종류의 지혜가 청정함이니 이른바 앞에 설명함과 같아서 온갖 무명의 품류와 무겁고 거친 번뇌를 영원히 없애고 여읜 까닭이다. 또한 온갖 알아야 할 경계 중에 두루 하여 걸림 없고 장애 없는 지혜가 자재롭게 바뀜을 알기 때문이다. 위의 네 가지 중에 둘째만 제외하고 모두 두 가지 해석이 있다. 지금 소문에서 모두 네 가지 청정을 구비하였지만 그러나 경문이 적고 생략되었으니 경문에 따름을 취했을 뿐이다. …< 아래 생략 >…

[疏] 五는 無憂喜之雜染이니 安住捨故니 故無所着이라 六은 惡想都絶이니 不依止名聞利養故라 七과 八 二 句는 體雖叵量이나 具相好故로 稱歎이라

- (5) 근심하거나 기쁨이 섞이고 물든 것이 없음이니 버림에 편안히 머무는 연고니 그러므로 집착하는 것이 없다. (6) 나쁜 생각이 전혀 없음이니 명성과 이양에 의지하지 않기 때문이다. (7)과 (8) 두 구절[體性不可量 見者咸稱歎]은 체성은 비록 헤아릴 수 없지만 32가지 대인상과 80종호를 갖춘 연고로 칭찬하고 찬탄하는 것이다.

[鈔] 五, 無憂喜者는 卽無染無所着이니 是三念住라 謂一者, 不[192]一心聽法不憂오 二者, 一心聽法不喜오 三者, 常住捨心이라 謂有憂喜는 卽染이오 不住捨는 卽着이어니와 今無染無着일새 故具三念住니라 六, 惡想下는 卽經의 無想無依止니 是三不護라 三不護者는 一, 惡

---

192) 不은 原南金本無, 甲續本及瑜伽有.

想都絶이오 二, 不依止名聞이오 三, 不依止利養이라 今無想은 成初一이오 無依止는 成後二니라

- (5) '근심하거나 기쁨이 없다'는 것은 곧 물듦이 없고 집착도 없음이니 곧 세 가지 생각에 머무름이다. 이른바 첫째, 한결같은 마음으로 법문 듣고 근심하지 않음이 없음이요, 둘째, 한결같은 마음으로 법문 듣고 기뻐하지 않음이요, 셋째, 버리는 마음에 항상 머무름이다. 이른바 근심과 기쁨이 있음은 곧 물든 마음이요, 버림에 머물지 않음은 곧 집착하는 마음이지만 지금은 물듦이 없고 집착도 없으므로 세 가지 생각에 머무름을 갖춘 것이다. (6) 惡想 아래는 곧 경의 생각이 없고 의지함도 없음이니 곧 세 가지 막지 않음이다. 세 가지 막지 않음은 ① 나쁜 생각이 모두 끊어짐이요, ② 명성에 의지하지 않음이요, ③ 이양에 의지하지 않음이다. 지금 생각 없음은 처음 하나가 되고 의지함 없음은 뒤의 둘이 되었다.

[疏] 九는 智光徧覺이니 離倒名淨이라 身光은 可知로다 十은 永害習氣故오 十一은 住正念故로 離邊이오 常明記故로 不動이니 亦是成上智光所觀이라 故로 結云佛智니라 又此一偈는 卽四無所畏니 光明은 卽正覺이오 淸淨은 卽出苦오 滌累는 漏盡과 及與障道無畏오 不動은 卽無畏之義니 外難이 不能傾故며 不墮勝負二邊故로 是無畏智니라

- (9) 지혜광명으로 두루 깨달음이니 뒤바꿈을 여읜 것을 청정함이라 이름한다. 몸의 광명은 알 수 있으리라. (10) 진루실견척(塵累悉蠲滌)은 길이 해치는 습기인 까닭이요, (11) 부동이이변(不動離二邊)은 바른 생각에 머무는 연고로 이변을 여의는 것이요, 항상 분명하게 기억하는 연고로 움직이지 않는 것이니, 또한 위의 지혜광명으로 관찰할 대

상을 이루는 것이다. 그러므로 결론하여 '부처님 지혜'라 말하였다. 또한 이 한 게송은 곧 네 가지 두려움 없음이니 ① 광명은 곧 바른 깨달음이요, ② 청정함은 고통에서 벗어남이요, ③ 번뇌를 씻음은 번뇌 다함과 도를 장애함에서 벗어난 두려움 없음이요, 움직이지 않음은 무외(無畏)의 뜻이니, 외부의 어려움은 능히 동요하지 않기 때문이며, 이기고 지는 이변에 떨어지지 않았으므로 두려움 없는 지혜인 것이다.

[鈔] 九, 智光徧覺은 卽一切種妙智라 十, 可知로다 十一, 卽無忘失法이니 故常明記니라 又此一偈者는 謂光明徧淸淨偈193)라 無畏有四하니 一, 一切智無畏오 二, 漏盡無畏오 三, 出障道無畏오 四, 出苦道無畏라 至十藏品하야 當釋하리라 唯十力智는 在第三約法以顯中하니 卽194)百四十功德이 具矣로다

● (9) 지혜광명으로 두루 깨달음은 곧 온갖 종류의 미묘한 지혜이며, (10)은 알 수 있으리라. (11)은 곧 없어지지 않는 법이니 그러므로 항상 분명하게 기억한다. '또한 이 한 게송'이란 이른바 광명이 두루 청정함으로 시작한 게송이다. 두려움 없음에 넷이 있으니 ① 온갖 지혜로 두려움 없음이요, ② 번뇌가 다한 무외요, ③ 도를 장애함에서 벗어난 무외요, ④ 괴로운 갈래를 벗어난 무외이다. 십무진장품에 가서 해석하리라. 오직 십력의 지혜만은 (다) 법을 잡아서 밝힘 중에 있으니 곧 140가지 공덕이 갖추어진 것이다.

나) 한 게송은 근기를 상대하여 밝히다[次一對機以辨] (二一 31上10)

---

193) 偈는 南續金本作屬無畏.
194) 卽은 南續金本作則.

若有見如來가　　　　身心離分別이면
則於一切法에　　　　永出諸疑滯로다
만약 어떤 이가 여래를 보고
몸과 마음에 분별을 떠나면
온갖 법에서
모든 의심을 길이 벗어나리라.

[疏] 二, 一偈는 對機以辯中에 身心離分別者는 含於二意하니 一은 約佛에 以三[195]業이 隨智慧行等故오 二는 約機에 卽知上功德이로대 而能身心이 無分別者는 則得無疑無滯益이니라

■ 나) 한 게송은 근기를 상대하여 밝힘 중에서 '몸과 마음에 분별을 떠난다'는 것은 두 가지 의미를 포함하고 있다. (1) 부처님을 잡으면 세 가지 업이 지혜를 따르는 행 따위가 되는 까닭이요, (2) 중생의 근기를 잡으면 곧 위의 공덕을 알되 능히 '몸과 마음이 분별이 없다'는 것은 의심 없고 지체함 없는 이익을 얻은 것이다.

다) 한 게송은 법을 잡아서 설명하다[後一約法以明] (三有 31下4)

一切世間中에　　　　處處轉法輪하시되
無性無所轉이시니　　導師方便說이로다
온갖 세간 가운데
곳곳에서 법륜을 굴리시나
성품도 없고 굴리는 바도 없으시니
도사의 방편의 말씀이로다.

---
195) 三은 甲續金本作二.

[疏] 三, 有一偈는 約法以顯이니 雖法界徧轉이나 無性寂滅일새 故無所轉이오 假以言宣일새 云方便說이라 其能轉智는 卽十力智니라

■ 다) 한 게송은 법을 잡아서 설명함이니, 비록 법계가 두루 바뀌지만 체성이 없고 고요하므로 뒤바뀌지 않으며, 말을 빌려서 선언한 연고로 '방편의 말씀'이라 하였다. 그 굴리는 주체의 지혜는 곧 열 가지 힘의 지혜이다.

나. 다섯 게송은 방편에 들어감을 보이다[後五示入方便] 5.
가) 보리를 생각하게 하다[令念菩提] (初偈 38下8)

於法無疑惑하고　　永絶諸戲論하여
不生分別心이면　　是念佛菩提니라
법에 의혹이 없고
모든 희론을 길이 끊어서
분별하는 마음을 내지 않으면
이것이 부처님의 보리를 생각함이라.

[疏] 後五, 示入方便者는 上來에 說佛이 不離功德菩提오 上所說法은 不離敎義코 次第令入이라 初偈는 令念菩提니 初句는 善決性相이오 次二句는 契理絶想이라 以生分別想이 卽戲論故니 具斯二義가 爲念菩提라 故로 大般若에 云, 覺法自性하야 離諸分別하면 同菩提故라하며 又心絶動搖하야 言亡[196]戲論이라하며 又瑜伽九十五에 有六種戲論하니 故名爲諸니라

---

196) 亡은 甲續金本作忘, 經原南本作亡.

■ 나. 다섯 게송은 방편에 들어감을 보임에서 여기까지에 부처님이 공덕을 여의지 않은 보리를 말하였고, 위에 설한 법은 교법의 이치를 여의지 않고 순서대로 들어가게 하였다. 가) 첫 게송은 보리를 생각하게 함이니, (가) 첫 구절은 체성과 양상을 잘 결정함이요, (나) 다음 두 구절[永絶諸戲論 不生分別心]은 이치에 계합하여 생각을 끊은 것이다. 분별하는 생각이 생김이 곧 희론인 까닭이니, 이런 두 가지 뜻을 갖추는 것이 보리를 생각함이 된다. 그러므로 『대반야경』에 이르되, "법의 자체 성품을 깨달아서 모든 분별을 여의면 보리와 같아지기 때문이다"라고 하였으며, 또한 "마음에 동요함이 끊어져서 희론 없는 말을 한다"라고 하였고, 또한 『유가사지론』 제95권에 여섯 가지 희론이 있으니 그래서 '모든'이라 이름하였다.

[鈔] 故大般若下는 卽文殊分中이니 如前已引하니라 又心絶動搖는 亦是此經의 次後那伽室利分이니 那伽는 云龍이니 卽龍吉祥菩薩이라 妙吉祥菩薩이 欲入城乞食이어늘 龍吉祥이 問云호대 我欲入城하야 爲有情故로 巡行乞食이니다 妙吉祥이 云, 隨汝意往하라 然於行時에 勿得擧足하며 勿得下足하며 勿屈勿伸하며 勿起於心하며 勿興戲論하며 勿生路想과 城邑想과 大小男女想이니라 所以者何오 菩提는 遠離諸所有想이라 無高無下하고 無卷無舒하며 心絶動搖하고 言亡戲論하야 無有數量이니라 今[197)]唯用後一對耳니라 又瑜伽者는 一, 顚倒戲論이오 二, 唐捐戲論이오 三, 諍競戲論이오 四, 於他分別勝劣戲論이오 五, 分別工巧養命戲論이오 六, 耽着世間財食戲論이니 動搖尙無어니 斯六이 豈有리오

---

197) 今은 南續金本作今此.

● 故大般若 아래는 곧 문수보살분이니 앞에서 이미 인용한 바와 같다. 또한 마음에 동요함이 끊어져서도 역시 이『대반야경』의 뒷부분 나가실리분(那伽室利分)이다. 나가(那伽)는 용이라 번역하니 곧 용길상(龍吉祥)보살이다. 묘길상보살이 성에 들어가 걸식하려고 할 때, 용길상이 물어 가로되, '내가 성에 들어가 중생을 위하는 연고로 돌면서 걸식하려 합니다' 묘길상보살이 말하되, '네 생각대로 가거라. 그러나 다닐 때에 발을 들지 말고 발을 내리지도 말고, 굽히지도 펴지도 말며, 생각을 일으키지 말고 희론을 하지도 말고 길이란 생각, 마을이란 생각, 크고 작은 남자다 여자다 하는 생각도 하지 말아라. 왜냐하면 보리는 모든 가지고 있는 생각을 멀리 떠난 까닭이다. 높지도 않고 낮지도 않고 거품도 없고 폄도 없으며 마음에 동요함이 끊어졌고 희론 없이 말하여 숫자로 헤아림이 없다'라고 하였다. 지금은 오직 뒤의 한 가지 대구만을 사용했을 뿐이다. 또한『유가사지론』이란 여섯 가지는 ① 전도한 희론이요, ② 쓸데 없는 희론이요, ③ 다투고 싸우는 희론이요, ④ 다른 이에게 뛰어나고 하열함을 분별하는 희론이요, ⑤ 공교하게 이양과 목숨을 분별하는 희론이요, ⑥ 세간의 재물을 탐하고 집착하는 희론이니 동요함이 오히려 없는데 이런 여섯 가지 희론이 어찌 있겠는가?

나) 부처님의 교법을 따르다[隨佛敎誨] (次偈 32下5)

了知差別法하고　　不着於言說하여
無有一與多하면　　是名隨佛敎니라
차별한 법을 잘 알고

말에 집착하지 아니해서
하나와 많음이 없으면
이것의 이름이 불교를 따름이라.

[疏] 次偈는 隨敎니 上二句는 了法亡言이오 次句는 得旨라야 方名隨順이
니라
■ 나) 다음 게송은 부처님의 교법을 따름이니, (가) 위의 두 구절은 법
은 말이 없음을 아는 것이요, (나) 다음 구절은 종지를 얻은 이라야
비로소 수순한다고 이름할 수 있다.

다) 부처님 공덕에 들어가다[入佛功德] 3.
(가) 경문을 간략히 해석하다(次偈 32下8)

多中無一性이요　　　一亦無有多니
如是二俱捨하면　　　普入佛功德이니라
많은 가운데 한 성품이 없고
하나에도 또한 많음이 없으니
이와 같이 둘을 함께 버리면
부처님의 공덕에 널리 들어가리라.

[疏] 次偈는 入佛功德이니 上二句는 雙存이니 一多相別故오 次句는 雙泯
이니 相形奪故라 一因於多有하니 多中에 應有一이오 多因於一有하니
一中에 應有多어니와 今多中에 無一하니 一無從矣오 一中에 無多하니
多無從矣라 故로 二俱捨也라 而性相融通하야 入一이 即是入多가

名普入也니라

■ 다) 다음 게송은 부처님 공덕에 들어감이니 (1) 위의 두 구절은 함께 존재함이니 하나와 많음이 서로 다른 까닭이요, (2) 다음 구절[如是二俱捨]은 함께 없앰이니 서로 형상을 뺏는 까닭이다. 하나는 많음으로 인해 있으니, 많음 중에 응당히 하나가 있으며, 많음은 하나로 인해 있음이니 하나 중에 응당히 많음이 있거니와 지금 많음 가운데 하나가 없으니, 하나는 부터 옴이 없으며, 하나 중에 많음이 없으니, 많음도 부터 옴도 없다. 그러므로 둘을 함께 버리는 것이다. 하지만 체성과 양상이 융합하고 통하여 하나에 들어감이 곧 많음에 들어가는 것을 이름하여 '널리 들어감'이라 말한다.

[鈔] 次偈入佛等者는 文有三段하니 初, 略釋經文이요
● 다) 다음 게송은 부처님 공덕에 들어감이란 소문이 세 문단이 있으니 (가) 경문을 간략히 해석함이요,

(나) 네 가지 뜻으로 묶어서 해석하다

[疏] 然이나 一多相依하야 互爲本末이 通有四義하니 一, 相成義니 則一多俱立에 以互相持하야 有力俱存也라 即初二句니라 二, 相害義니 形奪兩亡이라 以相依故로 各無性也라 即二俱捨是니라 三, 互存義니 以此持彼하야 不壞彼而在此하며 彼持此도 亦爾라 故로 上文에 云, 一中에 解無量等이 是니라 四, 互泯義니 以此持彼에 彼相이 盡而唯此오 以彼持此에 此相이 盡而唯彼라 故로 下文에 云, 知一即多며 多復即一이 是也라 諸文이 各據一義일새 故不相違矣니라

■ 그러나 하나와 많음이 서로 의지하여 번갈아 근본과 지말이 되는 것이 네 가지 뜻에 통하나니 (1) 서로 성립하는 뜻이니 하나와 많음이 모두 성립할 적에 번갈아 서로 기다려서 힘 있음이 모두 존재함이다. 곧 처음 두 구절이 그것이다. (2) 서로 해치는 뜻이니 형상을 빼앗아서 둘이 없음이다. 서로 의지하는 연고로 각기 체성이 없음이니 곧 둘을 함께 버림이 이것이다. (3) 번갈아 존재하는 뜻이니, 이것으로 저것을 지탱하여 저것을 무너뜨리지 않고 이것을 두며, 저것도 이것을 지탱함은 마찬가지이다. 그러므로 위의 경문에 이르되, "하나 중에 한량없음을 안다"는 따위가 이것이다. (4) 번갈아 없애는 뜻이니 이것으로 저것을 지탱할 적에 저것의 모양이 다하여 오직 이것 뿐이요, 저것으로 이것을 지탱할 적에 이것의 모양이 다하여 오직 저것 뿐이다. 그러므로 아래 경문에 이르되, "하나가 곧 많음이며 많음이 다시 하나인 것을 안다"는 것이 이것이다. 모든 경문이 각기 한 가지 뜻에 의거했으므로 서로 위배되지 않는 것이다.

[鈔] 二, 然一多下는 束成四義하야 以順經文이라 故下文에 云, 知一卽多 等者는 十住經文[198]이니라

● (나) 然一多 아래는 네 가지 뜻으로 묶어서 경문을 순리로 해석함이다. '그러므로 아래 경문에, 하나가 곧 많음 등인 줄 안다'고 말한 것은 십주품(十住品)의 경문이다.

(다) 융합하여 10문을 이루다

---

198) 上十四字는 南金本無 原本在下融成十門後 玆從續藏.

[疏] 復總收之하야 以爲十義니 一, 孤標獨立이오 二, 雙現同時오 三, 兩相俱亡이오 四, 自在無礙오 五, 去來不動이오 六, 無力相持오 七, 彼此無知오 八, 力用交徹이오 九, 自性非有오 十, 究竟離言이니라

■ 다시 총합하여 거두어서 열 가지 뜻으로 삼았으니, (1) 혼자 표방하여 독립함이요, (2) 동시임을 함께 나타냄이요, (3) 두 모양이 모두 없음이요, (4) 자재롭고 걸림 없음이요, (5) 오고 감에 동요하지 않음이요, (6) 힘 없이 서로 지탱함이요, (7) 저것과 이것을 알지 못함이요, (8) 힘써 작용하여 사무침이요, (9) 자체 성품은 있지 않음이요, (10) 궁극에는 말을 여읨이다.

[鈔] 三, 復總收下는 融成十門이니라 一, 孤標獨立者는 即前多中에 無一性이며 一亦無有多니 二法互無일새 故得獨立이라 亦一即多而唯多오 多即一而唯一하야 廢已同他일새 故云獨立이니라 二, 雙現同時者는 即下經에 云,[199] 知以一故衆하며 知以衆故로 一이라 無一이 即無多며 無多가 即無一이니 故二雙現하야 更無前後가 如牛二角이니라 三, 兩相俱亡者[200]는 即前二俱捨也니라 四, 自在無礙者는 欲一即一이니 不壞相故오 欲多即多니 一即多故라 一既如此하니 多亦準之라 常一常多며 常即常離[201]일새 故云自在니라 五, 去來不動者는 一入多而一在하고 多入一而多存이 若兩鏡相入호대 而不動本相이라 相即도 亦然이니라 六, 無力相持者는 因一有多하야 多無力而持一이

---

[199] 이는 須彌頂上偈讚品 제14의 眞實慧菩薩의 게송이다. 經云, "知以一故衆이며 知以衆故一이니 諸法無所依하야 但從和合起로다."(교재권1 p.406-)
[200] 者下에 南續金本有兩字.
[201] 常離는 南續金本作不卽.
[202] 이는 菩薩問明品 제10의 空有一如를 말한 게송이다. (교재권1 p.310-)
[203] 非는 南續金本作無.

오 因多有一하야 一無力而持多니라 七, 彼此無知者는 二互相依하야 皆無體用일새 故不相知라 故로 覺首가 云,²⁰²⁾ 諸法無作用이며 亦無有體性이라 是故로 彼一切가 各各不相知라하니라 八, 力用交徹者는 卽前一中에 解無量하고 無量中에 解一이니라 九, 自性非²⁰³⁾有者는 互爲因起하야 擧體性空이니라 十, 究竟離言者는 不可言一이며 不可言非一이며 不可言亦一亦非一이며 不可言非一非非一이라 不可言相卽이니 以相入故오 不可言相入이니 以相卽故오 不可言卽入이니 不壞相故오 不可言不卽不入이니 互交徹故라 口欲辯而辭喪이오 心將緣而慮亡이니 唯證이라야 方知니 同果海故라 一多旣爾에 染淨等法이 無不皆然이니라

- (다) 復總收 아래는 융합하여 10문을 이룸이다. (1) 홀로 표방하여 독립함이란 앞의 많음 가운데 하나가 없는 성품이며, 하나도 또한 많음이 없음이니 두 법이 번갈아 없으므로 독립함이다. 또한 하나가 많음이면서도 많음 뿐이요, 많음이 곧 하나이면서도 하나뿐이어서 자기를 없애고 저것과 같아지므로 '독립한다'고 말하였다. (2) 동시임을 함께 나타냄이란 곧 아래 경문에 이르되, "하나임을 아는 연고로 많음이며, 많음을 아는 연고로 하나이다. 하나가 없음이 곧 많음도 없는 것이며, 많음이 없음이 곧 하나도 없음이니 그러므로 둘을 함께 나타내어 다시 앞과 뒤가 없는 것이 마치 소의 두 뿔과 같다." (3) 두 모양이 모두 없음이란 곧 앞의 둘을 모두 버림이다. (4) 자재롭고 걸림 없음이란 하나가 곧 하나이고 싶으니 모양을 무너뜨리지 않기 때문이요, 많음이 곧 많음이고 싶으니 하나가 곧 여럿이기 때문이다. 하나가 이미 이러하니 많음도 역시 여기에 준해야 한다. 항상 하나이고 항상 여럿이며, 항상 합치하고 항상 여읨이므로 자재롭다고 하였

다. (5) 오고 감에 동요하지 않음이란 하나가 많음에 들어가면서도 하나가 있고, 많음이 하나에 들어가면서도 본래 모양을 무너뜨리지 않음과 같다. 서로 합치함도 마찬가지이다. (6) 힘 없이 서로 지탱함이란 하나로 인하여 많음이 있으므로 많음은 힘이 없이 하나를 지탱하는 것이요, 많음으로 인해 하나가 있으므로 하나는 힘이 없이 많음을 지탱하는 것이다. (7) 저것과 이것을 알지 못함이란 둘이 번갈아 서로 의지하여 모두 체성과 작용이 없으므로 서로 알지 못하는 것이다. 그러므로 각수(覺首)보살이 이르되, "모든 법은 작용이 없으며, 또한 자체 성품도 없다. 이런 까닭에 저 모든 것이 각기 서로 알지 못한다네"라고 하였다. (8) 힘써 작용하여 서로 사무침이란 곧 앞의 하나 가운데 한량없음을 알고 한량없음 중에 하나를 안다는 것이다. (9) 자체 성품이 있지 않음이란 번갈아 원인이 되어 일어나서 전체가 체성이 공한 것이다. (10) 궁극에는 말을 여읨이란 하나라고 말할 수 없고 하나가 아니라고도 말할 수 없으며, 또한 하나이기도 하고 하나가 아니기도 하다고 말할 수 없으며, 하나도 아니요 하나가 아님도 아니라고 말할 수도 없다. '서로 합치한다'고 말할 수 없으니 서로 들어가는 까닭이요, '서로 들어간다'고 말할 수 없나니 서로 합치하는 까닭이다. '합치하면서 들어간다'고 말할 수 없나니 모양을 무너뜨리지 않기 때문이요, '합치하지도 않고 들어가지도 않는다'고 말할 수 없나니, 번갈아 서로 사무치기 때문이다. 입으로 밝히려고 하지만 말을 잃음이요, 마음을 가져 반연하려 하지만 생각이 없음이니 오직 증득해야만 비로소 아는 것이니, 과덕의 바다와 같은 까닭이다. 하나와 많음이 이미 그러한데 잡염과 청정 등의 법이 모두 그렇지 않은 것이 없다.

라) 부처님의 깨달음에 들어가다[入佛菩提] (次偈 34下7)

衆生及國土가　　　一切皆寂滅이니
無依無分別하면　　能入佛菩提니라
중생과 국토가
일체가 다 적멸하니
의지함도 없고 분별함도 없으면
능히 부처님의 보리에 들어가리라.

[疏] 次偈는 入佛菩提니 依正이 皆寂故로 無所依오 智契於斯일새 故無分別이니라

■ 라) 다음 게송은 부처님의 깨달음에 들어감이니 의보와 정보가 모두 고요한 연고로 의지할 대상이 없고, 지혜로 여기에 계합한 연고로 분별함도 없다.

마) 불법의 뜻을 알다[知法義] (後偈 34下10)

衆生及國土가　　　一異不可得이니
如是善觀察하면　　名知佛法義니라
중생과 국토가
하나다 다르다 할 수 없으니
이와 같이 잘 관찰하면
불법의 뜻을 안다고 이름하리라.

[疏] 後偈는 知法義니 上明生土皆寂하니 不可言異오 依正兩殊하니 不可云一이니라
- 마) 뒤의 게송은 불법의 뜻을 앎이니 위에서는 중생과 국토가 모두 고요함을 밝혔으니 다르다고 말할 수 없으며, 의보와 정보가 둘이 다르니 '하나라고 말할 수도 없다'는 뜻이다.

2) 방편으로 가능한 공덕[方便幹能德] 2.
(1) 장항으로 밝히다[長行] (第八 35上10)

爾時에 光明이 過百萬世界하여 徧照東方一億世界하고 南西北方과 四維上下도 亦復如是하시니 彼一一世界中에 皆有百億閻浮提와 乃至百億色究竟天이라 其中所有가 悉皆明現하니 彼一一閻浮提中에 各見如來가 坐蓮華藏師子之座어시든 十佛刹微塵數菩薩의 所共圍遶라 悉以佛神力故로 十方各有一大菩薩이 一一各與十佛刹微塵數諸菩薩로 俱하여 來詣佛所하시니 其大菩薩은 謂文殊師利等이며 所從來國은 謂金色世界等이며 本所事佛은 謂不動智如來等이니라

저 때에 광명이 백만 세계를 지나서 동방의 1억 세계를 두루 비추고 남, 서, 북방과 네 간방과 상방과 하방도 또한 다시 이와 같이 하였다. 그 낱낱의 세계 가운데 모두 백억의 염부제와 내지 백억의 색구경천이 있는데 그 가운데 있는 것이 다 모두 분명하게 나타났다. 그 낱낱의 염부제 가운데 각각 여래께서 연화장 사자좌에 앉으셨는데 열 불찰 미진

수의 보살들이 함께 둘러싸고 있었으며, 다 부처님의 위신력으로 시방에 각각 한 큰보살이 있고, 그 보살들이 낱낱이 각각 열 불찰 미진수의 모든 보살들과 함께 부처님 계신 곳에 나아가니, 그 큰보살은 이르되 문수사리 등이며, 좇아온 바의 국토는 이르되 금색세계 등이며, 본래 섬기던 부처님은 이르되 부동지여래 등이었다.

[疏] 第八重은 光照一億界라 前云百萬이라하니 今十倍於前일새 卽千萬이 爲一億也니라

■ 제8중(重)은 광명이 1억 세계를 비춤이다. 앞에서 백만 세계라 하였으니, 지금은 앞보다 10배이므로 천만이 1억이 된 것이다.

(2) 문수보살의 게송[偈頌] 10.
가. 체성과 합치하면 작용을 초월하다[卽體超用] (十偈 36上8)

爾時에 一切處文殊師利菩薩이 各於佛所에 同時發聲하사 說此頌言하시되,
그때 온갖 곳에서 문수사리보살이 각각 부처님 계신 곳에서 동시에 소리를 내어 이 게송을 말하였다.

智慧無等法無邊하시며　　超諸有海到彼岸하시며
壽量光明悉無比하시니　　此功德者方便力이로다
지혜는 짝이 없고 법은 끝없으며
세상 바다 뛰어나서 저 언덕에 이르고

수명과 광명도 비할 데 없으시니
이것은 공덕 있는 이의 방편의 힘이로다.

[疏] 十偈, 歎佛權實雙行이니 方便幹能이라 然方便之言이 略有三意하니 一, 以因中十種加行方便之力으로 修成佛果自在之德이오 二, 但是差別之用을 皆名方便이니 其無礙慧에 無若干故라 三, 卽實之權으로 起用自在일새 故名方便이니 今文具三이라 皆三句는 辨相이오 一句는 結名이니라

■ 열 게송은 부처님의 방편과 실법이 함께 행함을 찬탄함이니 방편으로 가능함이다. 그런데 방편이란 말이 대략 세 가지 의미가 있으니 (1) 인행 가운데 열 가지 가행방편의 힘으로 수행하여 부처님 과덕의 자재한 공덕을 성취함이요, (2) 단지 차별된 작용만을 모두 방편이라 이름하나니, 그 걸림 없는 지혜에 조금도 간섭할 것이 없기 때문이다. (3) 실법과 합치한 방편으로 작용을 일으킴이 자재한 연고로 방편이라 이름하나니 지금의 본경은 셋을 갖추었다. 모두 세 구절은 양상을 밝힘이요, 한 구절은 명칭을 결론함이다.

[鈔] 第八節이라 今文具三者는 具上三方便也라 然其十偈가 皆具此三이로대 取其相顯인대 八과 九兩偈의 但有第二라 故로 下疏에 云, 上之二偈는 但了差別이 卽是方便이오 餘之八偈는 皆是卽實之權이오 約其因修인대 總是加行方便之力이라 如第四偈의 善巧通達一切法은 差別用也오 正念勤修涅槃道는 加行方便也니 上二는 皆權이라 樂於解脫離不平은 卽是稱實이나 對上故로 爲卽實之權也라 餘可意得이니라

- 제8중(重) (광명이 1억 세계를 비춤)이다. '지금 본경은 셋을 갖추었다'는 것은 위의 세 가지 방편을 갖추었다는 뜻이다. 그러나 그 열 게송이 모두 이 세 가지를 갖추었지만 그 모양을 취하여 밝힌다면 여덟째와 아홉째의 두 게송은 단지 (2) (차별된 작용만을 방편이라 이름함)의 뜻만 있다. 그러므로 아래 소문에 이르되, "위의 두 게송은 단지 차별을 요달함이 곧 방편이라 한 것이요, 나머지 여덟 게송은 모두 실법과 합치한 방편이요, 그것을 원인으로 잡아 수행한다면 총합하여 가행방편의 힘이 된다. 마치 네 번째 게송의 '교묘한 방편으로 온갖 법을 통달함'은 차별된 작용이요, '바른 생각으로 열반의 도를 부지런히 닦음'은 가행방편이니 위의 두 구절은 모두 방편이다. '해탈을 즐기고 불편을 떠나심'은 곧 실법과 칭합하지만 위와 상대한 연고로 실법과 합치한 방편이 된 것이다. 나머지는 의미로 알 수 있으리라.

[疏] 初偈는 卽體起用爲方便이라 然有六義하니 一, 智超下位오 二, 證法無邊이오 三, 解脫有海오 四, 具上三義하야 到涅槃岸이오 五, 壽兼眞應이오 六, 身光無涯가 皆佛功德이니라
- 가. 첫 게송은 체성과 합치하면 작용을 뛰어넘는 것이 방편이 됨이다. 그런데 여섯 가지 뜻이 있으니 (1) 지혜가 아래 지위를 초과함이요, (2) 법이 끝없음을 증득함이요, (3) 유의 바다를 해탈함이요, (4) 위의 세 가지 뜻을 갖추어 열반의 언덕에 도달함이요, (5) 수명과 겸하여 진실로 응함이요, (6) 가없는 몸의 광명이 모두 부처님이 공덕이다.

나. 고요하게 비추는 방편을 찬탄하다[歎寂照方便] (二歎 36下3)

所有佛法皆明了하시며　　常觀三世無厭倦하시며
雖緣境界不分別하시니　　此難思者方便力이로다
모든 부처님의 법을 다 밝게 알고
항상 삼세를 다 관찰하되 싫어함이 없으며
비록 경계를 반연하나 분별하지 않으시니
이것은 생각하기 어려운 이의 방편의 힘이로다.

[疏] 二, 歎寂照方便이니 初句는 橫照오 次句는 竪窮이오 次句는 卽寂照 而無思니 故難思也니라

■ 나. 고요하게 비추는 방편을 찬탄함이니 가) 첫 구절은 가로로 비춤이요, 나) 다음 구절은 세로로 궁구함이요, 다) 다음 구절은 곧 고요하게 비추면서 사유함이 없으니 그러므로 '생각하기 어렵다'는 뜻이다.

다. 부처님의 걸림 없는 방편을 찬탄하다[歎佛無礙方便] (三歎 36下7)

樂觀衆生無生想하시며　　普見諸趣無趣想하시며
恒住禪寂不繫心하시니　　此無礙慧方便力[204]이로다
중생을 즐겨 보되 중생이란 생각 없고
여러 갈래 널리 보되 갈래란 생각 없으며
항상 선정에 머물되 매이는 마음 없으시니
이것은 걸림 없는 지혜 방편의 힘이로다.

[疏] 三, 歎佛事理無礙方便이니 初二句는 有無無礙오 次二句는 定散無

---

204) 慧는 思纘本作意 合柱云 慧 宋論作意, 卍合注云慧 宋本作意 流通本作無礙意.

礙라

■ 다. 부처님의 현상과 이치에 걸림 없는 방편을 찬탄함이니 가) 처음 두 구절은 유와 무에 걸림 없음이요, 나) 다음 두 구절[恒住禪寂-- 此無礙慧--]은 삼매와 산란함에 걸림 없음이다.

[鈔] 初二句者는 無卽是理오 有卽是事라 次句, 定散無礙者는 恒住禪寂定也라 由契心性은 理也오 禪不繫心이라 不礙散地[205]는 卽涉事也라

● 가) 처음 두 구절은 없음은 곧 이치요 있음은 곧 현상이다. 나) 다음 구절에서 삼매와 산란함에 걸림 없음에서 '항상 선정에 머무름'은 삼매이다. 마음의 성품에 계합하는 원인은 이치요, 선정은 마음에 얽매이지 않는다. 산란함에 걸림 없는 경지는 곧 현상을 건너는 것이다.

라. 부처님의 닦을 것 없음을 닦는 방편을 찬탄하다[歎佛修無修方便]

(四嘆 37上3)

善巧通達一切法하시며　　正念勤修涅槃道하사
樂於解脫離不平하시니　　此寂滅人方便力이로다
교묘한 방편으로 온갖 법을 통달하며
바른 생각으로 열반의 도를 부지런히 닦으사
해탈을 즐기고 불평을 떠나시니
이것은 적멸한 이의 방편의 힘이로다.

[疏] 四, 歎佛修無修方便이라 初句는 善窮性相이오 次句는 無念勤修니

---

205) 地는 甲南續金本作也.

樂於解脫로 釋修涅槃이오 離不平者는 釋前五念이라 以不見生死가 爲雜染이오 涅槃은 爲淸淨이니 此二無差가 爲眞寂滅이니라

- 라. 부처님의 닦을 것 없음을 닦는 방편을 찬탄함이다. 가) 첫 구절[善巧通達--]은 체성과 양상을 잘 궁구함이요, 나) 다음 구절[正念勤修--]은 바른 생각으로 부지런히 닦음이 없는 것이니 해탈을 즐기는 것으로 열반을 닦음에 대해 해석함이요, '불평을 떠남'이란 앞의 다섯 가지 생각에 대한 해석이다. 나고 죽음을 보지 못함이 잡염법이 됨이요, 열반은 청정법이 되나니 이 두 가지가 차별 없음이 진정한 열반이 됨이다.

마. 회향하는 방편을 찬탄하다[歎廻向方便] (五嘆 37上9)

有能勸向佛菩提하며　　趣入法界一切智하며
善化衆生入於諦하시니　　此住佛心方便力²⁰⁶⁾이로다
능히 부처님의 보리에 향하기를 권하며
법계의 온갖 지혜에 나아가며
중생을 잘 교화해서 진리에 들게 하시니
이것은 불심에 머문 방편의 힘이로다.

[疏] 五, 歎廻向方便이라 初二句는 趣如²⁰⁷⁾法界니 是廻向實際오 餘皆廻向菩提오 次句는 廻向衆生이라 住如化物일새 故爲方便이니라

- 마. 회향하는 방편을 찬탄함이다. 가) 처음 두 구절은 진여법에 나아감이니 실제에 회향함이요, 나) 나머지는 모두 보리에 회향함이요,

---

206) 趣入은 麗宋元明本作趣如.
207) 如는 甲續金本作入. 臻 이를 진.

다) 다음 구절[善化衆生--]은 중생에 회향함이니, 진여에 머물러 중생을 교화하는 연고로 방편이 되는 것이다.

[鈔] 初二句者는 二句之中에 唯取四字가 是向實際오 初句와 及一切智는 皆廻向菩提니라
- 가) 처음 두 구절에서 두 구절 중에 오직 네 글자만이 실제에 회향함을 취하였고, 첫 구절[有能勸向--]과 온갖 지혜는 모두 보리에 회향함이다.

바. 증득해 아는 방편을 찬탄하다[歎證知方便] (六證 37下5)

佛所說法皆隨入하시며　　廣大智慧無所礙하시며
一切處行悉已臻하시니　　此自在修方便力이로다
부처님의 설법에 다 따라 들어가며
넓고 큰 지혜 걸림이 없으시며
온갖 곳에 다니는 일 모두 이르시니
이것은 자재하게 닦은 방편의 힘이로다.

[疏] 六, 證知方便이라 初句는 隨順證入이오 次句는 知而無障이오 次句는 知徧趣行이니 卽利生法이라 卽知卽證이 爲自在修也니라
- 바. 증득해 아는 방편을 찬탄함이다. 가) 첫 구절은 수순하여 증득해 들어감이요, 나) 다음 구절[廣大智慧--]은 알면서 장애가 없음이요, 다) 다음 구절[一切處行--]은 변취행을 아는 것이니 곧 곧 중생을 이익하는 법이다. 아는 것과 합치하고 증득함과 합치함이 자재하게 닦음

이 된다.

사. 고요하게 작용하는 방편을 찬탄하다[歎寂用方便] (七嘆 37下9)

恒住涅槃如虛空하시며　　　隨心化現靡不周하시니
此依無相而爲相이라　　　到難到者方便力이로다
항상 열반에 있어도 허공과 같으며
마음대로 화현하여 두루 하시니
이것은 무상으로 상을 삼음이라
이르기 어려운 데 이른 이의 방편의 힘이로다.

[疏] 七, 寂用方便이라 初句는 寂이요 次句는 用이오 次句는 寂用無礙가 爲 無住涅槃이니 凡小는 難到니라

■ 사. 고요하게 작용하는 방편을 찬탄함이다. 가) 첫 구절은 고요함이요, 나) 다음 구절은 작용이요, 다) 다음 구절은 고요하고 작용함에 걸림 없음이 머무름 없는 열반이 됨이니, 범부나 소승은 도달하기 어렵다.

아. 시간의 숫자인 방편을 찬탄하다[歎時數方便] (八時 38上3)

晝夜日月及年劫과　　　世界始終成壞相을
如是憶念悉了知하시니　　此時數智方便力이로다
낮과 밤과 날과 달과 해와 겁과
세계의 시작과 마침과 이뤄지고 무너지는 모양을
이러한 것을 생각하여 다 아시니

제9. 光明覺品 ② 469

이것은 시간의 숫자 지혜인 방편의 힘이로다.

[疏] 八, 時數方便을 可知로다
■ 아. 시간의 숫자인 방편을 찬탄함은 알 수 있으리라.

자. 생각하기 어려운 방편을 찬탄하다[歎難思方便] (九難 38上6)

一切衆生有生滅과　　　　色與非色想非想의
所有名字悉了知하시니　　此住難思方便力이로다
모든 중생들의 생멸과
색과 비색과 상과 비상의
모든 이름을 다 아시니
이것은 생각하기 어려운 데 머문 방편의 힘이로다.

차. 비할 데 없는 방편을 찬탄하다[歎無比方便]

過去現在未來世의　　　　所有言說皆能了하시되
而知三世悉平等하시니　　此無比解方便力이로다
과거와 현재와 미래 세상의
모든 말을 다 능히 알되
삼세가 다 평등함을 아시니
이것은 비할 데 없이 아는 방편의 힘이로다.

[疏] 十, 無比方便이라 初二句는 知相이니 上句는 竪窮이오 下句는 橫攝이

라 次句는 知性이라 此二不二일새 故無比가 卽爲方便也니라
- 차. 비할 데 없는 방편을 찬탄함이다. 가) 처음 두 구절은 양상을 앎이니 위 구절은 세로로 궁구함이요, 아래 구절은 가로로 포섭함이다. 나) 다음 구절[而知三世悉平等]은 체성을 아는 것이다. 이 둘[양상과 체성]이 둘이 아닌 것이므로 비할 데 없음이 곧 방편이 된다는 뜻이다.

3) 대비심으로 구제하고 섭수하는 공덕[大悲救攝德] 2.
(1) 장항으로 밝히다[長行] (第九 39上9)

爾時에 光明이 過一億世界하여 徧照東方十億世界하고 南西北方과 四維上下도 亦復如是하시니 彼一一世界中에 皆有百億閻浮提와 乃至百億色究竟天이라 其中所有가 悉皆明現하니 彼一一閻浮提中에 悉見如來가 坐蓮華藏師子之座어시든 十佛刹微塵數菩薩의 所共圍遶라 悉以佛神力故로 十方各有一大菩薩이 一一各與十佛刹微塵數諸菩薩로 俱하여 來詣佛所하시니 其大菩薩은 謂文殊師利等이며 所從來國은 謂金色世界等이며 本所事佛은 謂不動智如來等이니라

저 때에 광명이 1억 세계를 지나서 동방의 10억 세계를 두루 비추고 남, 서, 북방과 네 간방과 상방 하방도 또한 다시 이와 같이 하였다. 그 낱낱의 세계 가운데 모두 백억의 염부제와 내지 백억의 색구경천이 있는데 그 가운데 있는 것이 다 모두 분명하게 나타났다. 그 낱낱의 염부제 가운데 다 여래께서 연화장 사자좌에 앉으셨는데 열 불찰 미진수의 보

살이 함께 둘러싸고 있었으며, 다 부처님의 위신력으로 시방에 각각 한 큰보살이 있고 그 보살들이 낱낱이 각각 열 불찰 미진수의 모든 보살들과 함께 부처님 계신 곳에 나아가니, 그 큰보살은 이르되 문수사리 등이며, 좇아온 바의 국토는 이르되 금색세계 등이며 본래 섬기던 부처님은 이르되 부동지여래 등이었다.

[疏] 第九重은 光照十億界니 歎佛大悲救生德이라
- 제9중(重)은 광명이 10억 세계를 비춤이니 3) 부처님의 대비심으로 (중생을) 구제하고 섭수하는 공덕을 찬탄함이다.

(2) 문수보살의 게송[偈頌] 3.
가. 행법과 이해가 원만함을 총합하여 표방하다[初一偈總標行解已圓]

(十偈 39下4)

爾時에 一切處文殊師利菩薩이 各於佛所에 同時發聲하사 說此頌言하시되,
그때 온갖 곳에서 문수사리보살이 각각 부처님 계신 곳에서 동시에 소리를 내어 이 게송을 말하였다.

廣大苦行皆修習하시되　　　日夜精勤無厭怠하사
已度難度師子吼로　　　　普化衆生是其行이로다
광대한 고행을 다 닦으시며
밤낮으로 부지런히 게으름이 없으사

제도하기 어려움을 이미 제도한 사자후로
중생들을 널리 제도함이 그 행이로다.

[疏] 十偈가 多以第四句로 爲結이라 於中分三이니 初偈는 總標行解已圓 而能普化오 次八은 別顯化類不同이오 後一은 總結悲智周徧이라 初 中에 初句는 無餘修라 廣은 謂徧受오 大謂極苦라 次句는 長時無間이 오 次句는 功行已圓이니 極惡難度를 已能度故라 云何能度오 謂師子 吼라 師子吼者는 名決定說이니 定說一切衆生이 皆有佛性하사 度一 闡提하시며 定說無我하사 度諸外道하사 定說欲苦不淨하사 以度波旬 하시며 定說如來常樂我淨하사 度諸聞聲하시며 定說大悲하사 以度緣 覺하시며 定說如來無礙大智하사 以度菩薩일새 故云普化衆生이니라

■ (2) 열 게송은 대부분 넷째 구절로 결론을 삼았다. 그중에 셋으로 나누리니, 가. 처음 게송은 행법과 이해가 원만함을 총합하여 표방함이요, 나. 다음 여덟 게송은 부류를 교화함이 같지 않음을 개별로 밝힘이요, 다. 뒤의 한 게송은 자비와 지혜가 두루 가득함을 총합하여 결론함이다. 가. 중에 가) 첫 구절[廣大苦行--]은 남김 없이 닦음이다. 넓음은 두루 받아들임의 뜻이요, 크다 함은 극심한 고행을 뜻한다. 나) 다음 구절[日夜精勤--]은 오랫동안 사이함 없이 닦음이요, 다) 다음 구절[已度難度--]은 공덕과 행법이 원만함이니 지극히 악하여 제도하기 어려움을 이미 능히 제도한 까닭이다. 어떻게 능히 제도하는가? 이른바 사자후로 한다는 뜻이다. 사자후란 결정된 설법을 이름하나니 '온갖 중생에게 모두 불성이 있어서 익찬티카도 제도한다'라고 결정코 말씀하시며, '내가 없어서 모든 외도를 제도한다'고 결정코 말씀하시며, '괴롭고 깨끗하지 않아서 파순을 제도하려 한다'고 결정코 말씀

하시며, '여래는 항상하고 즐겁고 〈나〉이고 깨끗하여 모든 성문을 제도한다'고 결정코 말씀하시며, '대비심으로 연각을 제도한다'고 결정코 말씀하시며, '여래는 걸림 없는 큰 지혜로 보살을 제도한다'고 결정코 말씀하셨으므로 '널리 중생을 교화한다'라고 하신 것이다.

[鈔] 第九節이라 初句, 無餘修者는 此有四修하니 一, 無餘修니 以皆修故오 次句, 有二修하니 一, 長時修오 二, 無間修라 日夜不息이 即是長時오 精勤無怠일새 故無有間이라 難度能度가 勇猛修也라 此偈是總이니 總示度相이라 謂師子吼者名決定說은 即涅槃二十七師子吼品이라 下說法度類가 略有其六하고 亦攝下偈라 文有四節하니 初偈는 即說佛性하사 度一闡提니 闡提佛性은 無明所覆로 迷眞起妄이 如墮大河라 二, 有一偈는 無我化外오 三, 有六偈는 皆說欲苦하사 度於波旬이니 波旬爲主하야 諸類皆攝故라 四, 有一偈는 濟度三乘이니 聲聞은 法執하야 不了性空이오 緣覺은 無悲하야 不隨六道오 故로 悲智雙流하야 普敎群生은 即化菩薩이라

● 제9중(重)은 (광명이 10억 세계를 비춤)이다. '첫 구절은 남김 없이 닦음'이란 여기에 네 가지 닦음이 있으니 (1) 남김 없이 닦음이니 모두가 수행인 까닭이요, 다음 구절[日夜精勤無厭怠]은 두 가지 닦음이 있으니 (2) 오랫동안 닦음이요, (3) 사이함 없이 닦음이다. 밤낮으로 쉬지 않음이 곧 오랫동안이요, 정근하여 게으름이 없으므로 사이함이 없다. (4) 제도하기 어려움을 능히 제도함이 '용맹한 닦음[勇猛修]'이다. 이 게송은 총상이니 제도하는 양상을 보여 준다. '이른바 사자후는 결정코 설함'이라 이름한 것은 곧 『열반경』제27권 사자후보살품이다. 아래는 설법하여 제도하는 부류가 대략 여섯 가지가 있고, 또한

아래 게송도 포함된다. 경문에 네 구절이 있으니 ① 첫 게송은 곧 불성을 말하여 익찬티카를 제도하였으니, 익찬티카의 불성은 무명에 덮여서 진여에 미혹하여 망념을 일으킴이 큰 강물에 떨어짐과 같다. ② 한 게송은 <내>가 없음으로 외도를 교화함이요, ③ 여섯 게송은 모두 욕구와 괴로움을 말하여 파순을 제도하나니 파순이 주가 되어서 모든 부류를 다 섭수하기 때문이다. ④ 한 게송은 삼승을 제도함이니 성문은 법집으로 성품이 공함을 요달하지 못함이요, 연각은 자비가 없어서 여섯 갈래를 수순하지 않음이니, 그러므로 자비와 지혜가 함께 흘러서 널리 중생을 가르침은 곧 보살을 제도함이다.

나. 여덟 게송은 교화하는 부류가 같지 않음을 개별로 밝히다
    [次八偈別顯化類不同] 8.
가) 어리석은 사랑에 빠진 중생을 교화하다[化癡愛衆生] (次八 40下5)

衆生流轉愛欲海하여　　　無明網覆大憂迫일새
至仁勇猛悉斷除하시니　　誓亦當然是其行이로다
중생들이 애욕의 바다에 흘러 다녀서
무명의 그물에 덮혀 크게 근심하거늘
지극히 어지신 이가 용맹하게 다 끊으시니
서원도 또한 당연히 그 행이로다.

[疏] 次八別中에 云何普化오 初, 化癡愛衆生이라 前半은 所救니 如人墮海에 五事難出이라 一, 水深이오 二, 波迅이오 三, 迷暗이오 四, 蟲執이오 五, 憂迫失力이니 衆生이 欲海流轉도 亦爾라 此中에 愛有二義

하니 一, 已得無厭이 深廣如海오 二, 於未得處에 無足如流라 癡亦 二義니 一, 迷不見過오 二, 妄見有德하야 結網自纏이오 五, 由前癡 愛하야 招大憂苦라 次句는 擧古佛已行이니 亡[208)]身爲物일새 故曰至 仁이라 後句는 立誓當作이라

■ 나. 여덟 게송은 개별 중에 어떻게 널리 교화하는가? 가) 어리석은 사랑에 빠진 중생을 교화함이다. (가) 앞의 반의 게송은 구제할 대상이니 마치 사람이 바다에 빠졌을 적에 다섯 가지 일로 나오기 어려움이다. (1) 물이 깊음이요, (2) 빠른 파도요, (3) 미혹하여 어두움이요, (4) 벌레가 모임이요, (5) 핍박을 근심하여 힘을 잃어버림이니 중생이 바다에 유전하려 함도 또한 그렇다. 이 가운데 사랑에 두 가지 뜻이 있으니 ① 이미 싫어함 없음을 얻음이 바다처럼 깊고 광대함이요, ② 얻지 못할 곳에서 만족함 없이 흐름과 같다. 어리석음도 두 가지 뜻이니 ① 미혹하여 허물을 보지 못함이요, ② 덕이 있다고 잘못 보고서 그물을 치고 스스로 얽힘이다. 다섯 가지는 앞의 어리석은 사랑으로 말미암아 큰 근심과 괴로움을 불러 일으킴이다. 다음 구절[至仁勇猛--]은 예전 부처님이 이미 행하신 것을 거론함이니 몸을 잊고 중생을 위하는 연고로 '지극히 어렵다'고 말하였다. 뒤 구절[誓亦當然--]은 '서원을 세우고 미래에 짓는다'는 뜻이다.

[鈔] 五事難出은 一은 水深이니 卽愛欲海오 二는 卽流轉이오 三은 卽無明이오 四는 卽網覆니 義兼蟲執이니 羅不得出이라 五는 卽大憂迫이라 次衆生下는 約法釋五니 而四釋蟲執云, 妄見有德結網自纏이라 餘可知로다

---

208) 亡은 纂金本作忘.

● '다섯 가지 일로 나오기 어려움'은 (1) 물이 깊음이니 곧 애욕의 바다요, (2) 유전함이요, (3) 무명이요, (4) 그물에 덮힘이니 뜻으로는 벌레가 모임을 겸함이니 그물을 벗어나지 못함이다. (5) 크게 핍박을 근심함이다. (b) 衆生 아래는 법을 잡아서 다섯 가지를 해석함이니 (4) 벌레가 모임을 해석하여 이르되, "덕이 있다고 잘못 보고서 그물을 치고 스스로 얽힘이다"라고 하였고, 나머지는 알 수 있으리라.

나) 탐욕에 집착한 중생을 구제하다[度着欲衆生] (二度 41上7)

世間放逸着五欲하여　　　　不實分別受衆苦일새
奉行佛教常攝心하사　　　　誓度於斯是其行이로다
세간 사람들 방일하고 오욕에 집착하여
잘못 분별하여 온갖 고통받거늘
부처님 법 받들면서 항상 마음 거두어
제도하기를 서원함이 그의 행이로다.

[疏] 二, 度着欲衆生이니 上半은 所救라 放逸者는 着欲緣也오 着五欲은 欲事也오 不實分別은 欲因也오 受衆苦는 欲果也라 未得과 已失이 皆受大苦오 正得도 亦苦어늘 橫生樂想하며 況當受三塗아 故云衆苦라 次句는 受教自修오 後句는 立誓轉化라

■ 나) 탐욕에 집착한 중생을 구제함이니 (가) 위의 반의 게송[世間放逸--不實分別--]은 구제할 대상이다. 방일함이란 탐욕에 집착한 인연이요, 오욕에 집착함은 탐욕의 일이요, '잘못 분별함'은 탐욕의 원인이요, '온갖 고통받음'은 탐욕의 결과이다. 얻지 못함과 이미 잃음은 모두

큰 괴로움을 받음이요, 바로 얼음도 또한 괴로움이거늘 가로로 즐거운 생각을 내었으며, 하물며 미래에 삼악도의 괴로움을 받음이겠는가? 그러므로 '온갖 고통'이라 하였다. (나) 다음 구절[奉行佛敎--]은 가르침을 받고 스스로 수행함이요, (다) 뒤 구절[誓度於斯是其行]은 서원을 세우고 전전히 교화함이다.

다) 〈나〉에 집착한 중생을 구제하다[救着我衆生] (三救 41下3)

衆生着我入生死하야　　　求其邊際不可得일새
普事如來獲妙法하사　　　爲彼宣說是其行이로다
중생이 〈나〉에 집착하여 생사에 들어가서
그 끝을 찾을래야 찾을 수 없거늘
널리 여래를 섬겨 미묘법을 얻으사
그들 위해 설명함이 그의 행이라.

[疏] 三, 救着我衆生이니 前半은 所救라 着我爲因하야 受生死果하며 未證無我하야 浩無邊際라 次句는 救方이니 說二無我는 唯佛有之라

■ 다) 〈나〉에 집착한 중생을 구제함이니 (가) 앞의 반의 게송은 구제할 대상이다. 〈나〉를 집착함으로 원인이 되어 나고 죽음의 결과를 받으며, 내가 없음을 증득하지 못해서 넓고 끝이 없다. (나) 다음 구절[普事如來--]은 구제할 방법이니 두 가지 내가 없음을 말함은 오직 부처님만이 가지신 것이다.

라) 악도의 중생을 구제하다[救惡趣衆生] (四救 41下8)

衆生無怙病所纏으로　　　　常淪惡趣起三毒하여
大火猛焰恒燒熱일새　　　　淨心度彼是其行이로다
중생이 의지가 없고 병에 얽히어
항상 악취에 빠져 삼독을 일으켜서
크고 맹렬한 불에 항상 타거늘
깨끗한 마음으로 그를 제도함이 그의 행이로다.

[疏] 四, 救惡趣衆生이니 三句가 所救라 謂無善可怙오 顯唯惡業과 及惑病因으로 超三惡趣하며 展轉復起三毒之過하야 因果俱燒라 末句는 救方이니 但淨其心하면 因亡果喪이라

■ 라) 악도의 중생을 구제함이니 (가) 세 구절은 구제할 대상이다. 이른바 믿을 수 있는 선근이 없음이요, 오직 악한 업과 번뇌와 병의 원인만으로 삼악도를 초과하며, 전전히 다시 삼독의 허물을 일으켜서 원인과 결과가 함께 불태워짐이다. (나) 마지막 구절[淨心度彼--]은 구제할 방법이니 원인이 없으면 결과도 잃게 된다.

마) 삿된 소견 가진 중생을 구제하다[救邪見衆生] (五救 42上3)

衆生迷惑失正道하여　　　　常行邪徑入闇宅일새
爲彼大燃正法燈하사　　　　永作照明是其行이로다
중생들이 미혹하여 정도를 잃고
늘 삿된 길 걷고 어두운 집에 들어가
그를 위해 정법의 등불을 크게 밝히사
길이 밝게 비춤이 그 행이로다.

[疏] 五, 救邪見衆生이니 前半은 所救라 上句는 明因이니 迷四眞諦하야 惑現境故라 次句는 起見이니 邪見翳理가 即爲暗宅이라 後半은 能救之方이라

- 마) 삿된 소견 가진 중생을 구제함이니 (가) 앞의 반의 게송은 구제할 대상이다. 위 구절[衆生迷惑--]은 원인을 밝힘이니 네 가지 진제에 미혹하여 현재 경계를 미혹한 까닭이다. (나) 다음 구절[常行邪徑--]은 소견을 일으킴이니, 삿된 소견으로 이치를 가림이 곧 어두운 집이 되었다. (다) 뒤의 반의 게송[爲彼大然-- 永作照明--]은 구제하는 주체의 방법이다.

바) 유에 집착한 중생을 구제하다[救着有衆生] (六救 42上8)

衆生漂溺諸有海하여　　　憂難無涯不可處일새
爲彼興造大法船하사　　　皆令得度是其行이로다

중생들이 온갖 번뇌의 바다에 빠져서
근심과 어려움이 끝없어 머물지 못할새
그를 위해 큰 법의 배를 만들어
모두 제도하게 함이 그의 행이로다.

[疏] 六, 救着有衆生이니 前半은 所救라 三有深廣을 總喩於海니 漂至人天하며 還溺惡趣라 未遇如來에 多成難處라 希求不已일새 故名爲憂오 未有對治일새 故無涯畔이오 具上諸失일새 故不可處라 後半은 能救를 可知로다

- 바) 유에 집착한 중생을 구제함이니 (가) 앞의 반의 게송은 구제할 대

상이다. 세 가지 유가 깊고 광대함을 총합하여 바다에 비유하였으니
(바다에) 빠져서 인간과 천상에 이르렀으며, 도리어 악도에 빠진 것이
다. 여래를 만나지 못할 적에 대부분 어려운 곳을 만든다. 희구함이
끝나지 않은 연고로 '근심'이라 이름하였고, 대치함이 있지 않았으므
로 '끝이 없다'고 하였고, 위의 모든 허물을 갖추었으므로 '머물지 못
할 곳'이라 하였다. (나) 뒤의 반의 게송은 구제하는 주체는 알 수 있
으리라.

사) 무명에 떨어진 중생을 구제하다[救無明衆生] (七救 42下4)

衆生無知不見本하여　　　迷惑癡狂險難中일새
佛哀愍彼建法橋하사　　　正念令昇是其行이로다
중생들이 무지하여 근본을 못보고
미혹하고 어리석어 험한 길로 달아날새
부처님이 불쌍히 여겨 법의 다리를 세우사
바른 마음으로 가게 함이 그의 행이로다.

[疏] 七, 救無明衆生이니 前半은 所救이라 由本住無明일새 故不見無住之
本하고 迷理惑事하야 狂走於生死之中이라 後半은 能救니 佛旣授法
에 正念이 卽升也라

■ 사) 무명에 떨어진 중생을 구제함이니 (가) 앞의 반의 게송은 구제할
대상이다. 본래 무명에 머무름으로 인하여 머물지 않는 근본을 보지
못하고 이치에 미혹하고 현상에 어두워서 나고 죽음 가운데 미쳐 달
아난 것이다. (나) 뒤의 반의 게송은 구제하는 주체이니, 부처님은 이

미 법을 받을 적에 바른 마음이 곧 '오르는 것'이다.

아) 험한 길에 떨어진 중생을 구제하다[救險道衆生] (八救 42下9)

見諸衆生在險道하여　　　老病死苦常逼迫하고
修諸方便無限量하사　　　誓當悉度是其行이로다
모든 중생들이 험한 길에서
노, 병, 사의 고통에 쫓김을 보고
온갖 방편 한량없이 닦아서
맹세코 다 제도함이 그의 행이로다.

[疏] 八, 救險道衆生이니 前半은 所救라 人天報危라 臨墮惡趣하니 名爲 險道라 能救를 可知로다

■ 아) 험한 길에 떨어진 중생을 구제함이니 (가) 앞의 반의 게송은 구제할 대상이다. 인간과 천상의 과보가 위험한 것이니, 악도에 떨어질 때를 만났으니 '험한 길'이라 이름한다. 구제하는 주체는 알 수 있으리라.

다. 한 게송은 자비와 지혜가 원융함을 결론하다[後一偈總結悲智圓融]

(後一 43上3)

聞法信解無疑惑하며　　　了性空寂不驚怖하고
隨形六道徧十方하사　　　普敎群迷是其行209)이로다
법을 듣고 믿어 알아 의혹 없으며

---

209) 普敎는 北藏作普救 南藏作普敎.

성품이 공적함을 알아 놀라지 않고
형상을 육도에 따르며 시방에 두루 하사
많은 중생 널리 교화함이 그의 행이로다.

[疏] 後一偈, 總結者는 前半은 結有敎證之智하야 能導無緣之悲요 次句는 結有同體之悲하야 能徧十方六道요 後句는 結於所救가 不越群迷라

■ 다. 한 게송은 (자비와 지혜가 원융함을) 총합하여 결론함에서 가) 앞의 반의 게송은 교도와 증도의 지혜가 있어서 '인연 없는 자비[無緣慈悲]'를 능히 인도한다고 결론함이요, 나) 다음 구절[隨形六道--]은 '같은 몸이란 자비[同體大悲]'가 있어서 능히 시방의 육도세계에 두루 하다고 결론함이요, 다) 뒤 구절[普敎群迷--]은 구제할 대상이 많은 중생을 뛰어넘지 못한다고 결론함이다.

4) 인행과 과덕이 원만한 덕[因果圓滿德] 2.

(1) 장항으로 밝히다[長行] 2.
가. 세계의 수량을 설명하다[明世界數量] (第十 43下3)

爾時에 光明이 過十億世界하여 徧照東方百億世界와 千億世界와 百千億世界와 那由他億世界와 百那由他億世界와 千那由他億世界와 百千那由他億世界와 如是無數無量無邊無等과 不可數不可稱不可思不可量不可說인 盡法界虛空界의 所有世界하고 南西北方과 四維上下도

亦復如是하시니 彼一一世界中에 皆有百億閻浮提와 乃
至百億色究竟天이라 其中所有가 悉皆明現하니

저 때에 광명이 10억 세계를 지나서 동방의 백억 세계와 천
억 세계와 백천억 세계와 나유타억 세계와 백 나유타억 세
계와 천 나유타억 세계와 백천 나유타억 세계와 이러한 수
없고 한량없고 끝없고 같을 이 없고 셀 수 없고 일컬을 수 없
고 생각할 수 없고 헤아릴 수 없고 말할 수 없는 온 법계와
허공계에 있는 세계를 두루 비추고 남, 서, 북방과 네 간방
과 상방과 하방도 또한 다시 이와 같이 하였다. 그 낱낱의 세
계 가운데 모두 백억의 염부제와 내지 백억의 색구경천이
있는데, 그 가운데 있는 것이 다 모두 분명하게 나타났다.

[疏] 第十重은 光照十方하야 總結無盡이라 長行을 分二니 先, 明世界數
量이니 略有十七하야 漸窮法界오
- 제10중(重)은 광명이 시방세계를 비추어서 끝없음을 총합하여 결론
함이다. (1) 장항으로 밝힘을 둘로 나누리니 가. 세계의 수량을 설명
함인데, 대략 17구절이 있어서 점차 법계를 다함이요,

나. 저 모든 세계를 설명하다[明彼諸世界] (後明 44上1)

彼一一閻浮提中에 悉見如來가 坐蓮華藏師子之座어시
든 十佛刹微塵數菩薩의 所共圍遶라 悉以佛神力故로 十
方各有一大菩薩이 一一各與十佛刹微塵數諸菩薩로 俱
하여 來詣佛所하시니 其大菩薩은 謂文殊師利等이며 所

從來國은 謂金色世界等이며 本所事佛은 謂不動智如來 等이니라

그 낱낱의 염부제 가운데 다 여래께서 연화장 사자좌에 앉으셨는데 열 불찰 미진수의 보살들이 함께 둘러싸고 있었으며, 다 부처님의 위신력으로 시방에 각각 한 큰보살이 있고 그 보살들이 낱낱이 각각 열 불찰 미진수의 모든 보살들과 함께 부처님 계신 곳에 나아가니 그 큰보살은 이르되 문수사리 등이며, 좇아온 바의 극토는 이르되 금색세계 등이며, 본래 섬기던 부처님은 이르되 부동지여래 등이었다.

[疏] 後는 明彼諸世界의 所有皆現이라
■ 나. 저 모든 세계에 있는 것을 모두 나타낸다고 설명함이다.

(2) 문수보살의 게송[偈頌] 2.
가. 네 게송은 부처님의 인과를 보이다[前四示佛因果] 4.
가) 인행과 과덕이 원만하다[因果圓滿] (十頌 44上6)

爾時에 一切處文殊師利菩薩이 各於佛所에 同時發聲하사 說此頌言하시되,
그때 온갖 곳에서 문수사리보살이 각각 부처님 계신 곳에서 동시에 소리를 내어 이 게송을 말하였다.

一念普觀無量劫하니　　無去無來亦無住라
如是了知三世事하사　　超諸方便成十力이로다

한 생각에 한량없는 겁을 널리 보니
감도 없고 옴도 없고 머무름도 없네.
이와 같이 삼세의 일을 분명히 아사
모든 방편 뛰어나서 열 가지 힘 이루었도다.

[疏] 十頌은 明因果圓徧德이라 於中에 分二니 前四는 示佛因果徧說이오 後六은 勸物順行이라 今初니 初, 一偈는 因圓果滿으로 彰有說因이니 初三句는 三達因圓이오 後句는 十力果滿이라

- 4) 열 게송은 인행과 과덕이 원만한 덕을 밝힘이다. 그중에 둘로 나누리니 가. 네 게송은 부처님의 인과를 보임이요, 나. 여섯 게송은 중생을 권하여 행법에 따르게 함이다. 지금은 가.이니 가) 한 게송은 인행과 과덕이 원만함으로 설법할 원인이 있음을 밝혔다. (가) 처음 세 구절은 삼세로 통달한 인행이 원만함이요, (나) 뒤 구절은 십력의 과덕이 만족함이다.

[鈔] 第十節이라 初三句者는 三達은 卽達三世라 於中에 初句는 了相이라 無量劫言은 通過及未라 次句는 了性이니 過去心不可得일새 故云無去요 未來心不可得일새 故云無來오 現在心不可得일새 故云無住라 故로 淨名에 云, 若過去인대 過去心已滅이오 若未來인대 未來心未至오 若現在인대 現在心無住라하나니 現在是住면 亦生卽滅일새 故云無住라 第三句는 結知니 佛如是知라 云何如是오 非唯知無去等이라 亦知其相이니라 又性相無礙니라 又一念能知가 爲如是了니라

- 제10중(重)은 (광명이 시방세계를 비추어서 끝없음을 총합하여 결론함)이다. (가) 세 구절에서 '세 가지로 통달함'은 삼세를 통달함을 뜻한다. 그

중에 첫 구절은 양상을 요달함이다. '한량없는 겁'이란 말은 과거와 미래에 통한다. 다음 구절[無去無來--]은 성품을 요달함이니, 과거의 마음을 얻을 수 없으므로 '감도 없다'고 하였고, 미래의 마음도 얻을 수 없으므로 '옴도 없다'고 하였고, 현재의 마음도 얻을 수 없으므로 '머무름도 없다'고 말하였다. 그러므로『유마경』(보살품)에 이르되, "만일 과거생이라면 과거생은 이미 소멸하였고, 만일 미래생이라면 미래생은 아직 오지 않았고, 만일 현재생이라면 현재생은 머물지 않는다"라고 하였으니, 현재가 머무름이면 또한 생이 곧 멸함이므로 '머무름이 없다'고 말하였고, 셋째 구절[如是了知三世事]은 아는 것을 결론함이니 부처님은 이렇게 아는 것이다. 어떤 것이 이러함인가? 오로지 과거 따위는 알 뿐만 아니라 또한 그 양상도 안다는 것이다. 또한 체성과 양상이 걸림이 없음이요, 또한 한 생각에 능히 아는 것이 '이렇게 아는 것[如是了知]'이 된다.

나) 큰 작용은 밖으로 드러난다[大用外彰] (次一 44下8)

十方無比善名稱이　　　　永離諸難常歡喜하사
普詣一切國土中하여　　　廣爲宣揚如是法이로다
시방에 비할 데 없는 좋은 이름이
모든 어려움 길이 떠나 항상 기쁘며
온갖 국토에 널리 나아가
이러한 법을 널리 선양하도다.

[疏] 次, 一偈는 大用外彰하야 正明說法周徧을 可知로다

■ 나) 한 게송은 큰 작용은 밖으로 드러나서 설법이 두루 함을 바로 밝힘은 알 수 있으리라.

다) 두루 한 인행[徧因] (後二 45上3)

爲利衆生供養佛일새　　　如其意獲相似果하시고
於一切法悉順知하사　　　徧十方中現神力이로다
중생을 이롭게 하려고 부처님께 공양하여
그 뜻대로 상사한 결과를 얻으시고
모든 법에 다 수순하여 아사
시방에 두루 위신력 나투시네.

[疏] 後二, 對因辨果니 初一偈는 徧因이오 初句爲因이오 三句는 皆果라 法供養佛故로 於法에 順知오 普爲衆生일새 故能徧用이니 斯卽等流니 名相似果라 晉經에 云, 正心供養이라하니 明是法供養也로다

■ 뒤의 두[나)와 다)] 게송은 인행을 상대하여 과덕을 밝힘이니 다) 한 게송은 두루 한 인행이요, 첫 구절은 인행이요, 세 구절은 모두 과덕이다. 부처님께 법으로 공양하는 연고로 법에 대해 수순하여 앎이요, 널리 중생을 위하는 연고로 능히 작용에 두루 함이니 이것은 곧 똑같이 흐르나니 '상사한 과덕'이라 이름하였다. 진경(60권본)에 이르되, "바른 마음으로 공양한다"라고 하였으니 법공양인 것이 분명하다.

라) 깊은 인행[深因] (後一 45上6)

從初供養意柔忍하며　　　入深禪定觀法性하고
普勸衆生發道心이실새　　以此速成無上果210)로다

부처님께 공양하고 마음이 부드러우며
선정에 깊이 들어 법성을 관찰하고
중생에게 널리 권해 도심을 낼새
이것으로 무상과를 빨리 이루었네.

[疏] 後一偈는 深因일새 故能速證이라 初二句는 六度自利니 謂供佛은 是檀이오 意柔는 兼戒오 從初至末은 是進策也라 次句는 利他니 兼方便等이라 二行旣圓에 則佛果朝夕일새 故云速成이라

■ 라) 뒤의 한 게송은 깊은 인행이므로 능히 빨리 증득하게 된다. (가) 처음 두 구절은 육바라밀로 자리행이니, 이른바 부처님께 공양함은 보시바라밀이요, 마음이 부드러움은 지계바라밀을 겸하고, 처음부터 끝까지는 정진바라밀로 경책함이다. (나) 다음 구절[普勸衆生--]은 이타행이니 방편바라밀 따위를 겸한다. 두 가지 행법이 이미 원만하면 부처님 과덕이 아침에서 저녁 사이인 연고로 '빨리 이룬다'고 말하였다.

[鈔] 兼方便者는 勸物涉有일새 故是方便이오 勸生發心이 卽是大願이니 衆生無邊誓願度와 佛道無上誓願成이라 故卽修習力이 爲智斷決211)이니라 佛果朝夕者는 此有二意하니 一, 明果速이니 匪朝卽夕일새 故一念相應하야 功圓曠劫이라 此爲正意일새 結云速成이라 二, 朝夕은 是海니 文選에 云, 挹朝夕之池者는 無以測其淺深이라하니 謂此是佛果大海니 以深廣故로 與此相應에 亦得速成이라

---

210) 供養은 麗宋元明本作供佛, 續金作供養.
211) 斷決은 原南續金本作決斷 麗本作斷決.

● '방편바라밀 따위를 겸한다'는 것은 중생을 권하여 유를 건너는 연고로 방편바라밀이요, 중생을 권하여 발심하는 것이 곧 큰 원바라밀이니 중생이 끝없어서 제도하기 서원함과 불도가 위없으니 이루기 서원함이다. 그러므로 곧 닦고 익히는 능력이 지덕과 단덕으로 결단함이 된다. '부처님 과덕이 아침에서 저녁 사이다'라는 것은 여기에 두 가지 의미가 있으니 (1) 결과가 빠름을 밝혔으니 아침이 곧 저녁이 아닌 연고로 한 생각에 상응하여 공이 광대한 겁에 원만함이다. 이것이 바른 의미가 되므로 결론하여 '빨리 이룬다'고 말하였다. (2) 아침과 저녁은 바다이니『문선(文選)』(제34권)212)에 이르되, "아침저녁으로 못을 퍼냄은 그 얕고 깊음을 측량할 수 없기 때문이다"라고 하였다. 말하자면 이것은 부처님 과덕의 바다이니 깊고 넓은 연고로 이것과 상응하면 또한 빨리 이루게 됨을 얻는다.

나. 여섯 게송은 중생을 권하여 수순하여 행하게 하다[後六勸物順行] 4.
가) 첫 게송은 법을 구하는 행법[初偈求法行] (後六 45下8)

十方求法情無異하고　　爲修功德令滿足하며
有無二相悉滅除하면　　此人於佛爲眞見이니라
시방에 법 구하여 마음 변치 않고
공덕을 닦아 만족케 하며
있고 없는 두 모양을 다 소멸하면
이런 사람 부처님을 참으로 보리라.

---

212)『문선』제34권 頭陀寺 碑文에 나오는 글귀이다.

[疏] 後, 六偈는 勸物順行이니 佛昔如是行일새 今得說法果하사 令物行之며 亦得斯果라 初一偈는 求法行이오 二는 說法行이오 三은 聽法行이오 四, 有三偈는 破行相이라 今初에 初句는 離過니 勝他名利를 名爲異情이라 次二句는 顯德이니 一句는 滿福이오 一句는 圓智라 又 無異者는 於一切法에 都無所求니 若此之求하면 則見眞法身也라

■ 나. 여섯 게송은 중생을 권하여 수순하여 행함이니 부처님이 옛적에 이렇게 수행하였으므로 지금 설법하는 결과를 얻어서 중생들로 하여금 행하게 하며, 또한 이런 결과를 얻는다. 가) 처음 한 게송은 법을 구하는 행법이요, 나) 법문 설하는 행법이요, 다) 법문 듣는 행법이요, 라) 세 게송은 행법의 모양을 타파함이다. 지금은 가)에서 (가) 첫 구절은 허물을 여윔이니 다른 이의 명예나 이익보다 뛰어남을 이름하여 '마음이 변한다'고 말하였다. (나) 다음의 두 구절[爲修功德-- 有無二相--]은 덕을 밝힘이니, 한 구절은 복덕을 만족함이요, 한 구절은 원만한 지혜이다. 또한 '변함이 없다'는 것은 '온갖 법에 도무지 구하는 바가 없나니 만일 이렇게 구하면 진실한 법신을 보게 된다'는 뜻이다.

[鈔] 於一切者는 卽淨名經이니 身子念座에 因有此示라

● '온갖 법에서'란 곧 『유마경』(부사의품)이니, 사리불이 자리를 생각할 적에 이것이 있음으로 인하여 보게 된 것이다.

나) 법문 설하는 행법[次偈說法行] (二說 46上6)

普往十方諸國土하여　　廣說妙法興義利하되
住於實際不動搖하면　　此人功德同於佛이니라

시방의 모든 국토에 두루 다니며
묘법을 널리 설해 진리를 일으키되
실제에 머물러 움직이지 않으면
이 사람의 공덕은 부처님과 같으리라.

[疏] 二, 說法行이니 前半은 說法益物이라 義利者는 令衆生으로 得離惡攝善故며 此世他世益故며 世出世益故며 福德智慧益故라 上四對는 皆先義後利라 後半은 若無說無示는 同佛說也라

■ 나) 법문 설하는 행법이니 (가) 앞의 반의 게송은 법문 설해서 중생을 이익되게 함이다. '진리를 일으킴'은 중생으로 하여금 악함을 여의고 선법을 섭수한 까닭이며, 이 세상과 저 세상을 이익하는 연고며, 세간과 출세간을 이익하는 연고며, 복덕과 지혜로 이익하는 까닭이다. 위의 네 가지 대구는 모두 앞은 뜻이고 뒤는 이익이다. (나) 뒤의 반의 게송은 저 설함도 없고 보여 줌도 없음은 부처님의 설법과 같다.

[鈔] 上四對者는 卽佛地論이라 若無說下는 亦淨名目連章이니 經에 云, 夫說法者는 無說無示오 其聽法者는 無聞無得이라하니라 說約敎道오 示約證道니 無聞則不如言取일새 故爲眞聞이오 無得則心無所得일새 方眞證得이라 無聞無得은 卽後偈聽法行中이라 今此說法에 但無說示는 亦同寶積이 歎佛偈云, 善能分別諸法相호대 於第一義에 而不動이라하니 故言同佛也라

● '위의 네 가지 대구'는 곧 『불지론』의 내용이다. (나) 若無說 아래는 또한 『유마경』 목련장이니 경에 이르되, "대저 법을 설하는 사람은 설함도 없고 보임도 없으며, 법문을 듣는 사람은 들음도 없고 얻음도

없습니다"라고 하였다. 설함은 교도를 잡았고, 보임은 증도를 잡았으니, 들음이 없으면 말한 바와 같이 취하지 않았으므로 진실한 들음이 되고, 얻음이 없으면 마음에 얻은 바가 없어야 비로소 진실로 증득함이 된다. 들음도 없고 얻음도 없음은 곧 뒤 게송의 다) 법문 듣는 행법의 내용과 같다. 지금 이런 설법에 단지 설함도 보임도 없음은 또한 『유마경』(불국품)의 보적(寶積)보살이 부처님을 찬탄하는 게송에 이르되, "모든 법의 행상들을 능히 잘 분별하나 제일의에는 움직이지 않도다"라고 하였으니 그러므로 '부처님과 같다'고 말한 것이다.

다) 법문 듣는 행법[次偈聽法行] (三聽 46下8)

如來所轉妙法輪이여　　一切皆是菩提分이니
若能聞已悟法性하면　　如是之人常見佛이니라
여래께서 굴리시는 묘한 법륜은
모두가 다 보리에 나아가는 길
만약 듣고 나서 법성을 깨달으면
이러한 사람은 항상 부처님을 보리라.

[疏] 三, 聽法行은 兼顯法輪之體라 初句는 教法이오 次句는 即教成行이니 無有一文一法이 非菩提因이어니 豈止三十七品이리오 次句는 悟理니 揀去隨文이오 後句는 理無廢興이니 故로 常見佛果也라

■ 다) 법문 듣는 행법은 겸하여 법문의 체성을 밝힌 내용이다. (가) 첫 구절은 교도의 법이요, (나) 다음 구절은 곧 교법으로 행법을 이룸이니, 한 글귀 한 법도 보리의 원인 아님이 없는데 어찌 37가지 조도품

에 그치겠는가? (다) 다음 구절[若能聞已--]은 이치를 깨달음이니 경문을 따라 가려냄이요, (라) 뒤 구절[如是之人--]은 이치로 없애거나 일으킴이 없으므로 '항상 부처님 과덕을 본다'는 뜻이다.

[鈔] 次句, 悟理者는 不隨文故無聞이요 悟理故로 無得이니라
- (다) '다음 구절은 이치를 깨달음'이란 경문을 따르지 않는 연고로 '들음이 없음'이요, 이치를 깨달은 연고로 '얻음도 없다'는 뜻이다.

라) 세 게송은 모양을 타파한 행법[後三偈破相行] 2.
(가) 바로 설명하다[正明] (後三 47上8)

不見十力空如幻이면　　　雖見非見如盲覩니
分別取相不見佛이요　　　畢竟離着乃能見이니라
열 가지 힘이 공하여 환술과 같은 줄 보지 못하면
비록 보나 보지 못하는 맹인과 같으니
분별로 모양을 취하면 부처를 못 보리니
끝까지 집착을 떠나야 비로소 보리라.

[疏] 後三, 破相行이니 初一은 正明이요 後二는 轉釋이라 今初라 初三句는 反顯이니 金容이 煥目而非形이어니 安可以相取아 後句는 正顯이니 法性은 超乎視聽하니 唯可虛己而求니라
- 라) 세 게송은 모양을 타파한 행법이니 (가) 한 게송은 바로 설명함이요, (나) 두 게송은 바꾸어 해석함이다. 지금은 (가)에서 ㄱ. 세 구절은 반대로 밝힘이니, 금빛 용모가 환한 안목으로는 형상이 아니지

만 어찌 가히 모양으로 취하겠는가? ㄴ. 뒤 구절[畢竟離着--]은 바로 밝힘이니, 법의 성품은 보고 들음을 초월하였으니 오직 자신을 비워서 구해야만 하는 것이다.

(나) 두 게송은 바꾸어 해석하다[轉釋] (後二 47上9)

衆生隨業種種別을 十方內外難盡見이니
佛身無礙徧十方을 不可盡見亦如是니라

중생이 업을 따라 가지가지 다름과
시방의 안팎을 다 보기 어려우니
부처님의 몸 걸림 없어 시방에 두루 함을
다 보지 못함도 또한 이와 같도다.

譬如空中無量刹이 無來無去徧十方하되
生成滅壞無所依하여 佛徧虛空亦如是니라

비유컨대 허공의 한량없는 세계가
옴도 없고 감도 없이 시방에 두루 하되
생성과 소멸이 의지한 데 없듯이
부처님이 허공에 두루 함도 이와 같도다.

[疏] 後二는 轉釋이니 云何不見고 前偈는 以妄喩眞이니 衆生妄惑도 尙不可窮이어든 諸佛契眞을 如何見盡이리오 後偈는 復轉釋云, 雖徧十方이나 不可定取라 如刹徧空有其四義니 一, 多刹滿空이오 二, 體無來去오 三, 不妨成壞오 四, 無別所依라 佛身徧空이 亦具四義하니 一,

頓徧多刹이오 二, 恒不去來오 三, 應有出沒이오 四, 體用無依라 是故로 佛身을 亦不可以徧空으로 而取耳니라 上來三品에 答初十句所依果問은 竟하다

■ (나) 뒤의 두 게송은 바꾸어 해석함이니 어찌하여 보지 못하는가? ㄱ. 앞의 게송은 망념으로 진여를 비유함이니, 중생의 망녕된 의혹도 오히려 궁구할 수 없는데 진여와 계합한 모든 부처님을 어떻게 다 볼 수 있겠는가? ㄴ. 뒤의 게송은 다시 바꾸어 해석하되, "비록 시방에 두루 하지만 정하여 취할 수 없다. 마치 '국토가 허공처럼 두루 함'에 네 가지 뜻이 있으니 (1) 많은 국토로 허공에 가득함이요, (2) 체성은 오고 감이 없음이요, (3) 이루고 무너짐에 방해받지 않음이요, (4) 별도로 의지한 바가 없음이다. '부처님 몸이 허공에 두루 함'에도 네 가지 뜻이 있으니 (1) 여러 국토에 단박에 두루 함이요, (2) 항상하여 오고 가지 않음이요, (3) 응하여 나오고 들어감이 있음이요, (4) 본체와 작용이 의지처가 없음이다. 이런 연고로 부처님 몸을 또한 허공에 두루 함으로 취할 뿐이다. 여기까지 제1절. 세 품(제7 여래명호품 제8 사성제품 제9 광명각품)은 (첫 구절인) 의지할 대상인 부처님 과덕에 대한 질문에 대답함[初三品答所依果問]은 마친다.

제9. 광명각품(光明覺品) 終

화엄경청량소 제5권

| 초판 1쇄 발행_ 2018년 11월 22일

| 저_ 청량징관
| 역주_ 석반산

| 펴낸이_ 오세룡
| 편집_ 손미숙 박성화 정선경 이연희
| 기획_ 최은영 권미리
| 디자인_ 김효선 고혜정 장혜정
| 홍보 마케팅_ 이주하
| 펴낸곳_ 담앤북스
　　　　　서울특별시 종로구 새문안로3길 23 경희궁의 아침 4단지 805호
　　　　　대표전화 02)765-1251 전송 02)764-1251 전자우편 damnbooks@hanmail.net
　　　　　출판등록 제300-2011-115호
| ISBN 979-11-6201-108-9 04220

정가 30,000원